中国传统民事法律的近代转型和未来展望

Zhongguo Chuantong Minshi Falü De Jindai Zhuanxing He Weilai Zhanwang

郑显文◎主编

中国法制出版社
CHINA LEGAL PUBLISHING HOUSE

本书出版得到了上海市教委2017年科研创新计划重大项目“‘一带一路’沿线新发现的古代各民族的法律文书整理及研究”和上海师范大学第九期校级重点学科“法律史学”项目的资助

序 言

PREFACE

中国传统的民事法律制度不太发达，各个时期的民事法律规范大多散见于汉、晋、唐、宋、明、清时代的律、令、科、品、格、式、会典、则例等法律形式之中。中国古代从未制定过单独的民法典，中国古代是一个有民事法律规范而没有单独民法典的民事法律体系的时代。

从清朝末年起，中国开始借鉴西方大陆法系的民法体例，先后制定了《大清民律草案》、“民律二草”和《中华民国民法》等法典，初步构建了近代的民法体系，开启了中国法律近代化的先河。

在1949年中华人民共和国成立前夕，中共中央发布了《关于废除国民党六法全书与确定解放区司法原则的指示》，仿照苏联的民法体系编纂中华人民共和国成立后的民法典。虽然中国于1955年、1963年、1980年等先后起草和制定过民法典，但迄今为止仍没有颁布过一部完整的民法典。2017年3月15日颁布、同年10月1日开始实施的《民法总则》，标志中国民法典的立法逐渐走上了正轨。

为了深入探究中国传统的民事法律制度，对中国民法近代化的进程进行反思，为了对《民法总则》进行全面解读，为了对正在编纂的民法典中的债法、物权、婚姻、继承等法律篇目提供有益的借鉴经验，2017年11月，在上海师范大学召开了“中国传统民事法律的近代转型及未来展望”学术研讨会，会议共收到学术论文三十余篇，这本学术文集就是在上述成果的基础上编纂而成的。

“中国传统民事法律的近代转型及未来展望”学术研讨会主要围绕着三个方面的问题进行了讨论：其一，关于中国传统民事法律的探讨。主要成果有赵晓耕的《古今民法观念批判》，闫晓君的《汉代继承问题刍议》，郑显文的《宋代〈理欠令〉的成立及债法的变化》，吴海航的《元代官田侵害与民田交易纠纷的法律规制》等论文；其二，关于中国近代民法转型的研究。主要成果有李启成的《从大理院审理的祭田案件看民事权利在近代中国的生成》，春杨的《中国传统契约文本形式中的守信及其近代转型》，张小也的《从湖北汉阳〈罗氏宗谱〉看清末民初中国乡绅的法律近代化》，龚汝富的《民国时期江西地区的民间谱牒纠纷及其解决机制》等论文；其三，关于现代民法未来展望的探讨。主要成果有朱庆育的《法典理性与民法总则：以中国大陆民法典编纂为思考对象》，高其才的《生活之法：村规民约规定的民事习惯》，于飞的《认真地对待〈民法总则〉第一章"基本规定"》，刘颖的《民法典中立法目的条款的表达与设计》，石文龙的《论禁止权利滥用原则在我国民法中的形成与确立》等论文。通过会议期间的学术交流，各位学者充分认识到不同专业、不同学科之间学术交流的重要性，大家一致认为这次会议的成功举办开拓了学术研究的视野，为将来法律史学和民法学研究的深入发展奠定了良好的基础。

法律史学是一门交叉性的学科。我们殷切希望法律史学界能够与法理学、民法学、刑法学、诉讼法学等不同法学学科之间展开密切的交流，能够与历史学、经济学、政治学、社会学等不同领域的专家学者展开更广泛的对话，从而提高法律史学研究的学术质量，为当前我国的法制现代化建设服务。

郑显文

2019年3月12日

目 录

CONTENTS

上篇 中国传统的民事法律探源

中篇 中国近代民法的转型

下 篇　中国现代民法的未来展望

上篇

中国传统的民事法律探源

古今民法观念批判

赵晓耕 *

一、中国传统“义利观”“公私观”与西方的“私权”观与近代民法 [1] 的形成

中国古代历来重公轻私，不言私权，“权利”一词在中国古代很少使用，即便有，也常受到鄙视与不屑。不言私权并非私权不存在，只是它长期处于被忽视的地位，我国古代家族制度发达，因而“家族”代替了“个人”，“宗族或家”的共有财产代替了个人财产，私人权利和私人财产淹没和束缚在国家和宗族的阴影下。因此，虽然律令中自古就有婚姻、户役、田宅、继承、钱债、市厘等项目，但始终处于附属和次要地位，附属于刑事法规和行政法规中。民间这些

---

* 赵晓耕，中国人民大学法学院教授。本文初稿资料整理，由我指导的博士生逯子新编辑，特此感谢。

[1] “民法”一词在中国的古文献中最早出现于《尚书·孔氏传》，原文为“咎单，臣名，主土地之官，作明居民法一篇，亡。”但是此处的民法只是作为一个词语出现，这与现代法学意义上的民法不尽相同。现代意义上的民法，一般认为是对罗马法中市民法（Jus Civile）的沿袭，其最初只适用于罗马市民，到公元 3 世纪初，罗马境内的居民一律取得罗马公民身份，市民法与万民法（Jus Gentium）融合，形成了罗马法中的私法，且被一直称为市民法，市民法一词逐渐成为罗马法私法的总称，欧洲大陆法系一般都沿用了这名称，而英语则将“民法”一词称为“Civil Law”，也含有大陆法系的意义，而将源于拉丁语的“私法”（ius privatum）一词表述为 private law。而在中国，之所以将原来大陆法系中通称的市民法改称为“民法”，一般认为是源于日本。在西法东渐的早期，民法被称为“民律”，1880 年清廷同文馆化学教习毕利干（Billequin，Anatole Adrien）最早将法国的一部分法律译成《法国律例》出版，其《法国民法典》译为《民律》。而将民律改为民法则是由于中国在法律近代化过程中借用了日语的原语汉字所致。大部分民法学者也都认同此观点。汉字“民法”一词用于现代法学意义，最早是由日本学者箕作麟祥在 19 世纪 60 年代翻译法国民法典时使用。而中国人在现代法学意义上使用民法一词则是以黄遵宪《日本杂事诗》中提到的“近又由司法省撰《民法》《刑法》二书，专用法兰西律，交元老院议之，未及颁行”为最早。

大量存在和发生的民事法律关系，其实就是私权在中国古代得以存在的证明，也是中国人私权观念的体现。

西方的“私权”观在法律中体现较为明显，罗马法中的市民法便是一个以权利为本位的私人权利体系。但后人据此妄议传统社会不注重“私权”，不无可议之处。古语有“拔一毛而利天下不为也”“人不为己天诛地灭”“三军可以夺帅，匹夫不可以夺志”等，该做何解？

（一）中国传统义利观与近代“私法”观念的形成

1. 传统中国的义利观

民法同“利”最为相关，因此，考察中国古代的民法根本无法绕开古人对“利”的理解。而“利”在中国古代高扬道德大旗的意识形态控制下，“耻于言利”成为基本的道德戒律。因此，“利”往往和“义”结合在一起成为中国古代士大夫的主流意识、人生观或者说正统知识学中的基本问题。

“义利观”是古人对“义”与“利”（道德与利益）的基本看法，是传统文化的重要组成部分。在儒家学说占主导地位的传统中国，人们的义利观是主张以“义”制“利”，以“义”节“利”。

孔子讲：

“君子喻于义，小人喻于利”。[1]

孟子说：

“王何必曰利，亦有仁义而已矣”。[2]

荀子也认为：

[1]《论语·里仁》。

[2]《孟子·梁惠王章句上》。

“义与利者，人之所两有也。虽尧舜不能去民之欲利，然而能使其欲利不克其好义也。虽桀纣也不能去民之好义，然而能使其好义不胜其欲利也，故义胜利者为治世，利克义者为乱世。”[1]

儒家义利观的主要内容就是始终将宗法伦理的等级秩序置于物质利益之上，要求重义轻利、先义后利、以义生利、以道取利，见利思义。[2] 用最简短的语言来概括先秦儒家义利观的内容，应该是“重义兼利”“重义尚利”。[3]

“义利观”在国家治理中的最大体现则是强有力地推行“重农抑商”的国策。商鞅变法特别是秦汉之后，重农抑商成为古代中国的一项根本经济政策。在中国古代社会，农为国家之大利，为国家之最适宜者，故亦为国家之大义。重农，即国家“重义”也。商为私人之利，为国家之害。抑商乃国家之“轻利”也。[4] 与之相适应，中国的传统法律在重农抑商方面也作出了许多规定。基于义利观的影响，在古人的观念中，法律只需要规定一些重大的关涉社会统治秩序，体现“义”的内容，而一向被古人看作是“细故”的民事关系则无须出现在官方制定的法律典籍之中。法律既然作为最不坏的规则，只能是“教民尚义”而非“导民逐利”。正如荀子说言：

“上重义则义克利，上重利则利克义。故天子不言多少，诸侯不言利害，大夫不言得丧，士不通货财。”[5]

古人强调天子、诸侯、大夫等要作人民表率，“子帅以正，孰敢不正？”[6] 因此，在国家正统的法律典籍中不屑于提及“利”。这种“不言利”也正是古代政

[1] 《荀子·大略》。
[2] 赵晓耕、周子良、易清：《中国古代义利观对重农抑商法律传统的影响》，载《船山学刊》2008年第2期，第144页。
[3] 高晓红：《先秦儒家义利观及其现代意义》，载《学术界》2006年第5期，第221页。
[4] 赵晓耕、周子良、易清：《中国古代义利观对重农抑商法律传统的影响》，载《船山学刊》2008年第2期，第145页。
[5] 《荀子·大略》。
[6] 《论语·颜渊》。

府所倡导的思想意识和制度设计原则：官府不言利，“官不与民争利”，希望以此达到的效果则是民不相争利，从而稳固统治秩序，实现社会无讼和谐。即便是民众为了“田宅细故”的事情而对簿公堂，也并非仅仅是主张民事权利，依然是在“义利观”的指导下约束自己的行为。往往是以“要个说法”而展开的。在正常的传统社会结构中，人们的权利是依据礼义的秩序获得的。所以，“田宅钱债细故”之争，就不仅仅是在“争利”，也是在“争义”。这就如同现实社会中的许多百姓也常忿忿地说“打官司，争的就是这个理”是一样的道理。[1]

不仅如此，“义利观”对中国传统法律的影响还表现为：其一，崇公抑私的法律观念；其二，平衡的权利义务关系；其三，以忠孝为核心的社会等级关系。这种道德上的义务又在法律上得到确认和强化，在很大程度上约束着人们对自身权利的认识、追求和维护。近现代民法上的交易、侵权等关系难以孕育、建立和发展，与此不无关联。[2] 因此，有学者认为“义利”关系实际上是物质利益与社会制度、规范之间的关系。但从历史经验与社会发展的要求来说，“义利”关系总是辩证的：一方面，“义”的产生源起于制“利”的需要，不具备调整利益关系功能的社会规范是不可能存在或是无意义的；另一方面，“利”的实现又必须在“义”的指导下进行，那种不能实现物质利益功能的社会规范同样是不可能存在或是可接受的。[3] 可以说“义利观”成为指导中国古代立法和司法实践中最重要的观念，也是中国古代民法思维难以同西方民法思维相混淆的主要观念原因。

2. 传统中国法的谦抑性价值追求

传统民法思维的特殊性在于古代中国对法的功能的认知与西方并不相同。古代礼法合一，虽然历朝开国君王建国之初都急于制定一部传世法典，也只有简约的法典才能体现出治理水平的高超[4]，因此中国古代法典自北齐律开始，律

---

[1] 赵晓耕：《两宋法律中的田宅细故》，载《法学研究》2001 年第 2 期，第 151—153 页。

[2] 赵晓耕、何民捷：《义、利之辩对中国传统法律文化的影响》，载《社会科学辑刊》2009 年第 3 期，第 67—69 页。

[3] 许斌龙：《中国古代义利观的多重视角及其主导价值取向》，载《理论月刊》2005 年第 5 期，第 56 页。

[4] 陈灵海：《唐代刑部研究》，法律出版社 2010 年版，第 366—367 页。

文数量逐渐呈递减趋势：北齐律949条，唐律500条，大明律460条，万历朝以后将问刑条例与律合编；大清律例律436条，例千余条。高度浓缩的律条体系中，严重的犯罪当然是裁判与惩治的重点，可以私力救济、社会自治的民事纠纷，当然不会占据很大的篇幅。[1]这样我们能够看到的就是有关民事法的“不成体系”（见下文对当今部门法理论结构的批判），国家法典中按照今天的观念“民刑不分”的现象。否则在古人看来，法律繁多不仅不能体现出统治者智力水平的高超，反而还能导致“法令滋彰，盗贼多有”的局面。尤其是在民事领域，进行过多的立法，就等同于设置更多的国家干预，就有可能促使人们只讲法律，只讲利益，而不讲是非，在法律调整的利益范围内，“无所不用其极”地互相争斗。人皆有好利之心，古人云：“破山中贼易，破心中贼难”，法律像任何规范一样，也有边际效益，即所谓“过犹不及”。而这样的一种状态显然是不符合古人在“义”与“利”上的价值选择的，同时也不利于国家统治的稳固和社会秩序的长治久安。

除了对这种简约治理理念的追求之外，对法的作用的局限性古人也是认识得相当深刻。凡事都有度，否则物极必反，法深无善治[2]。因此，法律也要有节制，这就是传统中国法的谦抑性。谦抑性的通常理解是法律应该保持克制，法律手段的适用需要被控制在合理的范围内。如果能够通过其他方式可以达到社会治理的效果，就应当尽量避免通过法律进行规制。这或许是古代中国中庸的智慧：法律应当宽简适中。因此，法的谦抑性也是中国古代的一种知识观或者士人意识。

千余年来的中国传统法律实践证明，天理人情也在法律实践中发挥着重要作用，国家依然在不遗余力地践行着道德治国的方略。况且，“则天而行”，“依时行法”，这些都反映了中国古代治理国家极力顺应或者模仿自然的朴素观念。[3]制定过多的法律如同人为地制造干预自然规律的行为准则，因此，法律在古人看来只不过是一种“最不坏”的治理手段。况且，法律自身就有着“教人为恶”的天性。这也是古人将日常生活实践中常见的民事规则完全融入于“礼”这一

[1] 张生：《从社会秩序的角度解读中国“古代民法”》，载张中秋主编：《理性与智慧：中国法律传统再探讨》，中国政法大学出版社2008年版，第105页。

[2] 对“法深无善治”的相关讨论参见赵晓耕、沈玮玮：《专业之作：新中国三十年（1979—2009）立法检视》，载《辽宁大学学报（社会科学版）》2010年第5期，第1—9页。

[3] 参见季卫东：《法治中国的可能性——也谈对文化传统的解读和反思》，载《战略与管理》2001年第5期，第5—9页。

富有道德教化与约束意义的形式中的初衷。

法律作为体现统治阶级意志的统治工具，看似就会给人以“冰冷无情”的感觉，而不像“礼”一样“温柔可亲”。在中国古代以刑为主的法典文化中更是如此。法家的立法前提即是人性恶，因此，“阳儒阴法”的治理模式必然在法律文本体现着过多的消极方面。法律被公布的那一刻，也是在向世人公布了诸多人性恶的行为。在这种意义上看，人们就知道如何来钻法律空子谋取利益，规避法律以对抗国家统治权威。所谓“以智相争，乱之首也”（此处不免受到“愚民”的指责，但“法律人”都知道：从改革开放初期的“我告你”到而今的“你告我呀”，我们确实开了“民智”，这背后的冷暖自知），这也是中国古代首次公布成文法时，叔向曾激烈反对的理由。

此后，虽然公布成文法成为历史之大趋势，但由于秦代实行“事皆有法式”的法家治国模式，历二世而亡，西汉中期以后，儒法合流，即使是立法，也依然遵循“德礼为政教之本，刑罚为政教之用”的立法原则，直至唐律而达到顶峰。

3. 传统观念的断裂与“私法”观念的形成

在西法东渐的早期，民法被称为“民律”。1880年清同文馆教习毕利干（Billequin，Anatole Adrien）最早将法国的一部分法律译成《法国律例》出版，其中将《法国民法典》译为《民律》。《民律》介绍了大量《法国民法典》内容，使国人初步接触了西方的“私法”内容与观念。

（二）莫名其妙的“部门法理论”与“春秋决狱”（甲父乙与丙争言相斗……）

尽管法律部门的划分标准已经得到了学界的认同，但是许多新颁布的法律很难说是部门法中的某一类，甚或是实体法还是程序法都难以定论。部门法的自身分蘖和法律规范的迅速膨胀和发展，导致了各种现实弊端的出现。若还是坚持一成不变的法律部门的划分标准，则这些新问题可能都会无从解决。

“甲父乙与丙争言相斗，丙以佩刀刺乙，甲即以杖击丙，而误伤乙。甲当何论？”[1]这是中国古代的一个案例，案情并不复杂，但从现在法律理论出发，此案可能涉及对象打击错误、故意伤害、正当防卫、阻却违法事由、民事赔偿责任等诸多问题，从部门法理论角度，该案的处理将涉及刑法、侵权法、诉讼法等多个部门法。

二、近代民法典编撰体例中的“义利观”的失落

（一）《大清民律草案》的体例及其日本化

1. 修订法律馆与法律概念、术语和名词的日本化

据史籍记载，清廷继1904年设立修订法律馆之后，又任沈家本、俞廉三、英瑞为修订法律大臣。法律馆，酌设二科，分任民律、商律、民事刑事诉讼之调查起草。翻译各国法律是修订法律馆的重要任务之一。在沈家本的亲自主持之下，从1904年4月修订法律馆开馆起，到1909年止，法律馆完成了对十几个国家的几十种法律和法学著作的翻译。最初修订法律馆侧重对外国刑法进行翻译，其中日本法所占的比例最大。而到1907年，便逐渐开始翻译各国民法，包括《德意志民法》等10种。1907年修订法律馆所译法律及法学著作涉及11个国家的33种，仍以日本居首，占了15种，并出现了少量英美法的译著。据统计，日本法规与法学著作的翻译已占到了当时全部译作的38%之多。[2]

此外，在清末变法过程中，由于日本法律专家冈田、松冈、小河等人的到来，仅在短短的五六年里，刑法、民法、商法、诉讼法、监狱法等一批被冠以“大清”前缀的所谓“西法为体，中法为用”的法典草案便被起草出来。可以说，这一时期，不仅起草各种新法需依赖日本法律顾问的帮助，甚至在理解和述说这些陌生的法律概念、术语和名词时都有赖于日本专家的解说和诠释。[3]《大清民律

[1] 《太平御览》卷六百四十。

[2] 李显冬：《从〈大清律例〉到〈民国民法典〉的转型：兼论中国古代固有民法的开放性体系》，中国人民公安大学出版社2003年版，第115页。

[3] 李显冬：《从〈大清律例〉到〈民国民法典〉的转型：兼论中国古代固有民法的开放性体系》，中国人民公安大学出版社2003年版，第119—121页。

草案》的总则、物权和债权三编便是由日本学者松冈义正起草。《民律草案》的体例也是以日本的民法为蓝本而起草的。此外，《民律草案》中的许多概念、制度也是日本学者发明。

2. “现行律民事有效部分”与《民律草案》——从传统民法文本结构观念到近代民法典体例

《大清现行刑律》中有关民事的规定部分，便是“现行律民事有效部分”，其内容及体例大多为《大清律例》中有关民事的规定，包括服制、名例、户役、田宅、婚姻、犯奸、斗殴等的大部分或一部分，以及户部则例中户口、田赋等有关条款。在《大清现行刑律》的编修过程中，虽曾有民刑分别的主张，但最终“现行律民事有效部分”仍未实现去刑罚化。如户役门中的立嫡子违法条：

“凡立嫡子违法者，处八等罚。其嫡妻年五十以上无子者，……罪亦同俱改正。若养同宗之人为子，所养父母无子所生父母有子而舍去者，处十等罚，发付所养父母收管。若所养父母有亲生子及本生父母无子欲还者，听。其乞养异姓义子以乱宗族者，处六等罚。若以子与异姓人为嗣者，罪同，其子归宗。其遗弃小儿年三岁以下，……罪亦如之，其子亦归宗改立应继之人。若庶民之家存养良家男女为奴婢者，处十等罚，即放从良。”

钱债门首条即标明“违禁取利”，律文规定：

“凡私放钱债及典当财物，每月取利并不得过三分，年月虽多不过一本一利，违者处四等罚，以余利计赃，重于四等罚者罪止十等罚。……若豪势之人于违约负债者不告官司，以私债强夺去人孳畜、产业者，处八等罚，无多取余利听赎不追；若估所夺畜产之价过本利者，计多余之物，罪有重于八等罚者，作赃论，罪止徒三年，依多余之数追还主。”[1]

---

[1] 参见段晓彦：《〈大清现行刑律〉与民初民事法源——大理院对“现行律民事有效部分”的适用》，载《法学研究》2013年第5期。

相比“现行律民事有效部分”，《大清民律草案》是第一部近现代意义的民法典。其以德国民法典和日本民法典为参考，采用民商分立的体例，采用了当时世界上最新的民法篇章结构——总则、亲属、继承、债权、物权五编的体例。《大清民律草案》前三编主要取法德日民法典，后两编甄采本国礼制。但无论是在继受外国法方面，还是采纳本国固有法方面，民律草案“说明稿”都存在着严重缺陷。清末任职于修订法律馆的著名法律家江庸曾指出《大清民律草案》的缺点，他批评道：

“（一）前案仿于德日，偏重个人利益，现在社会情状变迁，非更进一步，不足以应时势之需求。（二）前案（即《大清民律草案》）多继受外国法，于本国固有法源，未甚措意。如民法债权篇于通行之‘会’，物权篇于‘老佃’、‘典’、‘先买’……，而此等法典之得失，于社会经济消长盈虚，影响极巨，未可置之不顾。（三）旧律中亲属、继承之规定，与社会情形悬隔天壤，适用极感困难，法曹类能言之，欲存旧制，适成恶法，改弦更张，又滋纠纷，何去何从，非斟酌尽美，不能速断。”[1]

（二）民国《六法全书》中的《民法》典——西方“私权”观念与原则的条文化

1. 最不成功的“移植”——《民法》典

1927年，南京国民政府建立。1928年12月立法院成立，负责法典编纂工作。1929年1月，立法院设立民法起草委员会，开始民法的起草工作。到1930年12月完成了民法典的各编起草工作。具体立法程序则按照“先定立法原则——再定条文——讨论通过”的顺序，法典采用分编起草、分编通过的做法，在总则、债、物权、亲属和继承五编公布后，各编的施行法也随之公布，与各编同日施行，目的在于解决法律施行中的各类问题。而在起草亲属和继承两编之前，民国政府还专门进行了地方习惯调查报告的整理工作。由于民国民法的起草者大多是

[1] 参见张生：《〈大清民律草案〉摭遗》，载《法学研究》2004年第3期。

有西学背景的人[1]，他们熟谙英美法律体系，与西方法律界联系紧密，知悉最新学术思想和潮流[2]，表现在立法上则是效仿西方，借鉴西方最新的立法理念和立法文本，试图用西方的一整套原理和体系构建民国六法体系，具体到民法中则是采用当时最先进的原则理念，如所有权绝对原则、社会本位原则，试图通过一系列超前立法来加速实现传统法律的现代化。囿于现实压力和对习惯的考量，也保留了某些民事习惯，某些立法条文虽违背西方法理仍依从习惯人情，立法者矛盾和犹豫的心态在此类条款上表现得比较明显。

民法典的体例包括总则编、债编、物权编、亲属编和继承编。

总则编。总则编于 1929 年 5 月公布，分为“法例、人、物、法律行为、期日及期间、消灭时效、权利之行使”七章，共计 152 条。具体内容方面规定了“法人、权利滥用之禁止、条件及期限等制度”，将公法与私法分清，说明“已将社会为单位的观念代替个人为单位之思想”[3]，体现了社会本位的立法指导思想。相比前几次草案的总则编，民国民法总则具有如下特点：（1）明确了习惯的适用范围。凡民事一切须依法律之规定，法律没有规定者才可援用习惯，并且不能违背公共秩序和善良风俗。（2）注重社会公益。主要表现为对法人的干涉主义、限制禁治产宣告的范围、缩短消灭时效的期间等。（3）确定男女平等原则。表现为女子对个人财产有完全的处分能力。（4）采用最新编制。总则参考了泰国、苏俄民法以及法国、意大利的民法草案，将“法例”章置于编首，作为全编通用的法则。[4]

债编。债编于 1929 年 11 月公布，分为通则、各种之债两章，共计 604 条。主要特点如下：（1）采用了民商合一的体例。将有关商行为、商法的一般规则

---

[1] 1929 年 1 月成立的民法起草委员包括傅秉常、史尚宽、焦易堂、林彬、郑毓秀（后辞去由王用宾替补），再加上立法院院长胡汉民、副院长林森，顾问包括司法院院长王宠惠、考试院院长戴传贤、法国人宝道。委员和顾问共计有 11 人，有海外留学背景的占 8 人。参见张生：《中国近代民法法典化研究》，中国政法大学出版社 2004 年版，第 180—184 页。

[2] 当时有不少外国法律家或学者来中国访问和讲学，如美国人庞德、罗炳吉、刘伯穆，法国人宝道等，参照王健：《西法东渐——外国人与中国法的近代变革》，中国政法大学出版社 2001 年版，附录一。

[3] 胡汉民：《社会生活之进化与三民主义的立法》，载《中华法学杂志》第 1 卷第 2 号，转引自潘维和：《中国民事法史》上册，台湾汉林出版社 1982 年版，第 114—115 页。

[4] 参见谢振民：《中华民国立法史》下册，中国政法大学出版社 2000 年版，第 755—757 页。

规定在债编中，其编制理由在原审查报告书中有详细说明：这种体例既符合历史关系、社会进步，也符合各国立法趋势，有利于国际商事交易和人民的平等，同时也从编订标准、编订体例，以及民法与商法的关系考虑，认为应该实行民商合一的体例。（2）立法精神原则的变化。关注公益，强调立法基础在于“全民族利益的增进”，由个人本位转向社会本位，对于债务人利益特加保护，强调诚实信用原则是商业交易的准则，对经济上的弱者和善意第三人实行保护。

物权编。物权编于1929年11月公布，分为“总则、所有权、地上权、永佃权、地役权、抵押权、典权、留置权、占有”九章，共计210条，较之前几次草案，取消了“不动产质权”，增加了“典权”，体现出对传统民事习惯的尊重。物权编的立法精神“乃社会利益为重，采取各国法理之长，而同时保持我国固有的良好习惯。从物权编的通则上，便可见到王道精神。所有权固该尊重，而为社会一般公益起见，同时亦予以相当限制。物权编中典权一项，不动产典乃是我国固有的习惯……回赎权、找贴权有我国道德上济弱观念的优点”[1]。当然在固有法之典权外，也有外来法之永佃权、地役权、抵押权的引入。

亲属编。亲属编于1930年12月公布，分为“通则、婚姻、父母子女、监护、抚养、家、亲属会议”七章，共计171条。其变化和特点主要表现为：（1）亲属分类的改进。取消宗亲、外亲、妻亲的分类，代之以血亲和姻亲。（2）男女平等原则的确立。男女在行为能力、亲权的行使和离婚条件方面平等，没有差别。（3）增进种族健康。规定结婚的最低年龄，限制亲属结婚的范围，规定不治之症和重大精神病为离婚和解除婚约的原因。（4）对夫妻财产制的厘定。夫妻财产制分为法定财产制和约定财产制，财产契约的订立变更废止，通过书面方式。（5）废除嫡子、庶子、嗣子、私生子的名义，代之以婚生子女和非婚生子女的划分。（6）对亲属互助和独立的奖励。（7）家制的规定。规定以永久共同生活为目的的同居亲属团体称为“家”。

继承编。继承编于1930年12月公布，分为“遗产继承人、遗产之继承、遗嘱”三章，共计88条，对固有法有重大修正：（1）继承人的顺序和其应继分的规定。规定了法定继承人和指定继承人的划分、男女继承平等原则、配偶继承权的创

---

[1] 转引自潘维和：《中国民事法史》上册，台湾汉林出版社1982年版，第115页。

设等内容。规定遗产继承不以宗祧继承为前提，继承人分为法定继承人（配偶、直系卑亲属、父母、兄弟姐妹、祖父母）和指定继承人，继承分为一定顺序，同一顺序继承人平均继承。打破女儿不分财产的传统。（2）酌给财产范围的扩张。仿照苏俄做法，将被继承人生前所抚养的人明定为酌给财产的接受对象，而不仅限于义男女婿。（3）对限定继承的承认。采纳通说，规定限定继承的行使以善意而没有应归责的情形。（4）抛弃继承权的，其应继分部分的归属。（5）遗嘱方式的厘定。规定了自书、公证、密封、代笔和口授五种确定遗嘱的方式，遗嘱种类多，为当事人提供了方便和选择的权利。（6）特留财产的规定。总之，这些内容上的变化对旧律中的礼教名分、宗法观念、封建意识有重大突破。

民国民法典集各国民法之精华，对固有法几乎没有进行功能性的采纳，它贯彻了政府与法律家的法制理想，制定过程中更多体现国家实现法制统一的意志，体现法律家继受外国法的强烈偏好，而民众的基本要求却被忽略了。[1]一部由立法精英们精心构造的民法典，由于过于理想和完美，并不完全符合当时的社会现实条件，也不能构建出一个符合三民主义价值标准的法律秩序。从内容上言之，因采用了德国民法和瑞士民法模式，这部法典因此被批评是抄袭之作；从法典体系、条文和理论构造来看，法典无疑具有优越性，是当时先进的法典，问题是这样先进的法典是否适合当时的中国现实，立法者也许没有过多考量；从实施效果而言，这部法律的影响力也非常有限，由于时局变化的原因，该法典并没有真正实施多长时间，只在1929—1949年部分地区实施过，其内在的立法宗旨和期望并没有充分发挥出来，没有取得预期效果，这部“继受的民法在总体上没有取得实际效果”。[2]

具体到“中国化”这个问题，其物权编和债权编西化的趋势日益明显，而中国化的步伐却未及时跟上，亲属和继承编相对保留了较多的传统特色和保守性因素，法典中的中国化因素虽然有，却更多是现实的妥协和考虑，主动的建构意识相对较弱。因而，可以说这部民法典是对西方法律最不成功的“移植”。

---

[1] 参考张生：《中国近代民法法典化研究（1901—1949）》，中国政法大学出版社2004年版，第265页。

[2] 转引自范健主编：《中德法律继受与法典编撰》，法律出版社2000年版，第36页。

2. 最具影响的民法典体系结构——当下的《民法》典情节

1931 年 5 月 5 日，《民法》的《总则编》《债编》《物权编》《亲属编》及《继承编》相继完成并颁布施行。与此同时，一系列单行的商事法规亦相继制定颁布，中国第一次有了一个以《民法》典为主体、配之以一系列的商事单行法规的较为完整的民商法体系。

南京国民政府的《民法》典是第一个在全国范围内付诸实施的《民法》典，当时中国共产党领导的革命根据地除施行自己已经制定的极个别民事法律外，处理民事行为时都援用这一法律。《六法全书》曾为解放区司法机关所适用长达十年余之久。

三、从立法例看中国传统民法的文本特点与价值取向

（一）传统法典中的中国民法文本举例

1. 宋律中类似民法添附和相邻关系的规定其中多有与《拿破仑法典》相近的内容。有关添附的问题，《宋会要辑稿·食货卷五五之三》载：

“景德三年（1006）二月诏：赁官屋者，如自备添修……徒居者并听拆随。”
“即委监官相度，如不亏官，亦听。”

又：

“今年，如元（原）典地载木，年满收赎之时，两家商量。要，即交还价值；不要，取便斫伐，业主不得占各。”[1]

又：

[1] 《宋会要辑稿·食货一之二|五》卷一。

“如内有种植林木……估价与所卖田土一处依法召人承买。木价钱给还原栽人户。若系见佃人承买，即止纳买地价线。从之。”[1]

综上所述，同今日民法中处理添附物的方法，原则上基本相同。有关相邻关系的问题，《宋会要辑稿·食货》卷五载：

“地原从官地上出入者，买者不得阻碍。宅舍亦开。且新旧间架丈尺阔狭，城市乡村等紧慢去处，并量度适中，估价务要公当，不致亏损公私。”

又：

“居住原有出入行路，在见出卖地者，特与存留。”

700多年以后，《拿破仑法典》第682条和683条规定：

“自己的土地被他人的土地围绕，且并无通道至公路时，土地所有人得为自己不动产的便利，要求在邻人土地上取得通行权……”；
“通道一般应在被围绕的土地与公路间距离最短的线上开辟。”

如果说上述中外对比，表明在古代，中国的某些民事法律规范是相当完备的话，该不是牵强附会的吧？

2. 继承

唐宋律中，有关继承的规定集中在《户律·户役》部分。其中关于女子财产继承及遗嘱继承的法律，《宋刑统·户律》“户绝资产”条规定：

“丧葬令：诸身丧户绝者，所有部曲、客女、奴婢、店宅、资财，并令近亲转易货卖，将营葬事及量营功德之外，余财并与女。无女，均入以次近亲，无

[1] 《宋会要辑稿·食货一之三十一》卷一。

亲戚者，官为检校。若亡人在日，自有遗嘱处分，证验分明者，不用此令。”[1]

传统继承法规禁止“逆向继承”——尊亲属继承卑亲属财产。这一传统直至清末、民国始有法定继承顺序上的变通，但仍关注到传统价值的正当性。现行《继承法》法定继承顺序颇多可议之处，其中“逆向继承”与“归扣制度”“特留份制度”值得深究。其中关于女子财产继承份额及剥夺继承权的法律，《宋刑统·户律》“户绝资产”条规定：

“如百姓及诸色人死绝无男，空有女，已出嫁者，令文合得资产。”

“今后户绝（无后之谓）者，所有店宅，畜产、资财，营葬功德式外，有出嫁女者，三分给与一分”。

“如有出嫁亲女被出（七出），及夫亡无子，并不曾分割得夫家财产入已，还归父母家后户绝者，并同在室人例”。

“令文，各得资产，其间如有怀凯望，孝道不全，与夫合谋，有所侵夺者，委所在长吏，严加纠察。有如此色，不在给与之限”。

“又不同炊，经三载以上；逃亡，经六载以上……见在可分者，不得辄更论分”。

官府对遗赠的数额，嘉祐前未见限制，但其后一般规定为满三百贯者可全部遗赠；满一千贯的遗产限三百贯；一千贯以上的限总额三分之一。降及南宋，对遗产继承数额，户绝之家止给三千贯，其余没官。于此可见官府的贪婪。

3. 时效

宋《名公书判清明集》中对时效问题亦有规定：

“分财产，满三年而诉不平；又遗嘱满十年而诉者，不得受理。”

尤其值得注意的是至迟在北宋，已有了类似今天民法关于时效中止的立法。《宋刑统·户婚》载：

---

[1] 薛梅卿点校：《宋刑统》，法律出版社 1998 年版，第 223 页。

“有故，留滞在外者，即与出除在外之年。”

且还规定：

“如出限许逐人陈诉经由，官司曲意阻难及迁延时日者并重寘典宪”。[1]

当时官府对时效问题之所以如此重视，或许在应对日益频繁的财产交易，如使土地兼并合法化。而这些律法的统一实施，又使得中央加强了对地方的控制。

4. 钱债

唐宋律中，有关钱债方面的规定集中在《杂律》当中。明清律中，有关钱债的规定集中在《户律·钱债》当中。

《唐律》对违约欠债也有规定，还规定解决债务纠纷需报官，若债权人所扣押的抵债财产超过原本债务时，按坐赃论：

“诸负债违契不偿，一疋以上，违二十日笞二十，二十日加一等，罪止杖六十；三十疋，加二等；百疋，又加三等。各令备偿。”

“诸负债不告官司，而强牵财物，过本契者，坐赃论。”[2]

（二）唐宋至明清文本体例的变化——从分门到独立成篇

唐宋至明清，法典体例不断细化。《唐律疏议》共十二篇五百零二条，十二篇之下便是各个条文，各条中附有“疏议”“问答”等内容。唐中后期的《大中刑律统类》及宋代的《宋刑统》，采用了“分门立目”的体例，打破了以往逐条为目的法典编纂体例，将刑律各篇分为若干“门”，每门下又分别附以相关敕、令、格、式。

到明清时期，《大明律》及《大清律例》则采用了“以六部为纲”的体例，

[1] 《庆元条法事类·职制门》卷十三。

[2] 刘俊文点校：《唐律疏议》，中华书局1983年版，第485页。

以《名例》篇为首，下按六部的机构设置，分《吏律》《户律》《礼律》《兵律》《刑律》《工律》六篇，每篇下再分若干目，目之下为律文，律文之后还附有此律的补充“例”。

唐宋时期有关民事的法律分散在“户婚”“厩库”“杂律”等篇中，至明清律，有关民事的法律规定独立成篇，统一规定在《户律》当中，集中在“田宅”“婚姻”“钱债”“市廛”等部分之中。

（三）以唐宋律“生产蕃息”条为例

1. 传统法“生产蕃息”条之释义及逻辑结构

（1）唐律之生产蕃息条

文本凡见有二处，如《唐律疏议》三十三条记述：

诸以赃入罪，正赃见在者，还官、主；转易得他物，及生产蕃息，皆为见在。

【疏】议曰：在律，“正赃”唯有六色：强盗、窃盗、枉法、不枉法、受所监临及坐赃。自外诸条，皆约此六赃罪。但以此赃而入罪者，正赃见在未费用者，官物还官，私物还主。转易得他物者，谓本赃是驴，回易得马之类。及生产蕃息者，谓婢产子，马生驹之类。

问曰：假有盗得他人财物，即将兴易及出举，别有息利，得同蕃息以否？其赃本是人、畜，展历数家，或有知情及不知者，如此蕃息，若为处分？

答曰：律注云“生产蕃息”，本据应产之类而有蕃息。若是兴生、出举而得利润，皆用后人之功，本无财主之力，既非孳生之物，不同蕃息之限，所得利物，合入后人。其有展转而得，知情者，蕃息物并还前主；不知情者，亦入后人。

又问：有人知是赃婢，故买自幸，因而生子，合入何人？

答曰：知是赃婢，本来不合交关，违法故买，意在奸伪。赃婢所产，不合从良，止是生产蕃息，依律随母还主。

其二曰：

余赃非见在及收赎之物，限内未送者，并从赦降原。

【疏】议曰："余赃非见在"，赦前已费用尽，若非转易得他物及生产蕃息者，皆非见在之赃。及收赎之物者，谓犯罪征铜，依令节级各依期限。限内未送，并从赦、降原；过限不送，不在免限。称限内不送，唯据赎铜，余赃旧无限约，逢赦并皆放免。其犯罪应赎征铜，送有期限，违限不纳，会赦不原。故云"限内未送者"，唯为赎铜生文，不为余赃立制[1]。

宋刑统与此类同，不再赘述。明律之生产蕃息条，凡见有一处：

若以赃入罪，正赃见在者。还官、主。（谓官物还官，私物还主。又，若本赃是骡，转易得马，及马生驹、羊生羔，畜产藩息，皆为见在。其赃）已费用者，若犯人身死，勿征（别犯身死者，亦同。若不因赃罪而犯别罪，亦有应追财物，如埋葬银两之类），余皆征之。若计雇工赁钱（私役弓兵、私借官车船之类）为赃者，（死）亦勿征。

（条文内容和精神等，与唐律并无太大出入。小注为清律所加，不再赘述，笔者按。）

条文本身的意义并不难理解，与"余赃"相对应的"正赃"在律文中大略分为六类，正所谓唐律之六赃。六赃当中赃款赃物目前仍在的，则应还给原主，其中赃物交易后的替代物以及赃物的生产蕃息，也都属于赃物目前仍在的情况。而生产蕃息则包括奴婢生下孩子或者马产下马驹等。在其后的解释当中，律疏进一步明确，由于借贷或者以赃款为本金做买卖等行为，靠的都是后人的力量，并非此物原主的力量，则此类衍生的"蕃息"不应返还，如果是赃物辗转，被出售等情况下为第三人所得，如果第三人知情或者是故意为之，则蕃息物应归还本主，而如果第三人不知情，即所谓善意第三人，那么蕃息之物则不

[1] 见《唐律疏议·名例第三十三》，转引自钱大群：《唐律疏义新注》，南京师范大学出版社 2007 年版，第 142 页。

用返还。

（2）“生产蕃息”的文本意义

特别值得注意的是，此所谓“生产蕃息”，从文义的角度理解，应该是一种互文，也就是说，生产与蕃息的本质是一样的，均是指母体以分娩方式产下幼体，从而使幼体与母体分离，诞生新的、独立的（具生命的）个体的过程或幼体本身。因而疏议当中才明确说“生产蕃息者，谓婢产子，马生驹之类”，正与后文强调的“本据应产之类而有蕃息”相符。也就是说，这些“类”也就是特定的物种，都是具有“产”的客观能力的，而如果并非具有“产”的客观能力，就说明后出现的新物并非依据物之原主的“力”或者物之本身的“力”而出现的，因为从逻辑上看，如果是依据物本身之“力”，那么作为物之原主，自然也得主张。此故，处断之方式也必然和前述生产而得的幼体有所区别。当然，在这个角度上，就没有必要将生、产以及蕃和息等进一步区分了。

（3）“生产蕃息”的历史渊源

值得注意的是，“生产蕃息”四字连用，于唐律当中仅见此一处，明律中已改为畜产蕃息，似乎是将奴婢之生养排除于外了，于其他法律条文当中也暂时未有发现。但是两者分开，单独使用“蕃息”来表示相同的意思，则比比皆是。前述种种，大多都是在牲畜繁殖等农艺的领域，但是，在其余的一些记载当中，“蕃息”二字则有更为宽泛的解释，试看以下两例：

……

所费百钱本，已得十倍赢。
颜色转光净，饮食亦甘馨。
子本频蕃息，货赂日兼并。
求珠驾沧海，采玉上荆衡。
北买党项马，西擒吐蕃鹦。
炎洲布火浣，蜀地锦织成。
越婢脂肉滑，奚僮眉眼明。
通算衣食费，不计远近程。

经营天下遍，却到长安城[1]。

……其俗以男女质钱，约不时赎，子本相侔，则没为奴婢[2]。……

按照第一条诗的上下文理解，该诗的主人公系一个商人，而“子本”则是商人在交易活动中的副业，即放贷。按照韩愈在第二条文中的记述，借钱存在着还钱的周期，如果过期不还，利息不断叠加，到了借钱的本金与利息相等的时候，则要被没为奴婢。因此可以看出，“蕃息”在唐代不仅可以指牲畜的繁殖，还可以指金钱的增长。在这个意义上，蕃息等措辞与奴婢也有着千丝万缕的联系。此时的奴婢作价买卖并且其生子等与牛马类同，也符合法律的体系性，唐律当中谈到“奴婢贱人，律比畜产”在此不赘。在更为宽泛的意义上，“蕃息”还被赋予有某种法律和政治方面的意义。

（4）唐律“生产蕃息”的含义

综合前述各类“生产蕃息”的表述可以看出，唐律所谓“生产蕃息”与现代民法孳息理论虽有相关，但并不相同。唐律的“生产蕃息”似乎只是天然孳息中的很小一部分（动物生下之幼崽与植物之果实一样，概属天然孳息无疑，但目前人之人格已无高下之别，因而父母所生之孩子自出生起盖属独立之个体，难以被认定为是孳息），而对于利息等法定孳息，唐律所持的态度则是与原物的分离。具体观之，其逻辑结构大致分为以下几个层级。

首先，在“正赃见在”的情况下，赃物应当返还给官或物主，这属于刑事法制或者刑事诉讼法的内容。考虑到本条需要解决的主要问题是征赃，下一条又谈到余赃非见在已被费用的情况下征赃的具体实施办法，因而可以看出，征赃当中赃之范围应是首先需要被确定的。作为原物之赃物，盖征之无疑，但是与原物与蕃息之物在客观上是分离的，应如何认定二者之间的关系，则需要之后体现民事逻辑和精神的条款进行解释。

其次，生产蕃息的具体内容包括生命体产下的新生命体，而并不包括金钱

[1] 语出唐代元稹之诗《相和歌辞·估客乐》。

[2] 语出唐代韩愈文《柳子厚墓志铭》。

增值产生的新的金钱。为了避免之后再出现与此类似难以辨认的情况，律文的解释当中特别将生产蕃息认定之标准上升到了一个更加理论化或者形而上化的高度上，即强调只有用了“财主之力”，而非“后人之功”的“孳生之物”，才属于生产蕃息之范畴。因而可以看出，在生产蕃息当中，不仅强调新的物与原物之间的关系，更强调原物自身便具有增殖之具体功能，保有此种功能可以被认为是“财主之力”或者“财主原物之力”，这样，就准确厘定了蕃息之物的范围，为之后的司法裁判乃至于民事司法裁判都提供了一种依据。例如，某甲借某乙之马使用期间，马产下马驹，则马驹之归属，依据前述两个逻辑层级，即可以轻而易举地进行判断。

再次，生产蕃息之物当中也并非可以一概观之，毫无区别。从律文上看，由于生产蕃息之原物本身为“赃物”，也就是说现在的占有人对于此物的占有是非法的，那么生产蕃息之物如果继续被现在的占有人占有，自然也属于非法，但如果蕃息之物为今之所谓善意第三人所占有，那么蕃息之物与原物此时则分属不同之人，原物之占有者为一犯罪之人，而蕃息之物占有者概不知情，也应该享有与之相匹配的权利。因此，这一类蕃息物的处断方式与其他蕃息之物存在着显著的区别。

最后，蕃息之物的属性与原物也类似。在律文所列举的第二个案例当中，行为人明知是赃婢还进行收买，产下之子不合从良，随母还原主，这一点的精神与前文是相符合的。同时，按照前文之逻辑，如果行为人不知道是赃婢而进行购买，那么产下之子则归行为人所有，至于摆脱贱籍从良一事，仍应依据其他律文进行处理。

由此可见，唐律对于生产蕃息的认定及处理方法实际上是比较缜密的，其逻辑也是比较清楚的，即便是并未将各种情况都列入其中，如并未列举辗转而得的具体事例或者具体表现，但仍然可以依据立法和语言叙述之逻辑，对其作出比较合理的判断。这就说明，实际上对于诸如不知情者能否取得蕃息之物等一类重要的民事法律关系，唐律的立法者是有着比较深的思考的，其条文内部所体现出的精神，某种意义上看与现代民法也并无本质的区别，同是基于社会成员对于他人行为的合理预期以及基于权威对于社会成员行为的严格管控而已。不仅如此，虽然当下对于此问题的民事立法已可谓繁复，但比照唐律，仍然有一定的疏失，由于条文甚多，以下笔者择其要者，与唐律进行一二之比较。

2. 当下民法孳息制度之规定及问题

（1）孳息的法定含义

当前民法对于孳息之规定，未见于律条当中，学界对此也有不同的看法，尤其是法定孳息等，实践中判定法定孳息的归属往往非常困难，争议极大。但是，对于孳息之归属，《物权法》有着比较明确的规定：

第一百一十六条　天然孳息，由所有权人取得；既有所有权人又有用益物权人的，由用益物权人取得。当事人另有约定的，按照约定。

法定孳息，当事人有约定的，按照约定取得；没有约定或者约定不明确的，按照交易习惯取得。

按照对本条的释义当中的精神[1]，所谓天然孳息，本质上是原物的一种出产物。人们占有使用原物并对其进行生产劳动，其目的就是获得出产物、收获物，因此法律规定天然孳息的归属，实际上就是对劳动的保护。在这一点上，与唐律所谈到"财主之力"和"后人之功"颇有类似之处，天然孳息如果存在着用益物权人，实际上这属于在承认原物的所有权人有取得权利的大前提下，同时许可他人享有排斥原物所有权人的取得权利。他人的这一权利可以基于物权产生，如基于用益物权；也可因债权产生，如因当事人约定而取得孳息。这一大的原则恰恰与日本法和我国台湾地区有关规定非常类似，更与罗马法中"生根的植物从属于土地"，即原物的所有权人取得孳息的权利，但是法律允许其他人提出可以对抗原物所有权人的抗辩有着一定渊源关系。

（2）关于法定孳息的归属问题

按照民法一般的交易规则，利息应由债权人取得，租金应由出租人取得，但也不排除其他情形的存在。如在德国民法中还有为第三人设定的专以取得孳息为目的的物权类型，即动产（特指有价证券）的用益权。所谓债权人，应系

[1] 具体可参见胡康生主编：《中华人民共和国物权法释义》，法律出版社2007年版。

对应唐律当中的“兴生出举而得利润”当中的“原主”或者“财主”，这当中自然存在着付出劳动和交易习惯之矛盾，如仅就商业经营而导致资产增值而言，失却经营之本金或者失却经营的具体活动，都不能达到增值的效果，也就谈不到“蕃息”，所以这里应该纳入考虑的是，究竟我们应该与前述天然孳息的规定保持一致，而背离尊重劳动或者曰“力”的精神，还是在精神层面和全部条文保持一致，而将具体规定进行适当的调整？《物权法》在此问题上的态度并不鲜明，因而关于法定孳息的归属，原则更为变通，虽然可能给实践当中带来巨大的困难，但此种留白也算得是最为不坏的办法。

关于善意取得问题，《物权法》当中也有专门的叙述，大略如下：

第一百零六条　无处分权人将不动产或者动产转让给受让人的，所有权人有权追回；除法律另有规定外，符合下列情形的，受让人取得该不动产或者动产的所有权：

（一）受让人受让该不动产或者动产时是善意的；

（二）以合理的价格转让；

（三）转让的不动产或者动产依照法律规定应当登记的已经登记，不需要登记的已经交付给受让人。

受让人依照前款规定取得不动产或者动产的所有权的，原所有权人有权向无处分权人请求赔偿损失。

当事人善意取得其他物权的，参照前两款规定。

善意取得是所有权特别取得的重要方式，物权保护立法对此都有规定。

关于善意取得的具体构成要件，在条文中已经记述得比较清楚详细了，即第一，受让人需是善意的，不知出让人是无处分权人；第二，受让人支付了合理的价款；第三，转让的财产应当登记的已经登记，不需要登记的已经交付给受让人。三项条件必须同时具备，否则不构成善意取得。

唐律当中规定的“不知情”，按照善意取得的构成要件，应该是指狭义的善意，即不知出让人是无处分权人。但是，物权法当中之善意取得强调的是对于动产本身的取得，而并不是孳息的取得，而且如果考虑赃物的孳息的话，那么赃物本身或者赃物的孳息能否适用善意取得呢？

（3）相关的司法解释

早在1998年5月8日，最高人民法院、最高人民检察院、公安部、国家工商行政管理局就发布了《关于依法查处盗窃、抢劫机动车案件的规定》，该规定的第12条、第18条明确了对于盗窃、抢劫侵占、抢夺、诈骗的机动车，对不明知是赃车的，结案后予以退还买主，这是赃物适用善意取得的最早雏形。真正确立赃物适用善意取得的规定，是最高人民法院在1996年12月16日颁布的《最高人民法院关于审理诈骗案件具体应用法律的若干问题的解释》。该司法解释第11条规定，行为人将诈骗财物已用于归还个人欠款、货款或者其他经济活动的，如果对方明知是诈骗财物而收取，属恶意取得，应当一律予以追缴；如确属善意取得，则不再追缴。最高人民法院、最高人民检察院在2011年3月1日颁布的《最高人民法院、最高人民检察院关于办理诈骗刑事案件具体应用法律若干问题的解释》对该司法解释进行了修订，并在修订后的司法解释第9条第2款再次确认了他人善意取得诈骗财物的，不予追缴，但在刑事案件中适用善意取得赃物范围仍然过窄。

最高人民法院于2014年10月30日发布《最高人民法院关于刑事裁判涉财产部分执行的若干规定》，自2014年11月6日起施行。其中第11条第2款明确规定，第三人善意取得涉案财物的不予追缴，作为原所有人的被害人对该涉案财物主张权利的，人民法院应当告知其通过诉讼程序处理。物权法虽然规定受让人善意取得不动产或者动产的所有权的，原所有权人有权向无处分权人请求赔偿损失，但是关于刑事案件中涉案物品是否适用善意有很大的争议，有部分学者认为涉案物品不适用善意取得，应当一律追缴，返还给受害人。因此，在司法实践中，各地法院有的支持赃物适用善意取得，对善意取得赃物不予追缴，有的法院则认为赃物不适用善意取得制度，赃物应当予以追缴。但是无论是理论上还是实践中，都没有对于赃物的孳息的明确规定。在这一方面，传统法对于现实的启示意义是非常鲜明的。

（四）以古今“遗失物”立法为例

1. 唐宋立法例

唐律对“遗失物”的规定主要集中在《唐律疏议·杂律》的“得宿藏物”条，

其规定：

“诸于他人地内得宿藏物，隐而不送者，计合还主之分，坐赃论减三等。若得古器形制异，而不送官者，罪亦如之。

【疏】议曰：谓凡人于他人地内得宿藏物者，依令合与地主中分。若有隐而不送，计应合还主之分，‘坐赃论减三等’，罪止徒一年半。注云‘若得古器形制异，而不送官者’，谓得古器，钟鼎之类，形制异于常者，依令送官酬直。隐而不送者，即准所得之器，坐赃论减三等，故云‘罪亦如之’。

问曰：官田宅，私家借得，令人佃食；或私田宅，有人借得，亦令人佃作，人于中得宿藏，各合若为分财？

答曰：藏在地中，非可预见，其借得官田宅者，以见住、见佃人为主，若作人及耕犁人得者，合与佃住之主中分。其私田宅，各有本主，借者不施功力，而作人得者，合与本主中分。借得之人，既非本主，又不施功，不合得分。”[1]

“得阑遗物不送官”条规定：

“诸得阑遗物，满五日不送官者，各以亡失罪论；赃重者，坐赃论。私物，坐赃论减二等。”[2]

《捕亡令》中也有相关规定：

“诸得阑遗物，皆送随近县。在市得者，送市司。其金吾各在两京巡察，得者，送金吾卫。所得之物，皆悬于门外，有主识认者，检验记，责保还之。虽未有案记，但证据灼然可验者，亦准此。其经三十日无主识认者，收掌，仍录物色目，牓村坊门。经一周年无人认者，没官，录帐申省听处分。没入之后，物犹见在，主来识认，证据分明者，还之。”[3]

[1] 刘俊文点校：《唐律疏议》，中华书局1983年版，第520—521页。

[2] 刘俊文点校：《唐律疏议》，中华书局1983年版，第520—521页。

[3] 〔日〕仁井田陞著，栗劲等译：《唐令拾遗》，长春人民出版社1989年版，第659页。

《宋刑统·杂律》对遗失物的规定在“停留军器不输弃毁亡失备偿”门，其规定：

“诸亡失器物、符、印之类，应坐者，皆听三十日求访，不得，然后决罪。若限内能自访得及他人得者，免其罪；限后得者，追减三等。官文书、制书，程限内求访得者，亦如之。即虽故弃掷，限内访得者，听减一等。【议曰】若亡失器物、符、印之类，宝及门钥亦同。为亡失应合罪者，未得即决，皆听三十日求访，限满不得，然后决罪。若三十日内自访得及他人得者，免其亡失之罪。三十日限外得者，追减三等，若已经奏决，不合追减。

又云：即虽故弃掷，限内访得，听减一等。【议曰】‘器物符印之类’以下，虽有规避，而故弃掷，限内访得者，听减本失罪一等。”[1]

《宋刑统·杂律》“地内得宿藏物得阑遗物”门规定：

“诸于他人地内得宿藏物，隐而不送者，计合还主之分，坐赃论减三等。若得古器形制异而不送官者罪亦如之。

诸得阑遗物，满五日不送官者，各以亡失罪论，赃重者，坐赃论，私物坐赃减二等。

【疏议曰】得阑遗之物者，谓得宝、印、符节及杂物之类，即须送官。满五日不送者，各得亡失之罪。赃重者，谓计赃重于亡失者。坐赃论，罪止徒三年。私物，坐赃论减二等罪止徒二年。其物各还官、主。

【准】捕亡令：诸得阑遗物，皆送随近县。在市得者，送市司。其金吾各在两京巡察，得者，送金吾卫。所得之物，皆悬于门外，有主识认者，检验记，责保还之。虽未有案记，但证据灼然可验者，亦准此。其经三十日无主识认者，收掌，仍录物色目，牓村坊门。经一周年无人认者，没官，录帐申省听处分。没入之后，物犹见在，主来识认，证据分明者，还之。

【准】厩牧令：诸官、私阑遗马、驼、骡、牛、驴、羊等，直有官印，更无私

[1] 薛梅卿点校：《宋刑统》，法律出版社 1998 年版，第 504 页。

记者，送官牧。若无官印及虽有官印、复有私记者，经一年无主识认，即印入官，勿破本印，并送随近牧。别群牧放。若有失杂畜者，令赴牧识认，检实印作“还”字付主。其诸州、镇等所得阑遗畜，亦仰当界内访主。若经二季无主识认者，并当处出卖。先卖充传驿，得价入官。后有主识认，勘当知实，还其价。

【准】杂令：诸公私竹木为暴水漂失，有能接得者，并积于岸上，明立标牓，于随近官司申牒，有主识认者，江河，五分赏二分；余水，五分赏一分。限三十日，无主认者，入所得人。

2. 明清立法例

明清律中对拾得遗失物的规定集中在《户律·钱债》中，以《大清律例》为例，《户律·钱债》规定：

“凡得遗失之物，限五日内送官。官物（尽数）还官私物召人识认，于内一半给与得物人充赏，一半给还失物人。如三十日内无人识认者，全给。（五日）限外不送官者，官物，坐赃论；（罪止杖一百徒三年追物还官。）私物，减（坐赃）二等，其物一半入官，一半给主。（若无主，全入官。）

若于官私地内，掘得埋藏（无主）之物者，并听受用。若有古器钟鼎符印异常之物，（非民间所宜有者。）限三十日内送官。违者，杖八十，其物入官。

谨按：此条《唐律》内系‘得宿藏物’‘得阑遗物’二条。明始并为‘得遗失物’一条。我朝因之[1]”

可以看到，有关遗失物的规定，唐宋至明清发生了变化。唐宋时期，对拾得遗失物，拾得人有送官的义务，若五日内未送官，以亡失罪论处。而到了明清时期，拾得人仍负有送官的义务，但在履行了送官义务之后，拾得人可以获得一半的拾得物，若三十日无人认领，则拾得物归拾得人所有。这一转变的重要原因便是私权观念的逐渐发达。在唐宋时期，儒家思想占据着主导地位，所以法律在处理遗失物时只规定拾得人负有上交的义务，符合当时的社会实际。

---

[1] 马建石、杨育棠点校：《大清律例》，中国政法大学出版社1992年版，第527页。

而到了明清时期，私权观念得到极大发展，唐宋时期的规定难以良好推行，法律便在重义轻利的理想价值和传统社会钱债利益的现实之间进行了平衡，一方面仍然坚持拾得人负有送官义务的价值追求，另一方面规定拾得人在履行了义务后可以获得一定的利益，那么拾得人在面对是否送官的问题时，便会进行利益衡量，如果不送官将面临杖一百至徒三年的坐赃处罚，同时拾得物仍需上交，而送官既可以获得一半的拾得物，甚至是所有权，还可以获得较高的道德评价，两相对比，显然送官所带来的利益更大。

这样的规定正是法律基于现实而进行的折中，这种折中是法律有别于道德的独特智慧所在。法律作为一种规范制度，并不追求道德对人的无瑕疵的内心约束，而是试图在社会现实与道德标准之间达成一种最不坏的妥协，这种带有折中性质的规范，更能被社会上绝大多数人所接受，同时还能够引导人们作出正确的选择。

3.《民国民法典》与现行《物权法》立法例的差别

在《民国民法典》中，涉及遗失物的规定有五个条文，分别是“遗失物拾得人之揭示报告义务”“遗失物经揭示后之处理”“认领之期限、费用及报酬之请求”“拾得物之拍卖”“逾期未认领之遗失物之归属”。主要内容是拾得人拾得遗失物应通知其所有人，或招领揭示，或报告警署、自治机关。在六个月内所有人认领者，拾得人可请求该物价值十分之三的报酬。如无人认领，拾得人取得遗失物的所有权。这一规定颇近于明清律关于遗失物处理的条文。直至今天，台湾地区仍然沿用这一规定。

我国现行《物权法》规定拾得遗失物，拾得人负有送交和归还的义务，无报酬请求权，拾得物无人认领时所有权归国家。

清末、民国时期，由于清末变法，中国主要参考德、日等大陆法系国家的民法典，又因为德、日民法典在拾得遗失物的规定上也是采取按先占原则取得所有权主义，这样就与传统中国拾得遗失物制度的自然发展契合起来，民国民法继承这一规定。但中华人民共和国成立后，我们并未沿着这一发展进程立法。中华人民共和国成立后民事立法者的意图以倡导路不拾遗、拾金不昧的优良传统为出发点，希望通过道德的内在驱动力促使人们拾物交公。但遗憾的是情况并不理想。事实上，法律作为人民必须遵守的规范，应当遵循当下的实际情况。而现如今的法律规定，还部分带有理想主义倾向，一定程度上缺失了法律解决实际问题的特性，其结果很有可能让法律在实施过程中陷于进退两难的处境。

四、民法典情节——判例法还是法典法——司法中的“造法”与价值追求

（一）学界的传统“判例法”误读——古代的“例”（廷行事、决事比、断例等）与“判例”（则例、成案等）

“例”字对一般人来说不算陌生，生活中常有“举例说明”的表述。在传统法律中，案例的运用应有2000多年了。在对个案的法律条文适用中，古人很早就认识到“法条有限，情罪无穷”这一矛盾，更有“情轻法重，法重情轻”的具体疑难。因此，“举例说明”便成了“法律解释”的有效方法。

据出土简牍与正史文献可知，历代用“例”各有渊源，彼此传承。秦代有“廷行事”，汉代有“奏谳书”“决事比”；自两晋隋唐以降，有“故事”“格”“式”；宋有“指挥”“断例”；明清有“条例”“事例”“则例”“通行”“成案”等。如此繁多的史实名目，会使某些“法律人”联想到近代以来“西法东渐”的英美“判例法”。前述各种古代“判例”，都是通过判决的积累而汇集既往的经验，以供审案参考。这样目的和功能，可能与西方“判例”具有一定的可比性。这只能说两者在某些附属属性上相类似，但两者并非等同。秦代廷行事更类似于官府文书，宋代的断例则是案例，而清代对成案的引用，也仅局限在学理意义上。它们仅是对以往案例的记述与总结，并不担负着“普遍适用”的效力与目的。因此，从西方“判例”理论出发，检视我国古代的“例”（廷行事、决事比、断例等）与“判例”（则例、成案等），必然会带来概念上的“纠葛不清”，同时也会落入“西方中心主义”的窠臼。

两千年来中国成文法典的法律传统，古今皆然。而英美“判例法”特点，非因其以例断案，而是因“遵循先例原则”，成为法律体系形成的渊源。普通法（形象地称为判例法）犹如一桶水，其中的成文法与衡平法不过是投入水桶中的

石头与木头，或沉入水中占有一席之地，导致水位上升，或浮于水上，导致水面的平衡，但水仍旧是主体。而中国历来以法典法为主体，前述历代之“例”，犹如水入石缝之中，不过是依附其间，弥合缝隙而已。

及至明清时期，“例”并非“案例”，已是高度抽象条文化（而非案件故事叙述式）的表达，与律典密切相关的“条例”则更是如此。以清代为例，乾隆五年完成的《大清律例》，代表了传统中国帝制时期的基本“律例”关系。形成了以“律”为宗，“例以辅律”，间用“通行”“成案”的体例传统。要说后世传承最相类似者，或许是民国时期“六法全书”的“判例解释例”体系。

有清一代，至乾隆朝，定法律“五年一小修，十年一大修”。律文高度稳定，甚少大的改动，条例则随时增删，以补律文之不足；而条例又多缘于因疑难、典型的个案而提炼形成的“通行”与“成案”。彼此的关系，简言之：先有成案，成案多因疑难、典型个案，逐级上报“审转”至中央刑部，针对适用法律中的争议问题，会议有关法司部门，拟具意见（时称“说帖”），呈送皇帝审定；如获皇帝批准（多是采纳刑部“说帖”意见），此即为“成案”，但是“成案”“概不准混行牵引”。如果在以后的案件审理中，有引用“成案”为适用法律依据者，则需上报至刑部，刑部再经过皇帝核准，此即为“通行”。如“通行”之本意，而获得一般的法律效力。如果某一“通行”施行有年，影响显著、稳定，下次修例时，多会成为“新例”的直接渊源。

自明清以来，律和例之间的关系不仅作为法律形式之间的位阶关系而为立法者和执法者所重视，相互之间的矛盾冲突以及或者守律而不用例或者因例而破律的相关案例，历史上也有大量的记载。质言之，此类冲突就在于社会对法律提出的客观要求：解决矛盾冲突和保持公正持中之间难以完全调和。传统司法正是借由律例之间关系的权衡，以达到保持社会和谐这一目的。

显然，中国并不存在与西方性质相同的“判例法”系统，当我们谈及司法制度中的某些价值取向时，即便是借西方的某些概念或者创造某些概念加以表述，也始终无法跳脱出传统所带来的话语习惯。明清以来的律例关系中，例并不等同于判例法，更无法成为“普通法系”的意义。就判例法本身看，对于先例的遵循并非在任何情况下都要无条件地适用先例，这与明清之际的“引例破法”虽然有一定的形似之处，但是本质上所关注的仍然不同，前者集中于个案的公平，即是否适用先例会破坏具体个案当中的公平性；而传统例文的出现，则更多地是为了使法律更加适应社会的发展。传统的司法制度系统所一直坚持的原则是律的根本性的地位，这种保守的、审慎的态度正反映了古人对于法律的功能的谦抑性认知以及对于法律应该追求的价值目标的深刻反思。正是这种与“礼”不同的“律”，以其高度的规范性和逻辑性，对传统社会进行着有效的与有限的调整。而“以例破律”本身恰恰建立在对于律文权威性的认可之上。有观点认为，明清之际尤其是清代中后期例文大量出现以后，律文成为具文，未免有失偏颇。

民国北京政府时期大理院的判解例，则是在此逻辑基础上对新价值观与传统社会现实之间的又一次权衡的结果。“现行律民事有效部分”在大理院判解例的解读中不断地被“现代化”，既满足了个案中利害关系人新权利、新观念的诉求，又维系了社会传统观念下旧制度的渐进性变革；既满足了形式上的公平，又达致了现实社会的和谐。而判解例本身，并未因此造就出近代中国的“判例法”传统，仍然在努力扮演着补充成文法未备的暂时性替代性职能。

（二）民国“判解”的实质——法典的替代与过渡功能

近代中国第一部民法典产生于20世纪30年代初，由南京国民政府的立法院制定颁布。因此，在大理院存续的十六年间，就民事案件，并无一部独立的“民法典”可资为审判的依据。当时所仅有的，只是《大清现行刑律》的“民事有效部分”与少数特别民事法规。民国北京政府时期的大理院，在当时成文法大量欠缺和诸多不完备的情势下，便以“判解”的方式“司法兼理立法”。

在创设“判解”的过程中，大理院始终抱有一种“民法法典化”的理想，企求将判例、解释例营造成法典的形式。仔细翻阅大理院民庭所为的判例、解释，虽然是针对个案进行裁断与阐明，但在审判者与解释者的心目中，似乎有意形成一些“普遍的规则”，并利用这些规则，把《大清现行刑律》“民事有效部分”、民事习惯、条理都纳入一个体系中，使之折中调和，达到内在逻辑的稳定。实质上，作为民国初期“私法”的重要审判依据的大理院“判解”，承载着大理院十几年来在权衡中西法理所取得的经验和成就，为其后创制民法典奠定了扎实的基础。许多具有指标性意义的民事判例原则，不仅为南京国民政府的立法院创制民法所采用，司法实务上也直接成为私法审判的依据。可以说，若没有大理院十多年来的努力，南京国民政府立法院显然无法在初建的短短两三年内顺利颁行庞大的民事法典。[1]

（三）法典情节与法典体例的政治诉求

中国民法典编纂过程中所坚持的宏伟目标表现在要将中国民法典同德国民法典和法国民法典相媲美，使之成为21世纪最伟大的法典，重拾唐律的辉煌，重新找回中国法治的自信。

在立法作为一种工程乃至政绩的时代，法典化必然是毋庸置疑的。回顾一下这十年乃至改革开放三十年以来的事实，不难发现，中国民法学大抵充任着“为立法服务”的角色，民法学研究大多围绕着立法论而展开。[2]

综观民法典编纂这几年的理论争论，民法典的讨论不仅是以“中国自我”为中心的，更是以“民法自我”为中心的。2005年物权法涉嫌违宪的大争论实际上是对“民法自我”为中心的公开反对，民法学界试图承担过多的社会责任，他们在将民法典赋予了很多荣光的无形之中，实际上加剧了民法学同其他法学部门乃至人文社会研究学界的裂痕，其他部门法学乃至人文社会科学共同参与民法典这一宏伟工程的机会实际被剥夺，直到物权法中出现重大争议才将民法典的许多问题暴露出来，接受社会各界的检讨，引发了迄今中国立法史上被誉为规模最为宏大的全民参与立法的景象。反观这十年的民法典编纂学术史，民法学者充当着主要乃至唯一的角色，这与民法学者的使命是相关的，但是立法研究并非纯粹理论研究，它与实践关涉密切，民法学者的自我中心，很容易引起自我陶醉甚至自我膨胀，这样制定的民法典是否真正能征服人心则需要重新考虑了。

---

[1] 参见黄源盛：《民初大理院民事审判法源问题再探》，载李贵连主编：《近代法研究（第一辑）》，北京大学出版社2007年版。

[2] 高圣平：《立法论视野下的中国民法学：兴起与繁荣——以改革开放三十年民法学之发展为中心》，载《法学杂志》2009年第1期。

五、“私法”立法的价值悖论（私法越完善私权越受限）与传统智慧——“非不能也，是不为也”（对私权的另一种尊重的逻辑与实践）——“法深无善治”

宋人陈亮指出：“风林无宁翼，急湍无纵鳞，操权急者无重臣，持法深者无善治，奸宄之炽，皆由乎禁网之严，罅漏之多，亦由夫防闲之密。”[1] 他认为“宽简之胜于繁密也，温厚之胜于严厉也”，因此主张“简法重令以澄其源，崇礼立制以齐其习”，这是对当时法网严密的批评和改良之法，同老子的“法令滋彰，盗贼多有”十分类似。“法深”一词可作法律繁多、严苛之意解，法律的无限严厉和庞杂，都会给社会带来不便甚至动荡，古人深谙此理，因此在对待法律的态度上是十分谨慎的，立法更是十分小心，自隋唐定型的传统法制一直延续到清末都尚未做基本改动，篇目结构精简适当。而当下，我们一味强调中国处在转型时期，立法数量和规模逐渐庞大便成了理所当然，如今我们所立之法远甚于任何时期，甚至连我们的立法参与者都不能厘清现在的中国究竟有多少法。因此，我们是否应该重新重视“法深无善治”的忠告？

我们对改革开放四十年来中国立法做一个大略的统计分析[2]，并寻找到中国历史中立法同样繁杂的时段[3]，从历史主义的进路出发来观察立法涉及的诸多面

---

[1] （宋）陈亮：《陈亮集·法深无善治》，中华书局 1974 年版。

[2] 回顾中华人民共和国成立 70 年来，我国全国人大及其常委会共制定的法律有 455 件之多，现行有效的法律为 226 件之多，有效率为 40.7%，不足一半。自 2005 年至 2010 年间，共实施国家级法规 802 件，地方级法规 1007 件，共计 1809 件，平均每年实施法律法规 361.8 件，每月实施 30.2 件，几乎每天都有 1 部法律法规实施。

[3] 自汉武帝末期到汉成帝河平前约计 60 年，也即西汉后期 60 年的立法，仅大辟就增加 600 余条，平均每年增加 10 余条的死刑罪名，可见立法逐年严苛，更何况立法字数达 100 万之多，数量可谓庞大。到东汉后期，自和帝永元至献帝约 100 年的立法实践，条文数量增长 21000 余条，平均每年增加 210 条，距西汉末年约 220 年里，立法字数竟增加 670 万之多，平均每年增加 3 万之多。西汉末期的立法繁苛显然非同一般，而东汉更是有过之而无不及。西汉存世 210 年，而东汉存世也达 196 年，二者相差不到 20 年，法规之数竟相差如此巨大。民国 25 年内共制定的 374 件法律法规，其中包括：宪法及相关法类 46 件，占 12.3%；行政法类 164 件，占 43.9%；经济法类 43 件，占 11.5%；民商法类 45 件，占 12.0%；刑法类 43 件，占 11.5%；社会法 12 件，占 3.2%；诉讼法 21 件，占 5.6%。近四十年中国立法的基本情况和自清末延续而来的民国 25 年的立法差别并不大。中华民族在这两个时期都上演着“立法移植”的国家戏剧。详见赵晓耕、沈玮玮：《专业之作：中国三十年（1979—2009）立法检视》，载《辽宁大学学报（哲学社会科学版）》2010 年第 5 期。

向，可以发现历史往往蕴藏着惊人的相似，法制史的路径可以提供一些警示性的智识。这也对法制史学科之于整个法学学科，尤其是部门法学科的作用和意义作出诠释，为部门法学的扎实而富有实际意义的研究奠定基础。

无论是从制度的结构来看，还是从制度背后的精神上看，传统法都有一个鲜明的特点，即在周全地考虑事实关系和逻辑关系的基础上，更加强调“情”“理”等社会认同标准在法律当中的适用，而两者之间的一些差距则或者人为地留白，或者以高超的立法技术弥合其龃龉。从这个角度看，具有代表性的制度不胜枚举，而“生产蕃息”只不过是很小的一个例证。归根结底，传统法和当代法甚至是以后的法律之发展，也基本都是在寻求“天理、国法、人情”之合理平衡的角度进行着探索，那么，有选择、有区别地对社会关系进行归纳，并将之纳入到法律的逻辑关系之中，就应该成为立法者立法工作、修法工作和释法工作的一种常态。在这一恒久而紧张的过程之中，至少从以下几个方面，传统法的智慧堪可供当下采撷。

首先，就社会关系的筛选和甄别来看，并非所有社会关系尤其是我们当今认为的民事法律关系都需要被纳入法律规范的范围当中，法律也绝非越多越好。唐律当中，选择性地将一些民事财产关系纳入法律调整的范围而将另一部分关系放置于整个社会当中进行自主规范，其结果是唐代法律成为中华法系之代表，唐代之经济和政治水平也出现了空前的发展和繁荣。这其中的“清官难断家务事”“是不为也，非不能也”的传统智慧经验，尤其值得今人关注。

其次，就立法的模式来看，民刑不分等需要进一步加以严格的定义与分析，更应该避免片面地强调中国传统法中没有什么、缺乏什么或者落后于什么，等等。在法律文本逻辑关系上，传统法仍然是非常周严的。实际上，当前极为细化的部门法区分客观上更可能导致这样的问题：本身一部法律系 A 部门之法律，但是在其行文当中或者本身就涉及了其他法律的时候，则更加倾向于 B 部门之法律，甚至是表现了 B 部门法律之精神，实际上这样的情况不仅难以避免，甚至来说也是一种大的趋势。例如，“刑事和解制度”与“侵权中的惩罚性赔偿”等问题，这样的情况使我们不得不反思，极其严格意义上进行的部门法的区分，是否真的恰当？当前，民法的法典化已经是一个比较确定的事实，作为比较难法典化的民法，这一过程绝不仅仅是将各类诸如物权法、合同法、婚姻家庭继承法等拼凑在一起，就完成了法典化，而是更应该强调条文与条文、条文与系统、本系统与其他系统等不同层级的逻辑联系，这样才能够实现“典”的真正内涵。从这一角度上看，传统帝制社会那些完整的、严密的、“得古今之平”的传统法典，其行文逻辑和技巧，对我们不无裨益。

最后，传统法具体的样貌背后，甚至是其立法精神背后，隐藏的是立法机关对于社会现状的深刻认识和合理预期，而并不是片面地强调矛盾或者忽视矛盾。其整个制度设计并不着眼于“提防民众”或者“经济人假设”，而是对民众进行适当的引导和教育，并使之达到与“上”的和谐，最终实现“蓄息”的一个“有德”的社会形态。法律天生有教人为恶之弊病，因而如期待真正解决某个具体问题，最终的办法还是要回归到法律所根植的社会当中。正所谓“刑期于无刑”，唯有认清了这一点，才能避免法律成为为某种权威歌功颂德或者为某种权威为虎作伥的大纛华盖，而使其真正成为荫蔽全部社会主体的保护伞。

“法深无善治”一直是传统中国立法者秉持的立法理念，直到当中国面对西方时，中国立法失去了自身的立法理念，立法移植被迅速接纳。无论是在清末民国，还是中华人民共和国成立之后，主导中国立法观念的是法制现代化目标，力图通过快速立法实现法治。因此中国近四十年立法，在数量和频率上都超越了古今中外，快速的移植立法注定是依托专业化形式，而专业化立法带来了大众法律认知和接受的难题，普法和法治问题并未随着全面立法而解决。“法深无善治”的古人智慧、“非不能也，是不为也”的哲理值得我们反思。

论中国历史上的“并嫡”与“兼祧”现象

袁啸天*

多数学者对中国婚姻方式起源的观点是坚持恩格斯在《家庭、私有制和国家的起源》一书中提出的从血缘内婚到普那路亚婚到对偶婚再到一夫一妻制的婚姻理论的。但亦有很多学者依据各类证据对从群婚到对偶婚的过程提出不同观点。虽众说纷纭，但宗法制，特别是其中嫡长子继承制，对一夫一妻制的形成之影响是确信无疑的。“殷以前无嫡庶之制。……故商人祀其先王，兄弟同礼；即先王兄弟之未立者，其礼亦同，是未尝有嫡庶之别也。此不独王朝之制，诸侯以下亦然。”[1]此种继承制度常常引起兄弟之间的角力争斗，造成频繁的战争与社会的纷乱。《史记·殷本纪》载：“帝阳甲之时，殷复衰；自仲丁以来，废适而更立诸弟子，弟子或争，相代立，比九世乱，于是诸侯莫朝。”为了避免争夺继承权而引起诸子之间的战争大量消耗国家资源，此后统治阶级积极寻求一种能够稳定传承的继承方式。嫡长子继承制萌芽并逐渐得到社会的认同，到西周时形成制度化，适用对象上至国王、下至庶人。如周宣王时，鲁武公率长子括、少子戏朝见周宣王。宣王欲立戏，但遭到大臣们的反对，认为天子立诸侯而不以长是“教逆也”。严格的嫡长子继承制保障了统治阶级内部的秩序稳定，得到了统治阶级的认可与维护。而嫡庶的区分使得妻妾身份的认定成为关键，一名男子只能拥有一名正妻，所生子女为嫡出，其他配偶只能认为是媵妾，所生子女为庶出，而只有嫡长子才有身份与财产的继承权。

随着西周宗法制的逐渐成熟稳固，作为宗法制核心内容的嫡长子继承制被

---

* 袁啸天，上海师范大学法律史专业硕士研究生。

[1] 王国维：《古史新证》，湖南人民出版社 2010 年版，第 35—36 页。

法律所确认与保护。一夫一妻制与妻妾地位的认定也被法律所重视。历朝历代均明文禁止重婚与乱妻妾位的行为。规定“一夫一妻”的法律制度最早的记载可以追溯至先秦的《法经》。[1]“贤王制礼乐法度，乃作五刑，以禁民僻……乱嫡庶则縶……娶同姓、以妾为妻，则变。”[2]有明文可考的一夫一妻法律制度当自《唐律疏议》起，其后历代封建王朝均以《唐律疏议》为蓝本制定其律典，一夫一妻的法律制度也相沿不改，违此制者皆须依法科以刑责。

一、历代法律对重婚、以妾为妻行为的禁止

中国古代很早就出现了禁止以妾为妻的规定，据《孟子》一书记载，齐国法禁：“五霸，桓公为盛，葵丘之会诸侯，束牲载书而不歃血。初命曰：诛不孝，无易树子，无以妾为妻。”[3]

秦朝实行一夫一妻，《七国考》引桓谭《新论》载李悝《法经》条例：“夫有一妻二妾，其刑聝，夫有二妻，则诛。妻有外夫则宫，曰淫禁。”[4]汉代沿袭了秦代的法律规定，据《汉书》载：“孔乡侯傅晏，元寿二年坐乱妻妾位免，徙合浦。”由此而见，汉代《九章律》也有关于对乱妻妾位加以处罚的规定。[5]

唐代的法典《唐律疏议》中规定：“诸有妻更娶者，徒一年，女家减一等，若欺妄而娶者，徒一年半，女家不坐，各离之。疏议曰：依礼，日见于甲，月见于庚，象夫妇之义。一与之齐，中馈斯重。故有妻而更娶者，合徒一年。‘女家减一等’，为其知情，合杖一百。‘若欺妄而娶’，谓有妻言无，以其矫诈之故，合徒一年半。女家既不知情，依法不坐。仍各离之。称‘各’者，谓女氏知有妻、无妻，皆合离异，故云‘各离之’。”“诸以妻为妾，以婢为妻者，徒二年。以妾及客女为妻，以婢为妾者，徒一年半。各还正之。”疏议曰：“妻者，齐也，秦晋为匹。妾通卖买，等数相悬。婢乃贱流，本非俦类。若以妻为妾，以婢为妻，

---

[1] 《七国考·魏刑法》，参见（明）董说：《七国考》，文物出版社1986年版。

[2] 郑慧生：《校勘杂志·附司马法校注》，河南大学出版社2007年版，第238—241页。

[3] 《孟子·告子下》，参见（战国）孟轲原著，万丽华注：《孟子》，中华书局2006年版，第275页。

[4] 《七国考·魏刑法》，参见（明）董说：《七国考》，文物出版社1986年版。

[5] 《汉书·恩泽侯表》，参见（汉）班固撰：《汉书》，中华书局1962年版。

违别议约，便亏夫妇之正道，黩人伦之彝则，颠倒冠履，紊乱礼经，犯此之人，即合二年徒罪。‘以妾及客女为妻’，客女，谓部曲之女，或有于他处转得，或放婢为之，以婢为妾者：皆徒一年半。‘各还正之’，并从本色。”

《宋刑统》规定：“诸有妻更娶妻者，徒一年，女家减一等；若欺妄而娶者，徒一年半，女家不坐。各离之。”[1]“诸以妻为妾，以婢为妻者，徒二年。以妾及客女为妻，以婢为妾者，徒一年半。各还正之。”[2]

元代是我国北方少数民族蒙古族建立的政权，元代的法典《通制条格》也规定：“一、有妻更娶者，虽会赦，犹离之。一、蒙古人不在此限。至元十年正月，中书省御史台呈：陕西按察司申，先奉条格定到民间婚姻聘财内一款：有妻更娶者，虽会赦，犹离之。钦此。照得州县人民有年及四十无子，欲图继嗣，再娶妻室，虽和听离，或已有所生，自愿者，合断无罪，听改为妾。户部议得：有妻更娶，自愿者，听改为妾。今后若有求娶妾者，许令明立婚书。”[3]

明清两代的法律也严禁以妾为妻，如《大明律》规定：“凡以妻为妾者，杖一百。妻在，以妾为妻者，杖九十，并改正。若有妻更娶者，亦杖九十，离异。”[4]清朝的法典《大清律例》“妻妾失序”条也规定：“凡以妻为妾者，杖一百。妻在，以妾为妻者，杖九十，并改正。若有妻更娶者，亦杖九十，（后娶之妻）离异（归宗）。”[5]

乾隆四十年，定《大清律附例》，认可兼祧：“如可嗣之人系独子，……如可继之人亦系独子，而情属同父周亲，两情相愿者，取具阖族甘结，亦准其承继两房宗祧。”但官方对待承嗣后过继子所娶之后妻地位的态度有所反复。刑部说帖明确：“查有妻更娶，与其夫及夫之亲属有犯，仍按服制定拟之制，系指其

---

[1] 《宋刑统·户婚律》“婚嫁妄冒”门，参见（宋）窦仪撰，薛梅卿点校：《宋刑统》，法律出版社1999年版，第240页。

[2] 《宋刑统·户婚律》“婚嫁妄冒”门，参见（宋）窦仪撰，薛梅卿点校：《宋刑统》，法律出版社1999年版，第241页。

[3] 《大元通制条格·户令·嫁娶》，参见郭成伟点校：《大元通制条格》，法律出版社1999年版，第48页。

[4] 《大明律·户律·婚姻》“妻妾失序”条，参见怀效锋点校：《大明律》，法律出版社1999年版，第60页。

[5] 《大清律例·户婚·婚姻》“妻妾失序”条，参见田涛、郑秦点校：《大清律例》，法律出版社1999年版，第206页。

夫并未兼祧两房，后娶之妻律应离异而言。若兼祧两房各为娶妻，冀图生孙继嗣，是愚民罔知嫡庶之礼，与有妻更娶不同，止宜别先后而正名分，未便律以离异之条……查人情莫不爱女，在明知其有妻而仍许配者事所罕有，至兼祧两房之义，愚民多误以为两房所娶皆属嫡妻，故将女许配。议礼先正名分，不便使嫡庶混淆，而王法本乎人情，原无庸断令离异，有犯应以妾论，情法俱得其平。”[1]从此帖来看，虽然刑部不承认兼祧双娶的两妻并嫡的地位，但也并未将此种行为认定为有妻更娶的违法犯罪加以处罚，仅“别先后而正名分”即可。

由此可见，自西周至清末一夫一妻制皆是封建礼法保护的对象，历朝历代皆在刑法中对有妻更娶及乱妻妾位的行为规定了严厉的处罚。但双妻并嫡甚至一夫三妻四妻在历史文献中的记载屡见不鲜。

二、东汉末年至唐朝的并嫡现象

所谓“并嫡”就是一个男子娶两个妻子，而这两个妻子皆是地位无高下之分的正妻的现象，这一现象使嫡庶区分混乱，是对封建礼法的严重违背。但乱世之中，皇帝往往带头违法。“一帝一后，礼也。至荒乱之朝，则漫无法纪，有同时立数后者。”[2]“二妻并嫡的现象，在东汉末年已经出现。这类现象给重嫡庶之别的封建礼制带来了一大难题。所谓‘二妻并嫡’，就是二妻无嫡庶之分。这是一种特殊的家庭结构。”[3]这种现象大多出现于战乱之中，为避灾乱，很多家庭分崩离析，而古代交通不便，音讯难通，男性异地再娶之后又重新与原配团聚，先后所娶的两位妻子皆为正妻，地位难辨。民间对于这种由于历史原因造成的并嫡现象不但不以为非，反将能够和睦相处的二妻家庭当作情义的典型加以褒扬。官府面对此种明确违反礼法的现象态度亦相当暧昧，并未对其加以明确禁止，即使多次在朝堂之上对相关礼法的适用进行讨论与争辩，也未得出确切的结论。

据《晋书·礼志中》记载：“安丰太守程谅先已有妻，后又娶，遂立二嫡。

[1]（清）祝庆祺等编：《刑案汇览三编》第2编，北京古籍出版社2004年版，第1459页。
[2]（清）赵翼：《廿二史札记校证》，王树民校证，中华书局2013年版，第352页。
[3] 张承宗：《六朝妇女》，南京出版社2012年版，第143页。

前妻亡，后妻子勋疑所服。中书令张华造甲乙之问曰：‘甲娶乙为妻，后又娶丙，匿不说有乙，居家如二嫡，无有贵贱之差。乙亡，丙之子当何服？本实并列，嫡庶不殊，虽二嫡非正，此失在先人，人子何得专制析其亲也。若为庶母服，又不成为庶。进退不知所从。’太傅郑冲议曰：‘甲失礼于家，二嫡并在，诚非人子所得正。则乙丙之子并当三年，礼疑从重。’车骑贾充、侍中少傅任恺议略与郑同。太尉荀顗议曰：‘春秋并后匹嫡，古之明典也。今不可以犯礼并立二妻，不别尊卑而遂其失也。故当断之以礼，先至为嫡，后至为庶。丙子宜以嫡母服乙，乙子宜以庶母事丙。昔屈建去芰，古人以为违礼而得礼。丙子非为抑其亲，斯自奉礼先后贵贱顺叙之义也。’中书监荀勖议曰：‘昔乡里郑子群娶陈司空从妹，后隔吕布之乱，不复相知存亡，更娶乡里蔡氏女。徐州平定，陈氏得还，遂二妃并存。蔡氏之子字元衅，为陈氏服嫡母之服，事陈公以从舅之礼。族兄宗伯曾责元衅，谓抑其亲，乡里先达以元衅为合宜。不审此事粗相似否。’”[1]

虽然各方观点不同，但是从处理的结果来看，礼法的禁止性规定往往被官员从情理方面进行规避。《通典》记载的事例处理过程简明地说明了这一点：“魏征东长史吴纲亡入吴，妻子留在中国，于吴更娶。吴纲与后妻并子俱还，二妇并存。时人以为，依典礼不宜有二嫡妻。袁准《正论》以为：‘并后匹嫡，礼之大忌。然此为情爱所偏，无故而立之者耳。纲夫妻之绝，非犯宜出之罪，来还则复初，焉得而废之？在异域则事势绝，可以娶妻，后妻不害，焉得而遣之？按并后匹嫡，事不两立，前嫡承统，后嫡不传重可也。二母之服，则无疑于两三年矣。’虞喜议曰：‘法有大妨，礼无二嫡。赵姬以君女之尊，降身翟妇，著在《春秋》，此吴氏后妻所宜轨则。’庾蔚之谓袁准制之，得其衷矣。”[2]本案中袁准认为吴纲“在异域则势绝”，娶后妻的行为并未违礼，这不仅是礼学大家庾蔚之的选择，也是当时官方的抉择。

多位正妻甚至常常出现在官方的金石碑刻与户籍簿上。如《大唐故京兆府美原县尉张府君墓志铭并序》《唐故试光禄卿曹府君墓志并序》中分别并列记载了张府君的两位夫人与曹府君的三位夫人。[3]《晋书》载：“零陵李繁姊先适南平

---

[1] 《晋书·礼志中》，参见（唐）房玄龄撰：《晋书》，中华书局 1974 年版，第 640 页。

[2] 《通典·二嫡妻议》，参见（唐）杜佑撰：《通典（中）》，岳麓书社 1995 年版，第 976 页。

[3] 周绍良主编：《唐代墓志汇编》，上海古籍出版社 1992 版，第 1457 页，第 1788 页。

郡陈诜为妻，产四子而遭贼。姊投身于贼，请活姑命，贼略将姊去。诜更娶严氏，生三子。繁后得姊消息，往迎还诜。诜籍注领二妻。”[1] 近代出土的敦煌户籍文书中显示唐代一男二妻或三妻的事例也尤多，引发研究者的关注。据敦煌郡敦煌县龙勒里乡都乡里户籍残卷，这份残卷中记载的有 17 户，其中就有程仁贞、程思楚等 6 户家庭出现多妻现象，约占 35.2%，[2] 这个比例可以说是相当高的。这一定程度上说明了当时社会的并嫡情况。

可见，尽管礼教正统的力量十分强大，法律的禁止性规定也明白无误，但一夫双妻的现象自东汉末年至有唐一代延续下来，民间习惯在情与理的支撑下甚至挣脱朝堂礼法的束缚，将二妻乃至多妻堂而皇之地登载到官方的户籍簿中。

三、清朝至民国的兼祧现象

为延续香火，民间一子兼祧两房的现象由来已久。乾隆四十年定例使兼祧由民间习俗转化为法律制度。在这种制度之下出现了一个男子在不同的“房”中同时拥有两位正妻的现象。

河北保定所属各县习惯：“以独子承祧两房，于两房均娶有妇妻，习惯谓之为‘对房’，不能认为无效。”[3] 山西虞乡县的习俗：“一人承祧两房宗祀者，得娶两妻，两妻以齿为序，不问孰先孰后，不分阶级。”[4] 安徽省南陵县习惯：“兼祧子得娶二妻，本生父母为之娶一妻，兼祧父母亦可为娶一妻，皆为正室，结婚时即先说明，所生之子各承各祀，各继各产。”[5] “民间一夫两妻的现象原本就是难以禁止的现象，法律对此也采取所谓民不举，官不纠的态度。”[6]

陈鹏描述当时情况为：“清高宗时定兼祧之法，令一子得兼承两房之嗣，遂开民间双娶之门，于是有‘两头大’之俗，虽律例视后娶为妾，实仍为妻也。

[1] 陈鹏：《中国婚姻史稿》，中华书局 1990 年版，第 429 页。
[2] 数据统计于仁井田陞：《中国身份法史》，第 574—575 页。
[3] 前南京国民政府司法部编：《民事习惯调查报告录》，中国政法大学出版社 2005 年版，第 613 页。
[4] 前南京国民政府司法部编：《民事习惯调查报告录》，中国政法大学出版社 2005 年版，第 676 页。
[5] 前南京国民政府司法部编：《民事习惯调查报告录》，中国政法大学出版社 2005 年版，第 703 页。
[6] 王新宇：《民国时期婚姻法近代化研究》，中国法制出版社 2006 年版，第 137 页。

以是双娶并嫡，民间仍常有之，律亦不能尽禁。”[1] 然而清代律文中并未明文规定兼祧之下后娶之妻为妾，所谓妾的说法应该是从通行法理出发的推论。滋贺秀三在《中国家族法原理》中认为：“用明文对兼祧的习惯给与承认的清朝的法律都没有达到承认这种两妻的习惯的程度。大概在法律上不得不认为某一方为妾。……但是作为民众的意识，对兼祧的两妻完全是正妻的事并不抱有疑问。据说已经有妻的人甚至可以用作为兼祧的两妻来娶这样的口实当作为了说服不肯嫁为妾的女子的欺瞒之策。”[2]

嘉庆十三年定例：“凡嫁娶违律，应行离异者，与其夫及夫之亲属有犯……若止同姓及尊卑、良贱为婚，或居丧嫁娶，或有妻更娶，或将妻嫁卖，娶者果不知情，实系明媒正娶者，虽律应离异，有犯，仍按服制定拟。”“虽亦律应离异，然既系明媒正娶，婚姻之礼已成，夫妇之分已定，自未便因违例婚娶之轻罪而置夫妇名分于不论。倘有与亲属相犯，即应照已定名分，各按服制定拟。”[3] 此时官方在处理亲属相犯案件时将后娶之妻以正妻身份看待。

而到了嘉庆十九年，礼部在“余万全丁忧案”中却将后娶之妻比照妾论，“至承祧两房之人，愚民多误以为两房所娶皆属嫡妻，故将女许配，议礼先正名分不便，使嫡庶混淆，而王法本乎人情，原毋庸断令离异，有犯应以妾论，情法俱得平”。[4]

刑部最初处理案件时，认可礼部的解释：“交核山东省咨‘独子承祧两房，各为娶妻；后娶之妻有犯，作何办理，请部示复’一案。……咨复在案，查有妻更娶，与其夫及夫之亲属有犯，仍按服制定拟之例，指系其人并未承祧而言。如两房各为娶妻，冀图生孙续嗣，是愚民罔知嫡庶之礼，与有妻更娶不同，止宜别先后而正名分，未便律以离异之条。参以礼部议复河南省余笃生之案，则后娶之妇应为妾也明甚。既以妾论，如与夫及夫之亲属有犯，自应以妾科断。”[5] 道光元年东抚咨彭自立杀子后妻郑氏案，谓彭文汉婶婶彭高氏为彭文汉聘娶后

---

[1] 陈鹏：《中国婚姻史稿》，中华书局 1994 年版，第 436—437 页。

[2] 〔日〕滋贺秀三：《中国家族法原理》，张建国、李力译，商务印书馆 2013 年版，第 335 页。

[3] 转引自苏亦工：《明清律典与条例》，中国政法大学出版社 2000 年版，第 291—297 页。

[4] （清）祝庆祺等编：《刑案汇览三编》第 2 编，北京古籍出版社 2004 年版，第 1460 页。

[5] 陈重业主编：《〈折狱龟鉴补〉译注》，北京大学出版社 2006 年版，第 880 页。

妻郑氏，冀图继承本房宗祧。后因家庭琐事，彭文汉父亲彭自立杀害郑氏，地方官断为父杀子妇，而被刑部驳回。[1]

但其后，刑部的态度发生了转变。《刑案汇览续编》所载王廷庸一案便依嘉庆十三年例而断，刑部认同保定府的主张：“礼部议覆河南学政余万全丁忧请示案内，以礼无二嫡，将后娶之妻作为妾论，系专指夫之子女为后娶之妻持服而言。至于后娶之妻与夫之亲属有犯，倘竟作妾论，则案关人命，罪名轻重悬殊，办理转多窒碍。自应比依‘有妻更娶’之律，有犯仍按服制定拟。”[2] 此时，刑部的主张已与礼部和其自身之前的主张相悖，皆以兼祧后娶之妻为正妻。

民国初期，对于兼祧制度之下的“两妻”现象则予以了明确的否定。民国之初大理院认为：“兼祧后娶之妻，法律上应认为是妾，惟定婚之时，不知有妻，又不自愿为妾者，许其请求离异。”[3] 陈顾远描述了立法理由：“清高宗时，以律既禁异姓为后，又必令昭穆伦序相当，结果或竟无后可立，遂定兼祧之法，令一子兼承两房之嗣，此又为世人开一双娶之新径。民国成立以后，习俗仍有‘开门立户’之事，即一人借兼祧为名，可娶多女，称曰‘平妻’或‘平处’，亦即所谓‘两头大’是。然在法律上则以有妻更娶，既干禁例，兼祧并娶亦显违科条，故兼祧后娶之妻，仍视之为妾。”[4]

然而民初的立法却未得到严格的执行，民初《民事习惯调查报告录》对此多有记载。如安徽省（今湖北省）英山县习俗：“同父兄弟间仅有一子，以其子兼祧两房时，彼为之娶妻，此亦为之娶妻，并无大小之分。所生之子，各承宗祧，各继各产。如甲房所娶之妻生有三子，乙房所娶之妻仅生一子，其三子均为甲房后裔，仅能就甲房所有财产三股均分，不能将乙房财产合并与乙房之子作为四股份配。虽一人而娶二妻，不无重婚之嫌，而积习相沿，仍不改移。”[5]

对于多妻家庭，族谱的排列也是较有特色的，二妻并不同列，而是分属两房。如在宜兴《重修五龙溪王氏宗谱》中，王福成兼祧两房，就在宗谱中出现

---

[1] 祝庆祺编：《刑案汇览》，道光十四年棠樾慎思堂刻本，卷四十《刑律斗殴 · 妻妾殴夫》。

[2] 何锡俨、吴潮汇辑《刑案汇览续编》卷七，光绪二十六年蓉城版，台北文海出版社 1970 年影印。转引自苏亦工：《明清律典与条例》，中国政法大学出版社 2000 年版，第 296 页。

[3] 郭卫编：《大理院判决例全书》，中国政法大学出版社 2013 年版，第 411 页。

[4] 陈顾远：《中国婚姻史》，商务印书馆 1998 年版，第 58 页。

[5] 前南京国民政府司法部编：《民事习惯调查报告录》，中国政法大学出版社 2005 年版，第 697 页。

两次，一次附于生父王维寅之下，并记有“娶塘北吴氏顺生之女”并所生一子一女，另一次作为嗣子记于叔父维象之下，此处有“配陆有筱女”及所生子附之。这一家庭在形式上分为两个家庭。[1] 同谱中王德伦亦兼祧本生父及伯父，故娶二妻：“公初起家，娶于蒋氏，惜未有出，而吾姊于归，举丈夫子三，长成裕，次成芳，成非。”所谓“吾姊”即“嗣室无锡新安镇史梗上邹春泉女”。[2] 可见，兼祧之现象在民国以后的中国民间仍然存在。

兼祧与并嫡两种行为有着本质不同，兼祧与其说是一夫娶二妻，倒不如说是一名男子被拟制为形式上的两个主体，承继二房各为娶妻，两位妻子虽共侍一夫，但从名义上来看其实分属于两个家庭，属妯娌关系，“所生之子，各承宗祧，各继各产”。即使兼祧又娶仍是有妻更娶的违法行为，但切实解决了大家族人丁稀少，缺乏继承人的所谓“绝户”问题，这在拥有数千年祖先崇拜传统的中国封建社会是一件极其重要的事情。

四、并嫡、兼祧现象原因探析

无论并嫡与兼祧现象的出现都有其客观的时代背景与社会根源。在东汉末年，战争频仍，所谓“东汉之末，迄于魏晋，丧乱相乘，南北间阻。羁旅再娶，另立家室者，往往而有。迨事平之后，旋归故土，遂两妻并存，不分嫡庶。议者谓是礼之变，可序后先，不分嫡侧，而时俗亦以二妻能敬让为贤，不以并嫡为非”。[3] 古代音讯难通，战火何时停息也不可预测，有妻更娶往往是当事人困居他乡不得已而为之之行为。无论是民间观念还是官府司法皆对此种现象报以同情与理解。囿于礼制约束，在立法层面，政府依然严刑禁止有妻更娶的行为，但在司法层面，官员往往通过大胆的法律解释对因战争而导致的并嫡现象进行包容。通过“在异域则事势绝”等理由在礼法的框架内对该行为的惩处进行规避。

---

[1] 王惠棠等纂：《重修五龙溪王氏宗谱》，民国三十二年三槐堂木活字本，卷七《世表》，上图藏J138。

[2] 王惠棠等纂：《重修五龙溪王氏宗谱》，民国三十二年三槐堂木活字本，卷八《世表》，卷十三《姊丈王公德伦传》，上图藏J138。

[3] 陈鹏：《中国婚姻史稿》，中华书局2010年版，第425页。

或者直接睁一只眼，闭一只眼，对于此举“民不举，官不纠”。

而唐代的并嫡现象大多出现在敦煌地区，郑学檬先生对此地59户的户籍残卷进行了统计，认为：“可以推断七世纪后期至八世纪后期敦煌县人口的性别比例是很不合理的。（其文中所统计）上述59户中，男性108人，女性209人，女性比男性多93.5%。而且在同龄性别的比例中，黄、小、中、丁、老各段，均为女性多于男性。”[1] 仅依据此份残卷很难得出准确的敦煌地区男女人口比例，但管窥蠡测，当时敦煌地区男女比例失调已形成了严重的社会问题，此外唐代敦煌地区大量的女性出家人口可作佐证。古代妻妾地位的悬殊造成大多人家不愿将女儿嫁予男子做妾，而敦煌男性人口又无法消耗接近其两倍数量的适婚女性。众多的适婚妇女待嫁闺中，造成本地劳动力人口增殖缓慢，给社会经济发展带来不利影响，一夫多妻似乎成了解决这些问题不得已的选择。

兼祧中有妻更娶现象所体现出的礼法关系更为复杂。追根溯源，兼祧是民间为了防止无子之家面临绝户危险，可继之人却又系独子无法过继的困难情况而进行的创造之举。宗祧继承的断绝与有妻更娶都是礼法所不愿看到的，很难判断兼祧习惯是民间对礼的自发维护还是对礼法的有意破坏。当然，百姓家族绝户对社会利益的危害明显大于一夫多妻对社会的危害，并且兼祧形式下的多位妻子分属多“房”，所生之子的宗祧与财产继承互不干涉，对宗法制并未产生实质危害，在法理上亦可自圆其说。官府二害相较取其轻，只能“不痴不聋，不做家翁”了。正如《定例汇编》所载礼部谓：“本部查礼教之行，始于纪伦，礼无二嫡，名分攸关，诚恐民间不谙定例，似此者尚复不少，应通行各省督抚学政，转饬地方官，剀切出示晓谕。嗣后凡官员士庶人等，如有独子承祀两房，只应娶嫡妻一人，其置侧室，以广嗣育，例所不禁，不得两门均为娶妻，有违定例。但习俗相沿，为日已久，该地方官只可敦切化导，不得纷纷查究，致使等籍端滋扰，以端风化，而靖闾阎。”[2] 面对强大的民间传统，官法也力有不逮，不得不屈服其前。以上种种可能是兼祧现象在民间盛行不衰，官府态度也多有反复的原因所在。

---

[1] 郑学檬：《七世纪后期至八世纪后期敦煌县人口结构试析——读敦煌户籍资料札记》，载《敦煌学辑刊》1984年01期。

[2] 佚名辑：《定例汇编》，嘉庆道光间刻本，按年排不分卷，礼部嘉庆十九年。

汉代继承问题刍议

闫晓君*

以往对秦汉时期继承制度的研究限于文献资料，缺乏相关法律的明文规定，因此有关学术研究及观点不能不带着臆测的成分。一般认为秦律是法家变法的产物，而汉初的法律又承秦而来。三代立嗣置后多见于古礼，据此推断秦汉法律中当无相应的制定法。张家山汉简《奏谳书》和《二年律令》公布以后，已有多位学者就汉代的身份继承问题发表了自己的学术研究成果。[1]对于汉代财产继承问题，一般学者引用张家山汉简中第三八五号简的"中分"一说，进一步肯定汉代财产继承实行"诸子均分"制似乎已毫无疑义。本人不揣浅陋，在研读张家山汉简《户律》《置后律》及相关条文的基础上，结合传世文献，就秦汉身份继承及财产继承问题提出一点思考和疑问，以就教于学界同仁。

一、后与嫡子制度的沿革

后是古代经官方认可、符合宗法礼制或法律规定的封建爵位、家长权继承人。一般人称后，王侯称嗣子。西周有一套完整的立嗣的制度，主要体现在西

* 闫晓君，西北政法大学教授，吉林大学兼职博导。

[1] 发表的论文有臧知非：《张家山汉简所见西汉继承制度初论》，载《文史哲》2003年第6期；徐世虹：《张家山二年律令简所见汉代的继承法》，载《政法论坛》2002年第5期；曹旅宁：《张家山汉律中的后子制度及身份继承法》，载见氏著《张家山汉律研究》，中华书局2004年版；尹在硕：《睡虎地秦简和张家山汉简反映的秦汉时期后子制和家系继承》，载《中国历史文物》2003年第1期，又收入中国文物研究所编《张家山汉简〈二年律令〉研究文集》，广西师范大学出版社2007年版。

周礼制中，杨树达在《春秋大义述》中归纳为：第一，“《春秋》正与子，不正与弟。”第二，“无子而立弟，则先长而后幼。”第三，“均之子也，先立贵。”第四，“均之庶子也，先立长。”并指出立嗣的目的是“名分定则觊觎绝，此至人之用心也”。西周在特殊情况下，立嗣还可以变通，“至如兄有疾而立弟，子有罪而立孙”等等[1]。

秦朝“凡事皆有法式”，从《睡虎地秦墓竹简》中的有关条文看，秦朝在法律制度中已制定了有关“后子”的规定，但限于资料仍不得其详[2]。睡虎地秦墓竹简《法律答问》：“可（何）谓‘后子’？官其男为爵后，及臣邦君长所置为后大（太）子，皆为‘后子’。”[3]

从张家山汉简《置后律》及其他律文中的相关条款反映的情况来看，汉朝一经建立，就在汉律中规定了“置后”的相关规定。一方面是汉初“置后”有一定的社会基础，因为其时爵制相当普遍，如《汉书·文帝纪》：“（正月）因赐天下民当为父后者爵一级”。师古曰：“虽非己生正嫡，但为后者即得赐爵。”[4]李学勤指出：“置后律详述有爵者如何置后。由于当时爵级相当普遍，置后自然是很大的问题。”[5]另一方面是汉初“立后”尚缺乏相应规范，民间立后随意性较大，且影响社会与家庭的和谐稳定。贾谊在《立后义》中说：“今以为知子莫若父，故疾死置后者，恣父之所以。此使亲戚不相亲，兄弟不相爱，乱天下之纪，使天下俗失所尊而不让，其道莫经于此。疾死致后复以嫡长子，如此则亲戚相爱也，兄弟不争，此天下之至义也。民之不争，亦惟学王宫国君室也。”[6]

---

[1] 参见杨树达：《春秋大义述》卷五《正继嗣》，上海古籍出版社2007年版。

[2] 曹旅宁在《〈二年律令〉与秦汉继承法》中认为“秦律中应有《置后律》”，见《陕西师范大学学报》2008年第1期。

[3] 睡虎地秦墓竹简整理小组：《睡虎地秦墓竹简》，文物出版社1978年版，第182页。

[4]《汉书》卷四。

[5] 李学勤：《论张家山247号墓汉律竹简》，载《当代学者自选文库·李学勤卷》，安徽教育出版社1999年版。

[6]（汉）贾谊撰，阎振益、钟夏校注：《新书校注》，中华书局2000年版，第408—409页。

至于汉代“立后”的法律是否承秦制而来，目前尚不能遽下断语[1]。但有一点，立嗣置后的传统肯定是远绍西周，就是某些“死不为置后”“不宜为立嗣”的做法亦在刻意追比模仿西周。如《汉书·武五子传》：昌邑王贺薨，“豫章太守廖奏言：‘舜封象于有鼻，死不为置后，以为暴乱之人不宜为太祖。海昏侯贺死，上当为后者子充国；充国死，复上弟奉亲；奉亲复死，是天绝之也。陛下圣仁，于贺甚厚，虽舜于象无以加也。宜以礼绝贺，以奉天意。愿下有司议。’议者皆以为不宜为立嗣，国除。”

唐代以后的律典中有“立嫡子违法”条，令典中则有“立嫡子”的具体规定。“嫡子”一词有狭义与广义之分，专指与泛指之分：只有嫡妻所生之子可称为嫡子，是为狭义，但不专指一人；唐律所谓“嫡子”专指为承袭父权（如爵位、宗祀权）而立之子，仅一人而已，故曰立，即秦汉时期所谓“后子”。薛允升指出：“嫡子云者，即古之所谓为父后者也。汉时常有赐为父〈后〉者爵人一级之诏，后则绝不经见矣。”[2]一般情况下，嫡妻所生之长子是当然的人选。但如果没有嫡长子，所以就要选立其他人立为嫡子。唐律“立嫡违法”条即为此而设，唐代嫡子选立的办法和原则并不直接由律来规定，而是见于唐令：“无嫡子及有罪疾，立嫡孙；无嫡孙，以次立嫡子同母弟；无母弟，立庶子；无庶子，立嫡孙同母弟；无母弟，立庶孙。曾、玄以下准此。”[3]显而易见，魏晋以后律、令受礼制的影响较大。

二、汉代的身份继承

汉代立嗣置后的制度上承周秦，下启唐宋，其中有因袭，也有变革。通过

[1] 关于《置后律》的制定，高敏认为：“从其立法原则与精神来看，制定《置后律》似乎是为了贯彻嫡长子继承制的原则……依据《置后律》的这一立法原则精神，可以推断秦无《置后律》。因为秦始皇的继承者非嫡长子扶苏而为少子胡亥，因而秦末不可能有保障嫡长子继承特权的《置后律》。但是，到了西汉初期，就产生了必须保障嫡长子有继承特权的政治需要。”特别是在高祖选择继承人的问题上，“嫡长子继承制的原则，就成了吕后手中的一张王牌。因此，就有在惠帝即位以后制定《置后律》以服务于刘盈即位的合法性的政治需要，故《置后律》有制定于刘邦死后和惠帝即位之初的可能。”见高敏：《从〈二年律令〉看西汉前期的赐爵制度》，载《文物》2002 年第 9 期。

[2] 薛允升：《唐明律合编》，怀效锋、李鸣点校，法律出版社 1999 年版，第 278 页。

[3] （唐）长孙无忌等撰：《唐律疏议》，刘俊文点校，法律出版社 1999 年版，第 259 页。

研读张家山汉简《置后律》，并将其内容上与商周、下与唐宋相关法律制度进行纵向比较，方能就其中变化沿革一目于然，其主要变化可试作如下归纳。

1. 汉代立嗣置后的法律是在对商周相应制度进行继承借鉴、比较选择的基础上完成的，又与其现实的社会政治需要紧密联系。历史发展到汉代，摆在汉人面前可供选择的立嗣置后方式有两种，即所谓商人的“兄终弟及”与周人的“父死子继”，汉初对是“立弟”还是“立子”这两种方式的选择是艰难而漫长的一个历史过程。

据《汉书·文帝纪》记载，有司曾请文帝豫建太子以尊宗庙，文帝于是下“诏曰：‘朕既不德，上帝神明未歆飨也，天下人民未有慊志。今纵不能博求天下贤圣有德之人而嬗天下焉，而曰豫建太子，是重吾不德也。谓天下何？其安之。’有司曰：‘豫建太子，所以重宗庙、社稷，不忘天下也。’上曰：‘楚王，季父也，春秋高，阅天下之义理多矣，明于国家之体。吴王于朕，兄也；淮南王，弟也：皆秉德以陪朕，岂为不豫哉！诸侯王、宗室昆弟有功臣，多贤及有德义者，若举有德以陪朕之不能终，是社稷之灵，天下之福也。今不选举焉，而曰必子，人其以朕为忘贤有德者而专于子，非所以忧天下也。朕甚不取。’有司固请曰：‘古者殷、周有国，治安皆且千岁，有天下者莫长焉，用此道也。立嗣必子，所从来远矣。高帝始平天下，建诸侯，为帝者太祖。诸侯王、列侯始受国者亦皆为其国祖。子孙继嗣，世世不绝，天下之大义也。故高帝设之以抚海内。今释宜建而更选于诸侯宗室，非高帝之志也。更议不宜。子启最长，敦厚慈仁，请建以为太子。’上乃许之。因赐天下民当为父后者爵一级。”

从这段史料来看，不管汉文帝当时内心的真实想法如何，但他在“立嗣”时考虑的对象就有多人，其中，楚王，季父也；吴王，兄也；淮南王，弟也。最终在有司的坚持下，秉着“立嗣必子”的原则，立子启为太子。

无独有偶，汉景帝在刚即位未立栗太子以前及废栗太子以后遇到同样的问题。即位之初，景帝尚“未置太子，与孝王宴饮，从容言曰：‘千秋万岁传于王。’王辞谢。虽知非至言，然心内喜。太后亦然”。[1] 无论此时景帝出于什么目的和想法，是不是出于至诚之心，还是为了讨太后欢心，或迫于当时的情势，但毕

[1] 《汉书》卷四十七《文三王传》。

竟是他自己主动提出，而梁孝王推辞，但并不是没有这样的想法。这一次为窦婴的正言所阻："天下者，高祖天下，父子相传，此汉之约也，上何以得擅传梁王！"[1] 多年后，景帝废栗太子，"窦太后心欲以孝王为后嗣。大臣及袁盎等有所关说于景帝，窦太后义格，亦遂不复言以梁王为嗣事由此。以事秘，世莫知"。[2] 这一次是太后主动提出，显然是出于爱子宠儿梁孝王的请求，这一段秘辛，褚先生补曰：

盖闻梁王西入朝，谒窦太后，燕见，与景帝俱侍坐于太后前，语言私说。太后谓帝曰："吾闻殷道亲亲，周道尊尊，其义一也。安车大驾，用梁孝王为寄。"景帝跪席举身曰："诺。"罢酒出，帝召袁盎诸大臣通经术者曰："太后言如是，何谓也？"皆对曰："太后意欲立梁王为帝太子。"帝问其状，袁盎等曰："殷道亲亲者，立弟。周道尊尊者，立子。殷道质，质者法天，亲其所亲，故立弟。周道文，文者法地，尊者敬也，敬其本始，故立长子。周道，太子死，立适孙。殷道。太子死，立其弟。"帝曰："于公何如？"皆对曰："方今汉家法周，周道不得立弟，当立子。故《春秋》所以非宋宣公。宋宣公死，不立子而与弟。弟受国死，复反之与兄之子。弟之子争之，以为我当代父后，即刺杀兄子。以故国乱，祸不绝。故《春秋》曰'君子大居正，宋之祸宣公为之'。臣请见太后白之。"袁盎等入见太后："太后言欲立梁王，梁王即终，欲谁立？"太后曰："吾复立帝子。"袁盎等以宋宣公不立正，生祸，祸乱后五世不绝，小不忍害大义状报太后。太后乃解说，即使梁王归就国。[3]

事实上，不仅窦太后一人有让景帝传位于梁王的想法，其他人如羊胜、公孙诡等也"欲使王求为汉嗣"[4]，景帝自己不知出于何种考虑也提出过"千秋万岁传于王"的想法，看来这种想法在当时并非完全是为礼、法所不容的。汉代皇家立嗣是在"殷道"与"周道"、"亲亲"与"尊尊"、"立子"与"立弟"、"质"与"文"之间进行着艰难而现实的抉择，最终是以"立子"为主，特殊情况下以"立弟"为补充和补救。这种选择中除了聚合礼制之争以外，也少不了各种

[1] 《史记》卷一百七《魏其武安侯列传》。

[2] 《史记》卷五十八《梁孝王世家》。

[3] 《史记》卷五十八《梁孝王世家》。

[4] 《汉书》卷五十一《邹阳传》。

政治势力的角力。

《汉书·孔光传》:“绥和中，上即位二十五年，无继嗣，至亲有同产弟中山孝王及同产弟子定陶王在。定陶王好学多材，子帝子行。而王祖母傅太后阴为王求汉嗣，私事赵皇后、昭仪及帝舅大司马骠骑将军王根，故皆劝上。上于是召丞相翟方进、御史大夫光、右将军廉褒、后将军朱博，皆引入禁中，议中山、定陶王谁宜为嗣者。方进、根以为：定陶王帝弟之子，《礼》曰：‘昆弟之子犹子也’，‘为其后者为之子也’，定陶王宜为嗣。褒、傅皆如方进、根议。光独以为礼立嗣以亲，中山王先帝之子，帝亲弟也，以《尚书·盘庚》殷之及王为比，中山王宜为嗣。上以《礼》兄弟不相入庙，又皇后、昭仪欲立定陶王，故遂立为太子。”[1]

皇室以外的其他贵族身份的继承的顺序：

一是父死子继。在古代多子的情况下，确立了“以贵以长”的基本原则，如张家山汉简《置后律》:“疾死置后者，彻侯后子为彻侯，其毋适（嫡）子，以孺子□□□子。关内侯后子为关内侯，卿侯〈后〉子为公乘，[五大夫]后子为五大夫，公乘后子为官大夫，公大夫后子为大夫，官大夫后子为不更，大夫后子为簪袅，不更后子为上造，簪袅后子为公士，其毋适（嫡）子，以下妻子、偏妻子。”[2] 据此可以看出，汉代法律规定侯爵等级的后子是原爵位继承，卿爵等级的后子一律继承公乘，五大夫以下的后子都是降两级继承。继承者必须是嫡长子，如果没有嫡长子，其嫡子以外之余子、姬妾之子也可以。彻侯、关内侯以及五大夫爵位以下都是逐级连贯记述，唯独卿爵与五大夫之间，缺少自左庶长至大庶长九级爵位，这就意味着卿是左庶长至大庶长的总称，代表军功爵制中一个大的等级。

需要特别指出，在《置后律》中还特别规定：“死，其寡有遗腹者，须遗腹产，乃以律为置爵、户后。”[3]《白虎通》对此还有解释：“君薨，适夫人无子，有育遗腹，必时其产立之何？专适重正也。”[4] 在汉代文献中也不乏这样的实例，《汉

---

[1] 《汉书》卷八十一。

[2] 张家山汉简整理小组编：《张家山汉墓竹简》释文修订本，文物出版社2006年版，第59页。

[3] 张家山汉简整理小组编：《张家山汉墓竹简》释文修订本，文物出版社2006年版，第60页。

[4] （清）陈立撰：《白虎通疏证》，吴则虞点校，中华书局1997年版，第148页。

书·高惠高后文功臣表》:“阏氏节侯冯解散…(子)共侯它嗣,一年薨。亡后。孝文二年,文侯遗以它遗腹子嗣,十四年薨。”《汉书·昭帝纪》:“泗水戴王前薨,以为嗣,国除。后宫有遗腹子暖,相、内史不奏,上闻而怜之,立暖为泗水王。相、内史皆下狱。”

二是在无子户绝的情况下,才考虑以兄弟即“同产”为后。《汉书·高惠高后文功臣表》:“(七世孙)杜陵公乘喜诏复家。”孟康曰:“诸复家皆世世无所与,得传同产子。”《汉书·高惠高后文功臣表》:“(昌圉侯旅卿)六世子赐代,死,无子,绝。有同产子,元始二年,求不得。”即张家山汉简《置后律》所谓“同产相为后,先以同居,毋同居乃以不同居,皆先以长者。其或异母,虽长,先以同母者。”[1]

三是其他亲属。张家山汉简《置后律》规定:“□□□□为县官有为也,以其故死、老、伤二旬中死,皆为死事者,令子男袭其爵。毋爵者,其后将公士。毋子男以女,毋女以父,毋父以母,毋母以男同产,毋男同产以女同产,毋女同产以妻。诸死事当置后,毋父母、妻子、同产者,以大父,毋大父以大母与同居数者。”[2]

立嗣置后正不限于直系或旁系卑幼,甚至于尊长,这是其他朝代所罕见的。《史记·高祖功臣侯者年表》:鲁侯涓“死事,母代侯”。《索隐》:“涓无子,封母侯疵也。”《汉书·高惠高后文功臣表》:“酂文终侯萧何……孝惠三年,哀侯禄嗣。六年薨,亡后。高后二年,封何夫人禄母同为侯,孝文元年罢。高后二年,(筑阳)定侯延以何少子封,孝文元年更为酂,二年薨。”

当然,诸侯贵族的“立嗣置后”是有一定仪式和程序的。《汉书·景帝纪》:“二年春二月,令诸侯王薨、列侯初封及之国,大鸿胪奏谥、诔、策。列侯薨及诸侯太傅初除之官,大行奏谥、诔、策。王薨,遣光禄大夫吊襚、祠、赗,视丧事,因立嗣子。列侯薨,遣太中大夫吊祠,视丧事,因立嗣。”

2. 唐宋以后关于“立嫡”的法律与汉代立嗣置后有继承,也有发展。张家山汉简《置后律》中有些内容与唐宋律相同,如张家山汉简《置后律》规定:“女

[1] 张家山汉简整理小组编:《张家山汉墓竹简》释文修订本,文物出版社2006年版,第60页。
[2] 张家山汉简整理小组编:《张家山汉墓竹简》释文修订本,文物出版社2006年版,第59页。

子比其夫爵。"《唐律疏议》中也有类似规定："依《礼》：'凡妇人，从其夫之爵位。'注云：'生礼死事，以夫为尊卑。'"[1]

当然唐宋律与汉律也有较多的不同，如汉代立为人后者不限于子，已见前面论述。张家山汉简《奏谳书》公布时，张建国据《奏谳书》案例二一认为："以前睡虎地秦简中的'后'字一直被理解为'后子'。现在案例二一说明，'后'的含义要远超过'后子'的含义，或者说'后子'仅是'后'概念中的一个分概念。'后子'指'嗣子'没有问题。'后'则是'继承人'之意，不限于嗣子，至少包括死者最亲近的直系亲属。"[2] 唐宋以后法律中有"立嫡违法"条，所谓立嫡即立子。明清法律中则更进一步规定："若立嗣，虽系同宗，而尊卑失序者，罪亦如之。"也就是说，"同宗之人尊卑有序。失序，如以弟嗣兄，以侄孙嗣叔祖而乱其昭穆之次也，失尊卑之序，与乱宗族之姓者，其罪相等，故亦得杖六十之罪。"[3]

由此看来，张家山汉简《置后律》规定的"同产相为后"的制度在唐宋以后尤其是明清律中则为非法，这当是最大的区别。

3. 汉代立后法律中的限制性条款

第一，罪犯不得为立后。《汉书·景十三王传》："初，武帝复以亲亲故，立敬肃王小子偃为平干王，是为顷王，十一年薨。子缪王元嗣，二十五年薨。大鸿胪禹奏：'元前以刃贼杀奴婢，子男杀谒者，为刺史所举奏，罪名明白。病先令，令能为乐奴婢从死，迫胁自杀者凡十六人，暴虐不道。故《春秋》之义，诛君之子不宜立。元虽未伏诛，不宜立嗣。'奏可，国除。"又："豫章太守廖奏言：'舜封象于有鼻，死不为置后，以为暴乱之人不宜为太祖。海昏侯贺死，上当为后者子充国；充国死，复上弟奉亲；奉亲复死，是天绝之也。陛下圣仁，于贺甚厚，虽舜于象无以加也。宜以礼绝贺，以奉天意。愿下有司议。'议皆以为不宜为立嗣，国除。"

---

[1] （唐）长孙无忌等撰：《唐律疏议》，刘俊文点校，中华书局 1983 年版，第 38 页。

[2] 张建国：《关于张家山汉简〈奏谳书〉的几点研究及其他》，载《国学研究》1997 年第 4 卷。又收入《帝制时代的中国法》，法律出版社 1999 年版。

[3] 见（清）沈之奇撰：《大清律辑注》（上），法律出版社 2000 年版，第 195—196 页。原文标点断句有误，征引时有改动。

第二，自杀者不得为立后。张家山汉简《置后律》明确规定：“其自贼杀，勿为置后。”[1]《汉书·邹阳传》：“初，吴王濞与七国谋反，及发，齐、济北两国城守不行。汉既破吴，齐王自杀，不得立嗣。”《汉书·萧望之传》记载萧望之“竟饮鸩自杀”，“有司请绝其爵邑”，显然是依法处理，宣帝特别下诏，使其“长子伋嗣为关内侯”，当是法外“加恩”。

第三，罪犯不得立为人后。张家山汉简《置后律》规定：“尝有罪耐以上，不得为人爵后。”[2]《汉书·王子侯表》：阴城侯刘苍，“太初元年薨。嗣子有罪，不得代。”《汉书·韦贤传》：“初，玄成兄弘为太常丞，职奉宗庙，典诸陵邑，烦剧多罪过。父贤以弘当为嗣，故敕令自免。弘怀谦，不去官。及贤病笃，弘竟坐宗庙事系狱，罪未决。室家问贤当为后者，贤恚恨不肯言。于是贤门下生博士义倩等与宗家计议，共矫贤令，使家丞上书言大行，以大河都尉玄成为后。贤薨，玄成在官闻丧，又言当为嗣，玄成深知其非贤雅意，即阳为病狂，卧便利，妄笑语昏乱。征至长安，既葬，当袭爵，以病狂不应召。大鸿胪奏状，章下丞相御史案验。玄成素有名声，士大夫多疑其欲让爵辟兄者。……而丞相御史遂以玄成实不病，劾奏之。有诏勿劾，引拜，玄成不得已受爵。”

第四，恶疾、废疾者不得立为人后。《白虎通·封公侯》：“世子有恶疾废者，以其不可承先祖也。故《春秋传》曰：兄何以不立？有疾也。何疾也？恶疾也。”[3]

三、汉初财产继承是否“诸子均分”

财产继承实行“诸子均分”制最典型且最早法典有明文规定的为唐代。唐《户令》规定：“应分田宅及财物者，兄弟均分。妻家所得之财，不在分限。兄弟亡者，子承父分。”若违反此规定，唐律规定“同居应分，不均平者，计所侵，坐赃论减三等”。[4]唐代以后，“诸子均分”这种法律传统相沿不改，学术界应无不同意见。但“诸子均分”起于何时，学术界尚未见专论。春秋战国以前属宗

---

[1] 张家山汉简整理小组编：《张家山汉墓竹简》释文修订本，文物出版社2006年版，第60页。
[2] 张家山汉简整理小组编：《张家山汉墓竹简》释文修订本，文物出版社2006年版，第61页。
[3] 转引自杨树达：《春秋大义述》，上海古籍出版社2007年版，第243页。
[4] （唐）长孙无忌等撰：《唐律疏议》，刘俊文点校，中华书局1983年版，第241页。

法社会，似无可能。秦代是否实行“诸子均分”，文献不足证也。但学术界却普遍认为汉代财产继承制为“诸子均分”，一般引陆贾的例子。陆贾“有五男，乃出所使越得橐中装卖千金，分其子，子二百金，令为生产。陆生常安车驷马，从歌舞鼓琴瑟侍者十人，宝剑直百金，谓其子曰：‘与汝约：过汝，汝给吾人马酒食，极欲，十日而更。所死家，得宝剑车骑侍从者。’”[1] 这是学术界普遍喜欢征引的一个孤证。试想汉初“诸子均分”在社会各阶层已普及的话，陆贾的做法则毫无新意，只是随众而已，并不值得司马迁、班固在《史记》《汉书》中大书特书。

顾颉刚先生在细绎秦汉史料的基础上，以他对历史的敏锐洞察力认为：“古者父产传长子，次子以下为馀子，馀子无恒产，必外出觅食。《吕氏春秋》谓张仪为‘魏氏馀子’，以无产而习纵横。《吕氏春秋》又有‘寿丘馀子’，以无产而学步于邯郸，步即舞也。《商君书・垦令》篇云：‘均出馀子之使令，以世使之，又高其解舍，令有甬官食概，不可以辟役，而大官不可必得也，则馀子不游事人。馀子不游事人则必农，农则草必垦矣。’此为馀子筹出路也。此事是当时一大问题，游士之多，商人之多，俱由此来。苏秦字季子，则亦馀子。商鞅为卫庶孽公子，则亦馀子。”并引《史记・陈丞相世家》说：“陈平家有田三十亩，固不为贫也。所以贫者，平于家为馀子，必须别自生发，此三十亩所生产者固皆为伯之所有也。伯之所以耕田，平之所以游学，实受当时产业继承法之制限。”又举张释之为证：张释之“有兄仲同居，以訾为骑郎，事孝文帝，十岁不得调，无所知名。释之曰：‘久宦减仲之产。’不遂，欲自免归。释之家无长兄，以仲兄为主，家产尽以归仲，己之游宦所需乃缘仲之推恩而非仲所必尽之义务，故十岁不得调而欲自免也。”[2]

细思顾颉刚所论，结合中国的家庭制度以及继承制度的演变史，我们需要从宏观上细绎和把握中国财产继承制度的沿革变化。从礼崩乐坏的春秋时期上溯西周，在中国占据主流地位的家庭制度为宗法制大家庭，宗法制度下的财产继承绝不会是“诸子均分”制。自战国以降，尤其是商鞅在秦国的变法，令“民

---

[1] 《史记》卷九十七《郦生陆贾列传》。

[2] 顾洪编：《顾颉刚学术文化随笔》，中国青年出版社1998年版，第153—154页。

有二男以上不分异者倍其赋”，促使宗法大家庭制度的解体，使“五口之家”的小家庭成为社会主流，这种家庭结构的变化势必对财产的继承制度形成挑战。那么，是不是在秦国经历商鞅变法以后一直到秦始皇统一全国的这段时间里，传统的“嫡长”继承制已被“诸子均分”所取代呢？至少在秦国的故地，已然不是嫡长子继承制，正如贾谊所嘲讽的“故秦人家富子壮则出分，家贫子壮则出赘。借父耰锄，虑有德色；毋取箕帚，立而谇语。抱哺其子，与公并倨；妇姑不相说，则反唇而相稽。其慈子耆利，不同禽兽者亡几耳”[1]。但是否在秦国故地就已经形成如唐律般严格的“诸子均分”制呢？那倒未必，但在其他的六国故地，显然与秦俗不同，大约传统的“嫡长”继承仍占据主流地位。

汉初，天下一统，为避免重蹈亡秦覆辙，汉朝统治者拨乱反正。在财产继承方面，一般并不像秦朝那样积极地倡导“分户析产”，而是在户主死亡的情况下首先考虑“代户”，不使家庭财产发生转移或分割，极力维护家庭的稳定。例如，张家山汉简《置后律》规定：“死，毋子男代户，令父若母，毋父母令寡，毋寡令女，毋女令孙，毋孙令耳孙，毋耳孙令大父母，毋大父母令同产子代户。同产子代户，必同居数。弃妻子不得与后妻子争后。”[2]

即使在户绝的情况下，没有法定的亲属代户而却有奴婢者，《置后律》还规定可以奴婢一人代户：“死，毋后而有奴婢者，免奴婢以为庶人，以庶人律□之其主田宅及余财。奴婢多，代户者毋过一人，先用劳久、有□□子若主所言吏者。”[3]《后汉书·独行传》：“李善字次孙，南阳淯阳人，本同县李元苍头也。建武中疫疾，元家相继死没，唯孤儿续始生数旬，而资财千万。诸奴婢私共计议，欲谋杀续，分其财产。善深伤李氏而力不能制，乃潜负续逃去……续年十岁，善于归本县，修理旧业。告奴婢于长吏，悉收杀之。”可做这条法律的最好注脚和例证。

如果要“分户析产”，汉代有两种方式法律皆承认其法律效力：一种方式为先令。张家山汉简《户律》规定：“民欲先令相分田宅、奴婢、财物，乡部啬夫身听其令，皆参辨券书之，辄上如户籍。有争者，以券书从事；毋券书，勿听。所分田宅，不

[1] 《史记》卷八十四《屈原贾生列传》。

[2] 张家山汉简整理小组编：《张家山汉墓竹简》释文修订本，文物出版社2006年版，第60页。

[3] 张家山汉简整理小组编：《张家山汉墓竹简》释文修订本，文物出版社2006年版，第61页。

为户，得有之，至八月书户，留难先令，弗为券书，罚金一两。”[1] 由于汉代“书户”即进行户籍登记为八月，当事人可以对“田宅、奴婢、财物”通过“先令”方式分析。如果说汉代“先令”方式是对“田宅、奴婢、财物”的预分割，并要求订立契约文券，契约文券在以后将对财产分析发生相应的法律效力。汉代还有对财产的另一种分析方式，即时分析。张家山汉简《户律》规定：“民大父母、父母、子、孙、同产、同产子，欲相分予奴婢、马牛羊、它财物者，皆许之，辄为定籍。”

从以上内容可以看出汉代所谓的财产继承有以下特点：第一，在户主（一般为父母、大父母）死亡的情况下，发生“代户”，也就是我们用现代或西方的法律术语描述的所谓继承，但却并不发生财产的移转分析。第二，在户主未死亡情况下，可以通过以上两种方式“分户析产”，即后世所谓“生分”。第三，法律对“田宅、奴婢、财物”的分析份额没有法律规定。

主张汉代财产继承为“诸子均分”制的学者在张家山汉简出土以后常引张家山汉简《置后律》中的三八五简：“□□□□长（？）次子，畀之其财，与中分。其共为也，及息。”[2] 张家山汉简一般长31厘米，而三八五号简开头残破约7.5厘米，释文“畀”字及其以上各字无法辨识。原释文断句似有不妥，应否为“□□□□长（？）次子畀之。其财，与中分其共为也及息。”

其中“中分”一词，张家山汉简整理小组的解释为“平分”。查考秦汉时期的典籍文献中“中分”一词，《高帝纪》：“汉复使侯公说羽，羽乃与汉约，中分天下，割鸿沟以西为汉，以东为楚。”《文三王传》：“吴、楚破，而梁所杀虏略与汉中分。”《匈奴传》：“令大将军青、票骑将军去病中分军，大将军出定襄，票骑将军出代，咸约绝幕击匈奴。”《后汉书·邓禹传》：“乃拜为前将军持节，中分麾下精兵二万人，遣西入关，令自选偏裨以下可与俱者。”《后汉书·薛包传》：“既而弟子求分财异居，包不能止，乃中分其财。”所谓“中分”指平均分成两份，参与分配的个体只能是两个的情况。而在“均分”的语义环境里，参与分配的个体具有不确定性，而且个体数目至少三个。可惜这枚简文字并不清楚，“中分”亦不应解释为“均分”，看来是否“诸子均分”仍缺乏明确的法律依据。即以学术界常常引证的江苏仪征胥浦汉

---

[1] 张家山汉简整理小组编：《张家山汉墓竹简》释文修订本，文物出版社2006年版，第54页。

[2] 张家山汉简整理小组编：《张家山汉墓竹简》释文修订本，文物出版社2006年版，第61页。

墓所出的“先令券书”[1] 的内容来看，其财产的分析明显不是均分制。

从张家山汉简来看，至少在西汉初年家庭的分户析产并不像唐宋那样完全均等。因为爵位由嫡长子承袭，这使嫡长子与其余诸子之间的爵位产生差别，甚至差别很大。按张家山汉简《户律》规定：“关内侯九十五顷，大庶长九十顷，驷车庶长八十八顷，大上造八十六顷，少上造八十四顷，右更八十二顷，中更八十顷，左更七十八顷，右庶长七十六顷，左庶长七十四顷，五大夫廿五顷，公乘廿顷，公大夫九顷，官大夫七顷，大夫五顷，不更四顷，簪袅三顷，上造二顷，公士一顷半顷，公卒、士五（伍）、庶人各一顷，司寇、隐官各五十亩。”[2] 田产如此规定，房宅也有区别：“宅之大方卅步。彻侯受百五宅，关内侯九十五宅，大庶长九十宅，驷车庶长八十八宅，大上造八十六宅，少上造八十四宅，右更八十二宅，中更八十宅，左更七十八宅，右庶长七十六宅，左庶长七十四宅，五大夫廿五宅，公乘廿宅，公大夫九宅，官大夫七宅，大夫五宅，不更四宅，簪袅三宅，上造二宅，公士一宅半宅，公卒、士五（伍）、庶人一宅，司寇、隐官半宅。欲为户者，许之。”[3] 很显然，从法律规定占有田产、房屋的数量就不可能平均。

《汉书·主父偃传》记载：“今诸侯子弟或十数，而适嗣代立，余虽骨肉，无尺地之封，则仁孝之道不宣。愿陛下令诸侯得推恩分子弟，以地侯之。彼人人喜得所愿，上以德施，实分其国。”说明在武帝采纳主父偃建议颁布推恩令以前，诸侯无权分封子弟，其贫富贵贱相差悬殊。推恩令推行以后，诸侯子弟的地位及财产推有当不相上下。上行下效，民间或“素封”之家或纷纷起而效仿，当亦不难想象，“诸子均分”之制随着逐步形成，亦未可知。

综上所述，汉代身份继承一般在由被继承人生前所置的“后”或所立“嗣子”继承。后可以是子、同产、同产子、甚至父母等。这明显是在先秦时期“立子”与“立弟”两种继承方式中进行选择的结果，逐渐形成以“立子”为主，以“立弟”为补充的制度，并逐渐过渡到唐宋法律中严格的“立嫡立长”的规定。财产继承也非严格意义上“诸子均分”，先秦嫡长子承袭的继承制随着宗法大家庭的解体而消灭，诸子广泛获得了继承财产的权利，但远非唐宋以后的诸子均分制。

[1] 参见扬州博物馆：《江苏仪征胥浦 101 号西汉墓》，载《文物》1987 年第 1 期。
[2] 张家山汉简整理小组编：《张家山汉墓竹简》释文修订本，文物出版社 2006 年版，第 52 页。
[3] 张家山汉简整理小组编：《张家山汉墓竹简》释文修订本，文物出版社 2006 年版，第 52 页。

再论东汉正卫弹的性质

南玉泉 *

传世东汉有关正卫弹内容的碑刻铭文共有四篇，即《昆阳都乡正卫弹碑》[1]《鲁阳都乡正卫弹碑》[2]《平氏都乡正卫弹碑》[3]和《汉酸枣令刘熊碑》[4]。四碑时代

---

* 南玉泉，中国政法大学法律古籍整理研究所教授。

[1] 《昆阳都乡正卫弹碑》于赵明诚《金石录》、洪适《隶释》中都有记载，洪着定名为《都乡正卫弹碑》。因汉末这种自名“正卫弹”的碑刻共有三通，皆为不同县所立。为区别起见，俞伟超先生最先据各碑所在县名，分别定名为《昆阳都乡正卫弹碑》《鲁阳都乡正卫弹碑》《平氏都乡正卫弹碑》；本文分别简称为《昆阳碑》《鲁阳碑》《平氏碑》。各碑的着录、传藏过程，俞先生亦有全面的论述，参见氏著：《中国古代公社组织的考察》，文物出版社 1988 年版。为避文繁，文中简称“俞文”。

[2] 《鲁阳都乡正卫弹碑》于 1934 年发现于今河南鲁山县琴台后的寨壕中，该碑残缺，现存南阳市汉画像石馆。许敬宗曾写《鲁山县新出二石记》，发表了拓片及录文。参见《考古学社社刊》1936 年第 4 期，第 35—93 页。俞伟超先生在其《中国古代公社组织的考察》小著中录引，并绘制了勾模本。

[3] 此碑早已佚亡。《水经注 · 水》：“（平氏县）城内有《南阳都乡正卫弹劝碑》”（王国维校：《水经注》，上海人民出版社 1984 年版，第 948 页）。俞伟超先生认为：“其‘弹’下‘劝’字，据汉碑篆额的通例，应当是多余的。如果这不是今本《水经注》的衍字，必郦氏见其内容比其它各《正卫弹碑》有更多的劝告众人实行相互扶助、平均功苦的文句而加上去，用以强调此碑有劝勉百姓之意。”参见氏著：《中国古代公社组织的考察》，文物出版社 1988 年版，第 139 页。

[4] 《汉酸枣令刘熊碑》又名《刘孟阳碑》。北魏郦道元《水经注 · 济水》：酸枣城内“有后汉酸枣令《刘孟阳碑》”（王国维校《水经注》，上海人民出版社 1984 年版，第 264 页），是为《刘熊碑》最早记载。此后宋欧阳修《集古录》、赵明诚《金石录》相继着录，南宋洪适《隶释》复详记碑之全文。据洪氏所记，原碑共二十三行，行三十三字。后碑断，残存两块。再后此两残石也已不存。1915 年金石家顾燮光访得碑阴残石一块，存字八行，计六十三字；残石侧面有宋人题记。残石现存河南省延津县文化馆，能辨识者仅存数十字。参见河南省文化局文物工作队：《河南现存的汉碑》，载《文物》1964 年第 5 期，12、20 页。少文：《记汉〈刘熊碑〉兼论蔡邕书碑问题》，载《文物》1966 年第 4 期图版三、肆。俞伟超先生对此碑的碑文考释、发现、着录等所论甚详，参见氏著：《中国古代公社组织的考察》，文物出版社 1988 年版，第 140—143 页。又，本碑铭释文，除参读上述文字外，文渊阁《四库全书》子部艺术类书画之属有钱塘倪涛撰《六艺之一录》，内有辑录的“酸枣令刘熊碑”全文（明确标记缺文），可与其他文献参考互校。

皆为东汉末年，《昆阳都乡正卫弹碑》刻铭有中平二年记事；《汉酸枣令刘熊碑》是墓碑，主要记述刘熊生平事迹。刘熊字孟阳，曾任陈留郡酸枣县令。碑铭记述刘熊“愍念烝民，劳苦不均，为作正弹，造设门更”，这些事迹与上述三碑兴弹立约的性质是相同的。邢义田、俞传超、杜正胜等名家先贤对先秦两汉的“单—弹”做了开创性的研究，他们的研究对于后人继续探讨相关问题奠定了基础。[1] 虽然他们的观点并不相同，但同样开启了人们研究这一问题的视野和思路，特别是俞伟超先生的研究应当是开创性的，这里引用杜正胜对俞伟超先生研究“单”（弹）文章的评价，“今人研究古史，旁求传统文献以外的史料，如殷商的甲骨、两周的金文和汉魏的石刻，故对古代历史的了解没能超迈前贤。但很少人像作者（指俞伟超先生。引者注）能大量引证玺印重建历史，而且运用之妙，几乎达到炉火纯青的地步。”[2] 杜正胜先生有扎实功底，对两汉单这种组织亦阐述了发人深省的观点。本文试就东汉正卫弹的性质及其与里单等相关组织的关系谈谈自己的看法。

一、东汉晚期的正卫弹是官办组织

1. 正卫弹是在政府主导下建立的

东汉正卫弹碑文显示，正卫弹一般是由县廷倡议，由县、乡部吏员招集、组建并报郡府备案的一种官办组织。《鲁阳都乡正卫弹碑》所示，参加组建、立约的有都乡、阳泉乡、唐乡、瞿乡四个乡的啬夫，碑铭中的左、右尉当为鲁阳县的尉官。《续汉书·百官志》：“（县）尉，大县二人，小县一人。”应劭《汉官》：“大县丞、左右尉，所谓命卿三人。小县一尉一丞，命卿二人。”[3] 又《汉官旧仪》：“长安城方六十里，中皆属长安令。置左、右尉。城东、城南置广部尉，城西、城北置明部尉，凡四尉。”[4] 罗福颐《秦汉南北朝官印征存》印368“肥城右尉”（原

---

[1] 邢义田：《汉代的父老、僤与聚族里居》，载《汉学研究》1983年12月第1卷第2期；俞伟超：《中国古代公社组织的考察》，文物出版社1988年版；杜正胜：《“单”是公社还是结社》，载《新史学创刊号》1993年3月。

[2] 杜正胜：《“单”是公社还是结社》，载《新史学创刊号》1993年3月，第108页。

[3] （晋）司马彪：《续汉书·百官志》，中华书局1965年版，第3623页。

[4] （汉）卫宏：《汉官旧仪》，见（清）孙星衍等辑：《汉官六种》，中华书局1990年版，第47页。

大 22mm × 22mm）。原注曰：“瓦纽。汉书地理志，泰山郡属有肥成县。按：‘成’印文作‘城’。”[1] 县尉的职掌，《续汉书·百官志》本注曰：“尉主盗贼。凡有贼发，主名不立，则推索行寻，案查奸宄，以起端绪。”[2] 右尉职高于左尉。汉制，以右为尊。故重要的属吏均称为右职。[3]《鲁阳碑》铭文后部的约誓人有“别治掾赵存”，别治掾一职是县属或乡属不明。湖南长沙五一广场东汉简有“沮乡别治掾伦叩头死罪敢言之”简文，其中“沮乡别治掾”学者有不同看法。侯旭东先生论曰：“‘乡别治掾’，《发掘简报》解释为‘或指县廷派驻诸乡的掾职’，可商。‘别治’见于敦煌汉简，如简 1685：‘十二月癸丑大煎都候丞罢军别治富昌隧，谓部士吏：写移书到，实籍吏出入关人畜车兵器物如官书，会正月三日，须集。移官，各三通，毋忽，如律令’，此处的‘别治’为动词，表示离开通常的治所，在别处办公。《续汉书·百官志三》‘大司农’条下刘昭在解释‘雒阳市长’时引《汉官》提到有‘别治中水官，主水渠，在马市东，有员吏六人’，亦是此类。‘别治掾’的含义亦应是由此而生，指离开沮乡治所，在该乡界内别处办公的掾。”[4] 若深入探究《鲁阳碑》铭文后部的约誓人排序，阳泉乡啬夫后面是县左尉，都乡啬夫后面是县右尉，唐乡啬夫后面是别治掾。若顺前一职考虑，则阳泉乡啬夫前是“□阳淳于汉成”，瞿乡啬夫前是“别治掾赵存”。这个排序似是每一县属官监领一乡，如果这个推测成立的话，“□阳淳于汉成”“别治掾赵存”都应是县属官。《湖南长沙五一广场东汉简牍发掘简报》将“乡别治掾”解释为“或指县廷派驻诸乡的掾职”的观点就可以成立。再从这个排序意义上分析，正卫弹就不单单是为了本地区徭役的问题而建立的了。俞伟超先生详细论证了正卫弹组建的时代背景，东汉末中平年间，时黄巾战乱，河南诸郡攻杀平叛炽烈，《昆阳碑》明确记载年代是中平二年。[5] 再者，组建正卫单由县尉参与，从一个侧面也可窥见

---

[1] 罗福颐：《秦汉南北朝官印征存》，文物出版社 1987 年版，第 65 页。又参见李儒俦、韩振飞：《赣右尉印考》，载《江汉考古》1992 年第 3 期。

[2] （晋）司马彪：《续汉书·百官志》，第 3623 页。

[3] 《汉书》卷八九《循吏黄霸传》：“冯翊以霸入财为官，不署右职。”颜师古注：“右职，高职也。”中华书局 1962 年版，第 3628 页。

[4] 侯旭东：《湖南长沙五一广场东汉简 J1 ③：264—294 考释》，载《田余庆先生九十华诞颂寿论文集》，中华书局 2014 年版，第 113—119 页。

[5] 俞伟超：《中国古代公社组织的考察》，文物出版社 1988 年版，第 139、140 页。

建弹的最终目的是抵御盗贼。

《鲁阳都乡正卫弹碑》铭文“府文于侧，纪弹之利。其辞曰……”，显然该弹的建立是向郡府备案的，“其辞曰”之下应是郡府发布的公文。《昆阳都乡正卫弹碑》载：“县令宋国宁陵□君讳修，□中□以府丞董察，□□抚昆阳，承丧乱之余，允称圣烈。……于是乎轻赋节敛，调贫抑富，结单言府，斑董科例。”这段碑铭也说明昆阳都乡正卫弹是由县令出面制定弹规，并向郡府备案。碑文最后记立约参与人为县乡两级官吏：“尉曹掾都□，字汉宾；史张苞，字子才；有秩定陵杜则，字孝□；（下阙6字）字国室；陈□□□。”此位序前的“时□□范秩”应是县吏。《汉酸枣令刘熊碑》除记述其身世外，在政教与财经管理措施方面对刘熊亦尽情歌颂，碑文明确记载了县令刘熊参与建弹之事。刘熊为光武帝玄孙，广陵王之孙。因该碑是墓碑而非誓约碑，因此不可能有县乡参约之人。碑文赞刘熊“循东□之惠，抑□礼官，赏进厉顽，约之以礼，博之以文。政教始初，慎徽五典，勤恤民殷，□心顾下，□□仁恩如冬日，威猛烈炎夏。贪究革情，清修劝慕，德惠潜流，鬯芳旁布。”对其下官民能够“褒贤表善，扬幽拔微，式序在位，量能授宜”。在刘熊的治理下，“官无旷事，士无逸乐，民无□□，以门为正，以卒为更”。东汉末年，形势动荡，为保持统治地盘的稳定，刘熊“愍念烝民劳苦不均，为作正弹，造设门更”。总之，各弹的建立皆有官府的影子，特别是县廷主持建弹的态度是非常明确的。

2. 建弹的訾财与应用

从侍廷里僤所透露的信息看，此前里僤建单经费是由达到一定訾财的里人筹集，[1] 东汉晚期正卫弹的訾财却看不出是由个人筹集的。《鲁阳都乡正卫弹碑》：“□府文于侧，纪弹之利。其辞曰：□弹。国服为息，本存子衍，上供正卫，下给更贱。”这段碑文有两个关键句子，一是“国服为息，本存子衍”，讲的是经费如何繁衍的问题；二是“上供正卫，下给更贱”，讲的是经费用来做什么的问

---

[1] 黄士斌：《河南偃师发现汉代买田约束石券》，载《文物》1982年第12期，第17—20页；宁可：《关于〈汉侍廷里父老僤买田约束石券〉》，载《文物》1982年第12期，第21—27页；邢义田：《汉代的父老、与聚族里——“汉侍廷里父老僤买田约束石券”读记》，载《汉学研究》1983年第1卷第二期，第355—376页。

题。先说“国服为息，本存子衍”，“本存子衍”好理解，就是要保本生息。“国服为息”本句出自《周礼·地官·泉府》，因此正确理解《泉府》的文义是非常必要的。《泉府》条说的是国家财货机构“泉府”在市场货物滞销时以其成本价收购，有需要者则从所属有司购之。若暂时不能支付货款可以赊账，用于祭祀的不能超过十日，用于丧葬活动的不能超过三个月。国人还可以从泉府贷款，由主管官吏审查后放贷，“以国服为之息”，即按“国服”征收利息。[1]“以国服为之息”主要有两种解释，一为先郑注谓“贷者，谓从官借本贾也，故有息使民弗利。以其所贾之国所出为息也。假令其国出丝絮，则以丝絮偿；其国出絺葛，则以絺葛偿”。实即根据借贷者所在地之特产计息偿还。二为后郑谓“以其于国服事之税为息也。于国事受园廛之田而贷万泉者，则期出息五百。王莽时民贷以治产业者，但计赢所得受息，无过岁十一”。可知国家的基本农事称为“国服”，以田产之税为计息依据就是“以国服为之息”。清人金榜之《礼笺》对此又进行了更为详细的解释，他认为“贾人贷泉，计其所得者出息，其息或以泉布，或以货物，轻重皆视田税为差，是谓‘以国服为之息’。”[2]其实先郑讲的是以何物偿息，后郑讲的是计息利率。本文要说明的是，不论是“以其所贾之国所出为息也”，还是“以其于国服事之税为息也”，讲的都是官府行为，即国家所为。其他组织施訾贷息不会以“国服”为息，也不可能称为“国服之息”。明白了“泉府”所为，则正卫弹与此相关事业的性质就清楚了。再结合上述各弹的组建人员都是县廷或乡部吏员，因此，这种正卫弹自然不同于此前纯粹的民间性质的侍廷里单。即使是有部分民间訾财参与正卫弹的组建，官有资产也应占绝大部分，这种组织类似于现在的全资国有公司或国有控股公司。正卫弹正是以这种组织的名义实施放贷、雇佣一类的活动。

再谈“上供正卫，下给更贱”的问题。俞伟超先生认为，弹内存在“正卫”和“更卒”两种从役群体。正卫即监门，又可叫作“门卒”，是看守里间门户的低层职务。“更贱”即雇佣而来的“更卒”，“正卫”的地位要高于“更卒”。[3]

---

[1] （汉）郑玄注，（唐）贾公彦疏：《周礼注疏》，上海古籍出版社 2010 年版，第 541 页。

[2] 顾廷龙主持编纂：《续修四库全书·经部·礼类》，上海古籍出版社 2002 年版。

[3] 俞伟超：《中国古代公社组织的考察》，文物出版社 1988 年版，第 146 页。为避文繁，下文中所引此文将直接在正文标注页码，不再出注。

杜正胜先生不同意这种观点，认为应当反映正卫弹所处之官府“停止名不符实的征兵制，开始向人民敛钱募兵，以供各级政府的兵役和劳役”。他认为“正卫”“更践”只是服兵役的不同身份（笔者理解是即为不同岗位的兵种）。[1]其实，所谓“正卫”就是符合成丁傅籍的在役士兵，正如《汉旧仪》所言：“民年二十三为正，一岁而以为卫士，一岁为材官骑士，习射御骑驰战阵。”[2]“上供正卫”明言弹内供养着成丁士兵以保卫本县，这也是正卫弹名称的真正含义所在。两汉“更卒”大多是承担国家正式徭役之外的中丁或皖老人士，这里泛指弹内从事杂徭者。[3]碑文明言弹内的訾财用来雇佣保卫本弹所处县城及邻近乡土的“正卫”兵士以及为本弹从事杂徭的“更贱”（即践更）人士。

正卫弹的訾财应由官府拨付，只是这时的官府非汉朝中央政府而是县廷自身，也可能会通过民间筹集一部分。黄巾战乱后，各地基本上呈现自保的状态。郡、县、乡官府吏员之所以如此积极建立正卫弹，正是这种形势的需要。乡野的豪绅地主筑乌壁，集宗族力量以自保。郡、县城垣所在，也积极组建正卫弹以自保。正卫弹建立后对于稳定地方徭役任务，支撑地方政府的运行是有帮助的。对于这种组织的性质，俞伟超先生认为是“公私兼有”，但更准确的定义，应为官控官办，或官控为主，官民协办的自卫组织。其实质是不便以官府出面筹办的事项由正卫弹办理，在当时特定的环境下，官民的利益达到一致。正卫弹所在县乡的徭役，通过弹内訾财、力役的交换达到成员的所谓平等，但正卫弹的本质还应属公有性质，俞伟超先生说“正卫和更卒是用官府仓储供给的一种雇佣兵”无疑是正确的，但说他们“也就是一种被各县官府组织起来的部曲”则有待进一步商榷。张金光先生认为，“‘正弹’系官办应付徭役的组织，可谓之官‘弹’，非民间事。虽说是‘因民所利’，然毕竟带有一定强制性。”[4]张金光先生认为“正弹”是官弹是正确的；但是，认为组弹的最终目的是“应付徭役”还是有再探究的必要。两汉正卫的主要任务，一是戍，二是徭。东汉末南阳地区是战乱的重灾区，正卫卒不可能参加

[1] 杜正胜：《“单”是公社还是结社》，载《新史学创刊号》1993年3月，第120页。

[2]（汉）卫宏：《汉官旧仪》，见（清）孙星衍等辑《汉官六种》，中华书局1990年版，第48页。

[3] 参见杨振红：《出土简牍与秦汉社会（续编）》第八章“徭、戍秦汉正卒基本义务”，广西师范大学出版社2015年版。

[4] 张金光：《论汉代的乡村社会组织——弹》，载《史学月刊》2006年第3期，第24页。

戍卫任务，中央所派发的徭也没有机会参加。在当时的形势下，保卫自身所在的区域，或者受雇保卫所在的正卫弹就是其根本性任务了。从这个角度看，正卫弹建立的最终目的，显然不是“应付徭役”。

二、正卫弹的定名

相关内容的东汉碑共4通，目前所见碑文有言“单”者，有言“正弹”者，并无一通碑文自称“正卫弹”。“正卫弹”的名字最早是北魏郦道元定的，他在泚水条注曰：“泚水又南与洋水会……洋水西北流，迳平氏县故城东北，王莽更名其县曰平善，城内有南阳都乡正卫弹劝碑。”[1]又淯水条注：鲁阳城“内有南阳都乡正卫为碑”。[2]学者多认为平氏县的“都乡正卫弹劝碑”的“劝”，是衍文，或郦道元认为碑的内容多劝助耕耘内容而加此“劝”字；“南阳都乡正卫为碑”的“为”当是“弹”字之误。“正卫”二字从何而来，二碑中只有《鲁阳都乡正卫弹碑》的“上供正卫，下给更贱”句中有“正卫”二字。俞伟超先生认为，南阳都乡各碑皆不指明县名，与当时碑刻篆额文例不合。现留存下来的只是残碑，南阳这几通碑是否有碑额，或碑额是否皆有“正卫”二字，从《水经注》的文字并不能得到确认。不过，郦道元将这几通碑皆定名为“正卫弹”确实值得我们重视，因为这几通碑的文字皆残缺严重，在缺漏文字中是否存在“正卫弹”字样也不能完全排除。赵明诚《金石录》直接将此碑改为《都乡正街弹碑》并题跋云：此碑“文字磨灭不可考究，其岁月略可见，盖中平二年正月。而其额题‘都乡正街弹碑’，莫知其为何碑也？”[3]据此可见该碑有额题，郦道元就是据额题而定名为“正卫弹”的。但赵氏改“卫”为“街”的理由并不清楚，俞伟超先生认为“赵氏依据今本《周礼·里宰》郑注‘街弹之室’及贾公彦据‘街弹’这种钞讹之字而作的疏，把碑名题为《都乡正街弹碑》。”（俞文133页）南宋洪适在《隶释》该碑后题跋：“右《都乡正卫弹碑》，隶额。文十一行，颂四行，张苞、杜则数人题名二行。”按录文统计约352字，每行32字。其文时有缺文，其间多处或缺10、14、16、24、26字，可

[1] 王国维校：《水经注》，上海人民出版社1984年版，第948页。

[2] 王国维校：《水经注》，上海人民出版社1984年版，第985页。

[3] 文渊阁本《四库全书》，史部金石之属《金石录》卷十八。

见洪适所见碑文残缺严重。洪适跋曰："灵帝中平二年立在汝州昆阳城中，《水经》'鲁阳县有南阳都乡正卫为碑'，'平氏县有南阳都乡正卫弹劝碑'，此则其一也。赵氏误认'卫'为'街'，遂云'莫晓其为何碑'。"[1] 由此可以确定，郦道元所见"正卫弹"碑是有额题的，其额题就是某地"正卫弹"，赵明诚《金石录》改"卫"为"街"是因当时碑文已"文字磨灭不可考究"。

张金光先生认为"正卫弹"之名"汉代无有，纯属后人所拟定。其时流行之名乃简称曰'正弹'。以吾之拙见，今日若为之重新厘定名称的话，本着名实相一之原则，或可名之曰'正更弹'。'正弹'或许就是'正更弹'的简称。至少可以肯定'正卫弹'一名，乃是不科学的称呼，且在汉代历史上本也是不存的。"[2] 俞伟超先生认为"正弹"乃是"正卫弹"的省称（俞文 143 页）。张金光先生认为俞文据《都乡正卫弹》之名，来改《周礼》郑玄之注乃本末倒置。街弹乃是不容否定的汉代既定存在之事实。[3] 本文认同街弹存在的事实，但赵明诚《金石录》将《都乡正卫弹碑》之"卫"改为"街"也是毫无根据的。张金光先生已论证街弹即里单，故正卫弹与街弹二者性质是完全不同的组织。洪适又将"正街弹"改为"正卫弹"无疑是正确的。

三、正卫弹与里单的区别

所谓里单就是以里为单位（或称界域范围）建立的民间自治组织。俞伟超先生在其著作《中国古代公社组织的考察》第三章中详细探讨了两汉时期"单——僤——弹"内的分职与性质，将里单认定为乡里民间的自治组织，这无疑是正确的。两汉的单（僤）是否就是长期以来学界争议的农村公社另当别论，因本文主要讨论东汉正卫弹的性质，故两汉里"单——僤"的性质另文撰述。里单这种组织一般以地域（居处）为界，由乡里村民自筹资金组建的，从目前材料看局限于里的范围，因此其规模较小。从大量单印分析，主要从事祭祀、赡养、解决纠纷等事务。岳麓秦简（三）案例七「识劫婏案」有免妾为妻并申请加入里单的内容：

---

[1] （宋）《隶释》卷十五，中华书局 1986 年版，第 164 页。
[2] 张金光：《论汉代的乡村社会组织——弹》，载《史学月刊》2006 年第 3 期，第 24 页。
[3] 张金光：《论汉代的乡村社会组织——弹》，载《史学月刊》2006 年第 3 期，第 26 页。

> 婉（供述）曰：与義（义）同居，故大夫沛妾。沛御婉，婉产義（义）、女姎。沛妻危以十岁时死，沛不娶妻。居可二岁，沛免婉为庶人，妻婉。婉又产男必、女若。居二岁，沛告宗人、里人大夫快、臣、走马拳、上造嘉、頡曰：沛有子婉所四人，不娶妻矣。欲令婉入宗，出里单赋，与里人通歓（饮）食。快等曰：可。婉即入宗，里人不幸死者出单赋，如它人妻。

婉原为大夫沛的奴婢，后以妾的身份侍寝沛并生子，沛的原妻十年前亡故，沛免婉为庶人，并将其立为妻。为了让婉取得与里人一样的待遇，沛“欲令婉入宗，出里单赋，与里人通饮食”，宗人、里人大夫快等同意了沛了请求。这段文字隐约透露了这样几个意思：第一，单是纯粹民间组织，一般以里为单位设立。[1]第二，婉免妾后“入宗，出里单赋”是民事行为，由宗人、里人同意即可。而免奴婢为庶人，必须在乡的户籍簿上正式登记才能有效。[2]第三，单组织成员要交纳一定的费用，为救济同单成员之用。第四，单组织的领袖与里、宗族的首领往往是同一的。“沛告宗人、里人大夫快、臣、走马拳、上造嘉、頡曰”，“快等曰：可”，说明宗人、里人皆为大夫快。[3]宗外人即使原来的身份为奴婢，通过交纳规定的费用也可以入单。这时的里单当然为后天依一定的规范所组建，而

---

[1] 汉印有“良里单印”“工里单印”，四川宜宾翠屏村三号汉墓砖有“永元六年宜世里宗墼，利后安乐”“宜化宜世弹休之藏，永元六年始造”，说明单一般依托里而组建。俞伟超先生认为，既然单以里为名，自然意味着单以一个里为基础而组织起来，这个观点应当是正确的。参见俞伟超：《中国古代公社组织的考察》，文物出版社 1988 年版，第 76 页。

[2] 本案简文“卿（乡）唐、佐更曰：沛免为庶人，即书户籍曰‘免妾’。沛后妻，不告唐、更。今籍为免妾。”虽然在实际上以沛妻的身份履行了里人应尽的义务，但在审判时，因为户籍未记录为沛妻，故对沛的身份吏议有分歧：“吏议：大夫后妻，赀二甲。或曰：为庶人”。

[3] 这一点对于东汉侍廷里僤内的职名、人名以及僤名称的认定都具有启发。侍廷里僤碑文首句，俞文断句为：“建初二年正月十五日，侍廷里父老、僤祭尊于季主疏，左巨等廿五人，共为约束石券。”（114 页）王子今释文：“侍廷里父老、僤祭尊于季、主疏左巨等廿五人，共为约束石券。”（参见王子今：《汉代“客田”及相问题》，载《出土文献研究》2015 年第七辑，上海古籍出版社，第 103 页）张金光先生断句为：“侍廷里父老僤祭尊于季、主疏左巨等廿五人共为约束石券里治中。”（氏著：《战国秦社会经济形态新探》，商务印书馆 2013 年版，第 414 页）俞文、王文认为于季是侍廷里父，同时也是单祭尊，即这个单是侍廷里组建，因此单名也是侍廷里单。二者的区别是俞文认为“主疏”为动谓，王文认为应属下读为“主疏左巨”，这一点与张金光先生一致。不过，张文认为单名为“侍廷里父老僤”。综合岳麓简分析，于季应当是侍廷里的父老，同时担任侍廷里的单祭尊。主疏属下读，即左巨为单的书记员。

非先天的依血缘关系自然形成的组织。但是，因里人的血缘关系还是比较紧密，故里单的组织成员自然也不可能完全脱离血缘关系。[1]

岳麓简所见这种单与两汉有些传世印文的“单”、东汉侍廷里僤应是同一性质。“里单”是集体所有制性质，本质上是一种集约化了的私有组织。东汉明帝永平十五年侍廷里的父老于季等25人共敛61500钱买田82亩作为建单的訾财，并于章帝建初二年立石束约。[2]侍廷里僤约束石券发表后，曾引起学界广泛争议，一是释文问题，其中敛钱买田是“客田”还是“容田”最为关键；二是单内职称问题；三是单的性质问题。此单性质一般认为是民间共济互惠性质的组织。至于是“客田”还是“容田”争议颇大，宁可先生据居延汉简有“客田”二字，认为客田是私田的一种，“但究竟系指与一般私有土地不同的一种特殊性质的田，还是指此田因非僤的成员所私有，只是借与当为里父老暂时使用，与其私人所有的土地相对而被称为‘客田’，还不清楚。也许‘客田’并没有形成一个有确定含义的辞，亦未可知。”[3]王子今也认为应释为“客田”，并且原则上认同宁可的观点，“其性质与‘借与’‘假赁’的经济关系有某种联系。看来称作‘客田’者，应是由外来的‘客’从事耕作的田地”[4]。俞文释为“容田”，即为礼仪活动提供经费来源之田（俞文121页）；张金光也认为应读为“容”，不过，所谓容田并不是礼仪活动经费之田，而是用于对单内德高望重以及率教导民活动给予奖颂，对单内德政活动破费补偿之用[5]。

邢义田先生认为，里单的筹建者是父老这类因聚落而产生的宗亲领袖，历史上与官僚体系的啬夫等纯国家行政官员源流不同。他论证说：“世代不迁的农

[1] 朱汉民、陈松长主编：《岳麓书院藏秦简》（三），上海辞书出版社，第153—156页。从“里人不幸死者出单赋”分析，里单的主要作用就是互济互惠。王彦辉先生也认为：“这个‘单’是以宗族血缘为基础，以里为单位组织起来的一种民间组织，所以才称为‘里单’。”“这类‘单’只是一种以社祭为信仰、以互助为目的的民间组织，没有摆脱国家的行政管理而达到自治的程度。”参见氏著：《秦汉户籍管理与赋役制度研究》，中华书局2016年版，第115页。

[2] 黄士斌：《河南偃师县发现汉代买田约束石刻》，载《文物》1982年12期。

[3] 宁可：《关于〈汉侍廷里僤买田约束石券〉》，载《文物》1982年12期；收入《宁可史学论集》，中国社会科学出版社1999年版，第475页。

[4] 王子今：《汉代“客田”及相关问题》，载《出土文献研究》（第七辑），上海古籍出版社2005年版，第105页。

[5] 张金光：《战国秦社会经济形态新探》，商务印书馆2013年版，第418页。

村聚落大抵因婚姻建立起浓厚的血缘关系。少数几族人聚居一处，‘祭祀同福，死丧同恤’（「国语 · 齐语」），族中的长者就是聚落的领袖。后来的乡三老、里父老一类的人物渊源于此。”“他们凭借传统的威望，和代表国家征兵、抽税、执法的有秩、啬夫、里正，成为乡里间领袖的两种类型。乡里间的事，多由这两类人物参预解决。”[1] 邢义田先生的分析极有道理。侍廷里僤的组建者是里中父老等有一定訾财者，这些人正是基于传统的聚落领袖，而东汉的正卫弹则属郡县政府组建的官属自卫组织，二者不应有发展关系，虽然名称同为“单”（弹）。

正卫弹是东汉末年黄巾动乱的产物，一般以县为单位将县城周围乡里组织起来，供养正卫，雇佣更卒。建单由官府出面，建单成员也是由县乡吏员立约签名。弹内所体现的平均、平等性只能是在天下大乱的特定时期在雇佣更卒方面实施的暂时措施。正卫弹的性质并不支持全城军民、吏民在各方面的长期平等。建弹是为了在中央朝廷顾不上的时候以自保，这些支持建单的郡府、县廷没有能力反叛自立，也不愿跟随叛军举旗造反，此时只有借用国家郡县政府的力量以弹的名义支撑局面，稳定局势。一旦天下稳定，他们仍然是原有的政府机关；若有新政府出现，他们亦可以随时成为新政权的吏员。因此，东汉正卫单的建立是郡县乡机构维持其统治区域的手段，反映的是各级官吏为维护自身统治的无奈之举。现所见三个正卫弹皆为黄巾起义后所建，其建弹内容就能说明这个问题。关于正卫弹的正卫、更卒与东汉部曲的关系，俞伟超先生认为：

汉末的“弹”却以“正卫”命名，显然已经突出了它的武装性质，而实质上成为一种军事组织了。那时，坞壁林立，强宗豪右的宗族宾客，亦兵亦农，纷纷成为豪强庄园的部曲。“正卫弹”内的“正卫”和“更卒”，也就是一种被各县官府组织起来的部曲。通过“里单”变为“正卫弹”的途径把小农变为官府的部曲，同大土地所有者把大量小农转化依附农民而成为自己的部曲一样，当时的人们在生产关系方面是走着同样变化道路的。在历史前进的逻辑轨道上，“里单”变为“正卫弹”，正是一种必然性的具体表现。

---

[1] 邢义田：《汉代的父老、僤与聚族里居》，载《汉学研究》1983 年 12 月第 1 卷第 2 期，第 368 页。

从历史的逻辑轨迹分析，私有制的里单不会逆向发展成为公有制的“正卫弹”，因为二者的功用、目的是完全不同的。“正卫弹”的组建者是县廷的尉、史和乡部的啬夫等县乡吏员，正卫弹的公有性质不言自明。分析两汉存在的各类单印，除明确的里单外，单名多吉祥语或与教化、祭祀、诉讼、买卖、采薪、粮谷有关，这类单的建立一般依托当时的基层行政机构“里”，但并非每个里一定建单。如杜正胜先生所说，两汉很多单应是人为结社，而非传统的历史传承的农村公社。[1] 还有一些单内职名似涉及政事、武卫，如俞文所引大量的单尉印 [2]，这类印时代不一，从单名推测似为里单印。但是，在皇权专制时代，朝廷不可能允许地方有一支独立于政府之外的武装，况且乡里在当时是没有地方兵士的；故推测这些单印及其任职人员只具有象征意义，是不可能真正掌管兵士的，单尉之职只是象征性的负责单内治安而已。从侍廷里单与东汉晚期的正卫弹分析，两汉的单应是根据不同的需要而临时组建起来的，里单与正卫弹在逻辑演化上不应存在承袭关系。

四、正卫弹与坞壁、庄园的区别

正卫弹是官办或官控组织，其规模在各县控制范围内，因此其规模并不大，而且这种组织也没有宗族势力的支持，一般不可能发展成为保有大量部曲的割据势力。乡野的强宗豪右长期盘踞于一地，他们不但有政治背景，在经济上也有雄厚的基础。坞壁、庄园在名义上是乡民居聚处，其实很大程度上是地主私产，成为地方上的垄断势力。[3] 天下稳定，贩货逐利；天下生变，各地庄园豪右往往

---

[1] 杜正胜：《“单”是公社还是结社》，载《新史学创刊号》（1993 年 3 月），第 112、113 页。

[2] 俞文引录单尉有：“单尉”“常乐单尉”“益乐单尉印”“万岁单尉”“者单尉”“反督单尉”“禀街千岁单尉之印”“单尉张宫”“都集单右尉印”“单尉为百众刻千岁印”，参见俞伟超：《中国古代公社组织的考察》，文物出版社 1988 年版，第 98—100 页。

[3] 庄园、坞壁表面上只是居住的一种形式，这种居住形式各地都存在，但是当强宗豪右利用它形成地方垄断势力的时候，就成为历史上特有的庄园经济与坞壁势力。这种情况在东汉的中原地区尤其明显，而其他地区虽亦出现庄园、坞壁，但并没有形成庄园、坞壁的垄断势力。参看何双全、卢瑞琴：《汉代河西五郡建筑工程窥管》，载《国际简牍学会会刊》第七号，台湾兰台出版社 2013 年版，第 143 页。

结队而起，成为一支支自保队伍，或拥兵自立，或归附更大的割据势力。

强宗豪右、坞壁庄园的基础就是庄园经济。据崔寔《四民月令》记载，东汉的庄园经济已经非常庞大，农业经济种类繁多，一年四季安排紧密有序，这使庄园经济可以保持最低限度的自给自足。但庄园经济不只是农业，也发展手工业和商业，并在当地大力发展、垄断文化和教育，因其触角涉及士农工商，故曰四民。[1] 这种强大的庄园经济都是里单、正卫弹所不能比拟的。

庄园与豪族是联系在一起的。东汉庄园以自给自足的农副业为经济基础，以宗法血缘为联系纽带，以家族的官吏身世为炫耀招牌，他们在地方上的势力盘根错节。随着家丁、乡兵的发展，具有大可形成割据一方，小可割据乡县的能力。当然，豪族不是常规的军事势力，但在社会动荡之时豪族的军事能量却不容小觑。陈苏镇先生认为，“豪族不是一种军事存在，而是一种社会势力。他们占有大片土地，役使贫民和奴婢从事生产并守卫田庄。宗族和宾客则是他们干预世事的帮手和爪牙”。[2] 这种庄园势力是从西汉的豪右宗族发展起来的，动荡之际，他们往往视天下强者而依之，不轻易表态，以防站错队伍。这种情况不是东汉才有，西汉末年已是如此。自古大多数宗右并不想借机逐鹿，问鼎皇权，而是自保，适时归附强者。如下史料所见：

1. 冯鲂，“为郡族姓。王莽末，四方溃畔，鲂乃聚宾客，招豪杰，作营堑，以待所归。”（《后汉书·冯鲂传》）

2. 樊宏，“南阳湖阳人也，世祖之舅。……更始立，欲以宏为将，宏叩头辞曰：书生不习兵事。竟得免。归与宗家亲属作营堑自守，老弱归之者千余家。时赤眉贼掠唐子乡，多所残杀。欲前攻宏营，宏遣人持牛酒米谷劳遗赤眉。赤眉长老闻宏仁厚，皆称曰：樊君素善，且今见待如此，何心攻之！引兵而去，遂免寇难。”（《后汉书·樊宏传》）

---

[1] 邱汉生：《从“四民月令”看东汉大地主的田庄》，载《历史教学》1959 年第 8 期。

[2] 陈苏镇：《东汉的豪族与吏治》，原文发表于《文史哲》2010 年第 6 期。后收入《两汉魏晋南北朝史探幽》，北京大学出版社 2013 年版。引文见氏著第 59 页。杨联升先生亦从经济角度深刻分析了东汉的豪族，参见杨联升著：《东汉的豪族》（中华现代学术名著丛书），商务印书馆 2011 年版。

东汉的庄园地主，一般皆有本宗官吏护佑，他们官商勾连，利益一体，以求稳的心态获取最大的经济利益。宗右过早的站队，不但得不到同宗的支持，而且一旦站错更会牵连同宗、家人。汉末刘演起兵，豪族并不支持，李通兄弟参与刘演起兵，王莽尽杀通父李守及其家人“在长安者”，“南阳亦诛通兄弟门宗六十四人，皆焚尸宛市”。[1] 因此，豪右宗族虽是国家治理上的毒瘤，但力求政治稳定以获取最大的经济利益才是他们大多数人的心态，只有那些极少数的强宗豪右在动荡形势下伺机窥视中央政权。

强宗豪右以广大农村乡里为基础，向周边辐射，他们依靠宗法关系、地缘关系、经济实力并以同宗的官僚仕人为依靠，形成了传世数代而相对稳定的一股地方社会势力。一般来讲，在专制社会的统治下，一个长期的、稳定的、在一个区域有较大影响的势力，血缘关系是维系他们的纽带，经济基础则是维系其存在发展的必要条件；他们或盘踞一地，或举族而迁，大族豪强内部的凝聚力是十分强大的，特别是在社会动荡时，这种宗族的聚合力量是十分必要的。[2] 东汉的豪族大姓向魏晋的门阀发展，成为国家的一个特权群体。尽管由于南北分裂的局面，魏晋的门阀宗族南北朝并不相同。南朝的士族与北朝的郡姓由于所处的历史环境不尽相同，北朝重同姓，厚宗族，而南朝因迁徙，其士族中的侨姓早已失却宗族乡里的联系。北朝郡姓是自坞主、宗主一脉相承下来的，他们在本地有较稳固的基础。[3] 社会发生动荡，这些大族之中的门阀豪族掌握了宗族的组织并可随时组织起来参加反叛或加入某一势力。

正卫弹不但人力、经济势力单薄，弹的组织只是临时成立，既无宗法维系，又无强宗擭佑。天下动荡，他们不能像豪右那样自保观望，他们至少在表面上必须听命于朝廷，但朝廷又无力顾及动乱地域的郡县，各郡县按原有的法律规定办事肯定行不通，因此成立正卫弹变通行事应是其无奈的选择。正卫弹是临时成立的自卫组织，它不是宗法性组织，一般以县城及周边为界域，经济上十分有限，只是“以国服为息”而供养一些正卫、更卒而已。正卫弹与正卫士卒、更卒是雇佣关系，因此，正卫弹也没有能力和途径把小农变为官府的部曲。郡

[1] 《后汉书》卷十五《李通传》第 575 页。

[2] 参见朱大渭、梁满仓：《魏晋南北朝宗族组织试探》，载《中国史研究》2009 年第 4 期。

[3] 参见唐长孺：《门阀的形成及其衰落》，载《武汉大学人文科学报》1959 年第 8 期。

县及其所建之弹都在等待形势的稳定，亟于归服朝廷，不具有反叛性。可见，豪族大姓的基础是血缘宗亲与地方经济。豪族大姓可以举族而迁，在新迁地形成一股新的社会力量。而正卫弹的基础则是原有朝廷规定的管理界域，正卫弹所依靠的郡县守令也有被随时更换的可能。[1] 因此，正卫弹并不具备演化为其他独立性组织的可能性。

五、魏晋的“千人单”及“团——幢”

《集古官印考证》卷十三有“千人单印”印文，但未见印拓。罗福颐《汉印文字征》有“兼并州阳河蕇督”印，此印文拓清晰无误。俞伟超先生对二印时代、性质做了精准而全面的考证，“千人单印”应当出现在魏晋时期；“兼并州阳河蕇督”应当是西晋至十六国时期。此外，瞿氏《立界山祠碑》有“蕇监始平骆政”“蕇督冯翊祖训”碑文，该碑文所述时代定为符秦。俞伟超先生认为，单监、单督都应当是军事组织中的职务，可以印证的是《隋书·百官志》载梁制有“皇弟皇子单、为二卫司马”，“皇弟皇子单、为领护、詹事二卫”的文字，这些职官都与军事系统有密切联系。鉴于这些资料，“从魏晋至十六国时期的‘千人单’‘蕇监’‘蕇督’的情况看，‘单’已经演变成比较纯粹的军队组织了”（俞文 157—160 页）。笔者以为，魏晋十六国时期的有些国家利用“单”这个古老的组织名称作为军事组织中的一个单位似乎更合适些。这一时期军事组织中的单（蕇）依托的基础是否都是血缘关系的家族势力很难确定，但《隋书·百官志》所载梁制的“皇弟皇子单”具有鲜明的血缘色彩却是无疑的，这一点与东汉的正卫弹又截然不同。

俞伟超先生认为，这个时期的单是从东汉的正卫弹发展而来。对于单这种组织的历史演变，“如果从‘里单’→‘正卫弹’→‘千人单’这样一个历史过程来考虑，视‘里单’为比较纯粹的村社组织、‘正卫弹’为具有公社和官府部

---

[1] 《三国志·蜀书·诸葛亮传》载，诸葛亮叔父诸葛玄被袁术任命为豫章太守，后中央朝廷又派朱皓做豫章太守。裴注引《献帝春秋》所述此事只是诸葛玄的结果略有不同。本文只是说明地方郡县之守令经常变换，极为不稳定。在地方官吏操办下的正卫弹也不可能长期稳定并向另一种形式的组织过渡、演变。

曲的两重性的组织，把‘千人单’看作基本是一种国家的军队组织，就是合乎逻辑的”（俞文159页）。这样，一弹所养正卫大致在500人至1000之间。魏晋以后，特别南北朝将这样规模的正卫士兵组织称为千人单，或设有单监、单督等职。但是，这种单在军事系统中的位置与性能并不清楚。

俞先生还论证了单、弹、团字音与单相通的问题，并认为“正因为‘单’‘团’是同音单字，以‘单——弹——蕈’为名的军队组织，后来就可以演变为以‘团’为名”（俞文163页）。东汉以来的相关文献中，部曲就与乡团卒伍相联系，隋唐以后“军团”的士卒由各州乡里的宗族组成，所以又曾叫作“宗团”。孔颖达所谓的“乡团”其规模大略相当于汉末魏晋的一个乡，其兵卒又是由宗族充当的“卫士”，这个“乡团”或“军团”应是从一个“都乡”为单位的“正卫弹”再经过“千人单”演化而来（俞文165页）。这里的问题有二，一是“千人单”等组织的详细情况并不清楚，二是“正卫弹”并非宗族化组织，而是地缘性的官控组织。他们并不具有简单的相承关系。不过，俞先生论证“千人单”“蕈督”“蕈监”是魏晋至十六国时期比较纯粹的军队组织的观点是十分精彩的。它们与正卫弹的关系，可能正是因为东汉末动乱时期正卫弹所发挥的特殊作用相连。若更大胆的推测，即这种“千人单”“蕈督”“蕈监”可能吸收了不同时代单（弹）的因素，成为具有宗族性质的军事单位，这从《隋书·百官志》所载梁制有“皇弟皇子单”的文字可以得到印证。或者说，“千人单”“蕈督”“蕈监”“皇弟皇子单”确是军事组织的一个单位，但它们只是借用了“单”这个名称而已。两汉时代的里单、正卫弹与他们并不具有发展承袭关系。因为，历史的数据告诉我们，里单多少应当具有宗法因素但并不具备军事功能；东汉的正卫弹虽然是据地缘成立的官控自卫组织，具有军事防御功能却不具有宗法性质。隋唐以后的军团、居民聚落疃虽然在字音上或能找到单的影子，但因其性质的变化，恐怕难以直接论证两汉的单与之发展的脉络了。

俞伟超先生关于先秦两汉单、僤、弹的研究，开辟了这一时期村社组织研究的新视野，杜正胜先生认为，这是“讨论古代基层社会既系统又深刻的著作”，[1]但杜先生对引证史料有不同的理解。笔者认真研读了前辈的著述，受益匪浅。

---

[1] 杜正胜：《“单”是公社还是结社》，载《新史学创刊号》（1993年3月），第124页。

俞伟超先生认为，先秦两汉的单是亚细亚式生产方式下农村公社的残迹，杜正胜认为是结社。笔者原则上认为两汉的单是结社，但里单在历史上应当有着深厚的宗法基础。东汉的正卫弹是官办公有性质，虽同名曰单（弹），但二者在性质上不同，不具有承袭发展关系。正卫弹是各地县廷以弹的名义雇募士兵保卫所在区域，这些县若以官府的名义从事违反国家兵役制度的行为是不合法的，因此只能以弹这种名义雇佣士兵，使当时普遍存在的义务兵转向雇募。弹与东汉的庄园豪右不同，随着国家的稳定，或者新政权的建立，弹立即解散，而豪右庄园仍然在故地盘踞。魏晋以后的千人弹等军事组织与此前的里单、正卫弹虽有名称上的联系，但二者同样不具有必然的承袭发展关系。俞伟超先生的分析独具慧眼，开启了认识“单”“弹”“蕇”性质的新路径。但是，很多时候将现有逻辑轨迹再向前延伸一步就可能走向相反的方向了。这些是本文所特别强调的。

宋代《理欠令》的成立及债法的变化

郑显文 *

中国古代中央和地方的财政来源大致有四种：一是赋税收入，包括田租、人头税、户税、资课、附加税、各种杂税等；二是特种收入，有勾征、赃、赎、罚、没等收入；三是公产公业的收入，包括屯田、牧田、庄田、官府放高利贷、庸赁等收入；四是出售国家各类资源的收入，包括出卖国有土地、盐、铁等方面的收入。古代政府为了维持财政收支的运转，通常会制定专门的法律法规，以保证国家财税收入正常完成。如果官府的税收债务不能按期偿还，许多政权还制定了以劳役折抵官债的役身折酬制度。1975 年湖北云梦睡虎地发现的秦简《司空律》规定："有罪以赀、赎及有责于公，以其令日问之，其弗能入赏（偿），以令日居之，日居八钱；公食者，日居六钱。"[1] 唐律对于均田制上的农民不按期向官府缴纳课税，规定了严厉的处罚措施："诸部内输课税之物，违期不充者，以十分论，一分笞四十,一分加一等。户主不充者，笞四十。"[2]

宋代是中国古代民事经济法律制度发生重大转型的时期。北宋立国之初，仍袭旧制。宋太宗即位后，开始进行财政经济制度的改革，有学者认为，"北宋前期对赋税、差役、户籍制度进行大规模的全面整理，实开始于淳化、至道之际"[3]。宋太宗时设立了官府债务的追偿机构理欠司。从《天圣令》以后，在宋令中又增加了《理欠令》的篇目，旨在加强对民众欠负官府债务的追偿和管理。

---

* 郑显文，上海师范大学哲学与法政学院教授。

[1] 睡虎地秦墓竹简整理小组编：《睡虎地秦墓竹简》，文物出版社 1990 年版，第 51 页。

[2] 长孙无忌等撰，刘俊文点校：《唐律疏议》卷 13"输课税物违期"条，法律出版社 1999 年版，第 275—276 页。

[3] 梁太济：《两宋的户等划分》，邓广铭等主编：《宋史研究论文集》，浙江人民出版社 1987 年版，第 24 页。

宋代《理欠令》篇目的制定，把民众赊贷官府债务的行为转化成为民事法律中的契约行为，官府和百姓之间的关系由原来的行政管理与被管理的关系转为民事经济法律中的债权债务关系。宋代《理欠令》篇目的出现，一方面使我们看到中国古代债权制度得到了进一步发展，人身依附关系有所减轻；另一方面也看到因民众欠负官府债务的现象十分普遍，宋代百姓的生活困苦不堪。长期以来，学术界对宋代《理欠令》篇目形成的时间、宋代官物征偿的立法概况、两宋时期债法的变化等问题并未给予足够的重视，也未有专文进行探讨。因此，笔者试图对上述问题进行分析，不妥之处，请求指正。

一、宋代官府财物的追偿体制及其立法概况

财政是国家的经济命脉。为了保障国家财政收支平衡，历代政府都设立了专门的财政管理体制。早在西周时期，由中央行政长官大宰管理财政，大宰之下设有小宰、司书、司会等属职，小宰掌“邦国都鄙官府之治，执邦之九贡九赋之贰，以均财节邦用”；司书“以周知入出百物，以叙其财。受其币。凡上之用财用，必考之于司会”。[1] 唐代是我国古代财政管理体制很完备的时代，户部为中央财政的管理机构，其所辖的户部司掌管财物的征调，“凡庸调之物，仲秋敛之，季秋发于州。租则准州土收获早晚，量事而敛之。仲冬起输，孟春而纳毕。本州纳者，季冬而毕”；度支司“每岁计其所出而度其所用，转运征敛送纳，皆准程而节其迟速”。[2]

古代财政管理事务的核心是征缴全国各地民众的赋税。为了保障国家财税的顺利征收，历代政府都设立了专门的官府财物追偿机构，如唐代刑部所管辖的比部司，“比部郎中、员外郎掌句诸司百寮俸料、公廨、赃赎、调敛、徒役课程、逋悬数物，以周知内外之经费而总勾之”。[3]

两宋政权统治时期，国家内忧外患，财政紧张，宋朝政权豢养了一支庞大

---

[1] 李学勤主编：《十三经注疏·周礼注疏（上）》卷第七，北京大学出版社 1999 年版，第 53、166 页。

[2] （后晋）刘昫等：《旧唐书》卷 43《职官二》，中华书局 1975 年版，第 1826、1827 页。

[3] 李林甫等撰，陈仲夫点校：《唐六典》卷 6“比部郎中”条，中华书局 1992 年版，第 194 页。

的军队和官僚队伍。宋代官僚机构庞大，从北宋初年到嘉祐八年（1063年），官吏“十倍于国初”。[1]有学者统计，北宋官僚机构之臃肿，官数之冗繁，为此前历朝之最。北宋共有官员2.4万人，平均每10万人口拥有官员的数量，东汉时期是13人，隋朝27人，唐朝35人，而北宋是51人。[2]宋朝政府还豢养了一支庞大的军队，军费开支也是一笔不小的数目。宋仁宗时三司使张方平指出：“今禁兵之籍不啻百万人，坐而衣食，无有解期，七八年间天下已困，而中外恬然不知正救。”[3]蔡襄在《国论要目十二篇》中也认为：“今天下大患者在兵：禁军约七十万，厢军约五十万，积兵之多，仰天子衣食，五代而上，上至秦汉无有也。”[4]邓广铭认为，北宋“把三司的全部收入的十分之八（或六分之五）用于养兵，使得北宋王朝中央政府的财政陷入困境”。[5]

巨大的财政开支必然会造成国家财政紧张的局面。为了缓解财政危机，宋朝统治者加紧了对百姓的盘剥。宋代赋税种类繁多，除两税之外，还有丁口之赋、支移、杂变等，清代史学家赵翼指出，宋朝“恩逮于百官者，惟恐其不足；财取于民者，不留其有余”。[6]繁重的苛捐杂税造成了普通百姓生活极端贫困，处于社会下层的民众经常因无力缴纳官府繁重的税收而拖欠官府的钱物。两宋政府为了减轻百姓负担，也会颁布减免欠负官府债务的法令，宋高宗绍兴十三年（1143年）九月，“蠲淮南逋欠坊场钱及上供帛”。[7]但两宋之际政府蠲免百姓债务的现象毕竟是少数，我们在宋代的文献典籍中经常看到地方官府向百姓催征债务的记述。

为了能够及时征缴各地民众悬欠官府的债务，宋朝政府构建了较为完善的财政管理体制和官物追偿制度。北宋前期，中央户部并无实际执掌，中央财政的实

[1] （宋）司马光：《司马文正公传家集》卷28《论进贺表恩泽札子》，文渊阁四库全书本。

[2] 刘笃才、杨一凡：《论北宋的冗官问题》，载《学习与思考》1983年第5期。

[3] （宋）李焘：《续资治通鉴长编》（以下简称《长编》）卷161，中华书局1995年版，第3896页。

[4] （宋）蔡襄：《蔡忠惠公文集》卷18，文渊阁四库全书本。

[5] 邓广铭：《北宋的募兵制度及其与当时积弱积贫和农业生产的关系》，原载于《中国史研究》1980年第4期，后收入《邓广铭治史丛稿》，北京大学出版社1997年版，第94页。

[6] （清）赵翼著，王树民校证：《廿二史札记校证》卷25《宋制禄之厚》，中华书局1984年版，第534页。

[7] （元）脱脱等：《宋史》卷30《高宗七》，中华书局1977年版，第559页。

际管理机构是三司使，宋太宗太平兴国八年（983 年），分置盐铁司、度支、户部三司，“号曰计省，位亚执政，目为计相”。[1] 此外，还设有支收司、拘收司、理欠司。拘收司，咸平四年（1001 年）置，负责“支收财利未结绝者，籍其名件而督之”。[2] 宋神宗元丰改制后，三司的权力被肢解，财政权重归户部，户部成为中央实际的财政管理机构，“掌天下人户、土地、钱谷之政令，贡赋、征役之事。”[3]

宋代刑部所管辖的比部司也具有一定的财政管理权，比部郎中、员外郎掌勾覆中外账籍。“凡场务、仓库出纳在官之物，皆月计、季考、岁会，从所隶监司检察以上比部，至则审覆其多寡登耗之数，有陷失，则理纳。”[4] 宋哲宗元祐三年（1088 年），厘正仓部，“勾覆、理欠、凭由案及印发钞引事归比部”。[5] 很明显，比部司拥有追偿官府债务的理欠职能。

中央的财政收入是源于地方州府的缴纳。宋人叶梦得在《石林奏议》卷 8《应诏咨询状》中说：“唐制，诸道贡赋别而为三：有上供，有留州，有送使，本朝大略因之。上供之外，留州者，逐州之使用也；送使者，转运使之所领也。”宋太宗至道三年（997 年），中央统一划定全国为 15 个转运司路分，此后宋真宗、神宗、徽宗又陆续分出一些新的路分，形成二十六路之制。宋代在各路设转运司，转运司长官有使、副使、判官，并以朝官以上充。都转运使“掌一路财赋之入，按岁额钱物斛斗之多寡，而察其稽违，督其欠负，以供于上”。[6] 有学者认为，从财政的角度讲，转运司是宋代介于中央和州军之间的一个财政机构，[7] 属于中央财政的派出机构。宋代路一级的提刑司和提举司也分管一部分与财计有关的事务。[8]

在路之下，设有府、州、军、监等地方行政机构。“诸府置知府事一人，州、军、监亦如之。掌总理郡政，宣布条教，导民以善而纠其奸慝，岁时劝课农桑，

---

[1] （元）脱脱等：《宋史》卷 162《职官二》，中华书局 1977 年版，第 3807 页。
[2] （元）脱脱等：《宋史》卷 162《职官二》，中华书局 1977 年版，第 3810 页。
[3] （元）脱脱等：《宋史》卷 163《职官三》，中华书局 1977 年版，第 3847 页。
[4] （元）脱脱等：《宋史》卷 163《职官三》，中华书局 1977 年版，第 3861 页。
[5] （元）脱脱等：《宋史》卷 163《职官三》，中华书局 1977 年版，第 3861 页。
[6] （元）脱脱等：《宋史》卷 167《职官七》，中华书局 1977 年版，第 3965 页。
[7] 包伟民：《宋代地方财政史研究》，中国人民大学出版社 2011 年版，第 10—11 页。
[8] 汪圣铎：《两宋财政史》，中华书局 1995 年版，第 555 页。

旌别孝悌，其赋役、钱谷、狱讼之事，兵民之政皆总焉。”[1] 州府之下设户曹参军，又称司户，“掌户籍、赋税、仓库受纳”。[2] 宋代州府衙门的重要职责是催征财赋，地方官府催征债务的手段很多，或立账挂图，或牵掣家资。南宋时期，信州催属县钱物，“来如风雨，一刻不可违，一文不可欠”。[3]

宋代州府之下设县，县是地方的基层行政机构。县的行政长官县令负责本县的户口、赋役、钱谷、赈济、给纳之事，以时造户版及催理二税。县是宋代财政的根基，县级政府拥有催纳赋税课利、追缴悬欠官府财物的职能。宋哲宗元祐七年四月，颁布了县令考课条例，其中规定“治事之最”的标准是“催科不扰，税赋别无失陷”。[4]

州县之下，设有乡、里等基层组织，据《宋史·食货上五》记载：“有宋因前代之制，以衙前主官物，以里正、户长、乡书手课督赋税”。[5] 北宋中期以后，实行都保制度。从南宋中期以后，两浙、江东西等路，乡都制得到了迅速发展。[6] 绍兴初年，取消了基层的户长催税制度，以保正副、保长催税。[7] 绍兴四年，“罢催税户长，依熙丰法以村疃三十户，每料轮差甲头一名，催纳租税、免役等钱物”。[8] 两宋时期，由于强宗大族通过降低户等的形式逃避赋税，财税大都转移到普通百姓身上，致使下层百姓“或尽室逃移，或全户典卖，或强迫子弟为僧道，或毁伤肢体规为残疾”，“以家则破荡而无余产”。[9] 宋朝政府通过严苛的催征手段追缴普通百姓悬欠官府的债务，以维系脆弱的国家财政体系。

为了使中央和地方官府的财税征缴合法化，宋朝政府构建了较为完备的法律体系。在北宋初年制定的法典《宋刑统》中，就有专门的法律条文针对违期纳税、借官物不偿等行为的处罚措施。据《宋刑统》卷13“输税违期”条规定：

[1] （元）脱脱等：《宋史》卷167《职官七》，中华书局1977年版，第3973页。
[2] （元）脱脱等：《宋史》卷167《职官七》，中华书局1977年版，第3976页。
[3] （宋）刘克庄：《后村集》卷七九《为弋阳县王庚应申省状》，四部丛刊本。
[4] 《长编》卷472，第11271页。
[5] （元）脱脱等：《宋史》卷177《食货上五》，中华书局1977年版，第4295页。
[6] 〔日〕周藤吉之：《宋代经济史研究》，东京大学出版会1971年，第437—473页。
[7] 漆侠：《宋代经济史》（上），中华书局2009年版，第492页。
[8] （清）徐松辑：《宋会要辑稿》（以下简称《宋会要》）食货14之17至18，中华书局1957年版，第5046—5047页。
[9] （宋）林季仲：《竹轩杂著》卷3“论役法状”，四库全书本。

“诸部内输课税之物，违期不充者，以十分论，一分笞四十，十分加一等。户主不充者，笞四十。”对于借贷官物不偿的行为，法律规定：“诸假请官物，事讫过十日不还者，笞三十，十日加一等，罪止杖一百；私服用者，加一等。若亡失所假者，自言所司，备偿如法。不自言者，以亡失论。”[1]

编敕是两宋时期重要的法律形式。宋神宗元丰以前，编敕为一种综合性的法律规范，元丰改制以后，按照敕、令、格、式四种法律形式加以分类，编敕成为单独的刑事法律规范。现存南宋庆元年间的《职制敕》《户婚敕》《厩库敕》等法律篇目中，有许多条文是关于官物追偿的法律内容。据庆元《职制敕》规定：“诸隐落及失陷钱物，干系人知而不举，与犯人同罪，罪止徒二年，许人告。”[2] 庆元《厩库敕》也规定：“诸官物有欺弊而致失陷者，不以赦降原减。”[3]

令是关于国家制度的法典，两宋时期令典的篇目和内容变化很大。新发现的北宋《天圣令》残本中，有关于官物追偿的法律条款，据《天圣令·仓库令》规定：“诸欠失官物并句获合理者，并依本物填。其物不可备及乡土无者，听准价直理送，即身死及配流，资产并竭者，物（勿）理。”[4] 南宋庆元令《田令》也规定：“诸欠及均备官物应纳田宅入官者，估价折立租课，召人认税佃赁，限十年内听以所收子利细填欠数，足日给还元产。”[5]

格、式是唐宋时期的重要法律形式。现存宋代的格法律条文有关于对悬欠官物管理的规定，据庆元《赏格》规定：“州县理欠吏人各随所管月日，每年通计所理，纳及五分：一万贯以上，转一级。”式是两宋的文书程式，南宋庆元年间的《理欠式》，保存了民间百姓欠负官府钱物的“欠账”文书形式。从庆元《欠账式》的文书内容看，包含地方官府的名称、欠负官物的时间、债务人姓名、

---

[1] （宋）窦仪等撰，薛梅卿点校：《宋刑统》卷15“假借官物不还”条，法律出版社1999年版，第274页。

[2] （宋）谢深甫编撰，戴建国点校：《庆元条法事类》卷32，杨一凡、田涛主编：《中国珍稀法律典籍续编》第1册，黑龙江人民出版社2002年版，第500页。

[3] （宋）谢深甫编撰，戴建国点校：《庆元条法事类》卷32，杨一凡、田涛主编：《中国珍稀法律典籍续编》第1册，黑龙江人民出版社2002年版，第501页。

[4] 中国社会科学院历史研究所整理：《天一阁藏明抄本天圣令校证》，中华书局2006年版，第75页。

[5] （宋）谢深甫编撰，戴建国点校：《庆元条法事类》卷32，杨一凡、田涛主编：《中国珍稀法律典籍续编》第1册，第518页。

所欠钱物标的等内容。有了官府统一制定的《欠账》文书，地方官府对债务人也就有了强制执行的法律依据。宋代地方政府通过强制措施追缴债务人财产，执行方式包括强牵掣债务人家资，责令保人和干系人代偿债务，对拒不偿还官物的债务人处以笞杖刑，以确保官府财物不受到损失。

二、关于宋代《理欠令》篇目设立的时间

宋代的律、敕、格、式等法律形式中都有官物追偿的法律条文，此外在宋令中还单独设立了《理欠令》的篇目。《理欠令》是宋代新出现的令篇。关于《理欠令》篇目设立的时间，古代文献没有明确记述。笔者认为，《理欠令》是随着理欠司的设置而新出现的令篇。宋代中央负责官府财物追偿的专门机构是理欠司、都理欠司，宋太宗雍熙二年（985 年）三部各置理欠，有勾簿司，判司官一人，以朝官充。雍熙四年，以盐铁推官段惟一、度支推官朱赋、户部推官崔维翰分判本部凭由司。宋太宗时，因天下仓场库务申破钱帛数额庞大，命段惟一等专主此事，不签书本职公事。至道二年，并都凭由司归理欠司。[1] 理欠司的职责是“掌理在京及天下欠负官物之籍，皆立限以促之”。[2] 可见，理欠司是管理京师及全国各地亏欠官府钱物的专职机关，并制定具体的追缴期限。日本学者川村康在《宋令演变考》一文指出，宋仁宗《天圣令》以前北宋并没有修订过令，“《天圣令》是大约 300 年后才编纂的令，它的颁行使《开元二十五令》终于从现行法典的位置上退了下来。”[3] 北宋雍熙、至道年间没有进行大规模令典的编纂，故当时应未出现《理欠令》的篇目。

宋仁宗天圣七年（1029 年），新修订了《天圣令》，晁公武《郡斋读书志》记述了其篇目，共分 21 门，依次是：《官品》《户》《祠》《选举》《考课》《军防》《衣服》《仪制》《卤簿》《公式》《田》《赋》《仓库》《厩牧》《关市》《捕亡》《医疾》《狱官》《营缮》《丧葬》《杂》。戴建国认为，“《天圣令》变化在于，唐令

[1] 《宋会要辑稿》职官 5 之 34，中华书局 1957 年版，第 2479 页。
[2] （元）脱脱等：《宋史》卷 162《职官二》，中华书局 1977 年版，第 3810 页。
[3] 〔日〕川村康著，赵晶译：《宋令演变考（上）》，中国政法大学法律古籍整理研究所编：《中国古代法律文献研究》第 5 辑，社会科学文献出版社 2011 年版，第 227 页。

中原第二至第七篇的六篇《职员令》在《天圣令》中不见了踪影。与《开元令》一样，也没有将《封爵令》等附篇目列出。但据《续资治通鉴长编》记载，当时在行的《天圣令》中应有《封爵令》的篇目”。[1]由此推知，在《天圣令》中并没有出现《理欠令》的篇目。

宋神宗熙宁三年（1070年），理欠司归比部管辖。熙宁初年，“凡四年帐未钩考者已逾十有二万，钱帛、刍粟积亏不可胜计”，神宗下令：“诸路财赋出入，自今三年一供，著为令。”[2]宋神宗元丰七年（1084年），制定了《元丰令》50卷，“自《官品》以下至《断狱》，凡三十五门，约束禁止者皆为令”。[3]《元丰令》与《天圣令》已有明显不同，据《长编》卷373记载：“元丰中，命有司编修敕令，凡旧载于敕者，多移之于令。盖违敕之法重，违令之罪轻，此足以见神宗皇帝仁厚之德。”[4]由于《元丰令》把北宋前期许多“约束禁止”的敕文编到令典之中，扩大了宋令规模，新增加了许多令篇。法律内容的大幅增加引起了法典体系的变化，而法典体系变化必然会引起令典篇目的变化。据《长编》卷298记载，元丰二年六月辛酉，左谏议大夫安焘等上《诸司敕式》，上谕焘等曰：“设于此而逆彼之至曰格，设于此而使彼效之曰式，禁其未然之谓令，治其已然之谓敕。修书者要当知此，有典有则，贻厥子孙。”笔者推断，很有可能在元丰七年编纂《元丰令》时，新增加了《理欠令》的篇目。

《理欠令》是基于民间百姓亏欠官府债务的情况下制定的。宋神宗熙宁以前，百姓亏欠官府债务的现象还不甚突出。王安石变法期间制定了市易法、青苗法、募役法等法令，这种法律现象才日趋严重。据古代文献记载：“市易司法，听人赊贷。县官货财，以田宅或金帛，为抵当，三人相保则给之，皆出息十分之二，过期不输，息外每月加罚钱百分之一。贫人及无赖子弟，多取官贷，不能偿积息，罚愈滋，囚系督责，徒存虚数，实不可得。”[5]王安石变法所推行的青苗法，有学者认为“实行青苗法，实际上以贷款为名，征收一笔新税”。[6]青苗钱每年利息

[1] 戴建国：《唐宋变革时期的法律与社会》，上海古籍出版社2010年版，第206页。
[2] （元）脱脱等：《宋史》卷163《职官三》，中华书局1977年版，第3861页。
[3] 《长编》卷374，第8254页。
[4] 《长编》卷373，第9025页。
[5] （宋）司马光：《涑水记闻》卷14，中华书局1989年版，第287页。
[6] 王曾瑜、张泽咸：《从北朝的九等户到宋朝的五等户》，载《中国史研究》1980年第2期。

是40% ~ 60%，后改为年利息20%。《理欠令》的篇目正是在民间亏欠官物之风盛行的情况下才出现的。宋神宗去世后，宋哲宗亲政，编定了《元祐令》25卷，共有令文1020条。[1]令典篇目和条文大幅缩减，说明《元祐令》可能又恢复到《天圣令》的篇目，删除了《元丰令》中新增加的令篇和内容。

与北宋相比，南宋两税的"夏税"所收钱、银和绢帛较多，货币多于实物，"秋苗"仍以粮食（稻、粟等）为主。[2]南宋时期国家财政紧张，对百姓的税收加重。据《文献通考·田赋考五》记载，宋高宗初年，"税米一斛有输五六斛者，税钱一缗有输及十八缗者"。[3]宋高宗绍兴年间，发明了新的方法"预借"。当时有人指出："一遇军兴，事事责办；有不足者，预借来年之赋；又不足者，预借后年之赋。虽名曰和，乃强取之；虽名曰借，其实夺之。"[4]在北宋时期，政府通过和买的方式把官府钱物预支给百姓。所谓和买，实际上就是预买，即预支本钱。宋人吴曾说："本朝预买绣绢，谓之和买绢。"[5]北宋末至南宋初之际，和买变成了政府摊派的一种形式，到南宋宁宗时期，和买已经演变为定额租税了。[6]

南宋政权对百姓征收的杂税种类繁多，主要有经制钱、总制钱、月桩钱、版帐钱、免役钱等。此外，还有卖纸钱、折纳牛皮筋骨钱等，至于米面酒醋之类，"下至鬻豆腐者，皆不免科掠"。[7]繁重的赋税使百姓陷于巨额债负之中，尤其是一些富豪之家与本县官吏相互勾结，虚构失陷官物，把负担转移到下户身上，致使下户细民破家逃离。据《宋会要》食货70记载：绍兴二十七年"诸路州县，起催产税，积弊甚大……盖未催科之时，典吏、乡司，先于民户处，私自借过夏税和买入己，比至开场，更不纳官，以一邑计之，有数百疋，至五十疋之家，失陷官物，不知几何，却将下户重叠催科，补填上件失陷官物。"[8]南宋官员杨万

---

[1] （宋）王应麟：《玉海》卷66，广陵书社2003年版，第1262页。
[2] 苗书梅、葛金芳等著：《南宋全史·典章制度卷》，上海古籍出版社2012年版，第3页。
[3] （元）马端临：《文献通考》卷5《田赋考五》，中华书局1986年版，第62页。
[4] （宋）李心传：《建炎以来系年要录》卷54，中华书局1956年版，第961页。
[5] （宋）吴曾：《能改斋漫录》卷12《和买绢》，上海古籍出版社1979年版，第346页。
[6] 王曾瑜：《宋朝的和买与折帛钱》，中国社会科学院历史研究所宋辽金元史研究室编：《宋辽金史论丛》第2辑，中华书局1991年版，第11页。
[7] （宋）薛季宣：《浪语集》卷33《先大夫行状》，文渊阁四库全书本。
[8] 《宋会要辑稿》食货70之46，中华书局1957年版，第6393页。

里说："输帛于官之税，旧以正绢为绢税，今正绢之外，有和买矣。……旧税亩一钱输免役一钱，今岁增其额，不知所止矣。既一倍其粟，数倍其帛，又数倍其钱，而又有月椿钱、版帐钱，不知几倍于祖宗之旧，又几倍于汉唐之制乎！"[1]

为了保障政府的财政收入，南宋政府经常编修令典。南宋高宗绍兴元年，制定了《绍兴令》，共有50卷，新增加了许多令篇，这其中应有《理欠令》的篇目。宋孝宗乾道六年（1170），刑部侍郎汪大猷等上其书，号《乾道敕令格式》，[2]其中有令50卷、格30卷、式30卷。宋宁宗庆元四年（1198年），编纂了《庆元敕令格式》120卷，其中《庆元令》有50卷。现存南宋时期的法律典籍《庆元条法事类》保存了《庆元令》50卷的部分令文，其中收录了许多《理欠令》的条文。

在现存的《庆元条法事类》卷13《职制门》、卷28《榷禁门》、卷32《财用门》、卷36《库务门一》、卷37《库务门二》、卷80《博戏财物门》中，引录了庆元《理欠令》的部分条文，有些令文是重复征引。根据笔者统计，现存《应元条法事类》所收录的《理欠令》条文共有56条，在《宋会要》食货45和《永乐大典》卷15948引《九震运》收录了一条宋代的《理欠令》条文："《理欠令》：谓粮纲犯自盗案首，其所盗官物并理为欠数，至罪止应配者，配如法。"该条令文并未在《庆元条法事类》中出现，故目前我们能够见到宋代《理欠令》的条文总计有57条。

关于《理欠令》条文的来源，古代文献未有明确记述。据笔者考察，《理欠令》的条文应与此前的敕文和皇帝颁布的诏令有很深的渊源关系。据《长编》卷373记载："元丰中，命有司编修敕令，凡旧载于敕者，多移之于令。盖违敕之法重，违令之罪轻，此足以见神宗皇帝仁厚之德。"[3]宋神宗在制定《元丰令》时，把许多"约束禁止"的敕文移入令典之中，这表明《理欠令》的许多令文是源于此前的编敕。

宋代《理欠令》的条文与宋朝皇帝颁布的诏敕也有渊源关系。宋高宗建炎四年（1130年）十一月，发布赦文："应欠负官物，元非侵欺盗用者，及虽系侵盗而本家并干系保人，内无抵当财产者，并令本属于赦到一月内保明申转运、

[1]（元）脱脱等：《宋史》卷174《食货上》，中华书局1977年版，第4220页。
[2]（元）脱脱等：《宋史》卷199《刑法一》，中华书局1977年版，第4965页。
[3]《长编》卷373，第9025页。

提刑司，本司亦限一月保明闻奏，当议并与除放。如逐处不为依限申奏，仰互经转运、提刑司受理，搜诉依法施行。其元非侵盗，见勒干系人摊纳者；失于催理或误行支遣，见摊在干系人名下理纳者；水火损败及纲舡遭风水抛失，若被盗勘会分明，各无欺奖见和折请受者；宝货场治委是不发，及不显侵欺系欠课利见行催理者；冒佃诸色官田、户绝田土、屋业诸并般启幸隐漏税租，见理纳积年税租课利等，委是贫阙无可偿纳者，并委本属保明申转运提刑司等，特与除放。讫奏。"[1] 该项内容在庆元《理欠令》中也能找到冒佃官田、户绝田的法律条款，"诸欠，赦降指定除放，侵盗官物若冒佃官田宅令人出纳净利之类纳及五分，冒佃户绝田宅令人出纳净利并冒佃官田宅之类及四分，侵盗，勒保人均备；若冒佃户绝田宅并隐陷税租之类及三分，并听放"。[2] 比较上述两条史料，我们发现两者有着很密切的联系。

现存南宋庆元时期《理欠令》的 57 条令文，所涉及的法律内容十分广泛。概而言之，主要包括如下几方面的内容：

其一，《理欠令》详细规定了欠负官府财物的账簿登记制和债务追偿管理体制。两宋政权对官府财产的管理十分严格，凡欠官府财物，国家账簿皆有记录，如果债务人偿还债务，则对籍账勾销。宋代各州县都设有专门的籍账管理部门，凡在州及倚郭县于理欠司，外县于本县，各置籍具注所欠财物。中央理欠司统一掌管京师及全国各地亏欠官府钱物的账簿。南宋审计院也具有管理官府债务的职能，"诸欠应关理欠司者，仍关审计院注籍，候理欠帐对籍勾销"。据庆元《理欠令》记述，宋代地方各州县负责追缴悬欠负官府的钱物，送缴理欠司，再由转运司验账，"对批结绝"，申报刑部。刑部对全国各地欠负的官物情况进行汇总，"诸欠官物，尚书刑部得诸州附欠帐符转运司者，本司注籍讫申本部，仍以附帐、欠帐对籍销注"[3]。

其二，《理欠令》明确规定了对于管理官物不善而应承担的损害追偿责任。

[1] 《宋会要辑稿》食货 63 之 1，中华书局 1957 年版，第 5987 页。

[2] （宋）谢深甫编撰，戴建国点校：《庆元条法事类》卷 32，杨一凡、田涛主编：《中国珍稀法律典籍续编》第 1 册，第 516 页。

[3] （宋）谢深甫编撰，戴建国点校：《庆元条法事类》卷 32，杨一凡、田涛主编：《中国珍稀法律典籍续编》第 1 册，第 514、511 页。

若官物的管理者在管理期间发生官物缺失或损污，致使布帛遭到污染，应计所亏欠，估纳处价追偿。庆元《理欠令》规定，凡管押官物而裹角布帛损破者，计所亏，估纳处价，5贯以下免纳，过5贯者，计数理半，其陆路至纳处2000里外，全免。“诸官司寄纳人户钱物而有损失者，并干系人备偿。”[1] 若管理者“误支失收”，由干系人均备五分，余追理请纳人。如果是当事人亡殁无可追纳，由干系人均偿。这些法律条款加重了管理者的法律责任。

其三，《理欠令》规定了对亏欠官府钱物的催征期限和催征办法。宋代亏欠官府财物的现象，主要包括田租赋税，买卖、租赁官物而欠负的债务，因经营承包官府房屋、田园而亏欠的课利，官物的管理者因误支失收所产生的亏欠，因科纳、和买、结籴、赊借等原因所欠负官府的债务等。为了能够及时追偿官府的债务，庆元《理欠令》规定：“诸欠，限三十日磨勘均认，无欺弊者，限三十日催纳。若不足。限五日关理欠司。即遇赦放，止催赦前应纳数，其赦后者，保明申监司验实以闻。”[2] 如果没有欺弊行为而亏欠官物，计所欠官物分为十分，分五季催征。五季限满未能尽偿，先估纳财产征偿，不足；勒保人限30日填纳。

南宋《庆元条法事类》所收录的庆元《理欠令》仅是其中的部分令文，并非《理欠令》篇目的全部条文，对宋代《理欠令》的条文复原和法律内容的研究是一项长期而艰苦的工作。

三、从《庆元令》看宋代债权债务关系的变化

债是民事经济法律关系中的一项重要内容，它是按照合同约定和法律规定在当事人之间产生特定的权利和义务关系。在债的法律关系中，享有权利的一方称为债权人，负有给付义务的一方称为债务人，债所调整的法律关系是平等主体之间的法律关系。两宋时期，对于普通民众之间的借贷关系，国家法律根据“契约自由”的精神“官不为理”，据《宋刑统》卷26引《杂令》规定：“诸

[1] （宋）谢深甫编撰，戴建国点校：《庆元条法事类》卷32，杨一凡、田涛主编：《中国珍稀法律典籍续编》第1册，第513页。

[2] （宋）谢深甫编撰，戴建国点校：《庆元条法事类》卷32，杨一凡、田涛主编：《中国珍稀法律典籍续编》第1册，第513页。

公私以财物出举者，任从私契，官不为理。每月取利，不得过六分，积利虽多，不得过一倍。”对于官物及公廨钱借贷这种特殊的债权债务关系，法律有特别规定：“若官物及公廨，本利停讫，每计过五十日不送尽者，余本生利如初，不得更过一倍。”[1]

与以往古代政权不同，宋朝政府经常先贷钱给百姓，预购百姓的绸、绢、帛等物品。宋真宗咸平二年，三司判官马元方建议实行预购绸绢的制度，他说：“方春民乏绝时，豫给钱贷之，至夏秋输绢于官，预买绸绢，盖始于此。”[2]北宋熙宁变法，制定了市易法，“在京置市易务，监官二员，提举官一员，勾当公事官一员，以地产为抵，官贷之钱。”[3]市易法在一定程度上虽然促进了经济发展，后来却成为掠夺贫下行户的一种手段。[4]根据姜锡东的研究，除了市易法赊卖官府钱物给民间外，宋代还有其他赊卖方式，如向私人赊卖茶盐、粮食、绢银、度牒、矾、酒曲等。[5]宋朝政府还把国有土地出卖给民众，“天下系官田产，在常平司有出卖法，如折纳、抵当、户绝之类，在转运司有请佃法，天荒、逃田、省庄之类是也”。[6]宋朝把官府的土地、钱物出卖或赊贷给民众，官府变成了债权人，普通百姓则变成了债务人，政府与民众的关系由原来的管理和被管理的行政法律关系演化成了民事法律中的债权债务关系。

根据古代文献的记述，宋代民众亏欠官府债务的形式大致分为三种类型：其一，契约之债。百姓向官府借贷或购买土地、生产工具和日常生活用品等，需要支付一定数额的费用；民众（即承租人）租佃官府的房屋、土地，需要向官府交纳一定数额的费用。这些买卖、借贷、租赁等民事法律行为，则构成了民事法律关系中的契约之债。据《庆元条法事类》卷32引《理欠令》规定：“诸欠科纳、和买、结籴、赊借之类，应纳而本户灾伤，放税五分，第二等以上七分

---

[1] 窦仪等撰，薛梅卿点校：《宋刑统》卷26“受寄财物辄费用”门，法律出版社1999年版，第468页。

[2]（宋）范镇、宋敏求：《东斋记事·补遗》，中华书局1980年版。

[3]《宋会要辑稿》食货37之15，中华书局1957年版，第5455页。

[4] 吴泰：《熙宁、元丰新法散论》，中国社会科学院历史研究所宋辽金元研究室编：《宋辽金史论丛》第1辑，中华书局1985年版，第28页。

[5] 姜锡东：《宋代商业信用研究》，河北教育出版社1993年版，第46—59页。

[6]《宋会要辑稿》食货1之31，中华书局1957年版，第4817页。

者，其纳限听量展，应纳罚钱者，免纳。”其二，损害赔偿之债。包括使用官府生产工具而发生的损害赔偿，官物管理者因管理不善而发生的损害赔偿，这些情况便构成了损害赔偿之债。庆元《理欠令》规定，若管押官物而裹角布帛损破，计所亏损，估纳处价，5贯以下，免纳；过5贯者，别计数理半；其陆路至纳处2000里外，免除赔偿。其三，不当得利和无因管理之债。不当得利是指没有法律或契约根据而取得利益，使官府财物受到损失；无因管理是指没有法定或约定的义务，为避免国家的利益受到损失，而为官府提供服务的行为。据庆元《理欠令》规定："诸官司寄纳人户钱物而有损失者，并干系人备偿。"[1]

从南宋《庆元令》的条文内容看，与唐代及北宋前期相比，南宋时期的债法已发生了很大变化，主要表现为如下几方面：

第一，南宋《庆元令》更注重"契约自由"的精神。南宋时期的民事法律强调契约自由，尊重契约双方的合意。唐开元二十五年（737）《杂令》规定："诸公私以财物出举者，任从私契，官不为理。每月取利，不得过六分，积利虽多，不得过一倍……收质者，非对物主不得辄卖。若计利过本不赎，听告市司对卖，有剩还之。"[2]该条文的意思是，如果债务人到期不偿还债务，不赎回抵押物，"计利过本不赎"，由市场的管理机构市司公开拍卖，如拍卖的价格高于债务标的，债权人须把超额的钱物返还给债务人。南宋庆元《关市令》取消了市司公开拍卖的法律程序，规定："诸负债违契不偿，官为理索，欠者逃亡，保人代偿，各不得留禁。即欠在五年外或违法取利，及高抬卖价若元借谷米而令准折价钱者，各不得受理。其收质者，过限不赎，听从私约。"[3]该条文中的"听从私约"，指尊重借贷双方最初约定的协议，删去了市司拍卖的程序，强调契约自由的精神。

第二，南宋《庆元令》明确规定了官府债务追偿的法律连带责任。在宋代官府债务追偿的法律体系中，规定了悬欠官物的保人代偿制度。北宋初年的法典《宋刑统》卷26所引《杂令》仅涉及保人的法律责任，"如负债者逃，保人

---

[1] （宋）谢深甫编撰，戴建国点校：《庆元条法事类》卷32，杨一凡、田涛主编：《中国珍稀法律典籍续编》第1册，第513页。

[2] 〔日〕仁井田陞著，栗劲、霍存福等译：《唐令拾遗》，长春出版社1989年版，第789页。

[3] （宋）谢深甫编撰，戴建国点校：《庆元条法事类》卷32，杨一凡、田涛主编《中国珍稀法律典籍续编》第1册，第518页。

代偿”。[1] 但宋神宗熙宁年间推行新法，出现了连保（或称相保、共保、同保）同借的制度。[2] 王安石变法所推行的市易法主要是“结保贷请”，凡借贷官府钱物，须有连保，“五户以上为一保，约钱数多少，量人户物力，令佐躬亲，勒耆户长识认每户，须俵及一贯以上，不愿请者，不得抑配……客户愿请，即与主户合保，量所保主户物力多少支借”。[3]

南宋庆元《关市令》不仅沿袭了北宋初年的“欠者逃亡，保人代偿”制度，还规定了“干系人”的法律连带责任。在庆元《理欠令》中，有6条法律条文涉及保人代偿的制度。为保障官府的债务顺利履行，庆元《理欠令》对担保制度作了详尽规定，凡欠负官物有欺弊者，先尽债务人的财产偿纳，如债务人财产不足以折抵，则“以保人财产均偿”。若担保人在被担保人未欠官物之前死亡，法律规定：“诸抵保人主持官物而保人于主持人未欠官物以前身故者，即取问保人本家有分人愿与不愿抵保，如不愿，即别召人抵保。”当发生债务人与保人恶意串通，通过侵盗、冒名等行为而冒佃官府田宅及绝户田宅的情况时，将对保人进行追偿，规定：“诸欠，赦降指定除放，侵盗官物若冒佃官田宅令人出纳净利之类纳及五分，冒佃户绝田宅令人出纳净利并冒佃官田宅之类及四分，侵盗，勒保人均备。”[4]

南宋《庆元令》还涉及“干系人”偿还的法律责任。所谓“干系人”，是指与亏欠官物相关的责任人。如果债务人到期不能偿还官府债务，保人在担保期间又发生财产典卖或毁损，则由干系人“均备”。庆元《理欠令》规定：“诸欠无欺弊，限满应拘收欠人、保人财产而失行拘收，因致典卖倒塌费用之类而无可备偿或不足者，勒失行干系人均备。”可见，“干系人”主要是官物的管理者和追缴者。南宋《理欠令》详细记述了干系人备偿的具体数额：“诸欠应干系人备偿者，库称拣掏（斗子之类同）三人以下，均备二分；四人，二分五厘；每二

---

[1] 窦仪等撰，薛梅卿点校：《宋刑统》卷26“受寄财物辄费用”门，法律出版社1999年版，第468页。

[2] 仁井田陞：《唐宋法律文书的研究》，东京大学出版会1983年复刻版，第311页。

[3] 《宋会要辑稿》食货4之17，中华书局1957年版，第4854页。

[4] （宋）谢深甫编撰，戴建国点校：《庆元条法事类》卷32，杨一凡、田涛主编：《中国珍稀法律典籍续编》第1册，第516页。

人加五厘，过四分者，每十人加五厘，至八分止，余并专副均备。”[1]

第三，南宋《庆元令》对于债务人人身权的限制和刑事处罚比唐代有所减轻。当债务人不能偿还债权人的财物时，古代法律严禁债权人私自拘禁债务人。唐懿宗咸通八年（867 年），针对“府县禁人，或缘私债，及锢身监禁，遂无计营生”的情况，命“所在州县及诸军司，须宽与期限，切不得禁固校料，令其失业”。[2] 北宋仁宗嘉祐六年，包拯在担任给事中三司使期间，对于“负钱帛多缧系，间辄逃去，械其妻子者类，皆释之”。[3]

南宋的法律明确规定债权人不得限制债务人和保人的人身自由。据庆元《关市令》规定：“诸负债违契不偿，官为理索，欠者逃亡，保人代偿，各不得留禁。”[4] 若债务人有偿还能力而拒绝履行债务时，也不能拘禁老人及残疾者，而应拘禁家中成年男性的次家长。当债务人给付官府的债务，应立即释放被拘禁者。两宋时期，明令禁止把人口质当债务，庆元《杂勑》规定：“诸以债负质当人口，杖一百，人放逐便，钱物不追。情重者奏裁。”[5] 上述这些史料表明，与财产权相比，宋代更注重对人身权的法律保护。

关于负债违契不偿，北宋初年的法典《宋刑统・杂律》规定：“诸负债违契不偿，一疋以上，违二十日笞二十，二十日加一等，罪止杖六十。三十疋加二等，百疋又加三等，各令备偿。”若“负百疋之物，违契满二十日杖七十，百日不偿，合徒一年”[6]。南宋庆元年间的《杂敕》比《宋刑统》减轻一等刑罚，“诸负债违契不偿，罪止杖一百”[7]。

我国古代为了保障债权人的财产权，许多政权都设有役身折酬的条款。当

[1] （宋）谢深甫编撰，戴建国点校：《庆元条法事类》卷 36，杨一凡、田涛主编：《中国珍稀法律典籍续编》第 1 册，第 560 页。
[2] 《全唐文》卷 85，上海古籍出版社 1990 年版，第 388 页。
[3] （元）脱脱等：《宋史》卷 316《包拯传》，中华书局 1977 年版，第 10317 页。
[4] （宋）谢深甫编撰，戴建国点校：《庆元条法事类》卷 32，杨一凡、田涛主编：《中国珍稀法律典籍续编》第 1 册，第 518 页。
[5] （宋）谢深甫编撰，戴建国点校：《庆元条法事类》卷 32，杨一凡、田涛主编：《中国珍稀法律典籍续编》第 1 册，第 902 页。
[6] 窦仪等撰，薛梅卿点校：《宋刑统》卷 26“受寄财物辄费用”门，法律出版社 1999 年版，467 页。
[7] （宋）谢深甫编撰，戴建国点校：《庆元条法事类》卷 80，杨一凡、田涛主编：《中国珍稀法律典籍续编》第 1 册，第 902 页。

债务人无力偿还债权人的财物，“家资尽者”时，则采取强制措施令债务人以服劳役的方式折抵债务，称为“役身折酬”，从事劳役者应是家庭中的男性。[1] 从宋神宗熙宁变法后，实行连保制度，宋代役身折酬的现象已十分罕见。庆元《关市令》规定：“诸负债违契不偿，官为理索。欠者逃亡，保人代偿，各不得留禁。即欠在五年外或违法取利，及高抬卖价，若元借谷米而令准折价钱者，各不得受理。”该法律条文中的“各不得留禁”，是严格禁止债权人限制债务人的人身自由。只有当债务人有欺弊的行为，债务人又无财产可强制执行时，才适用以劳役折抵债务。《庆元条法事类》卷 32 引《理欠令》规定：“诸雇债人主持官物，有欺弊者，尽犯人财产偿；不足，催理正身。”这里的“催理正身”，是指以劳役折抵官府的债务，它表明南宋时期役身折酬制度所适用的范围已十分有限了。

第四，南宋《庆元令》规定了对债务人、保人和干系人的财产强制执行制度。《唐律疏议》《宋刑统》均设立了“负债强牵财物”的条款，如“公私债负，违契不偿，应牵掣者，皆告官司听断”。[2] 南宋《庆元令》沿袭了此前制度，规定如果债务人欠负官物，限日催纳，到期不能偿还，将拘收债务人的财产。当债务人无财产备偿，则强制执行保人的财产。据《庆元条法事类》卷 32 引《理欠令》载：“诸欠无欺弊，限满应拘收欠人、保人财产。”

第五，南宋《庆元令》明确规定了亏欠官府债务应免除的情形。中国古代对债务人债务的免除通常有两种情况：其一是债务人死亡，所欠债务无法继续征偿，可以免除债务。宋代法律规定，凡债务人死亡，将放弃对债务人的追偿。据庆元《理欠令》规定：“诸欠无欺弊而身死者，除放；有欺弊应配及身死而财产已竭者，准此。应均备者，虽未均定，亦除已分之数。”[3] “诸承直郎以下，预借料钱而身亡者，未纳之数勿理。”[4] 其二是国家颁布法令，免除债务人的债务。北宋真宗时期，针对“有逋负官物而被系，本非侵盗，若茕独贫病无以自偿，

[1] 郑显文：《唐代债权保障制度研究》，载《西北师范大学学报（社会科学版）》2003 年第 1 期。

[2] 窦仪等撰，薛梅卿点校：《宋刑统》卷 26“受寄财物辄费用”门，法律出版社 1999 年版，468 页。

[3] （宋）谢深甫编撰，戴建国点校：《庆元条法事类》卷 32，杨一凡、田涛主编：《中国珍稀法律典籍续编》第 1 册，第 514 页。

[4] （宋）谢深甫编撰，戴建国点校：《庆元条法事类》卷 13，杨一凡、田涛主编：《中国珍稀法律典籍续编》第 1 册，第 284 页。

愿特蠲之。"[1] 建炎四年十一月，宋高宗令"应欠负官物，元非侵欺盗用者，及虽系侵盗而本家并干系保人，内无抵当财产者，并令本属于赦到一月内保明申转运提刑司，本司亦限一月保明闻奏当议，并与除放"。[2]

宋代免除债务人所欠官府的债务应履行一定的程序，"诸欠，遇赦应放而转运司承省曹行下名数体式者，限一季勘会，放讫，申尚书本部，不该放者准此申"。在《庆元条法事类》一书中，保存了南宋时期《理欠式》的《遇赦保明放欠状》文书，详细记述了赦免亏欠官府债务的类别、偿还期限、赦免标的等内容。如果债务人已被免除了官府的债务，即使后来又在别处重新创置家业田产，也"不在陈告之限"，[3] 不再追偿从前所欠官府的债务。

综上所述，通过对两宋时期的官物追偿制度和债权债务法律制度进行探究，我们可以得出如下几点结论：

第一，宋代是中国古代财政经济法律制度发生重大转型的时期，两宋政府为了支付庞大的军事和行政开支，制定了较为完备的财政管理体制。为了保障对民间百姓亏欠官府的债务按时追缴，宋朝政府在继承前代财政管理体制的基础上，于宋太宗雍熙二年（985）设立了理欠司，主要是为了解决民间欠负官府债务征偿的难题，这表明从北宋初年开始，民众亏欠官府债务的现象已很普遍，而这种社会状况也是两宋时期所独有的社会现象。

第二，宋朝政府为了保障官府的债务依法履行，在宋代法典《宋刑统》、宋令、格、式、敕等诸多法律形式中，都设有官府债务征偿的法律条文。宋神宗熙宁变法期间所推行的青苗法、市易法等措施，允许百姓赊贷官府的钱物，使百姓欠负官府债务的现象更加严重。为了使各级地方官府追缴债务合法化，两宋政府构建了完备的债务追偿法律体系。

第三，《理欠令》是宋令新增加的一个法律篇目，关于宋代《理欠令》出现的时间，古代文献没有明确记述，笔者通过对宋令的篇目演变进行考察，认为《理欠令》的篇目有可能最早出现于宋神宗制定的《元丰令》中。此后，南宋的

[1] （元）脱脱等：《宋史》卷306《张师德传》，中华书局1977年版，第10110页。
[2] 《宋会要辑稿》食货63之1，中华书局1957年版，第5987页。
[3] （宋）谢深甫编撰，戴建国点校：《庆元条法事类》卷32，杨一凡、田涛主编：《中国珍稀法律典籍续编》第1册，第516、514页。

《绍兴令》《庆元令》等令典皆沿袭了《理欠令》的篇目。宋代《理欠令》的设立，从立法的层面进一步完善了官府债务的追偿制度。

第四，宋朝政府通过赊贷钱物给普通百姓，使各级官府成为民事法律关系中的债权人，普通百姓变成了债务人。宋朝政府和普通百姓的关系由原来的行政管理和被管理的关系，转化成为民事法律活动中的债权债务关系。这种身份的转变必然会引起债法的变化，其中最显著的变化是秦汉至隋唐之际“役身折酬”制度适用的法律范围受到了严格限制，代之而来的是担保制度逐渐完善。宋代的担保制度不仅有利于官府债务的充分履行，也使宋代民事法律关系中的债权与人身权逐渐分离。

第五，宋代百姓亏欠官府债务的现象十分突出，这些债务的类别有两税钱，有支移、折变、加耗，有和买、折帛、征榷，有赊借、科配、科罚等。由于宋朝政府过度科敛百姓，造成了民众无力承担政府的各种苛捐杂税，才出现了普遍亏欠官府债务的现象。宋朝政府把沉重的财政负担转移给贫困的农民身上，加剧了民众生活的困苦。宋人陈傅良指出：“州县无以供，则豪夺于民。于是取之斛面，取之折变，取之科敷，取之抑配，取之赃罚，无所不至而民困极矣。”[1]两宋时期民众普遍亏欠官府的债务，正是民众生活极端困苦的真实写照。

[1] （宋）陈傅良：《止斋集》卷20《吏部员外郎初对札子》，文渊阁四库全书本。

元代官田侵害与民田交易纠纷的法律规制

吴海航*

一、侵害官田的法律规制

元代的土地占有情况基本上分为屯田、官田、寺观田和民田几个大类，其中屯田又分为军屯和民屯两类。官田则可以进一步细分为一般官田、赐田、职田和学田四个基本类别，在当时称为“系官田土”。寺观田主要为宗教设施、僧侣阶层所占有使用，这部分土地有的属于国家通过颁赐给予的，在此意义上也属于广义的官田，还有的寺观田土属于寺观从前朝继承而来的土地。民田属于私田，归私人占有，主要为地主、自耕农和半自耕农所拥有。[1]在这些正常耕作的土地之外，元代还有撂荒的耕地重新得到利用，称为荒田，[2]以及为扩大现有耕地而新开垦的荒地，[3]这一部分通常属于私田范围的扩展。

（一）皇帝圣旨对官田租税的规制

在元代土地管理制度当中，官田作为一种土地权属形式，是归朝廷行使最终管理权的官有土地。其中，赐田、职田、学田占有一定比重。当官田遭受侵害时，朝廷可根据具体情况作出法律管理。通常朝廷是以下达皇帝圣旨的方

---

* 吴海航，北京师范大学法学院教授，法学博士，博士生导师。

[1] 白寿彝总主编，陈得芝主编：《中国通史》第八卷，上海人民出版社2004年版，第742—746页。

[2] 陈高华等点校：《元典章》卷19《户部·田宅·荒田·荒闲开耕三年收税》，中华书局、天津古籍出版社2011年版，第678页。

[3] 《元典章》卷19《户部·田宅·荒田·荒地许赴官请射》，第679页。

式对官田实行直接处置，本文即选择赐田和职田为例，首先对发生在皇庆二年（1313年）的拨赐田土租税案进行列举。

“皇庆二年四月二十六日，中书省奏：台官人每与俺文书，‘江南平江[1]等处有的系官地内，拨赐与了诸王、驸马并寺观诸官员每的地土，他每自委付着管庄的人每，比官司恣意多取要粮斛，分例搔扰，教百姓每生受有。合追复还官，供给国家。’么道说有。杭州[2]行省也，这般与文书来。俺与御史台、集贤翰林院老的每一同商量来，除与了诸王、公主、驸马、寺观的田地，依已了的圣旨，与他每佃户合纳的租粮，官仓里收了，各枝儿却于仓里验着纳来的数目关支。这般呵，百姓每不被扰。其余官员诸人每根底与来的田地，都教还官呵，怎生？奏呵，那般者。么道圣旨了也。钦此。”[3]

此案例描述了发生在江南平江路等处的赐田主人多收佃种者租粮的事实。本案是官田中的赐田，是由朝廷拨赐给诸王、公主、驸马和寺观的土地，这些人自然成为赐田主人。但是，国家对赐田规定有租税征收的标准，而赐田主人却对佃种者超额强征租税，使佃种者受到盘剥。案件涉及主体范围较广，加害方为赐田主人——诸王、驸马、公主、寺观及其他官员，土地范围涉及赐田名下的所有类型。赐田主人是通过委托“管庄”人，以超过国家规定的地租额标准对佃种者苛敛租税。案件由御史台呈送给中书省，由中书省、御史台、集贤翰林院官员进行合议，合议结果上奏到皇帝。皇帝下达圣旨，作出对诸王、公主、驸马、寺观多征收的粮食追缴归公、纳入官仓的决定，对其他普通官员的赐田，直接进行土地追还。显然，赐田多征租粮的行为是对朝廷官田制度的侵害，在元代成文法滞后的情况下，朝廷以皇帝圣旨的形式对此类行为直接加以规制。

皇庆二年（1313年）十月二十三日，中书省对上述案例又一次上奏朝廷，

[1] 平江路，元时归江浙行省下辖，今江苏苏州。参见谭其骧主编：《中国历史地图集·元明时期》，地图出版社1982年版，第27—28页。

[2] 杭州路，元时归江浙行省下辖，今江苏苏州。参见谭其骧主编：《中国历史地图集·元明时期》，地图出版社1982年版，第27—28页。

[3] 郭成伟点校：《大元通制条格》卷16《田令·拨赐田土》，法律出版社2000年版，第211页。

进一步请求对官仓里收缴的粮食拨与各处投下，指明将普庆寺田地多征收的已纳入官仓的粮食交与崇祥寺提举司收着，就地估价粜卖，涉及寺观田，仍以皇帝圣旨的形式进行合法处置。[1]

（二）中书省咨文对违法佃种官田的限制

除了赐田以外，元代还有职田和一般官田等类型，这些官田的佃种主体层次不同，有地方各级官吏（职田主人）、农民（一般官田佃农）。官田佃种者都应依据国家规定的不同租税标准向政府缴纳租粮。例如，大德年间，江南等处出现了官吏的职田拒绝在佃种期间向国家缴纳租粮的情况，甚至还发生了官吏直接夺占百姓佃种一般官田的事件，有抢夺粮食，同时拒绝缴纳正常租粮的现象。

“大德五年（1301 年）七月，中书省议得：江南各处见任官吏，于任所佃种官田，不纳官租，及夺占百姓已佃田土。许诸人赴本管上司陈告，是实，验地多寡，追断黜降，其田付告人或元主种佃。外据佃种官田人户，欲转行兑佃与人，须要具兑佃情由，赴本处官司陈告，勘当别无违碍，开写是何名色官田、顷亩，合纳官租，明白付簿，许立私约兑佃，随即过割承佃人依数纳租，违者断罪。”[2]

案例内容为地方官吏在任所内的职田不纳官租，还夺占百姓的已佃田土。分析本案主要有以下几方面情况：第一，江南各处地方现任官吏，在任期内佃种的职田需要向国家缴纳租粮，但是这些地方官吏并没有按时缴纳官租。第二，有的地方官吏强行夺占百姓已经佃种的官田来耕种，同时也未承担缴纳租粮的义务。第三，有佃种官田的人户（主要为普通佃农），欲将佃种的官田转佃他人，若不履行合法的兑佃手续，将会造成新的承佃人不清楚自己应承担地租的具体义务标准。

上述三个方面，前两项属于官吏职田的违法佃种情形，已属于侵害官田的行为，“佃种官田，不纳官租”，以及“夺占百姓已佃田土”。中书省规定，以奖励陈

---

[1] 《至正条格·条格》卷 26《田令·拨赐田土》，韩国学中央研究院校注本 2006 年版，第 58 页；另见《大元通制条格》卷 16《田令·拨赐田土》，第 211 页。

[2] 《大元通制条格》卷 16《田令·佃种官田》，第 204 页。

告人获得佃种资格的方式加以解决。后一项是针对现有佃种官田人户将官田转佃他人会出现的不利情形，规定如果发生不合乎程序的情况，如“兑佃情由”不明、未“赴本处官司陈告”、未详细勘核有无妨碍事由、未开具官田种类、顷亩、官租数额等，需要“明白付簿，许立私约兑佃，随即过割承佃人依数纳租”等，如此方为合法。如果兑佃程序有瑕疵，则新的承佃人同样也构成“侵害官田”的行为。

《元典章·户部》对此案例记述的同时，还增加了御史台上呈的转佃官田的禁治建议。

> 大德五年（1301年）七月，江西行省准中书省咨：
>
> 御史台呈：“备山南廉访司申：‘体知得一等农民，将见种官地私下受钱，书立私约，吐退转佃。佃地之家，又不赴官告据，改立户名。又诸衙门见勾当大小官吏，于内一等不顾廉耻营利之徒，于任所恃势诡名佃种官田，不纳官课；更占夺百姓见佃官田，自行种佃，或转与他人，分要子粒。如蒙禁治相应，’具呈照详。”得此。[1]

这段文字是与上述案例发生在同年的事件，也反映了三条重要线索，一是地方佃种官田的农民私下转佃他人，仅在转让关系中订立私约，而并未向官府备案（此为违反程序）；一是有些地方官吏在任职区域内巧立名目取得佃种官田的机会，但并不履行缴纳租税的义务（此为不履行义务）；此外还有官吏夺占百姓佃种的官田，或由自己雇人佃种，或转与他人佃种，并强行与佃种人分摊粮食收成（此为违法抢占）。对于这种情况，御史台上呈文书给中书省希望得到严厉禁治，对私下转佃官田加以整治。这一规制方式是以中书省咨文的形式对官田在地方遭遇侵害的法律治理措施。

（三）司农司援引刑法对影占官田的惩罚

随着元朝灭掉南宋并得到新的扩张土地，官田范围在进一步扩大，南宋的

---

[1] 陈高华等点校：《元典章》卷19《户部·田宅·荒田·荒闲开耕三年收税》，中华书局、天津古籍出版社2011年版，第672—673页。

系官田土自然也成为元初统治者支配的官方土地资源。然而，这一部分土地的再分配尚未开始之时便遭到一些地方官僚豪强的抢占。至元二十六年（1289 年），元朝中央颁布条画，即针对地方权豪势要“影占官田”的现象予以限制，敦促侵占官田者在限日之内主动自首，否则要承担较重的刑罚处罚：

至元二十六年（1289 年）闰二月，劝农营田司：

承奉行大司农司：“参照议拟到先奉条画内一款：‘亡宋各项系官田土，每岁各有额定子粒、折收物色。归附以来，多被权豪势要之家影占以为己业佃种，或卖与他人作主。立限一百日，若限内自行赴行大司农司并劝农营田司出首，与免本罪，其地还官，止令出首人种佃，依例纳租。据在前应收子粒，并行免征。若限外不首，有人告发到官，自影占耕作年分至今应收子粒，尽数追征。职官解见任，退闲官、军、民诸色人等，验影占地亩多寡，就便约量断罪。仍于征到子粒内一半，付告人充赏。’钦此。行大司农司议得：犯人十亩以下，杖五十七下。一百亩以下，杖六十七下。三百亩以下，杖七十七下。五百亩以下，杖八十七下。一千亩以下，杖九十七下。以上田亩虽多，止一百七下。”奉此。[1]

元朝建国不久，地方官僚与豪强也参与了剿灭南宋的战争，这种战争既带有统一中国的意义，也难免带有摧毁与掠夺的因素。在战争获得胜利之际，蒙古统治者并未及时分配新占领的农耕土地，于是地方权豪势要便趁机占领了原属南宋的大片耕地。这些占领者以自己的实力尽量扩展土地资源，或当作自己的私人土地雇人佃种，或将多余的土地拿出来一部分卖与他人赚得一笔钱财。这是在元朝统一战争结束后的十多年时间里已经发生的现象，元朝政府后来认识到战争结束之后需要将这部分土地收为官有时，大片良田早已被地方权豪势要瓜分殆尽。元政府要收回这些土地，显然会涉及很多既得利益者以及较为广大的土地范围，由于是历史原因造成的土地占有模式，因此政府并没有采取武力强征的方式，而是通过明确的立法例，督促“影占官田”者主动自首，并且鼓励告发，将征缴到的粮食税付给告发人充赏。政府同时承诺对出首者免除本

[1] 《元典章》卷 19《户部 · 田宅 · 官田 · 影占系官田土》，第 671—672 页。

罪，而耕地则必须收归官府所有，并且附带优惠的条件是，主动自首者可以获得继续佃种耕地的权利，但必须依法纳租。这一举措的实施，表明元朝政府要控制对租税的管理，并对土地的最终归属权进行明确。事实上，从南宋灭亡后转移过来的大片土地理所当然应该由元朝政府所有，而不应直接归地方上的权豪势要所占有。元朝政府对土地权利所属的法律保护无疑是通过立法进行规制的，强制的手段即通过刑罚措施予以保护，对于不主动自首者，则依据刑法，若占有一千亩以上土地者，最高可处杖刑一百七下。

二、民田违法交易的法律责任

至大四年（1311 年）时有一条诏书发布，其中有“近年田宅增价，争讼日繁”[1] 的字样，这或许透露出元代民田交易案例增多且纠纷也在增多的一个现实的社会原因。

（一）“田宅不得私下成交”

元代在民田管理领域也有明确的法律规制，尽管这些规制可能是来自临时性的立法例或圣旨条画、断案通例。土地与房产交易应遵循政府的律令或条格，不允许私下进行交易或违法交易。但由于实践中存在土地不法交易的现象，因而也会发生法律意义上的权利争讼。

元贞元年（1295 年）发生一起民田私下交易事件，即平江路私自典卖田土案件，政府针对这一情况颁行了“田宅不得私下成交”的条例，明确禁止民间私下交易田宅。

元贞元年（1295 年）三月，湖广等处行中书省准：

中书省咨：“平江路总管移剌忽都帖木儿呈：‘切谓诸人典卖田土，不经本管官司给据，一面私下成交。又有权豪势要人等，不问有无告官凭据，辄便收

---

[1] 《大元通制条格》卷 16《田令·田讼革限》，第 210 页。

买。其卖主又不经合属陈告过割。拟合立限，令买卖田地人将在先不经官过割田粮数目，经所属司县出首推收。如违限不首，许令主人首告，或官司体察得知，取问是实，将犯人枷令，痛行断罪。所该田粮，一半没官，一般付告人充赏。以后典卖田地，须要经诣所属司县给据，方许成交，随时标附，明白推收，各司县置簿附写，专委主簿掌管提调，每岁计拨税粮，查照推收，所据文簿，候肃政廉访司依例照刷。如此，免致诡名迷失官粮，亦免产去税存之弊。'都省咨请依准平江路总管所言，多出榜文，约量给限，许自陈首，须要尽实到官。限内不首，或今后典买田土不行赴官告给公据，私下交易者，依上追断施行，毋致因而勾扰动摇违错。"准此。[1]

案例中民间有私下典卖田土成交的事实，显然已是违法行为。实际上元朝政府早在忽必烈至元六年（1269 年）七月时就曾引述前代旧例——"典卖田宅须问亲邻"的交易习惯：

至元六年（1269 年）七月，中书户部承奉中书省札付：

省府照得旧例："诸典卖田宅，及已典就卖，先须立限取问有服房亲（先亲后疏），次及邻人（亲从等及诸邻处分典卖者听），次见典主。若不愿者限三日批退，愿者限五日批价。若酬价不平，并违限者，任便交易。限满不批，故有遮占者，仍不得典卖。其业主亦不得虚抬高价，及不相由问，而辄交易。违而成交者，听亲邻、见典主百日内依元价收赎，限外不得争告。欺昧亲邻典主，故不交业者，虽过百日，亦听依价收赎。若亲邻、见典主在他所者，令以次人取问（谓亲邻典主以次之人）。若无人，并除程过百日者，不在争告之限。若遇饥馑灾患丧凶争斗之事，须典卖者，经所属陈告给据交易。"仰依旧例，行下各路，照会施行。[2]

众所周知，元代法律文献中的"旧例"，是指与金《泰和律》有关的内容。我国台湾学者叶潜昭的研究，"从元代断例类聚的《元典章》，来看当时对刑事

[1] 《元典章》卷 19《户部·田宅·典卖·田宅不得私下成交》，第 697—698 页。
[2] 《元典章》卷 19《户部·田宅·典卖·典卖田宅须问亲邻》，第 692 页。

事件处理的方法，至少可以归纳成以下四种方针：一是有法规者从法规；二是有先例者从先例；三是参用前代之法律（唐律、宋刑统、金律）；四是基于惯习与条理，做适宜的处理。其中的第三项，与所述有较深的关系，盖元人裁判官于断案时所引用前代之法律时，均以'旧例'为其表示方式，而旧例之包含唐律、宋刑统、金泰和律者，已如前述，广义一些，甚至包含了蒙古人的古制。惟据整理所得之旧例观之，所言均系汉人旧俗，则其非元人之旧例明矣！所举又不类宋之制度，则非宋刑统亦明……其中所称《太和旧例》者！系指《泰和律》之'旧例'当无误也。由此可知元人之称旧例，即指泰和律而言者，故原则上，将元典章，甚至通制条格中，至元八年（1271 年）以前的案牍加以整理，则金之泰和律的轮廓亦可窥见。"[1] 很显然，元朝政府指明参考"旧例"是对金《泰和律》的引用，在田宅交易方面应遵从旧例，不允许私下交易典卖，在经过先问房亲、次问亲邻，再次及典主的程序后，这种田产的交易行为便已经在一定社会范围内公开化了，则不可能出现私下成交的后果。

依然回到上述案例，其时《泰和律》已经不能再作为判案参考，但依据中书省咨文，民间私下成交田土，若不到官府备案取得凭据，甚至被权豪势要所利用，税收缴纳便出现了问题。同时给地方司县也带来了征缴税赋方面的困难，司县不得不"出首推收"，于是朝廷允许地方官府"将犯人枷令，痛行断罪"的做法，并田粮一半没官，一般付告人充赏，规定"以后典卖田地，须要经诣所属司县给据，方许成交，随时标附，明白推收，各司县置簿附写，专委主簿掌管提调，每岁计拨税粮，查照推收，所据文簿，候肃政廉访司依例照刷"。将私田的交易程序严格控制在官府的掌控之下，由官府登记出据，违犯者枷令断罪。

大德年间，民间仍有私下交易田土的行为，甚至出现类似炒作土地赚取差额的现象。元朝政府仍采取限制措施，对民间私下交易田土行为给予打击。下述案例由于是在格例颁行前发生的，于是政府采取了不溯及既往的原则处置了断，因此该案具有另一层典型意义。

大德七年（1303 年）三月，湖广行省准中书省咨：

---

[1] （台）叶潜昭：《金律之研究》，台湾商务印书馆 1972 年版，第 17—18 页。

来咨："海北海南道宣慰司呈，雷州路[1]申，吴粪状告：'至元二十四年（1287年），兄吴秋来将田四亩五分卖与唐政为主，价钱三十两。至元三十年（1293年），唐政添价一百两，卖与王冯孙为主。大德元年（1297年），王冯孙添价一百二十五两，卖与韩二十为主。本人因为无钞，吴粪却令唐政出钞赎回元田。为唐政使讫钞两，不肯交田，告发到官。'照得各处违例买卖田土，亦有限外自行告首，多在诏恩已前。若依告发例，田价没官，虑恐转生侥幸。参详，莫若今后买主、卖主自首，及在诏恩已前违法成交，因事发露到官者，免罪，田、价各归元主，以为长便。咨请定夺。"准此。送户部照议得："吴粪告兄吴秋来将田四亩五分卖与唐政，转卖与王冯孙、韩二十，通易三主，不给公据推收，所犯罪经释免，上项田粮合行随地推收科税。据追没理赏一节，系都省元行定例以前事理，拟合革拨。"都省合行移咨，请依上施行。[2]

这是发生在至元二十四年（1287年）至大德元年（1297年）之间的土地连续违法交易案，也属于民间私下买卖田宅的行为，显然应当禁止。案中吴粪状告吴秋来是在大德七年（1303年）时，但案件的最初发生时间却是在朝廷禁止私自交易田宅条例颁行之前。虽然元代的法律效力原则中并没有直接看到"法不溯及既往"的原则，但根据上述案例分析，元朝政府在对待格例颁行前的民间私自典卖田土行为，虽然按"违法成交"定性，但明显已经按照"系都省元行定例以前事理，拟合革拨"的理由，给出了"所犯罪经释免"的结果，确定了罪名的取消。但是按照保护交易安全的宗旨，仍然作出"田、价各归元主"的结论，使当事人免生侥幸之心，"以为长便"。

案件当事人之间的法律关系，是在吴秋来、唐政、王冯孙、韩二十等四人之间发生的，他们共将土地转手三次，通过不断地加价，获得额外的利益，并且他们的交易行为都没有得到地方官司的给据准许。然而，案件最终的裁决意见却是，要求每人在转手土地时所加的价码，均须退回给原主人所有。至于应

---

[1] 雷州路，元时归湖广行省下辖，今广东省雷州市，第32—33页。

[2]《元典章》卷19《户部·田宅·典卖·格前私卖田土》，第698页。另据《至正条格》改动文中"一月"为"一同"，其他内容两书内容大致相同，参见《至正条格·断例》卷7《户婚·典卖田宅》，第238页。

纳租粮则随地推收，而不去强行适用“追没理赏”的原则，况且，当事人四人均被免予刑事处罚。如果我们运用今天的法律理念进行分析，当时的这种判罚结果，可以说已经体现了司法活动应符合客观实际情况的原则，从分析案情到裁判意见的形成，并没有看到司法过程中体现任何人为的主观武断色彩，这可以理解为元代在处理民事纠纷方面的一种进步。

（二）违法交易田土须承担法律责任

元朝政府保证田土交易的合法性，目的是保障田土所有权在转变过程中的所得税不致流失，因此政府加强对土地流通环节的控制，打击在土地交易环节中凭借权势从事转嫁租税的不法行为，保证税收能够如实准确的征收。

元贞元年（1295 年）六月，江西行省：

准中书省咨：“江西产去税存，富者愈富，贫者愈贫，大为民害。今后典卖田宅，先行经官给据，然后立契，依例投税，随时推收，免致人难，常切关防，出榜禁治。若委因贫困必合典卖田宅，依上经官给据出卖，买主卖主一月（同）随即具状赴官，将合该税石推收与见买地主，依上送纳。如有官豪势要之家买田产，官吏人等看循，不即过割，止令卖主纳税，或科摊其余人户包纳，或虚立诡户，更行取受分文钱物，有人告发到官，取问是实，犯人断五十七下，于买主名下验元买地价钱追征，一半没官，于内一半付告人充赏，当该正官断罪，典史、司吏断罪罢役。”准此。[1]

朝廷对私下不法交易田土的限制性规定非常明确，主要指出了田土不法交易过程中的违法形式，田土转让本身就存在违法在先的问题，不“经官给据”，凭官豪势要之威买入田产，但纳税并未随土地同时转移，仍然在卖家一方，出现了“产去税存”的现象。政府规定了刑罚措施禁止此种现象。还规定了田宅交易双方应履行规范的交易程序，双方须经官给据、合同立契，由田土交易的

[1] 《元典章》卷 19《户部·田宅·典卖·买卖田宅告官推收》，第 698 页。

买方承担交割后的粮食税。在交易中如有欺诈或以强凌弱的行为发生，加害方应承担刑事责任，官吏若知情而不履行职责，也要承担刑事责任，包括正官、典史、司吏等一律断罪。

违法成交田土本身即为犯罪行为，须承担刑事责任，元朝政府对违法交易田土始终定性为违法或违例，这是根据中书省在大德四年发布的格例文件确定的。

大德八年（1304 年）二月□日，江西行省札付该：

[来申：]“靖安县问得，舒仁仲于元贞二年（1296 年）内不曾经官给据，尽问亲邻，将田卖与程滑为业，别无官降契本，即系违例成交，有违都省定例。罪经释免，据价钱、田地，依例拟断一半没官。其没官物一半若拟给付告人，缘今告人程滑即系违法买田之人，若拟给付元告人李免翁，却缘所告不实，拟合一并没官。其余一半，拟合钱业各付元主，乞照详”事。得此。移准中书省咨该：“送户部照拟回呈：‘照得先为湖广省咨岳州路王同知出典田土不给公据，违法成交，罪经原免，追没一节，依例革拨，仍令钱、业各归本住。都省准呈。今准前因，本部议得，程滑元贞二年用钞二十一定买到舒仁仲田二十五亩三分，不曾给据，违法成交。若依例追断，缘大德六年三月钦遇诏赦，罪经原免。如依前例革拨，仍令钱、业各归本主，移咨行省照会相应。’都省准呈，请依上施行。”[1]

此项违法成交田土案例非常清楚，交易过程中没有得到官府凭据，也没有尽问亲邻，而是直接将田土卖出，买卖双方均系违法，触犯的是都省定例，即中书省所定格例。在官府欲追究交易双方的刑事责任时，奈何“钦遇诏赦，罪经原免”，因此便给出了如上裁判结果。

上述案例在四年后的至大年间又一次被提起，仍然在继续援引说明，强调的仍是裁决的结果，但也透露出当时元代土地处于增值的一个新趋势。

至大元年（1308 年）七月，临江路[2]奉江西行省札付该：

[1] 《元典章》卷 19《户部・田宅・典卖・违法成交田土》，第 704 页。
[2] 临江路，元时归江西行省下辖，今江西省樟树市，第 30—31 页。

近为龙兴路[1]靖安县民户李免翁告："舒仁仲不曾给据，将父李清叟元分付营运田土二十五亩三分，卖与程滘。"大德七年移准中书省咨该："户部照依湖广行省岳州王同知出典田土不给公据，违法成交，罪经原免，追没一节，依例革拨，仍令钱、业各归本主。"大德十年，因程滘赴都省陈告，却送礼部，照依陕西行省苏小一将捞盐地六十亩卖与崔送，不给公据，即系大德四年九月都省定例已前，罪经原免，难议追没悔交。为是近年以来，各处田土增价，刁哗之徒往往攀指省部前后断例，兴讼告争纷纭，别无一事归着两例，事不归一，无法遵守。移咨中书省，定拟明白通例回示。今准咨该："送据礼部议得：'舒仁仲不给公据，不问亲邻，将伊父李清叟地土二十五亩三分私卖与程滘为主，即系违法成交。追没一节，既已革拨，合咨江西行省，如委系李清叟物业，理合依准户部先议，断合钱、业各归本主相应。具呈照详。'都省准拟，依上施行。"[2]

上述两条相关联的断例，旨在说明违法交易土地即系犯罪，若钦遇赦免，则可以变通钱业的追没方式。后一案例同时又引出陕西行省苏小一违法卖捞盐地一案，该案为大德四年九月都省定例以前发生，故"难议追没悔交"。

与上述田宅不法交易相类似的还有土地所有权转让中"妄献田土"的做法。这种现象的出现主要是典卖人或因无力经营自家土地，或存在故意逃避国家租赋的意图而转让土地，还有诈称为土地主人而将无主田土、别人田土或国家土地低价卖与他人，从中牟取非法利益的情形。这种做法直接产生的后果是，扰乱了国家对土地的管理秩序，国家税赋也遭到流失。因此，这一类土地交易依然是违法交易行为。以下案例及其裁决结果即说明元朝对变相的土地交易行为仍然采取严厉的刑罚手段予以制裁。

大德八年（1304年）正月，钦奉诏书内一款：国家财赋自有常制。比者诸人妄献田土、户计、山场、窑冶，增添课程，无非徼名贪利，生事害民。今后悉皆禁绝，违者治罪。

---

[1] 龙兴路，元时归江西行省下辖，今江西省南昌市，第30—31页。

[2] 《元典章》卷19《户部·田宅·典卖·舒仁仲钱业各归元主》，第704—705页。

至大四年（1311年）三月，钦奉诏书内一款节该：国家租赋有常，侥幸献地之人所当惩戒。其刘亦马罕、小云失不花等冒献河南地土，已令各还元主。刘亦马罕长流海南。今后诸陈献地土并山场窑冶之人，并行治罪。[1]

此案例在当时较为常见，很明显，国家动用了严厉的刑罚手段打击非法冒献田土的行为。政府采取刑罚手段，惩戒的力度是对犯罪人处以流刑，为五刑之中较重的刑罚处罚，体现了加重处罚的特点。所谓“冒献”田土，是在没有正当理由的前提下，将自己或他人土地献与接受土地的人户，得到一笔钱物，自己则可以以失去土地为由逃避税赋，而接受土地的人户事实上也未向国家承担税赋，因此造成税赋的流失。

对于逃亡军户未经合法交易手续将土地私下典卖他人，当权利拥有人诉讼到官，政府则能够作出维护合法权利人利益的裁判。以下案例即属于此类。

至元二十八年（1291）十二月，中书省、枢密院呈：保定路[2]正军崔忠告，贴户孙元不曾告给公凭，将田土一顷典与张泽等种养，全家老小在逃。户部议得：正军、贴户，既同户当军，破卖地土，合相由问。据张泽等典讫孙元地土，别无告到官司公凭，亦不曾由问正军。既崔忠替当孙元军役，其元抛下事产，拟令正军崔忠种养为主，收到子粒等物，津贴军钱，合该典价。候孙元还家，依理归结。都省准拟。[3]

此案例是军户之间转让田土，正军户与贴军户本为同户关系，贴军户孙元将土地转让给张泽，但并未征得正军户崔忠的同意。如果崔忠愿意继续耕种该田土，则应当由他继续持有对该田土的耕种权。本案贴军户孙元属于私下将土地典与他人，为不合法成交。因此从户部裁决结果看，张泽是本案中的善意买受人，其在裁决前已获得土地的典权，因此户部并未对张泽处以制裁，对于张泽不合手续典到的土地种养权，其支付的典价仍有可能收回，需等到违法典卖

[1] 《大元通制条格》卷16《田令·妄献田土》，第204—205页。

[2] 保定路，元时归中书省下辖，今河北省保定市，第9—10页。

[3] 《大元通制条格》卷16《田令·妄献田土》，第205页。

人孙元还家再“依理归结”，而本案中的受害人正军户崔忠则收回田土种养的权利。通过此案说明，不合程序的典买权得不到法律的保护。

三、田土合法交易的法律保护

元朝政府对于民间正常的田宅典卖行为是给予法律保护的，只要具备符合法律认可的手续，则在法律上承认与保护其典卖或回赎关系的成立。但对于已经成交但存在争议的田宅典卖案例是否具有合法性，在法律实践中往往要根据具体田宅交易的构成要件作出判断，形成明确的判否或支持意见。至元年间有一案例，即属于确认以前成交的田土是否具有合法性。

至元二十三年（1286年）十月，中书省回咨江西行省：

为瑞州路[1]赵虎仔亡宋时典得赵贵全田土明执合同典契事。都省看详，既有明立典契，即是活业。咨请就令合属归对追照元立文约。委的是实，别无诈伪，依理归着。[2]

案例中的当事人赵虎仔典卖土地的时间是在南宋末期，恰逢宋元交替之际。由于原出典人一直持拥有典契，即证明是“活业”，可以将土地依典卖契约回赎。政府对此类合法土地交易事件明确给予法律保护。元朝政府并非单纯地限制民间土地交易活动，所限制的只是私下的不法交易以及逃避税赋的行为。当事人进行田土交易的手续合法，并能够在诉讼中出示合法有效的证据，裁判机关依据条例仍然给予法律保护。

当一项田土交易过程有善意第三人时，或交易双方中一方有合法请求权时，则能够获得法律的保护，而违法一方当事人的具体交易行为则不能获得法律上的支持，即使一项田土交易已经完成，在司法裁断中同样也会被判否，而合法请求人的诉求可以得到实现。以下案例即为这方面的典型事件。

---

[1] 瑞州路，元时归江西行省下辖，今江西省高安市，第30—31页。

[2] 《元典章》卷19《户部·田宅·典卖·典田执契归着》，第697页。

至大元年（1308年）十月，中书省枢密院呈：冠州[1]贴军户张著告正军周元，于大德八年（1304年）欺昧本家，将泝下桑枣地五十三亩暗地卖与伊另籍军户房亲周二等为主。礼部议拟即系违例成交，拟合改正，令张著依价收赎。

周元侄周义却告张著又将伯父周元节次卖与义等地土五段，欲验旧价收赎。本院看详：正军、贴户验各家气力津助一同当军，破卖田产许相由问，恐损同户气力。今周元与周义等虽是有服房亲，却系另户。已后周元无力，累及张著。除例前已买地土拟合革拨，例后合无依礼部先拟，同户张著验价收赎。今后诸军户典卖田宅，先须于官给据，明立问帐，具写用钱缘故，先尽同户有服房亲并正军贴户。如不愿者，依限批退。然后方问邻人、典主成交，似不靠损军力。都省准呈。[2]

此案例为案中有案，首先，原告张著作为贴军户，与正军周元属于同籍军户，军户同籍，则土地利益相关联。周元在出卖田土时，不应未与贴军户张著相协商便暗自卖与另籍军户周二（虽属房亲），礼部已确认其为违例成交，拟令原告贴军户张著对正军户周元所卖土地有合法回赎权；其次，周义又反诉张著，因张著将周元田地节次卖与周义，现在张著欲按旧价回赎。枢密院分析案情：周义虽为周元之侄，亦系另户，不应在张著之前典买周元的田土。因此，枢密院也支持原告张著的请求，裁断其有权将卖出的土地依旧价赎回。

由于涉及军户，案件在枢密院进行裁处。枢密院由此案形成军户典卖田宅规则，并上呈中书省，即“诸军户典卖田宅，先须于官给据，明立问帐，具写用钱缘故，先尽同户有服房亲并正军贴户。如不愿者，依限批退。然后方问邻人、典主成交，似不靠损军力”。两宗密切关联的田土交易虽然不属于合法交易，但其中一方的合法利益却最终得到了法律保护。

四、结语

围绕官田管理发生的诸案例，主要表现为贵族、官吏等权豪势要以自身地

---

[1] 冠州，元时归中书省下辖，今河北省威县，第7—8页。

[2] 《大元通制条格》卷16《田令·典卖田产事例》，第206—207页。

位优势侵占土地形成的；而民田交易诸案例中的违法现象主要是不经官府给据备案，或违背民间交易习惯，或不能保障土地税赋及时上缴，因而造成田土交易纠纷的频繁出现。元代在土地管理方面虽然没有形成系统的法律制度，但一事一例的立法特征在解决土地权属侵害和规制田土交易方面也发挥了有效的作用，看似零散分散的立法例，在解决土地相关问题方面基本能保持法律效力的一致性。法律实践中形成的案例检索功能也有元朝自己的特色。而大德十年（1306年）“合同”[1]一词的出现和使用，作为法律文书在元代田宅交易中也起到了规范作用。

[1] “大德十年五月，中书省御史台呈：河南道廉访司申，近年告争典质田产，买嘱牙见人等，通同将元典文据改作买契，昏赖亲邻。牙见证说争差，致使词讼壅滞。礼部议得：典质地产，即系活业。若一面收执文约，或年深迷失，改作卖契，或昏昧条段间座，多致争讼。以此参详，今后质典交易，除依例给据外，须要写立合同文契贰纸，各各画字，赴务投税。典主收执正契，业主收执‘合同’，虽年深，凭契收赎，庶革侥幸争讼之弊。都省准呈。”《大元通制条格》卷16《田令・典卖田产事例》，第206页。

中篇

中国近代民法的转型

中国传统契约文本形式中的守信及其近代转型

春 杨*

引 言

众所周知，与西方法律传统相比，中国古代社会就近现代意义上的民事法律制度而言，是极为不发达的，自始至终没有产生出单独的民法典，但这一状态并不等于说明中国古代民事法律关系不发达。事实上，与中国历史上曾出现过高度发达的经济和文化的状况相适应，中国古代的民事法律关系和民事制度是极为发达的。由于中华法系的独特性，中国古代契约制度是构成古代民法史的核心内容，传统契约种类十分丰富，调整对象也极为广泛，几乎涉及民事和经济活动的方方面面，有关“户婚、田土、钱债”之类的民事法律纠纷多以民间契约习惯为法律依据。中国古代契约制度源远流长，对于古代社会经济秩序的稳定与发展，曾发挥着重要的积极作用。中国古代契约反映了中华民族一些优良的精神和文化传统，如强调诚信、要求自律的规定，要求亲族之间、乡邻之间互谅互让、和睦共处、患难相助的规定，要求尊重长辈、遵守法律的规定，等等。

尽管中国传统社会法律制度及其民间习惯有很大的地域性差异，而且时间跨度很大，经历了三千多年的历史发展，但是中国传统契约超越了时间和空间的限制，在形式要件的构成上仍然保持着内在的规律。无论是何种类型的契约，在结构形式和行文格式上都极为相似，少有差别，其行文呈现出格式化的特征。

---

* 春杨，中南财经政法大学教授，博士生导师。

中国传统契约文本的形式要件一般包括：立契当事人的确认、成契理由的认定、标的物的界定、立约双方的权利和义务关系、第三方“中人”的参与、承认与交割的认证、立契时间与时效的标注。[1] 从上述契约文本的形式要件来看，信守承诺和借助于各方力量来保障契约效力的实现是其中非常重要的部分。它充分体现了中国传统社会儒家所提倡的“诚”“信”道德观和精神。

一、传统契约文本形式中的守信体现

在中国传统民间社会，契主双方达成协议、订立契约后，双方都必须严格遵守，已成立的契约不得因为任何一方契主的擅自变更、解除而失去效力。双方都必须以相应的保证条款或其他条款来明确表示契约合同必须履行。传统契约在调整民间社会秩序方面具有强制执行的法律效力，一般通过如下方式来保证其效力的实现。

1. 通过神灵取信的制衡机制来保证契约的威慑力

传统契约效力的实现最初深受古代盟誓制度的影响。盟誓制度在商周时期就已经存在，考察中国古代典籍，我们可以发现盟誓制度的真正功能。《春秋左氏传》记载：

“盟，所以周信也。故心以制之，玉帛以奉之，言以结之，明神以要之。”“再会则盟以昭昭……昭昭于神。”[2] 由此可见，盟誓的缔结建立在诚实意思的基础上；它通过寻求神灵的庇护和公证的方式来维护守盟者的利益，同时惩罚悔约者；“盟誓的真正目的是使缔结盟约者得以相互信赖并以鬼神之灵约束之。”[3]

在谈及盟誓制度的本质时，霍布斯曾说：“发誓或誓言是附加于诺言之上的一种语言形式。提出诺言者通过誓言表示：除非他履行诺言，否则将自绝于神的

[1] 李祝环：《中国传统民事契约成立的要件》，载《政法论坛》1997 年第 6 期。

[2] 《左传》，哀公十二年，昭公十三年版。

[3] 参见刘云生：《中国古代契约法》，西南师范大学出版社 2000 年版，第 126 页。

慈悲，并请求神对自己进行报复。”“发誓加上宗教仪式，其作用是对背信的恐惧越发来得强烈”。[1]盟誓具有公示性、证约性以及约束性三大基本的功能，而公示、证约的目的则在于使与盟者对盟约信守不渝，否则神灵降罪，其他盟约方也会通过武力手段强制其履行盟约。

民间契约中多以“如律令”等形式以神鬼取信于双方，并且契约中所体现的“诚实信用”原则，都是深受盟誓制度的影响的。

2. 当事人的自觉履行与担保

契约不仅是取信于神灵的载体或媒介，而且也是取信于缔约双方的载体和媒介，同时也是证明契约权利、义务的工具。契约双方当事人通过自愿的方式缔结契约，严禁休悔契约，契约双方所订立的契约有相当于法律的效力。虽然我们在传统契约法的发展中难以找到信守民间契约的理论阐述，但在民间契约法层面，却极为重视契约的效力。这一点我们可以从大量的契约中找到显示其效力的条款，早在汉代，各类契约中均有规定契约效力的专项条款。如《建宁元年（168年）二月五凤里番延寿莂》:

（建宁）元年，九人从山公买山一丘于五凤里，葬父马卫将，直钱六十万，即日交毕，分置券壹，合莂大吉，立右。建宁（元年）二月朝。有私约者如律令。

在唐代的契约文书中，有“官有政法，人从私契。两和立契，画指为信……”[2]“恐人无信，两共对面平章。故勒此契，各愿自押署，用后凭验。”[3]以上契约中的效力条款“两共对面平章”是指双方就契约中的权利、义务关系自愿达成合意，而且合意一经达成就必须得到遵行，否则要承担违约的责任。同时也表明，契约的效力由双方共同拟定，在一定程度上抵消或减弱了国家制定法对民间契约的限制和干预。

在履行契约的过程中可能出现违约的行为，为了防止“悔约”行为的发生，

[1] 霍布斯:《利维坦》，黎思复、黎廷弼译，商务印书馆1985年版，第107—108页。

[2] 《吐鲁番出土文书》第六册，文物出版社1997年版，《阿斯塔那四号墓文书》。

[3] 《乾宁四年张义全卖宅舍契》，《敦煌资料》五《契约文书》甲。

保障契约的有效性，在契约中须对双方的相关责任进行制约。如敦煌契约中即有各种惩罚的规定："立契后有人先悔者，罚麦三石，入不悔人，恐人不信，古（故）立此契为记"；甚至还有将罚金交归官府管理的记录，如"一买已后，更不许翻悔。如先悔者，罚黄金三两充入官家，恐后无凭，故立此契，用为验耳"[1]。可见，唐代金额较大的契约订立须有地方政府进行管理。宋元以后，继续沿用这类防止反悔的条款，明清之际则常见以"空口无凭，立契为证"。

缔约双方对契约的自觉履行才能使当事人的利益得到真正保障。当契约义务得不到履行时，不悔一方可通过私力救济的方式来完成其契约权利的实现。民间契约首先是一个封闭的效力系统，其效力仅仅限于缔结双方，此外的第三者或国家公权力不得以强力干预契主双方的缔约过程和所订立的相关条款，不得削弱民间契约的效力。

从民间契约法的层面看，习惯法的效力优先，民间契主及其"公议"者仍然享有对私约效力的认定权。如瑶族就有"石碑大过天"的说法，其谚语云："白天有太阳，晚间有月亮；官家有法律，瑶民有私约。"[2]

3. 中人对保障契约的实施发挥着一定的强制作用

"立契有中"是中国古代契约制度的一种重要传统，中国古人从即时买卖或互相交换到大宗买卖，法律和习惯均要求有"中人"。中人不仅在缔约之初发挥着传递信息、牵线搭桥的重要作用，而且在契约的履行及纠纷的解决过程中也发挥着举足轻重的作用。

由第三方主体参与契约不仅在观念上，而且在契约实践中也对当事人具有某种强制。这种传统成为支配人们行为的一种思维定式，成为契约当事人自觉遵守的一种习惯。正是在这个意义上，中人是中国古代契约制度中的一种象征，一个符号，在几千年的使用和传承过程中它具有法律制约力量和优化社会经济配置的功能，它成为一种具有保障契约实施功能的符号。作为契约订立过程中的第三方参与人，中人具有很大的权威性，他的行为可以对社会舆论形成导向，

---

[1] 转引李祝环：《中国传统民事契约成立的要件》，载《政法论坛》1997 年第 6 期。

[2] 高其才：《中国习惯法论》，湖南人民出版社 1995 年版，第 404、422 页。

以致对不履行契约义务的一方产生压力，会使他处于社会孤立的危险，而这在熟人社会中是一种极其可怕的力量，因而受到相应的惩罚。所以，“立契有中”的传统及中人在契约中的签名附署就具有契约实现的一种保障力，买卖双方充分、及时履行契约权利义务就在内心义务感的支配下成为一种理所当然、情之所归的要求。[1]

中人通过说和双方达成一致意见，见证契约的订立等过程来保证契约的实现，并在契约纠纷发生后发挥着调处双方矛盾的功能。契约签订后权益随即发生改变，但还有很多后续问题，如所买土地、山林、田地上面会有后续的收益或是债务问题，虽然签订契约的时候会详细地说明这些情况的解决办法，但有时候也会出现赖账或者其他的违约行为，这就要求中人出面解决类似的纠纷，以维护契约的权威和法律的公正。中人在契约订立的时候较为深入地参与到了契约关系中来，对双方交易的有关细节和真相最为清楚，一旦日后发生契约纠纷，中人便成为契约双方最信得过的调解人。

关于“中人”何以能够在契约的履行过程中发挥一定的作用？日本学者岸本美绪曾究其根源，认为中人制度根源于特殊的人际纽带和日常生活交往的礼仪规范，并且中人制度建立在个人人格的互相信任的基础上，具有极浓厚的人伦色彩。[2] 正是中人的人格担保在一定程度上保障和促进了契约的履行。此外，从功利的角度看，中人了解市场行情，在平衡契约双方经济利益以及发生纠纷时承担作证义务方面，中人同样发挥着作用。这些因素使得中人在保障契约的实际履行方面起到了重要的促进作用。

4. 官方的强制履行与担保

在中国古代社会，如果凭借神灵、私家的力量都难以强制缔约人履行契约义务时，国家公权力就会作为最后一道屏障出现，通过公力救济的方式以确保无过失方的合法利益得到实现，保障契约的效力。除了当事人依据道德伦理的约束、声誉和财产担保以及凭借中人的身份和财产担保来保证其正常履行外，

---

[1] 参见陈胜强：《中人对清代土地绝卖契约的影响及其借鉴意义》，载《法学评论》2010 年第 3 期。

[2] 〔日〕岸本美绪：《“市民社会”与中国》，参见王亚新、梁治平编《明清时期的民事审判与民间契约》，法律出版社 1998 年版，第 378 页。

还有官方利用行政监管权、司法裁判权的行使来保证契约的有效履行。契约的履行不仅是双方当事人的义务，也是中国古代国家官方为了维持正常统治秩序应尽的职责。中国古代行政司法合一，官府从契约的订立到履行都有所规制，对契约履行行使监督权。历代法律都有督促和警示当事人遵守和履行契约的规定。早在西周时期就规定民间借贷行为要遵守法令，否则，处以刑罚。例如，《周礼·秋官·朝士》记载："凡民间同货财者，令以国法行之，犯令者，刑罚之。"西周时，设置有专门掌管契约事务的职官，称为"司约"。为了监督标的物的界定和实际交付，法律规定土地、房屋等要物契约和私人与官府间的借贷契约的订立与履行，须在官吏面前进行或要有官员参加。如果是标的物不能立即转移的契约，官方参加见证当事人之间的契约关系，以督促当事人日后自觉履行。

晋唐以后，官方通过实行课税钤印对契约进行管理，之后形成了官方钤印、认可的"红契制度"，采用官版契纸，对民间契约实行规范化管理。实行红契制度，一方面有利于官方对土地房宅的课税管理，另一方面也突出了契约的法律效力，确保当事人对契约的实际有效履行。清代《户部则例》规定："凡置买田房不赴官纳税请粘契尾者，即行治罪。"可见，契约当事人一旦立有红契，其权利是受到清代法律保护的，如果发生诉讼，所有权人可以据此要求官府保证其权利的实现。

通过刑罚制裁的手段来保证契约的履行，这一特点在历代法律中都有体现。如唐《杂律》规定，负债违契不偿，一匹以上，违二十日的笞二十，二十日以上的加一等，罪止杖六十；三十匹的加二等；百匹的加三等。又如，《大清律例·户例·典卖田宅》规定，典卖人朦胧重复典卖者，"以所得价钱，计赃准窃盗论"。

二、传统契约文化并未形成民法上的"诚信"原则

1. 传统契约文化体现了儒家的"诚""信"道德观和伦理原则

诚实守信是一项重要的伦理规范，是每个国家、社会必须具备的重要的经济资源和精神文化资源。在当代各国民法债权理论中，有一条被视为"帝王条款""最高行为准则"的指导性原则就是诚信原则，它要求人们在民事活动中行使民事权利和履行民事义务时应当讲究信用，严守诺言，诚实不欺，在不损害他人

利益的前提下追求自己的利益，否则将获得不利的法律评价。我国《民法通则》第四条规定：民事活动应当遵循自愿、公平、等价有偿、诚实信用的原则。诚信原则来源于道德准则是中外学界的共识，虽然它所依据的道德体系是西方的而不是中国的，但无独有偶，早在先秦时期，儒家便将“诚”“信”纳入中国传统伦理范畴，诚信观念是传统儒家思想的精华之一，它是先秦儒家大力提倡并始终践行的道德原则和行为规范。无论是对于个人的立言、立德、立身处世，还是在社会的和谐进步以及国家的发展稳定中，诚信都发挥着极其重要的历史作用。

诚信观念的物化标志是契约。我国有着悠久的契约制度及文化传统，先秦儒家诚信思想是传统契约得以订立和履行的道德基础。先秦儒家诚信思想内涵丰富而深刻，包括对个人全部行为的指引甚至是对个人思想的道德底线的要求，诚作为一种内心的道德修养，可以外化在个人生活的方方面面，所谓“内诚于心，外信于人”。诚是主体内在的一种本然状态，信则是主体在对象性活动中内在诚的外化；只有内诚于心，才能外信于人，无信也不足以见诚。诚与信联结为一个词，表述的是人们诚实无妄，信守诺言，言行一致的美德；同时作为一个道德规范，它也要求人们诚实无伪，言而有信。

2. 儒家诚信伦理不等于民法上的“诚信”原则

先秦儒家伦理学说中的“诚”“信”虽然为引入“诚信原则”奠定了一定的基础，但并未形成法律化的道德规范，难以成为民法“诚信原则”所依据的道德准则，这也反映了先秦儒家诚信思想的不适应性或局限性。

先秦儒家伦理中的“诚”“信”过于理想化，过于抽象、玄虚，基本属于人生道德和政治伦理，非普通人所能企及。传统诚信思想忽视道德的他律性。先秦儒家伦理中的“诚”“信”观根植于宗法社会，受小农经济的影响，涵盖的范围大都比较狭窄，一般适用于特定的社会关系，成为局限于朋友或熟人之间的伦理准则。超出了这一定的范围，人与人之间的交往就没有诚实守信的必要了。五伦之外的一般社会成员之间所应遵循的伦理准则，在传统伦理学说中几乎是一个空白，这一点对传统契约文化的影响非常明显。例如，传统契约中的中人制度，即“买卖凭中”，很多契约中写明“托中说和”，“念及乡宜之情”，等等。正是由于订立契约的双方之间难以形成信任关系，所以，一定要找一个双方都认识且信得过的中人参加。另外参加的人也大都是同宗同族或左邻右舍之乡亲等，必须是一个熟人社会。

韦伯曾经指出中国人的信任是建立在亲戚关系或亲戚式的纯粹个人关系上面的，是一种凭借血缘共同体的家族优势和宗族纽带而得以形成和维持的特殊信任，因此对于那些身在这种血缘家族之外的其他人即外人来说，中国人是普遍地不信任。总之，中国传统诚信思想是君子诚信、熟人诚信，其诚信观念不具有普遍性。而西方社会的诚信则是一视同仁的，是具有普遍主义的契约信用。这种诚信思想在经济活动中，则发展成为一种打破民族和地域的社会交往方式，并且形成一种较少带有个人情感色彩的非人格的交换关系，从而使得诚信具有普遍性。

在中国传统诚信思想中，作为一种德性伦理，诚信关注的是如何通过社会舆论、风俗习惯和个人的道德良心来维护社会秩序，不主张用外在的强制性手段来发挥作用。所以，这种诚信思想更多强调的是行为主体的道德自律，即主要依靠行为主体的道德良心、风俗习惯和社会舆论等软性约束力来维持和实现，表现为一种行为主体纯粹的自觉自为。

三、从传统契约中的守信向民法“诚信原则”的转型

中国有着数千年悠久的契约制度和文化，自先秦以来儒家即倡导和追求“诚”“信”的道德伦理，中国历来就有崇尚礼仪的传统，重情重义的文化意识在规范人们行为、维系人们社会关系中发挥着不小的作用。同时，传统契约中各种保障契约效力实现的制度和方式也在一定的历史条件下维护了古代社会经济秩序稳定，有效地调整了各类民事法律关系。然而，当今社会诚信的缺失是那么的普遍和突出，已成为我们毋庸讳言的严重问题，甚至有人认为中国人缺乏诚信精神。究其原因，包括民法中“诚信”原则在内的整个社会诚信法制的建立、完善和贯彻实施等方面还存在一系列问题，亟待我们深入思考和逐步解决。所以，笔者认为我们有必要准确把握先秦儒家诚信思想，客观评价其中的得与失，总结诚信伦理与传统契约文化以及诚信与法治的关系，择善而从，为推动当前的法制建设提供一点历史的借鉴。

首先，实现传统诚信思想的合理转换，以适应完善契约制度的要求。这种合理转换是指对先秦儒家诚信思想进行创造性地改造，继承其具有普遍价值的优秀成分，克服其带有历史局限性的消极因素，赋予时代发展的新要求，使其成为民事契约制度的有机构成。现代社会所倡导的诚信是一种建立在平等互利基础之上、由经济基础所决定的，并在经济交往活动中规范着人与人之间关系的重要道德规范。它是诚实和信用的概括，是信用、信念和信誉的综合。在现代市场经济条件下，诚信既是一种德性，又是一种明智的求利原则。在现代市场经济条件下，人们之间的关系已不再主要是以血缘、亲缘为纽带了，而是一种交往双方均认可的契约合同关系。因此，以往传统社会那种仅凭道德良心、风俗习惯、社会舆论和所谓的君子协定等软性约束力来维持的人格诚信，必须转换为借助于法律、法规为保障的契约信用。

其次，正确处理诚信和法治的关系。诚信与法治是相辅相成、互相补充、互相支持的。健全的法制体系既是诚信规范的前提和基础，又为诚信规范的确立提供了最基本的保障，而诚信规范则对法律的贯彻实施提供了有力的支持和补充。法与诚信都是上层建筑的重要组成部分，它们只有相互配合，才能发挥各自的作用，维护社会的稳定与有序。法律需要道德支持才有生命力，道德的弘扬和发展需要法治的力量促进，诚信意识的提高离不开法治。维护社会秩序，既需要法的外在约束，也需要诚信这一道德资源的内在调整。[1]

最后，建立和完善民法中的“诚信”原则，建立健全诚信法制。我国《民法通则》第四条规定：“民事活动应当遵循自愿、公平、等价有偿、诚实信用的原则。”所谓“诚信”，就是确认民事关系当事人不真实意思表示无效，合法的意思表示有效；所谓“信用”，就是确认民事关系当事人曾经作出的合法真实意思表示有效。《合同法》第六条规定：“当事人行使权利，履行义务应当遵循诚实信用原则。”从合同法来说，诚实信用原则体现在合同的订立、履行、变更和终止等各方面和各阶段。当事人在订立合同时应如实陈述一些重要事实和情节，如履约能力、财产状况、商品的质量等，不得进行欺诈。

---

[1] 参见徐仲伟、王宏伟：《论我国社会的诚信问题与诚信法律制度建设》，载《重庆邮电大学学报》（社会科学版）2007年第1期。

四、结语

从中国传统契约文本形式看，处处体现了一种诚信精神，但诚信仅仅是一种基本的道德规范，随着近代社会的急剧变迁和法治的近代化，必然要上升为民法的一项基本原则。因为确立民法上的“诚信”原则，对于规范市场交易行为及调整市场经济关系具有积极重要的意义。它要求人们在市场经济中诚实守信，不欺诈，不胁迫，不乘人之危，在不损害他人利益和社会利益的前提下追求自己的利益。为保护公共利益、维护竞争公平，就必须把诚信由道德规范强化为一种基本法律原则，赋予其普遍的法律效力，使其成为整个经济领域与法律领域内反对不正当行为的重要法律手段。[1]对于一个有着悠久的契约法律文化，崇尚诚信道德追求的国度，从传统到近现代法治的转换是我们的必由之路。在当前我国民法典的制定过程中，必须从传统中不断总结，创造性地建立和完善我国民法中的“诚信”原则，为现代法治精神的弘扬作出贡献。

---

[1] 参见王士海：《当代中国政府诚信建设的法制化思考》，载《哈尔滨市委党校学报》2012年第4期。

从大理院审理的祭田案件看民事权利在近代中国的生成

李启成*

在中国，作为近现代法学基石的“权利”是西方影响下的产物，以之为基础来建构正式的法律体系始于晚清变法修律。从理想上来说，立法者会尽其所能考虑社会现实和未来需要而审慎立法，以使其所立之法能真正规范社会生活而产生良好效果。但实际上，近代中国的立法者，主观上多具有强烈的“法教”意识，客观环境又不允许他们在外来法理和中国现实之间从容斟酌，结果导致我国近代“数十年来的立法，确与社会脱了节”[1]，这在民事领域表现得尤为明显。不仅如此，脱了节的新法律难免不适用，真正可用的新法律并不多。这种现状使得研究者不能仅仅从立法层面来宏观探究近代中国民事权利的生成，固然这种探究从法意识形态来讲是必要的。因为这种纸面上的民事法规范，没有在人心中建立牢固基础，不能真正发挥法的效力而成为人们的行为准则。这就需要司法官在裁判个案（包括某类案件）时妥当斟酌、反复检验，直到创设一相对成熟且能被广泛接受的成文规则为止，才可以说某种民事权利在近代中国基本生成。民事权利体系的成形是以具体民事权利的生成为基础的。以某种具体民事权利的生成入手来观察近代中国民事权利体系的构建，学界在这方面的研究尚嫌不够。本文即以大理院审理祭田案件为中心，来论述近代中国以“公同共有物”定性祭田，并创设相关规则的过程，进而探讨在“公同共有”框架下，祭田所有者相关民事权利在近代中国的生成和特征。

---

* 李启成，北京大学法学院教授，博士生导师。

[1] 王伯琦：《近代法律思潮与中国固有文化》，清华大学出版社2005年版，第72页。

祭田作为重要的家族公产，是宋以后传统中国一重要土地类型。祭田一般由享祀者、独立财产和管业权团体所构成，在长期的祭田设立、管理、收益分配和处分等实践中，以家法族规为中心，形成了诸多关于祭田的传统习惯。祭田管业权团体范围之大小因享祀者而别，有的祭田是族产，有的则是房产或家产。其管业权的复杂性、祭田本身的较大规模和丰厚收益，导致祭田纷争频繁出现，且经久不决。在传统中国，法是威慑教化之工具，司法则服务于此种威慑教化功能之发挥。因追求无讼与强调睦族，历代官府多将提交上来的祭田纠纷视为“民间细故”，以“常识”和“祭田一般性惯例”作为裁断主要依据。此种“常识”是基于具体时空中“情、理、法”三要素的总体把握，“祭田一般性惯例”是从家法族规中关于祭田的具体规定进行抽象化的结果。[1]

自晚清以降，整个法律和司法体系以模范西法为导向进行了全方位革新，祭田案件的审断，不论是所适用的法律规则，还是审理机构和人员，皆与以前迥异。新司法机构中的新法官创制和适用新法律规则来裁断固有的祭田案件，必然赋予或调整祭田关系人的相关民事权利。自 1912 年民国大理院开院到 1928 年国民政府统一中国前的这段时间，在全国多数地方，大理院作为最高司法审判机构，在成文法欠缺的情况下，其推事在个案审理和答复法律疑义的过程中，创制了相关的判决例和解释例并通行全国。在民事法领域，大理院基本构建出这一时期起码的民事法律秩序，并为其后国民政府的法治建设奠定了坚实基础。[2]

鉴于祭田与中国传统家族文化密切相关，那可以追问：大理院对祭田案件的审理是否照顾到家族文化和习惯？如果是，大理院推事们又是如何在外来法理和本土习惯之间采择并进而创新？事后看来，他们处理得是否妥帖？近代以西

---

[1] 关于明清时期官府审理祭田案件所适用的法源及其基本原因可以参考笔者《功能视角下的传统“法”和“司法”观念解析——以祭田案件为例》（《政法论坛》2008 年第 4 期，第 36—44 页）一文，传统社会关于祭田的一般性习惯的概括介绍可以参考笔者的另一篇文章《法律近代化过程中的外来规则与本土习惯——以祭田案件为例》（《中国社会科学》2008 年第 3 期，第 96—100 页）。需要指出的是，史学界，尤其是中国社会史学者和经济史学者虽然对祭田的形成、规模及其对社会的影响有深入的研究，但缺乏从法律的角度来分析与此相关的习惯和审判所适用的法源，而这恰恰是本文立论的基础。

[2] 参考黄源盛：《大理院司法档案的典藏整理与研究》，载氏著：《民初法律变迁与裁判》，台湾政治大学法学丛书（47），2000 年，第 121 页。

法为导向的法律革新所面临的一大困难是如何恰当折中中西，如果大理院处理好了祭田纠纷这个极具中国传统特色的案件类型，那似可进一步审慎推断大理院在确立其他具体民事权利方面的成就。有鉴于此，本文以大理院所创制的判决例为中心，[1] 集中分析大理院在审理祭田案件的过程中所确立的法律规则，探讨相关民事权利的生成。

在清末民初新司法体系中，案件以民、刑为别，分庭审理，实行四级三审制。确定某类案件的管辖权取决于诉讼标的物价值大小和案件类型。民初，晚清颁布的《初级暨地方审判厅管辖案件暂行章程》仍有效，它规定“关于田宅涉讼案件”的管辖，以诉讼标的之价值是否达二百两为界，分由初级审判厅或地方审判厅进行第一审；并明确规定“亲族、承继及分产案件”专由地方审判厅管辖。[2] 祭田案件属于田宅涉讼案件，有时也会与“亲族、承继及分产案件”紧密相连；且祭田一般规模较大，其价值很容易超过二百两。故在这种管辖权分配体系下，多数祭田案件应由地方审判厅负责第一审，相应地，第二审和第三审的审判机构就应该是高等审判厅和大理院。在整个北洋时期，随着社会经济情形的变更以及各种兼理司法制度的影响，区分第一审管辖之诉讼标的价值额有较为频繁的变动，但无论如何，关于祭田案件的争议在四级三审制下一直都有较多机会被提交到大理院。大理院作为终审机关，主要进行法律审。所以，要考察规范祭田案件的实体规则和相关民事权利的形成，以大理院的审理为中心是妥当的。

大理院判例要旨和解释例已有郭卫进行了系统编辑，[3] 查找起来已很方便，考虑到“判例要旨”只是从原判决书里摘录出来的一句或几句较为抽象概括的语句，如只希望大致了解大理院所创建的这些一般性规则，当然像“判例要旨汇览”这样的资料就足够了；但如果要真正弄清楚这些规则的真正含义，它们的来龙去脉，以及大理院推事推导出这些规则的思维过程等与规则本身有密切联

[1] 大理院围绕祭田纷争所制作的解释例只有一则，且笔者已在《法律近代化过程中的外来规则与本土习惯——以祭田案件为例》对其进行了分析，这里从略。

[2] 《大清法规大全》，台湾考正出版社 1972 年影印本，第 1837 页。

[3] 郭卫编辑的《大理院判决例全书》和《大理院解释例全文》最早于 1932 年由上海会文堂新记书局出版，1972 年由台湾成文出版社有限公司加以影印出版，它们对民国时期的司法发生了重要影响，本文所参照的是台湾成文出版社 1972 年的重印本。

系的问题，则尚有不足，需要进一步查找大理院判决原文。[1] 本文在分析大理院对祭田案件的审理情况时较多利用了判决书全文（主要集中在总则、法人和公同共有等部分）。[2]

一、大理院关于祭田案件判例要旨的基本框架

民初大理院开张以前，虽然新式地方司法机构对祭田案件进行了一些审理，且还有个别法官力图以新法理来认定祭田性质，并在此基础上作出判决，但判决尚处在尝试阶段，说理尚未充分展开；且因其审级低下，判决公信力不强，无法得到其辖区以外同行之尊重，因此没有形成裁断祭田案件的全国通用规范。[3] 大理院开张之时，从理论上讲，跟祭田有关的生效法律规则只有一条，即现行律中关于盗卖祀产的例文。但这条例文是传统社会关于禁止盗卖祀产的规定，其主要意图是发挥威慑和教化功能，并非是具体规定祭田盗卖定罪量刑的尺度，在传统司法审判中很少适用，[4] 到民初该条文更缺乏事实上的规范效力。当此祭田规范空白之际，大理院在审理该类案件之时，势必要因应社会变化和法律、司法转型的需求，来创制一些关于审理祭田案件的实体规则，为下级司法机关审理此类案件提供法律上的指针，让人产生确定预期，赋予关系人相应民事权利。大理院回应了这个时代要求，在审理祭田案件过程中，有意识地在判决书中揭示出关于祭田的一般性规则。这些一般性规则，主要体现在相关判例要旨中。

在大理院推事们看来，祭田属于祀产之一种，和公共坟山等同属跟家族紧

---

[1] 虽然，民国时期的一些资料，如《司法公报》《大理院公报》《司法讲习所讲义录》《最新司法判词》《司法官要览》等，皆有一些零星的大理院判决文，但多不成系统，对于某个问题进行专题研究，这些资料利用起来很不方便。

[2] 本来，北洋时期大理院的司法档案藏于南京第二历史档案馆。但查阅不易，且尚未整理，利用不便。自 1994 年黄源盛先生多次前往二档馆，经交涉，复制了该馆典藏的大理院民刑事判决文和平政院行政诉讼裁决文。之后，黄先生又组建团队进行整理，于 1998 年编成《大理院民事判例全文汇编》27 册。在此感谢黄源盛教授惠允笔者使用此重要资料和黄章一先生的复制奔走之劳。

[3] 李启成：《从民间细故到民事权利——以祭田案件司法判决为中心的研究》，北京大学博士后研究工作报告，2007 年，第 115—124 页。

[4] 李启成：《功能视角下的传统“法”和“司法”观念解析——以祭田案件为例》，载《政法论坛》2008 年第 4 期，第 43 页。

密相关的公同共有物。因此欲探讨大理院关于祭田案件的审理，就不能不涵括除祭田以外的其他祀产和公共坟山案件，故本文将之一并列入考察。

大理院从“二年上字第8号”开始，到“十五年上字第963号”，共创制了21则“判例要旨”，实际上确立了以“公同共有”为核心的一套规则体系。它大致包含以下核心要点。

1. 祭田是一种“共有”物。作为大理院对祭田作出的第一个判例要旨的“二年上字第8号”判例，即明揭此点，“祭田设定之方法，虽有种种，而其管业权，应自亡人死后，即归属于后嗣共同享有”。更明确的表述是“二年上字第119号”判例，“祭田系属其子孙共同享有，其权利性质，法律上本为一种之共同关系”。大理院在以后判决中一直坚持这个“共有”物定性，从未动摇。这是大理院对祭田进行“创法”的绝对前提。

2. 祭田不是普通“共有”物，而是一种“公同共有”物。近代法在单独所有权之外，同时承认共有的存在。共有是一物之所有权同时为数人享有的一种状态。虽然近代以来的民法不承认在同一物上有两个所有权存在，但承认一物同时可以为多数人所享有，因为权利固然要有其主体，但主体究为单数还是复数，自没有限制的必要，故各国民法莫不规定了共有制度。关于共有的立法，自晚清制定民律草案开始，中国民法就与日本民法在“共有”类型上不同：日本民法只规定了“分别共有”，我国民法草案及后来的正式立法皆分共有为“分别共有”和“公同共有”。[1]在大理院推事们看来，中国固有的祭田，与“公同共有”而非“分别共有”的特征更为符合，因此，把祭田定性为“公同共有”较之“分别共有”就更准确。大理院最早在“三年上字第1144号”揭示“同族之中设置公产以供一定用途者，其产业应视为有一定目的之公同共有财产”。祭田的公同共有定性，是大理院对祭田进行立法的中心点。

3. 既然祭田是公同共有物，那在设立、管理、收益分配和处分等方面都应

[1] 详参《日本六法全书·民法》，上海商务印书馆1911年版，第23—25页。俞廉三在《大清民律草案》“共有”节的按语中曾讲，“数人共有一所有权，其形式有二种：一、数人依其所有分而以其物为其所有，名分别共有；二、数人不依法律上之所有分割之共同部分，而以其物为其所有，名公同共有。第1043条至1062条规定分别共有，第1063条至第1067条规定公同共有，第1068条规定准用分别共有及公同共有之事项”。见（清）俞廉三：《大清民律草案》，修订法律馆1911年版，第29页。

遵守关于公同共有的相关规定。

（1）跟祭田设立有关的规则。在被提交到大理院的祭田案件中，没有将设立问题作为主要讼争之点的案件，只是在一些跟其管理、收益和处分等方面发生争执时附带提及，故没有专门制作这方面的判例要旨，但从其他判例要旨可以绎出相关内容。例如，“四年上字第669号”判例主要论述处分祭产应该遵守的原则，但为论证这个原则的普遍适用性，即指出“即系当日创置此项祭产之人，一经捐出，亦已退处于共有人之地位，不能复有特别处分之权”。又如“四年上字第1771号”判例主要是阐明祀产之共有性质，作为证明其共有性质的证据，特地指出“自其设定之宗旨言之，本期永远保全不容擅废”。根据笔者检阅所及，大理院所创制的跟祭田设立有关的判例要旨就这两条。分析该要旨，无疑确定了祭田设立者的权限和设立祭田的宗旨。

（2）跟祭田管理相关的规则。其实，单纯因为管理而生的祭田纠纷不多见，其出现多与祭田的收益分配有关。因此，在祭田收益分配的案件中，时常涉及管理问题。“二年上字第226号”判例谈到祭田管理中的改良问题，“如就公地经多数族人之同意，施以改良开辟，支出特别费用时，亦得许其享受特别之利益”。“四年上字第1558号”判例规定，“管理祠产乃子孙应尽之义务，均无开支薪水之理”。

（3）跟祭田收益相关的规则。祭田作为公产，有其设立目的，其收益分配的原则应与设立目的吻合。“三年上字第1144号”判例指出，“族内公产之收益，则应依设置目的，以经营各房共同之事业”。另外，祭田使用是祭田收益的重要体现，大理院在判例要旨中对祭田使用所作规定，实际上也可被视为收益分配的一个项目。“二年上字第226号”判例规定，“族中公地于不背族中规约之范围内，族人皆有使用之权，若无缴纳使用代价之规约或惯例，并毋庸负缴价之义务”。大理院确认此原则，固然一方面与公同共有人对共有物在抽象意义上立于平等地位的共有法理相一致，且与更一般意义上的公产收益分配强调设置目的之原则恰相沟通。

（4）跟祭田处分有关的规则。此内容占据了所有判例要旨的绝大部分。[1] 在

---

[1] 在所有跟祭田相关的21则判例要旨中，有15则直接跟其处分相关。

大理院看来，祭田之处分必须遵守处分公同共有物的一般规定，即需具备“正当理由”（或“必要情形”）和“全体同意”。[1]

将祭田定性为公同共有物，在其设立、管理、收益分配和处分等方面，大理院实际上都有相关判例要旨。经分析发现：针对同一事项的判例要旨，往往是前面确定一个大体框架或较为抽象地进行性质认定，后面则对之进行层层补充或细化，将不确定的地方确定下来，对有疑问的地方进行解释，最终形成一套较为自洽的规范体系。

大理院通过个案审理，以判例要旨的方式来创建规则体系，虽也有较高的系统性，但和正式立法相比，其系统性不宜评价过高。因为只有当具体个案被提交到大理院，推事们才有可能抓住这个契机来创制相关判例要旨，他们不能在没有具体案件审理的情况下主动创设判例要旨；且大理院推事时有更替，不同推事可能会作出相异的判决，从而破坏前后相关规则的系统性。按照《法院编制法》第 37 条规定，大理院欲自行变更判例时，须用开总会议的繁重程序，[2] 其立法意旨在于“盖同一机关之法令见解，苟轻许其任意变更，则分歧矛盾，有上下其手之嫌；故须依开总会之程序，取决多数，所以求公允昭慎重也”[3]。但这也从反面证明了大理院制作的“判例要旨”可能会出现歧义甚至矛盾的情况。[4] 如在绝大多数大理院的判例要旨中，祭田的性质都被认定为公同共有，但“四年上字第 2032 号”判例却认祭田系属分别共有。

大理院通过对祭田案件的审理，将祭田认定为公同共有，并结合传统祭田

[1] 本文所引大理院判例要旨，如未特殊注明出处，皆见郭卫：《大理院判决例全书》，第 167—169 页。

[2] 司法部编印：《改订司法例规》，司法部 1922 年版，第 61 页。

[3] 刘恩荣：《论大理院之解释与其判例》，载《法律评论》1924 年第 37 期。

[4] 黄源盛先生经研究，认为：“大理院虽有‘全院会议’之组织，然历年以来并未付之实行，流于虚设。尤其到了北洋后期，根据大理院的创废判例，往往仅依推事的理想情感为之，姑无论其于法理已否斟酌，或与习惯能否确合，然其形式既欠完备，则其效力亦等儿戏。”（黄源盛：《民初法律变迁与裁判（1912~1928）》，政治大学法学丛书 47，2000 年，第 78 页。）黄源盛先生作出此判断的资料来源是北京律师公会 1927 年春季定期大会上会员蒯晋德等人的提案“建议大理院创废判例均须用确实郑重方法，随时公布，使人民易于周知案”，该案登载于《法律评论》第 197 期（1927 年 4 月 10 日）。可以想见，法律所规定的“大理院总会议”一开始在实际上就不正规，越到北洋晚期，越轻率甚至不举行，诚为大理院判例要旨妨碍其形成体系的制度性缺陷，但好在祭田相关判例要旨多数在民初大理院早中期出台，影响不是特别大。

惯例和公同共有法理创造出了一系列判例要旨，大致形成了规范祭田纷争的规则体系，同时也赋予了祭田关系人各种民事权利和义务。该规则体系的形成和完善大致遵循了下述思路：祭田性质上是共有物→公同共有物→处理包括祭田的设立、管理、收益分配和处分方面的纠纷应基本符合公同共有法理。

二、解析大理院对祭田的定性

民初大理院抓住时代契机，以判决例形式，创造了一套关于审断祭田案件的规则体系。下面将分析重点放到这一规范体系得以形成的两个关键点上：先是从现代民法学框架里为祭田定性找到一个合适的位置；在位置确定后，面对以分割为中心的祭田内部纠纷和以买卖为中心的祭田外部纠纷，大理院是如何运用相关法理，并结合祭田惯例，来创造出新规则，以因应时代的变化。先来看大理院是将之定性为法人财产抑或公同共有物。

时至今日，共有为近世各国所普遍采用，合有（公同共有）亦间被采用，唯有总有几乎不存在。由于总有是对所有权进行质的分割，其作用已为地上权、永佃权和典权等吸收；而作为其形态的总有物又主要通过社团法人和财团法人变成为法人的单独所有。[1] 由于德国民法典首先规定了法人制度，且为瑞士民法典所继承，实属最新之立法例，为晚清民律草案所借鉴。鉴于祭田与总有物具有诸多相似之处，那是否可以将祭田视为总有物，借鉴日耳曼社会总有物在近代化历程中的经验，将之改造成为法人的单独所有物，实现祭田制度的近代化呢？

实际上，不论是将祭田定性为公同共有物还是法人财产，皆与传统中国的祭田习惯有明显的不吻合之处，尽管二者都是在西方民法学体系内定性祭田的相对合适位置。也即是说，不管以哪种方法来定性祭田，进而以相关规则来进行规范，都存在一些重大的困难。

先来分析以公同共有规则来规范祭田存在的困难。一是财产存在目的上的差别。祭田是专供祭祖用的特定财产，因死者而存在；公同共有物的公同目的主要是保证公同共有人共享之所有权，因生者而存在。二是确立祭田公同关系

[1] 郑玉波：《民法物权》，第 118 页。

存在困难。公同共有之发生及其存续，均以公同关系之存在为前提。如将祭田视为公同共有物，如以共同继承为公同关系，当遗产分割后，共同继承即归于消灭，那公同关系相应也归于消灭，显然祭田之长久存在失去了根据；如以习惯上的共同祭祀为公同关系，则共同祭祀只在特定时间存在，不具备时间上的连续性，且与公同共有人共有祭田缺乏充分必要的关联。三是在处分方面违反祭田设置之本意。公同共有物经公同共有人全体同意时，得进行包括分割在内的实质处分。将祭田视为公同共有物，则经全体族人同意时，得将祭田处分甚至分割，不免废弃祖先祭祀，违反祭田设立之本意。四是难以对祭田进行管理、改良，且易发生盗卖侵占之弊。公同共有物，原则上应由公同共有人共同管理。如果将祭田视为公同共有，自应由全体族人共同管理。若年湮代远，族众繁多，甚至有族人远涉他乡，在管理和改良上很难达成一致意见，多所妨碍。且多数族人，因利害关系轻微而不肯过问，遂给少数不肖子弟以可乘之机，对祭田盗卖和侵占，因此而涉讼，所在多有。[1] 这些困难都集中在实体法层面。另外，在程序法方面也有不易克服的困难，即因公同共有人繁多、分散所生的当事人适格问题。

以法人来规范祭田，在一定程度上可以克服以公同共有规范祭田所带来的困难，但又会产生另一些操作上难以应付的新问题。其优长反映在实体法上，能够最大限度地与设置目的吻合，能够保证祭田的长期存在而不被分割，也能较好地防止不肖族人对祭田的侵占和盗卖；在程序法上，亦能解决因公同共有所带来的当事人适格问题，有利于祭田归属纠纷通过司法途径得到解决。它所带来的新问题主要表现在设立法人要素的欠缺。具体言之：（一）缺乏设立章程。设立祭田是一种捐助行为，根据我国设立祭田的惯例，一般而言，不存在包括捐助目的、田产内容、管理机构和方法在内的书面章程。即便有些简易书面章程，在内容上也是不完不备。（二）缺乏管理机构。除少数宗祠田外，绝大多数祭田实行轮管，没有专门管理机构，而法人必须要有。（三）设立法人，一般采取准则主义，即既要与法律准则相合，又要到司法机构进行登记。[2] 近代中国，去古

---

[1] 柯凌汉：《祭产与书田之性质》，载《法律评论》1948 年第 16 卷第 14、15 期合刊。

[2] 〔日〕富井政章：《民法原论》第一卷，陈海瀛等译，王兰萍点校，中国政法大学出版社 2003 年版，第 145 页。

未远，普通人民常以涉足公庭为苦。如果将祭田以法人进行规范，必然导致很少有人愿意设立祭祀法人，将直接导致“法律的威信问题和裁判上条文适用的困难”[1]。

同样的，将祭田定性为法人财产所遇到的困难，如以公同共有来规范，亦能得到很好克服。因为公同共有财产，既可因法律规定或订立契约等书面方式而生，也可因惯例而作为事实存在，比较灵活，而不像设立法人需要包括必要内容的书面章程；公同共有财产的管理机构也无特别要求，专任管理机构、专任管理人抑或共有人轮管均无不可，这一点与祭田管理惯例也更为接近；成立公同共有财产也不必到官府登记，免去了人们涉足公庭的麻烦。

总之，不论是将祭田定性为单独所有权的法人财产还是共同所有权的公同共有物，皆有不少问题，但这两种不同的定性方式以及因此而生的规范后果，恰恰是优劣互补。事实上民初大理院推事们根本不承认祭田在性质上与法人制度有任何相关性。在“三年上字第1144号”判例中，大理院认为湖南高审厅对该案讼争对象——族内祀产（包括祭田在内）——“遽解释为法人，未免误会”，[2]坚持其为公同共有物。

三、大理院关于“祭田分析”判例之分析

大理院视祭田为公同共有物，其公同共有人为享祀者后裔的各房子孙。按照祭田惯例，享祀者只要有子孙则应保持祭祀之延续，祭田也理应长期保存，不应在子孙间分析；但实际上，子孙分析祭田的例子屡见不鲜。祭田之存续，“站在崇拜祖先及维持家族制度的立场观之，诚属善良风俗”，但因其收益分配和处分而在子孙间引发纠纷，甚至对簿公堂，达不到设立目的，“不禁令人怀疑此善良风俗的存在价值”[3]。自20世纪初，即开始有人对家族制度和家国同构的政治

[1] 薛祀光：《祀产的立法问题》，载邓孝慈总编辑：《社会科学论丛》1930年第2卷第1号。

[2] 黄源盛：《大理院民事判例全文汇编》（未刊），第七册，第76页。

[3] 〔日〕姉齿松平：《祭祀公业与台湾特殊法律的研究》，台湾众文图书股份有限公司1991年版，第4页。

框架进行反思甚或是激烈批判，[1]礼法之争对家族主义法律进行批判是法派的主要论点，构成近代法律思潮的重要内容。民初大理院推事们多受此影响，不会坚定维护那些与祖先崇拜和家族制度紧密联系的祭田惯例，当然也不会极端到彻底废除此种惯例，而是努力在祭田惯例和公同共有法理之间维持平衡。反映到分析祭田这个问题上，他们持有条件肯定态度，并通过创设判例要旨的方式将这些条件固定下来，形成了一种具有确定性的民事权利，即公同共有人的分析请求权。

祭田作为公同共有物，在公同关系存续期间，原则上不允许分析，但征诸生活实际，公同关系继续存在有各式各样的困难，只有公同共有关系不再存续，公同目的不能达到，才能导致祭田分析。但到底是何种困难，达到什么程度，方能导致公同共有关系不能存续、公同目的不能达到，则是判定祭田能否分析的确定标准。

1. 成就“祭田分析”的条件

大理院最初审理祭田案件，一方面确认祭田在公同关系存续期间原则上不可分析，另一方面又肯定在具备必要情形、不能共同经营的情况下，经全体同意可进行分析。[2]这可被视为大理院对成就“祭田分析”条件的抽象表述。也就是说，其要件有二：（一）具备必要情形；（二）全体同意。这两个条件的内容非常模糊，尚需进一步解释，以确定其具体内容。

大理院“四年上字第771号”判例要旨通过举例的方式解释了处分祭田（包括分析在内）的“必要情形”，即“子孙生计艰难”或“因管理而生重大之纠葛”；并认为它“无害于公益，亦不背于强行法规”。大理院在“四年上字第1849号”判例要旨中专门阐述了分析祭田的“必要情形”：“此项必要情形，如已显然存在，

[1] 《江苏》第7期（发表于1904年1月）即登载了署名家庭立宪者的《家庭革命说》一文，认为：“家族主义之停顿隔绝，乃使我国民无国家思想之一大原因”，认为急需家庭革命，“脱家族之奢轭而为政治上之活动……去家族之奴隶而立政治上之法人是也，铲家族之恶果而收政治上之荣誉是也。”（张枬、王忍之编：《辛亥革命前十年时论选集》第一卷下册，三联书店1960年版，第833页。）

[2] 相关判例要旨的具体内容参见大理院“二年上字第8号”“三年上字第1144号”“四年上字第669号”。（郭卫：《大理院判决例全书》，第165—168页。）

各房中仍有意图自利，故不表示同意者，审判衙门据其他房分之请求，亦得准其分析。”但如何判定这种必要情形是“显然存在”呢？这要具体考察本案判决全文。

本案是房分不同的族人间，为祖遗祀产（主要是祭田）是否应该分析而涉讼。上告人认为，设立祀产的初衷是“敬先祖、明人伦”，性质上为不可分析，湖南高审厅仅据少数人意见，判决分析祀产，非维持风化之道。大理院从两造分别代表的两房之间存在的争执入手，认为既有两造“纠葛至十余年之久”等事实，断定“势已不能复合”，因此“原审据当事人请求，为分析之裁判，自不得遽指为不当”。最终判决分析祀产为有理由。[1] 很明显，寻衅涉讼、纠葛不已是大理院认定此必要情形“显然存在”的主要根据，但大理院未将之抽象出来作为判例要旨的内容，最多只能作为各下级司法审判机构判决时的参考。既然是参考，当不具确定性，这就将判断是否“显然存在”此必要情形的权力归之于法官的自由裁量范围内。该判例要旨的意义在于它确立了大理院关于成就祭田分析的一般条件：祭田以不可分为原则，可分为例外，从而肯定了在一定条件下分析祭田的正当性，将祭田绝对不可分析的惯例正式打开了一个缺口。

既然肯定此种“例外情形”存在，接下来要界定“例外”的合法性限度，在限度以内，为规则所许可。诚然，一般而言，分析祭田需要具备“必要情形”和“全体同意”这两个条件，但这两个条件之间是一种什么样的关系呢，下面将继续探讨。

当祭田应否分析的纠纷被提交给司法机构裁断的时候，一般都是两造意见相左，一方要求分析，一方反对分析。因此，建立在志愿基础上的“全体同意”事实上不存在。可见，成就祭田分析的两个条件——“必要情形”和“全体同意”——并非立于同等地位，只有“必要情形”才不可缺少。

大理院于1915年年底审理了一个案件，其讼争之点是祠堂可否分析，上告人主张分析祠堂，所持的主要理由是被上告人擅自将祠堂款项提为修谱之用，违反了捐助人之本意，认为这已充分成就了分析祠堂的条件，因为“非分析保存，则捐款必至销耗殆尽”。大理院认为该条件并不充分，“即令属实，上告人等亦

[1] 黄源盛：《大理院民事判例全文汇编》（未刊），第七册，第145—147页。

仅能请求各房交还捐款，填补祠产，不足为分析祠产之理由”。[1]这至少可以说明，“必要情形”不具备，是不能分析祠堂的。在大理院看来，祠堂与祭田同一性质，皆为族内公产，都适用公同共有法理，因此，不具备“必要情形”，也不能分析祭田。故“必要情形”即构成分析祭田的充分条件。

更进而言之，如果没有“必要情形”仅有“全体同意”，是否可以分析祭田呢？笔者没查到这方面的判例，因为在实际生活中，值此去古未远之时，尊祖敬宗成为普遍的社会意识，不主张“正当理由”要分析祭田肯定会被视为不肖子孙；即便没有“必要情形”，也要从策略上先证明其存在，然后主张分析。如果存在这种情形，且能就分析具体内容达成协议，在当时土地登记制度尚非完善的情况下，民间自动进行即可，不需要司法机构介入；如果被提交给司法机构，那肯定是就分析的具体内容发生了不能自行解决的争议。虽然在提交给司法机构的祭田案件中基本没有此种情形，但将之作为一种理想上的模型进行分析却有其意义。祭田的设立人是希望能永久维持对享祀者的祭祀，是一种有特定目的的财产，子孙们（也即是共有人）虽“全体同意”分析该财产，但无疑改变了该特别财产的用途，也是一种无效的处分行为。据此，可以推论，没有“必要情形”而仅有“全体同意”，不可以分析祭田。

因此，在确定祭田是否应该分析之时，真正的充分必要条件是“必要情形”，“全体同意”最多只是一个参考指标。从理论上说，仅有“全体同意”而无“必要情形”，分析祭田尚不能认为合法。当具备了“必要情形”之后，是否能够得到“全体同意”就不再对祭田能否分析起到决定作用。如果在具备“必要情形”的基础上，还能获得“全体同意”，那就不需要司法机构介入祭田是否应该分析的案件中了；如果仅有“必要情形”，而不能获得全体同意，那主张分析者即可诉请司法机构裁决。

2. 祭田分析的标准——按“房”还是按“人”均分

公同共有物的分析是参照分别共有物的分析办法进行，有协议分析和审判分析二种，当协议分析不成时，则共有人得请求法院就共有物分析之实施方法

[1] 黄源盛：《大理院民事判例全文汇编》（未刊），第七册，第 167 页。

为决定。历来的大理院判例虽将祭田视为公同共有物，仅是近代法律转型过程中一种相对较妥当的认定，其实祭田在某些方面与通常的公同共有物有别。比如说公同共有物的权利主体是由公同共有人所构成，是人的集合体；而祭田的权利主体则是由享祀者子孙按照其所属房份所构成，是以“房”而非个别的“人”为基本单位。一个明显表现是祭田的按房轮管，因为管理权是管业权的外在表现。民间协议分析祭田，能够得到普遍认可的做法是按房均分。这种“按房均分”同时也是民间分家析产所坚持的基本原则。

虽然民间分析祭田有按房均分的惯例，但大理院却没有遵循的义务。即便原告有按房分析方法之声明，按照共有物分析之法理来说，这种声明仅能作为法院的参考，法院得自行决定适当的分析方法。[1] 实际上大理院面对祭田分析方法之争议时，究竟创造了什么样的规则呢？

大理院在“三年上字第 1144 号”判例要旨中，参考了传统惯例，对公同共有法理略作变通，提出了祭田收益分配的标准：“惟各房因有正当理由，不能共同经营者，于同一目的内，得请求分析……至其额数，自应以共同设置之房分为标准，平均分析。”“四年上字第 771 号”判例要旨有云：“祀产系共有性质，其所有权属于同派之各房”。公同共有物以集合财产为对象，在公同关系存续期间，其收益本身即构成公同共有物之一部分，既然大理院将祭田定性为公同共有物，当然其收益分配的标准也适用于祭田分析。

尽管照法理来说，大理院推事们审理祭田分析案件，对祭田分析方法有自由裁量权，但大理院表现出对祭田惯例的尊重，对公同共有物的分析作出了切合中国祭田实际的变通，通过创设判例要旨，或明示或默喻，确立了祭田分析条件成就时祭田分析的房份而非共有人数进行平均分析的方法，也即是说，祭田分析之标准是“房”而非“人”。故祭田并非普通公同共有物，而是由派下各房共有的公同共有物。这是大理院将西方法中的公同共有理论用之于规范中国

---

[1] 在德国普通法上，共有物分割之方法，委之于法官的自由裁量，不受当事人提议之拘束；但在 19 世纪的德国尚有另一种见解，认为共有物的分割不得依法官之自由裁量，而应考虑当事人之各种提议以为决定。后一种观点为德国民法典所采纳，瑞士民法典则采纳了德国普通法的见解。晚清中国关于共有的立法多从瑞士立法例，故其恰当的解释也应遵从瑞士民法典的解释，因此，共有物的分割方法，委之于法官之自由裁量，对民初大理院来说，是学理上的正解。（史尚宽：《物权法论》，第 168—169 页。）

具体事物时对公同共有理论的一种发展。

至此，大理院通过判例要旨，确定了“必要情形”之存在是判定应否分析祭田的实质要件，主张分析的房份及其代表可以向司法机构提起确认分析之诉。在解决了是否应分析这个问题后，接下来即要确定恰当的分析标准。大理院又创造性地结合了祭田习惯和公同共有法理，确定了房份之间的平均分析原则，从而初步创设了关于祭田分析的规则体系。

四、大理院关于“祭田典卖”判例之分析

祭田是祭祖的物质保障，惯例一般不允许子孙自由典卖祭田。但因子孙生活困窘等各种原因，尽管被视为不肖，私自典卖祭田的现象所在多有。为此，出于威慑和教化的需要，清律中专门有盗卖祀产例文，规定了相当严厉的处罚。进入民国，依照1912年3月10日临时大总统令和1927年8月12日国民政府通令，该例文在《中华民国民法》正式施行以前一直有效。但在实际司法中，即便在清代，该例文都很少适用，通常是将盗卖祭田视作“细故”案件，先是确认典卖行为的无效，然后在尽可能返还祭田典卖价格的基础上恢复原状。

民初大理院将祭田定性为公同共有物，既然是公同共有物，那就有了祭田合法典卖之可能。因为公同共有物只是在公同共有关系存续期间才有存在必要，在公同关系消灭后，完全可以进行合法典卖。确定了合法的“祭田典卖”，相应地也就界定了盗卖祭田之范围。下面先来看看大理院所确定的成就“祭田典卖”之条件，这是划分“祭田典卖”行为是否合法的标准。

“二年上字第8号”判例要旨即肯定了在特殊情况下典卖祭田的合法性，“祭田……若因不得已情形，得由共同协议处分之”，典卖当然包括在处分范围内。何谓“不得已情形”？“四年上字第771号”和“四年上字第1849号”判例要旨中所列举的“子孙生计艰难或因管理而生重大之纠葛”以及“五年上字第420号”判例要旨所揭示的“有特别情形，例如族人因公产之管理使用屡生争执，致不能完全达其设置之目的时”等皆是进一步说明。于此可见，成就“祭田典卖”的条件之一是要具备“必要情形”。

“三年上字第1144号”判例要旨认为祭田是一种“有一定目的之公同共有

财产”，并参照公同共有法理，认定“非经设置公产之各房全体同意，并有正当理由，不得变更其目的或处分其财产”。从中可以看出，成就“祭田典卖”的条件除了前述“必要情形”外，还要有“各房全体同意”。在“四年上字第771号”判例要旨中，大理院更从成就“祭田典卖”条件的角度对“盗卖祀产”例文进行了阐释，“现行律关于盗卖祀产之规定，意亦仅在禁止盗卖，所谓盗卖者以无出卖权之人而私擅出卖之谓。如未经各房同意，仅由一房或数房主持出卖，固在盗卖之例，若已经各房全体同意，自不得以盗卖论”[1]。在这个阐释中，可以看到，大理院实际上已将曾否获得“全体同意”视为划分“盗卖”与“合法典卖”之唯一标准。由此可见，“全体同意”在成就“祭田典卖”条件中的核心地位。有鉴于此，笔者先从分析“全体同意”的内涵入手，再来探讨“全体同意”与“必要情形”之间的关系，希望能从总体上把握成就“祭田典卖”之条件。

大理院既然将祭田视为公同共有物，在传统祭田惯例中，其潜在的应有部分分属各房，所以“全体同意”应解释为“各房全体同意”，自不待言。但问题的关键是何种情形可被视为获得了“各房全体同意”。细绎“四年上字第771号”、“四年上字第977号”和“四年上字第1283号”判例要旨及其判决全文，[2]发现：大理院在处理祭田典卖案件时，将判定其是否适法的根据主要放在是否获得了“全体同意”上面。民一庭在裁断此类案件及创设判例要旨时，强调的是祭田作为有中国特色的特殊共有物，从而在解释“全体同意”时与“普通共有物”须获得所有共有人的同意区分开来，认定在此处应解释为“各房全体同意”，从而将传统祭田惯例纳入对“全体同意”的解释中来；民二庭则赋予传统祭田习惯和族内相关规约在祭田典卖适用上的法源优先性，而将共有物之典卖需要获得各共有人全体同意视为法理，只有在习惯、规约等不存在的场合才应适用，从而也保证了将传统祭田惯例纳入对“全体同意”的解释上来，从其所达致的效果上看，与民一庭殊途同归。但不同的是，民二庭通过对地方惯例和族内规约的解释，将房长的代理权和族人的多数决定权明确提出来，事实上暗示了其合法性，而民一庭仅抽象指出“各房全体同意”，未作进一步的引申。联想到民二庭

[1] 关于各该判例要旨的内容参见郭卫：《大理院判决例全书》，第165—167页。

[2] 黄源盛：《大理院民事判例全文汇编》（未刊），第七册，115—116、119—122、123—126页。

在“四年上字第2032号”判例要旨中，甚至一度将祭田定性为分别共有，使其典卖和分割更加容易，可见民二庭的推事们更倾向于对成就“典卖祭田”之条件的“全体同意”作更宽泛的解释。

尽管民一庭和民二庭在处理祭田典卖案件时所秉持的主张有上述差异，但都是大理院的组成部分，是以大理院的名义来裁判案件的；且判例要旨都是以大理院名义发布的，具有一般规则意义。因此，即便有分歧，这种分歧也仅具有内部意义，而对外通过判例要旨显示出来的一般规则，对下级司法机构的指导功能来说没什么区别。故将大理院所作出的这方面判例要旨结合起来分析，可以说，大理院对“全体同意”的解释，是融合了传统祭田惯例和共有法理，将之解释为“各房”而非“各共有人”的“全体同意”，如有房长代理、族人多数同意等地方习惯或族内规约，“各房全体同意”亦可解释为“各房房长全体同意”或“族人多数同意”，从而使得祭田典卖的适法范围有所扩大。

大理院在判断祭田典卖是否适法的问题上，是将“全体同意”作为最重要，有时甚至是唯一的标准。这实际上已经告诉了我们，在成就祭田典卖的两个条件——“全体同意”和“必要情形”——并不是同等重要的，“全体同意”才是司法机构判断典卖是否适法的主要标准，“必要情形”最多只能起到参考作用，在很多情况下，甚至没有被参考而被完全忽略。

尽管从成就祭田实质处分的理想条件来说，两个条件都应具备。但祭田分析是祭田所属各房的内部行为，所涉及的是房份之间的关系，既然因为应否分析存有争议，那必有反对分析的房份，如果这时仍强调“全体同意”，实际上是否定了分析之可能。祭田典卖是祭田所属各房的外部行为，所涉及的是所有房份与外部的关系，合法典卖的反面是盗卖和盗典，对“全体同意”的强调，实际上就否定了“盗卖”和“盗典”行为的合法性，能够有效保证祭田所属各房的利益；如果这时强调“必要情形”的话，无形中会大大降低祭田合法典卖的可能性，从而增加了“盗卖”和“盗典”行为发生的频率。这是大理院对成就祭田分析和典卖之条件强调重心不同的原因。

民初大理院在认定祭田性质时，其法官们出于对西方法学最新学理的兴趣，对西方民法中的共同所有权发展历程没能较多关注，忽略了日耳曼传统中的“总有”在近代法律体系中的演变经验，是导致他们一致将祭田界定为公同共有物而非法人财产的学术原因。大理院围绕祭田所制作的判例都以该性质认定为前提而展开，在祭田的实质处分领域最为重要，表现也更明显。在理论上，大理院认为对祭田进行适法的实质处分必须满足两个条件，即“必要情形”和“全体同意”。但实际上，在祭田分析问题上，大理院着重强调的是“必要情形”的充足与否；在祭田典卖问题上，大理院则注重考察“全体同意”能否达致。之所以会有这种理论和实际的偏差，最主要原因是大理院推事们要在西方法理和中国固有惯例之间，关照社会现实，努力维持平衡。在民初中国，家族制度一方面在思想观念上受到了前所未有的非难，另一方面也因为社会转型导致各种资源的流动性加强，祭田不再可能像在传统社会那样（在意识形态层面永久存在的愿望和子孙对祭田长期保有），必然会因社会变化而发生法律规范上的变革。但法律本身所追求的相对稳定性又决定了其变革的必要限度。正是考虑到这种种因素，大理院推事们在西方法理和固有惯例之间进行了审慎斟酌，以公同共有理论作为基本依据来创建关于祭田的新规则，既尽可能维护祭田之延续，又能够在条件成就下进行实质处分。

五、结语

大理院以判例要旨形式创制了较完备的祭田新规则，但它是以一种“润物细无声”的姿态，以“潜移默化”、较容易让关系人接受的方式，从一个个具体方面苦心推进着中国法律近代化，尽管在这个过程中，他们有些考虑不充分、论证不周密甚至武断的地方。在传统社会，祭田的维持和不断扩大是子孙对于祖先的绝对义务，即便子孙有分配祭田收益的客观事实，但尚不能说子孙对于祭田有其法定权利。到晚清制定民律草案，虽规定了公同共有人对于公同共有物所享有的各种权利和限制，但祭田作为独具中国特色的“物”，不能直接在受西方民法框架支配下的民律草案中对号入座，祭田关系人的权利无从落实，也就是说，与此相关民事权利尚待确认。民初大理院通过个案审理，根据西方法理和祭田惯例，从学术和惯例两个层面多所斟酌，将祭田定性为公同共有物，通过判决例，创设了一套涉及祭田设立、管理、收益分配和处分等诸多方面的规则体系，并在西方公同共有法理的基础上作出了适合中国祭田习惯的变通，确立了作为祭田所有者的派下各房对祭田（公同共有物）享有各种权利：祭田设立权、收益分配权、管理权、分析请求权和典卖请求权、司法救济权，等等。大理院相关判解，从形式上为当时各下级法院以及随后的国民政府各级法院所尊重；从内容上在西方法理和固有习惯之间审慎斟酌，能与大多数国民心理吻合。故可以说，至大理院关于祭田的一系列判决例出台，跟祭田相关的各种民事权利才真正在近代中国生成。

虽然自晚清以来即全面移植欧陆西法，以民法典（草案）为中心的成文法体系对于民事权利形成系统至关重要，但近代中国由于中西方文化的巨大差异，导致其社会生活事实悬殊，偏重于移植西法的民法典（草案），难以直接规范社会现实。法律规则在理论上固为客观化的权利，权利乃主观化的法律，但在实际上，不能落实的权利不是权利，不能落实的法规则更形不成权利。加之民初国会因为政治原因不能很好履行基本立法职能，故权利的真正形成，尚需要司法官，尤其是居于最高审级的司法官，当然也包括法学者，探究成文法规则背后的学理，参照社会现实，加以审慎斟酌，以司法“造法”的形式逐个落实具体权利。最终在多个具体权利的基础上，由立法者加以体系化，形成一权利体系。可以说近代中国民事权利的形成，实真正奠基于单个权利的落实之中。故具体到近代中国民法的研究，从司法的角度探索某具体民事权利的形成，较之从成文法来探讨民事权利体系更为重要。因为：作为现代法治的核心——权利观念的确立——绝不只是成文法的宣示，更重要的是要将这种权利的内容贯穿到具体的民事制度中去，形成一个个具体的民事权利。

本文所论述的祭田案件虽是其中的个案，但它牵涉到中西法文化的差异以及相应的法理和惯例之间的矛盾，要创设妥当的民事权利较之其他领域更为困难，经分析和论证，大理院基本上完成了此任务。故可认定，民初大理院在近代中国民事权利形成过程中扮演了关键角色。

从湖北汉阳《罗氏宗谱》看清末民初中国乡绅的法律近代化

张小也*

以往关于法律近代化的研究，于修订法律的过程及司法审判的运作着力较多，如讨论中西法律之间的差异、法律移植引发的冲突、外来法律能否以及如何本土化等问题，旁及参与者的知识背景及其人脉关系，亦有些研究涉及书刊等知识载体在这个过程中的作用。[1] 相比之下，对于来自民间社会的反响则少有揭示。以笔者所见，只有一些关于宗族的研究，因讨论族规与国法之间的关系，对此有所涉及。[2]

美国哥伦比亚大学东亚图书馆藏湖北汉阳《罗氏宗谱》，创修于民国八年（1919 年）。据谱序，该宗族的主要房支生活在湖北汉阳洪山庙，虽然自明初即移民至汉阳，但是“五百年无谱牒”。咸丰年间，寅谷公善昌、默深公生华倡修族谱，结果是只形成了一份墨谱。[3] 直至民国八年，“琳分良栋欲继两公之志，

* 张小也，深圳大学文学院教授。

[1] 参见李贵连《中国法律近代化简论》（《比较法研究》1991 年第 2 期）、张生《中国近代民法法典化研究》（中国政法大学出版社 2004 年）、俞江《继承领域内冲突格局的形成——近代中国的分家习惯与继承法移植》（《中国社会科学》2005 年第 5 期）、俞江《近代中国的法律与学术》（北京大学出版社 2008 年）、李启成《法律近代化过程中的外来规则与固有习惯——以祭田案件为例》（《中国社会科学》2008 年第 3 期）、陈新宇《向左转？向右转？——董康与近代中国法律改革》（台北：2004 年“第二届道南雅集：十月法史节——民国法制历史与人物”学术研讨会论文）等等。

[2] 如费成康主编的《中国的家法族规》（上海社会科学院出版社 1998 年）、冯尔康所著《18 世纪以来中国家族的现代转向》（上海人民出版社 2005 年）以及程维荣的《中国近代宗族制度》（学林出版社 2008 年），杜正贞的《民国时期的族规与国法——龙泉司法档案中的季氏修谱案研究》（《浙江大学学报》2014 年第 1 期）则专门对这一问题进行了讨论。

[3] （罗）善昌：《纂抄墨谱自序》，咸丰十年八月；（罗）生华：《墨谱前叙》，咸丰十年十一月；（罗）季贤：《墨谱后序》，光绪十七年五月；（罗）峻（谱名馨贤）：《善昌公手抄世谱跋》，光绪十六年七月。均见哥伦比亚大学藏汉阳《罗氏宗谱》。

力任其难，遂谋之于族。众佥赞同，分职受事”，共修成宗谱三十二卷。

此三十二卷编撰工作，“悉出瑞分良经一人之手”。[1] 良经，名松石，良经为其谱名，曾任光绪甲辰（1904年）成立的荆南初级师范学堂经学教员，[2] 该学堂的创办者余肇康在为《罗氏宗谱》撰写的序言中评价他，“其为人不肯轻下人，其为文不喜平，经史百家亦颇能窥其涂（途）径”。对于他任职学堂的表现，余肇康称赞说：“罗生任经学，化除门户，折衷至当，三郡学子得守其师承，以之再传者，实繁有徒。”后任湖南宁远知县，“凡所措施，上下咸宜，湘人至今称之”。入民国后，赋闲在家，“其英锐之气虽不及从前”，[3] 却也完成了家族的一件大事，即创修宗谱。他“不以繁难辞，草章程、定体例”，自民国八年二月起，“阅百五十有六日，采访告竣”。[4] 在编写过程中，“偶有疑义，辄函商之，如此者十数次”，他的舅父说他“于是役，至勤且恪也”。[5] 此外值得一提的是，他有在新式学堂中任教的经历，且曾为地方官，不仅“通《春秋左传》之学”，亦“通政治之学”（余肇康语），[6] 也许正因如此，他所编撰的《罗氏宗谱》的确颇有“创”意。

一、“惕之以法律”：《罗氏宗谱》中的“民律草案亲属篇答问”

《罗氏宗谱》卷一“纲领”部分有题为“民律草案亲属篇答问”的内容。

中国近代民法史上曾经有两个民律草案，一是1911年清廷修订的《大清民律草案》，一是1925—1926年北京政府修订的《民国民律草案》。据俞江与张生的研究，虽然《大清民律草案》在清末并未颁布，民国初年亦遭废止，却以各

[1] （罗）良训：《罗氏宗谱》序五，庚申十月十六日。

[2] 笔者在网上查到湖北长阳土家族自治县档案馆保存的一张颁给方际熙的荆南初级师范学堂毕业凭照的照片，时间是清宣统元年，该文凭文头双龙戏珠图案中印有光绪三十三年十一月颁布的有关兴办学堂及学规的上谕，正文主要记载了方际熙所学“修身、经学、博物、中国文学、教育、体操、习字”等科目的成绩，另有各科教员名单及印鉴，落款盖有满汉文“荆宜道”及“荆州府”官印。虽然照片像素不高，但是经仔细辨认，仍可以看出“经学”一门教员的名字是“罗松石”。

[3] 余肇康：《罗氏宗谱》序一，庚申八月朔。

[4] 李远楷：《罗氏宗谱》序四，民国九年九月十二日。

[5] 吴传荣：《罗氏宗谱》序二，民国庚申九月望日。

[6] 余肇康：《罗氏宗谱》序一，庚申八月朔。

种不同的形式多次刊行，因此也留下了多种版本。特别是二人均提到改头换面为《中华民国暂行民律草案》(或《暂行民律草案》)的《大清民律草案》，虽然所见版本不同，对于其性质的认识也不同，[1]但他们都承认其章节、内容与《大清民律草案》相同。[2]

俞江指出，所谓的《暂行民律草案》是民国初期急需民事法律规范和民法学知识的产物。它出版的直接原因，是部分法律界人士要求将《大清民律草案》作为民国的暂行民法实施，以应付建国初期社会缺乏民事法律规范的状态。其根本原因则是，《大清民律草案》及其理由书作为对清末十年间民法学输入与传播后的一个相对完整的总结，代表了清末民初民法学研究在中国的最高水平，受到法学界和法律实务界普遍关注。[3]

以上述二位学者对于《暂行民律草案》的考证为依据，我以为《罗氏宗谱》中的"民律草案亲属篇答问"就是这个背景下的产物。罗松石接触到了当时出版发行较为普遍的《暂行民律草案》，并将其部分内容引入自己正在负责编撰的族谱。然而，对于为什么在族谱中引入这部分内容，罗松石的解释似乎与上述背景的关系并不大。

他在"民律草案亲属篇答问"的开篇说："昔彭泽王孟箕先生《讲宗约会规》，每月两会，所讲如《易》《家人》、《诗》《国风》、《大学》《修身齐家》、《孝经》、《小学》，并将国家法律每会讲几条。盖讲之以经书典故，使知各当如此，惕之以法律，使之不得不如此。庶几知所趋避，此亦肫肫然睦族之深意也。"[4]

彭泽王孟箕先生即王演畴，"万历进士，任南京工部，升广西桂林知府，乞休归。家无长物，雅好著书，善赋，工真草镂板刻石，慕其笔者不减二王。其

[1] 俞江所见为民国元年（1912年）印行，石印本，扉页印有"法政学社校刊"，共12册。张生所见为民国元年新华书局印行（中国图书公司代发行），首册扉页印有"法律馆原本"，共8册。俞江认为，的确存在一个《暂行民律草案》，虽然未能颁布，然而它在民国初期的法律界广为人知，大多数法律界的人把它当作有效的或至少是迟早将生效的法案来看待和援引。张生则认为《中华民国暂行民律草案》被印行，只是因为《大清民律草案》在被民国参议院否决援用之后，仍然是民国北京政府时期民法法典化理想的寄托。

[2] 俞江所见版本分为"总则""债权""物权""亲属""继承"五编，每一个条文都与《大清民律草案》一模一样。张生所见版本实则为《大清民律草案前三编》，缺后两编。

[3] 俞江：《中华民国暂行民律草案简析》，收入《近代中国的法律与学术》。

[4] 罗松石：《罗氏宗谱》"民律草案亲属篇答问"。

涉笔四六亦多脍炙人口，著有《古学斋》数十卷、《家训》、《和陶集》诸书”。[1]清代陈宏谋将其《讲宗约会规》辑入著名的《五种遗规》当中，提高了它的影响力。其中提到：“每月两会，或朔望，或初二、十六。先时约干洒扫，摆列书案。坐席东西两向，两边各几层。宗人照班辈序齿分坐，案上各置所讲书。另设讲读之席于前，负前楹，向中堂。定二人为约讲约读，择少年音声响亮或新进秀才充之。中一棹，设云板，命一人司之，为约警。所讲书如《易》《家人》、《诗》《国风》、《大学》《修身齐家》、《孝经》、《小学》，并将国家律法及孝顺事实、《太上感应篇》善恶果报之类，每会讲几条。盖导之以经书典故，使知各当如此。惕之以法律报应，使之不得不如此。庶几知所趋避，不为醉梦中人。”可以看到，罗松石对《讲宗约会规》进行了大段援引，说明他在族谱中引入“民律草案”的内容，是模仿王演畴的做法，以期达到“睦族”的目的。而讲律与讲经一样，都只是达到这一目的的手段而已。

罗松石没有，也不可能将《民律草案亲属编》的全部内容都搬入宗谱，他的做法是“略采《亲属篇》中之大义要义”，仿照龚自珍《春秋决事比》体例，“随问随答，只求其简明了当而已”。[2]事实上，他所做的加工并不止于此，以下逐条分述之。[3]作为对比底本的是国家图书馆藏《民律草案》(《民国暂行民律草案》)，民国四年广益书局出版，标点为笔者所加。[4]

1. 问：亲属篇名何以取义？

答：其名词译自日本，日本又译自欧美。中国律文有亲族，系专指同宗族之亲，至亲属二字，即异姓之配偶者及姻族均包括在内，按诣律例文义显明。

---

[1] 雍正《江西通志》卷九十二，人物。

[2] 罗松石：《罗氏宗谱》“民律草案亲属篇答问”。

[3] 编号为笔者所加。

[4] 据张生的研究，民国四年（1915 年），北京政府将《大清民律草案》中存在问题最大的亲属编重加修订，完成了《民律草案亲属编》共七章、一百四十一条。其章节与《大清民律草案·亲属编》大体相同，唯将第一章“总则”改为“通则”；第二章家制只设“总则”一节；第五章第一节“未成年人之监护”分为“监护之成立”“监护之职务”“监护之终止”三款，第五章又增加一节，即第三节“保佐”。见《中国近代民法法典化研究》，第 120 页，笔者所见版本与此相同。

以上来自《民律草案》的首章的《定名》。《民律草案》中为:“中国有亲族无亲族律之称，亲族律之称译自日本，日本亲族律又译自欧美。考日本亲族律中之亲族不专指同宗之血族，即异姓之配偶者及姻族均包在内，皆谓之亲族。然中国律例中凡亲族两字仅指同宗族之亲，‘户役·立嫡子违法律门’条例有曰‘于昭穆相当之亲族内’，夫同宗然后有昭穆，异姓无所谓昭穆，是例文亲族为专指同宗族亲之用语可无疑义。亲族既为专指同宗族之亲，然则包括族亲姻亲之全体，中国向来果用何语。按:中国律例凡指同宗族之亲多用亲族两字，其指族亲姻亲之全体时则多用亲属两字，试征诸律例。”(以下略)

2. 问: 何谓宗亲?

答: 父族为宗亲。即同一祖先所出之男系血统之谓也。

3. 问: 何谓外亲?

答: 母族及姑与女之夫族为外亲。由女系血统而连续之谓也。

4. 问: 何谓妻亲?

答: 妻族为妻亲。由婚姻而生，夫与妻之本生亲族之关系，即指妻之本生亲族之谓也。

以上来自《民律草案亲属编》的第一章《通则》，第一千三百十七条，“父族为宗亲，母族及姑与女之夫族为外亲，妻族为妻亲”，只是拆成了三句。每一个回答的后一句则出自“理由”。

5. 问: 何谓家长?

答: 以一家中之最尊长者为之。家政皆统于家长。

来自《民律草案亲属编》的第二章《家制》，第二节“家长及家属”。合并了第一千三百二十四条和一千三百二十七条。

6. 问: 何谓家属?

答: 与家长同一户籍之亲属为家属。即异姓之外亲、妻亲亦包在内。但雇佣无情谊可言，自不得为家属。

来自《民律草案亲属编》的第二章《家制》，第二节“家长及家属”，第一千三百二十八条。“但雇佣无情谊可言，自不得为家属”一句，则综合概括了“理由”中的内容，《民律草案》中为：“雇工人来等奚奴，去同陌路，并无情谊可言，于法理上应视为雇佣关系，现律已不以一家论。况本非亲属，则虽在同一家，自不得为家属。”

7. 问：婚姻之要件有几？

答：一、男子未满十八岁，女子未满十六岁者不得成婚；二、习惯中所谓养媳与夫指腹为婚者，均为法律所不许；三、同宗者不得结婚。无论支派之远近，籍贯之异同，皆是。其虽异姓而系出同源者亦在禁例；四、有配偶者不得重婚；五、结婚须由父允许。此五者皆婚姻之要件也。

以上来自《民律草案亲属编》的第三章《婚姻》。第一点即第一千三百三十二条。第二点为“理由”，《民律草案》中为“既有此限制，则习惯中所谓养媳与夫指腹割衫襟为亲者，均为法律所不许，可推而知”。后有小字：“现律婚姻门男女婚姻条例指腹割衫襟为婚并行禁止。”第三点即第一千三百三十三条，其中后两句来自“理由”，“异同”二字《民律草案》中为“同异”。第四点即第一千三百三十五条。第五点即第一千三百三十六条，但是《民律草案》中为“结婚须由父母允许”。

8. 问：何谓亲权？

答：亲权由父或母行之，但父母二人不可同时行此权利。凡子为人承嗣者，所嗣父母亦得行其亲权。

以上来自《民律草案亲属编》的第四章《亲子》，第一节“亲权”。第一句合并了第一千三百七十条及“理由”，只是《民律草案》中“不可”为“不得”。第二句即第一千三百七十七条。

9. 问：何谓嫡子？

答：妻所生之子为嫡子。

来自《亲子》之第二节“嫡子”，第一千三百八十条。

10. 问：何谓庶子？

答：非妻所生之子为庶子。妻年逾五十无子，夫得立庶长子为嫡子。

来自《亲子》之第三节“庶子”，合并了第一千三百八十七条和第一千三百八十九条。

11. 问：何谓嗣子？

答：立嗣制度发源最古，故《礼经》有为人后之文，然其中限制綦严，试详述于下：一、非成年人不得为嗣父；二、非男子不得为嗣父；三、非已婚之男子不得为嗣父；四、非无子者不得为嗣父。此为嗣父之要件。一、非男子不得谓嗣子；二、非同宗不得为嗣子；三、非亲族中辈分相当之人不得为嗣子；四、非有兄弟者不得为嗣子。此为嗣子之要件。合而言之，皆实质上之要件，至形式上之要件，无论生前立嗣，死后立嗣，均须报明户籍吏登记之，非登记不生效力。但异姓为嗣大干例禁，宜严为之防也。

来自《亲子》之第四节“嗣子”，但《民律草案》中并无“异姓为嗣大干例禁，宜严为之防”的意思，正相反，异姓为嗣是得到法律支持的。《暂行民律草案》第一千三百九十一条：“无前条宗亲亲属或虽有而不能出嗣或不欲立其为嗣者，无子者得择立同宗兄弟之子为嗣子。若无子者不欲立同宗兄弟之子，得由其择立左列各人为嗣子：一、姊妹之子，二、婿，三、妻兄弟姊妹之子。”“理由”是“寻常异姓本属路人，无骨肉之亲，以其为嗣，诚大不可。至异姓而为至近亲属则微有不同，论血脉则彼此姻娅，同根一本，较同宗之人或犹近也。论情谊则往来亲密，自幼团聚，较宗亲或犹亲也”。

12. 问兼祧于礼合乎？

答：虽与礼不合，而律文有兼祧之例，所以济礼之穷而重绝人之世也。

来自《亲子》之第四节“嗣子”，第一千三百九十三条，“独子不得出为嗣子，但兼祧者不在此限”。合并“理由”：“独子不许出嗣，以所生必不可弃也。然有时所生虽不可弃，而长房或他房亦不可无后，现律于是有兼祧之例，所以济礼之穷而重绝人之世也。”

13. 问立嗣亦可撤销乎?

答：嗣子或不孝有据，或行为放荡，或逃亡生死不明在三年以上者，均可撤销之，但须报明户籍吏方生效力。

所谓撤销立嗣，根据《民律草案》第一千三百九十七条：“违背第一千三百九十条至第一千三百九十二条规定者，所嗣父母嗣子或所嗣父母嗣子之法定代理人家长或利害关系人得声称审判衙门撤销之。”

“违背第一千三百九十三条及第一千三百九十四条第一项规定者，嗣子之本生父母或直系尊属得撤销之。”

“违背第一千三百九十四条第三项规定者，嗣子或亲属会得撤销之。”

所谓嗣子归宗，根据《民律草案》第一千三百九十九条：“遇有左列各款情形，所嗣父母得请求以其嗣子归宗。一、嗣子不孝有据者，二、嗣子行为放荡足为家门之玷者，三、嗣子逃亡三年不归者，四、嗣子生死不明在三年以上者。”

可以看到，罗松石合并了“撤销”和“归宗”两种立嗣之消灭方式的内容。

14. 问：立嗣或撤销可以一方之意思为之乎?

答：不可，须由亲属会议决行之。

来自第一千四百一条：“归宗须由请求者开亲属会议决之。”合并了“理由”：“请求归宗若由嗣父母或嗣子一方之意思为之，恐有滥行归宗之弊，故须由亲属会决行之。”

15. 问：亲属会如何组织?

答：亲属会者就监护及其他法律所规定应行会议之事件，因本人或亲属及其他利害关系之人呈请而成立之议决机关也。吾国习惯，遇有重要事件，则邀同族中及亲戚会议理处。但此不过习惯上之事实，非法律上之制度也。夫亲属会议重大之事件居多，若一任诸习惯之自然，则流弊在所不免。故各国民法凡亲属会之召集组织决议等事，均认审判官之干涉，律文于决议一层不取审判官干涉主义，其于召集及组织等事则仍任其干涉焉，盖所以防流弊也。

以上来自《民律草案亲属编》的第六章《亲属会》。《民律草案》中为："亲属会者就监护及其他法律所规定应行会议之事件，因本人或亲属及其他利害关系之人呈请而成立之议决机关也。吾国习惯遇有重要事件，则邀同族中及亲戚会议处理。但此不过习惯上之事实，并非法律上之制度也。既为习惯上之事实，故关于亲属会如何招集如何组织如何决议尚无法律规定，一任诸习惯之自然，然亲属会所议重大之事件居多，若一任诸习惯之自然则流弊在所不免。故欧洲诸国现行之法律，若德国法、法国法、意大利法、葡萄牙法、西班牙法、比利时法，皆设亲属会之规定，即日本民法亦如之。但各国民法凡亲属会之召集组织决议等事，均认审判官之干涉居多，夫亲属会议，使审判官干涉又与吾国现行之习惯不合，故本律于决议一层不取审判官干涉主义，其于招集及组织等事则仍认审判官之干涉。"

可以看到，除了个别字词的不同，罗松石的摘抄与原文的差别主要在于去掉了其中对于欧洲各国法律的排比。

16. 问：亲属会会员以几人为限？

答：亲属会会员三人以上七人以下为限。

《亲属会》第一千四百四十一条。

17. 问：亲属会员之议事从何决定？

答：亲属会员之议事以会员过半数之同意决定之。

《亲属会》第一千四百四十五条。

18. 问：亲属会有不能议决者，以何者为救济之方法？

答：亲属会遇有事件不能议决者，得呈请审判衙门审判之。然惟会员有此权。

《亲属会》第一千四百四十九条，后一句来自"理由"。

19. 问：何谓扶养之义务？

答：扶养之义务者，法律所特定之人对于不能存活、无力求教育之人而与以生活之资、教育之费也。其受人之扶养者，谓抚养权利者，其与人以扶养者，谓抚养义务者。抚养非仅衣食住而已，即医药之费、教育之费，均包在内。但其范围以直系尊属或卑属为限，是为相互之义务。律文上有明了之规定可覆按也。

以上来自《民律草案亲属编》第七章《扶养义务》。《民律草案》中为："扶养之义务者，法律所特定之人对于不能存活、无力求教育之人而与以生活之资、教育之费也。其受人之扶养者，谓抚养权利者，其与人以扶养者，谓抚养义务者。抚养非特衣食住而已，即医药之费、教育之费，均包在内。教育之费非特指再小学校义务教育而言，推而上之苟为相当之教育则其费用亦包在内。"

"但其范围以直系尊属或卑属为限，是为相互之义务"一句，来自《扶养义务》第一千四百五十条："凡直系宗亲及兄弟姊妹互相扶养之义务，妻之父母及婿亦同。"合并"理由"：本条系为规定扶养义务之范围而设，扶养义务是相互之义务，即此对于彼负扶养之义务者，彼对于此亦负扶养之义务，故曰相互也。

罗松石承认，自己对于法律没有研究，只是"望文生意，勉强成篇"，"仅知其当然，究莫知其所以然"，所以"无一心得语"。确如其所言，如在立嗣之消灭的问题上，"撤销"与"归宗"在法律上是有区别的，据"理由"："立嗣之消灭原因有二，曰撤销立嗣，曰归宗。归宗者，解消有效之立嗣法律行为也。撤销立嗣者，使有欠缺之立嗣归于无效之法律行为也。归宗有由所嗣父母请求者，有由嗣子请求者，本条则规定所嗣父母得请求以其嗣子归宗之原因也。"从罗松石合并二者的做法来看，他可能根本就不明白其中的区别。

但是，这并不妨碍他有自己的主张和取舍。《罗氏宗谱》中收入的《民律草案亲属编》有两个特点，其一是将律文与理由归纳合并，综合性强，逻辑明显，相比原文更加适合普通人加以了解领会。其二是将普通人难以理解的说法去掉或者改编，如"雇工人来等奚奴，去同陌路"一句，正如俞江所批判的，[1] 其"古意盎然"甚至脱离了当时人的语言环境，所以未予采择；同时，他也去掉了法兰西、葡萄牙之类普通人基本上"认不到"（湖北方言）的东西。其三是于关键处做些手脚，使其更符合自己的价值观，如不吸纳异姓可以立嗣的内容，有意或无意地漏掉母亲的同意亦是婚姻成立之要件的内容。其四是将涉及当时社会上不常见的行为或者说法以及于传统伦理有悖的行为的条款弃之不收。如第五

---

[1] 俞江：《中华民国暂行民律草案简析》，收入《近代中国的法律与学术》。

章“监护”全部未收，第四章“亲子”中未收第五节“私生子”，第三章“婚姻”只收入第一节“成婚之要件”，其他如第二节“婚姻之无效及撤销”、第三节“婚姻之效力”以及第四节“离婚”均未收。想来是因为在传统社会的家族中，抚养孤儿长大成人原是族人不言自明之义务，而离婚，从男性的角度看属于“休妻”，有着种种限制，从女方的角度看则是不可思议的。

二、“揆诸国体，按之古礼”：《罗氏宗谱》中的“冠礼”

在对《民律草案亲属编》的内容进行采择的问题上，罗松石特别强调，自己的原则是“按之《礼经》，揆之人情”。[1] 而他对于礼的重视，更明确地显示在《罗氏宗谱》的家礼部分。也许是因为罗松石对于经学尤为熟悉，这部分用力甚多，既有文字论述，亦有配图说明，题为“四礼图考”，其中冠礼部分比较突出。

1. 制定冠礼的依据

罗松石认为，“男子二十曰冠，举成人之礼而命之以字也。”也就是说，冠礼是在男子二十岁时举行的仪式，标示其成人，并给予表字。他指出，制定冠礼有如下依据可供参考：“《仪礼》述其义，《国语》详其事，法律有成年之规定，儒先存字说之篇章，可谓精确严明矣。”

所谓“《仪礼》述其义”，当指《仪礼》对于冠礼意义的表达。从礼学的角度来看，古代的礼包括礼法和礼义两大要素。所谓礼法，是指礼典的全部过程，包括人物、仪节、礼器等。礼法是供操作用的。礼义则是指制作礼法的本义，为什么要制定某一礼典？某一仪节为什么必须这样规定，无不寓有深义。礼义是礼法的灵魂，是礼的精神所在，礼法是礼仪的外在形式。[2]《士冠礼・记》：“冠义：适子冠于阼，以著代也。醮于客位，加有成也。三加弥尊，谕其志也。冠而字之，敬其名也。”据彭林的今译：“嫡子在阼阶上加冠，是要显示他将来是替代父亲的人。在客位上向他行醮礼，是加礼于有成德者。三次所加之冠，一次

[1] 罗松石：《罗氏宗谱》“民律草案亲属篇答问”。

[2] 彭林：《仪礼全译》前言，贵州人民出版社 1997 年版。

比一次尊贵，这是希望他的德行与日俱进。加冠之后，宾为他取一个便于称呼的表字，是因为敬重他父母所取的名。”[1]

所谓“《国语》详其事”，当指对“赵文子冠”一事的记述。赵文子举行冠礼后，分别见栾武子、中行宣子、范文子、郤驹伯、韩献子、智武子、苦成叔子、温季子、张孟，得到或告诫，或感慨，或期许，或冷淡，或贬低等不同的反应。[2]

所谓“法律有成年之规定”，指清末法律改革从西方民法中引进了近代的成年制度，《大清民律草案》总则之法例明文规定：“满二十岁为成年人。”[3]

所谓“儒先存字说之篇章”，则需要一些解释。《士冠礼》：“辞曰：礼仪既备，令月吉日，昭告尔字。爰字孔嘉，髦士攸宜。宜之于假，永受保之。曰伯某甫，仲、叔、季，唯其所当。”指的是行礼过程中的一个环节：为冠者取表字，之前要针对其表字说一些祝福的美好的语言。《万历野获编》卷二十一《佞幸》“伶人称字”条：“丈夫始冠则字之，后来遂有字说，重男子美称也。”意思是男子行冠礼时给他一个表字，此举渐渐成为一种专门的知识，研究如何使表字成为美称。陈戍国指出，“字说”乃是明代通行冠礼的一个仪注，《礼经》之“冠而字之”，并无字说，而明代“冠而字之”之后有字说，也就是说，明人不但“冠而字之”，又加之以“字说”，通过对冠者“名字”（重点在“字”）的解释，寄托对冠者的厚望、勉励与训诫，可以说是将古代“冠而字之”一仪加重放大，也就更加重

[1] 《仪礼全译》前言，第20页。

[2] （吴）韦昭注《国语·晋语六》：赵文子冠，见栾武子，武子曰：“美哉！昔吾逮事庄主，华则荣矣，实之不知，请务实乎。”见中行宣子，宣子曰：“美哉！惜也，吾老矣！”见范文子，文子曰：“而今可以戒矣，夫贤者宠至而益戒，不足者为宠骄。故兴王赏谏臣，逸王罚之。吾闻古之王者，政德既成，又听于民，于是乎使工诵谏于朝，在列者献诗使勿兜，风听胪言于市，辨祆祥于谣，考百事于朝，问谤誉于路，有邪而正之，尽戒之术也。先王疾是骄也。”见郤驹伯，驹伯曰：“美哉！然而壮不若老者多矣。”见韩献子，献子曰：“戒之，此谓成人。成人在始与善，始与善，善进善，不善蔑由至矣；始与不善，不善进不善，善亦蔑由至矣。如草木之产也，各以其物。人之有冠，犹宫室之有墙屋也，粪除而已，又何加焉。”见智武子，武子曰：“吾子勉之，成、宣之后而老为大夫，非耻乎！成子之文，宣子之忠，其可忘乎！夫成子导前志以佐先君，导法而卒以政，可不谓文乎！夫宣子尽谏于襄、灵，以谏取恶，不惮死进，可不谓忠乎！吾子勉之，有宣子之忠，而纳之以成子之文，事君必济。”见苦成叔子，叔子曰：“抑年少而执官者众，吾安容子。”见温季子，季子曰：“谁之不如，可以求乎。”见张老而语之，张老曰：“善矣，从栾伯之言，可以滋；范叔之教，可以大；韩子之戒，可以成。物备矣，志在子。若夫三郤，亡人之言也，何称述焉！智子之道善矣，是先主覆露子也。”

[3] 杨立新点校：《大清民律草案、民国民律草案》第4页，吉林人民出版社2002年版。

了冠礼（成人礼）的意义。明朝字说兴盛，有明人文集保存的大量文章为证。[1]

2. 冠礼的施行对象与年龄

历史上对于冠礼的施行对象存在不同的看法，[2] 罗松石认为，冠礼只是针对士阶层的规定，“《礼》无天子诸侯大夫冠礼，非逸之也”。也就是说，《礼经》（《仪礼》）中只保存了士冠礼，并不是因为天子诸侯大夫之冠礼的记载逸失，而是原本就没有。

历史上对于冠礼的年龄也存在不同看法，[3] 对此罗松石认为，“年二十而冠，行士冠礼”。并引:《注》:“童子任职居士位，年二十而冠。”敖氏曰：“士冠，其適子之礼也。”《义疏》云：“敖说固是，但士无世官，或有世爵勋旧之胄，岂尽列于编氓，则容有父子皆士者。《注疏》说亦不可废也。”

《注》即《仪礼》汉郑玄注，《注疏》则包括了唐贾公彦疏。敖氏即元时人敖继公，其《仪礼集说》是元代《仪礼》成就较高的研究成果，主要针对郑玄旧注进行批评并阐发个人见解，[4] 在元明清三代均有较大影响，深受许多学者的推崇。《义疏》即《仪礼义疏》，为清三礼馆所修，以敖继公之说为主要依据，但是重实务而不空发议论，已经显示出向乾嘉学派治学方法和取向的转变。[5]

罗松石的援引反映了上述三者之间的关系。《义疏》中的原文是：“《正义》郑氏康成曰：童子任职居士位（下有小字：贾疏据《昏礼·相见礼》皆士身所行，故知此是士身自加冠），年二十而冠。敖氏继公曰：此篇主言士冠其嫡子之礼。……案：敖氏谓士冠其子之礼，是也。《注疏》以士身自加冠者言之。或疑古者十五入大学，九年大成，约其出学之年已二十有四，四十始仕，则不当有童

---

[1] 陈戍国:《明代的“字学”与“字说”》，载湖南大学学报（社会科学版）2007年第19卷第4期。

[2] 关于清人在这方面的总结，参见张小也:《殇者可否立后：清代争继纠纷中的“说法”》（收入《传统中国社会与明清时代——冯尔康先生八十华诞纪念论文集》，天津人民出版社2013年版）。

[3] 参见张小也:《殇者可否立后：清代争继纠纷中的“说法”》。

[4] 其自序曰：“郑康成《注》疵多而醇少，删其不合于《经》者，意义有未足，则取疏记或先儒之说以补之。又未足，则附以一得之见。”《四库全书总目提要》则提到，“又疑《丧服传》违悖《经》义，非子夏作，皆未免南宋末年务诋汉儒之余习。然于郑《注》之中录其所取，而不攻驳所不取”（《四库全书总目提要》卷二十，经部二十，礼类二）。

[5] 林存阳:《三礼馆与清代学术转向》，载《南开大学学报》2007年第1期。

子任职居位者，似矣。然四十而服官，五十而为大夫，古人特差其大概耳。如有才能出众者，未必拘此限。故贾氏以大夫为兄之长殇之服证之也。抑士虽无世官，或亦有世爵勋德之胄，虽未及岁，岂尽列于编氓？则父子同为士者，容当有之。苟有一焉，则《注疏》之说不可废也。”意思是，《注疏》指出“童子任职居士位，二十而冠”，是自加冠。敖继公则以为，士冠是士冠其嫡子之礼。《义疏》意在调和，认为敖继公的说法固然有道理——按照古人的成长过程，不该有童子任职居位的情况发生，但是也不能排除有才能出众者打破这个限制。同时，士虽然没有世官的资格，但是也有“世爵勋德”之后代，因此有父子皆为士的可能，所以《注疏》的解释不可尽废。

正如清代学者寓义理于考据的做法，罗松石的目的并不在于考据，而是在于提出自己“与时俱进”的看法：“二十而冠，旧说专指士礼而言，其义近狭。现在政体改革，贵贱之等杀矣，凡普通人民皆适用之，似不必狃于前说也”。他引入了民国之后的平等观念，认为原来只适用于士的礼完全可以适用于普通人。因此，《罗氏宗谱》中的家礼，可以根据士的身份来制定，“本《说文》‘推十合一’之义，立吾宗一成不易之法，揆诸国体，既不相抵触。按之古礼亦合，岂臆断哉”。[1]

事实上，经过宋明礼仪变迁，即便是贵族官员的家庙之礼，也已经演变为祠堂之礼，[2] 而罗松石还在强调庙制，“凡冠礼皆行于庙，《仪礼》疏：庙谓祢庙，冠于祖庙，示不敢擅也。按：古者天子七庙，诸侯五庙，大夫三庙，适士二庙，官师一庙，庶士庶人无庙，祭于寝，其制严矣。今普通人民均属国民一分子，暂时遵行一庙制以序昭穆，非僭也”。泥古之态毕现。更有趣的是，他断定民国仍会与以往朝代一样制定“国礼”，因此对于自己的建议还留有余地，“俟国礼正式颁布后再行更正”。[3] 但是，这个问题也存在另外一个观察角度，那就是，因为剃发的缘故，冠礼在清代已经名存实亡，而罗松石之所以在宗谱中给予如此重视，我以为恰好是由于新式法律对于成年制度作出了规定，[4] 所以，他的“泥

---

[1] 罗松石：《罗氏宗谱》“冠礼图考叙”。

[2] 常建华：《明代宗族祠庙祭祖礼制及其演变》，载《南开学报》2001年第3期。

[3] 据阚玉香的研究，1943年10月，蒋介石指定负责制礼事宜。11月，戴季陶在重庆北碚温泉召开礼制讨论会，制定了《中华民国礼制》。详见《北泉议礼及其成果——〈中华民国礼制〉》，载《南华大学学报（社会科学版）》2010年第1期。

[4] 参见胡丽艳：《民国民法中成年年龄的确立及其法律效力》，中国政法大学2010年硕士学位论文。

古”反而是“应时”的表现。

三、“大同主义”抑或“严格主义”:《罗氏宗谱》中的家法族规

《罗氏宗谱》中的家法族规部分包括《家范》与《世约》,《家范》是原则,《世约》是具体规定。罗松石在《家范》部分指出:“法律者,所以济《礼经》之穷也。家范者,所以补法律之所不逮也。”这是一个礼法社会中典型的对法律与礼之间、族规与国法之间关系的表达。

有此思想背景,他作为族谱的编者,在编写《家范》这一环节时面临着艰难的选择:“民国宪法尚未成立,现在所施行者刑法,除废止抵触国体数条外,一仍前清之旧,民法悉依习惯为根据,此殆所谓临时法律时代。适值此临时法律时代之间,其将何所折衷乎?取大同主义,则吾宗具世界眼光者千百中无一人,势必以为失之轻,取严格主义,则多与国体相抵触,势必以为失之谬。审如是,又谁敢冒不韪而干众怒哉?”

此处的大同主义应当指的是自由、民主、平等之类的新的思想,严格主义则是指传统的宗法伦理,选择前者,必为族人所诟病,选择后者,则与新的制度相抵触,故有“失之轻”或“失之谬”的二难选择。然而终究必须选择,于是他引先贤的思想为据:“孔子曰:殷因于夏礼所损益可知也。周因于殷礼所损益可知也,是言三代之相因,虽百变而不离其宗也。又曰行夏之时乘殷之辂,服周之冕,是言处今之世,犹可以行古之道也。由是观之,周公之制作皆一本于三代。孔子之尊周亦不讳言夏殷,故能立万世之准则,为百王(笔者所调阅的为藏于美国盐湖城家谱协会图书馆之胶片,此处字迹不清晰,似王又似土)之法轨”。也就是说,无论朝代如何更替,传统是有继承性的,《家范》也应如此。他认为,“皇祖有训,载在典册,其纲要皆合乎家族之习惯,其节目皆本诸律例之条文,其精义又一一与《礼经》相关,曾历十数传从未有故意违反者。盖先人之教泽,感化其子孙,较之条教号令尤甚且长也。恶可因噎废食,削足合履,使吾宗人罔所适从哉?”因此,可以“取固有之成规,参以损益之微意”,也就是在尽量保持传统家法族规的前提下,根据形势进行一些调整,方能达到调和

“大同主义”与“严格主义”的目的。[1]

在《世约》部分，罗松石指出，“世约者，本家范之义而推衍之也，即古家约、乡约之遗”。他认为《世约》对于家族非常重要，“譬之于射，此的也，譬之于御，此其轨也”。他还指出，人的智识高下不等，“中人以上不教而行，中人以下虽教不从”，所以古时候有乡老、约董、保长之职，而当今的教育管理者也非常注重演讲一事，其目的都是要使人民渐渐提高智识，纳入正确的行为轨道，这样一来，“则出礼入刑者寡矣”。他提出的办法是，“每届清明祭祀之日，推举族中有德者一人为临时主席，逐条揭示，逐条解释，以浅近之语寓森严之意。俾族中子弟知所法戒，其善良者不至思迁，其不肖者亦当自儆矣，不然阳奉阴违，口是心非，是背约也”。他甚至认为族人有必要进行盟誓：“如约者昌，背约者殃，子子孙孙其毋忘。”

他将《世约》的内容分为十个部分，各自标题，加以解释。“有家范所已言者，而详为绸绎，其未言者则又于《礼经》、法律之中择其与家族大有关系者，约略申引之”。[2] 因为其中吸收了法律的内容，因此突出地反映出一些时代的变化，也反映出罗松石调和于“大同主义”与“严格主义”之间的努力，其中最耐人寻味的是以下两条。

其一，“国体宜尊也”。对于这条，罗松石解释说：“专制时代君为贵，故五伦以此居首，共和时代民为贵，故《七篇》著有明文，现在萃五族之人民组织而成共和之国家，人人皆可享权利，人人皆负有义务。义务者何？纳税当兵是也。权利者何？国会选举是也。吾宗人多未开化，只知负有义务而竟抛权利，所失不小，愿自今始咸与维新，视选举之资格为第二之生命，则不惟并世者可以铲除奴隶之性根，即将来者皆有代表国民之希望，岂虚言哉？盖分内事耳，如其不然，自甘放弃，难乎立于今之世矣。凛之戒之。”[3]

所谓《七篇》，指《孟子》，该书七篇，故称《七篇》，其中《尽心下》有“民为贵，社稷次之，君为轻”的说法。可以看到，在“尊国体”的前提下，罗松石并不介意国家是君主的还是民主的。在他看来，无论是君主还是民主，在传

---

[1] 《罗氏宗谱》，“家范叙”。

[2] 《罗氏宗谱》，“世约叙”。

[3] 《罗氏宗谱》，“世约”。

统经典中都能够找到合法性资源。因此，他可以很自然地运用“权利”“义务”等新观念，号召族人积极参与维新，特别是把握选举权，成为新的国民。

其二，“血统宜重也”。对于这条，罗松石指出，“《礼经》有为人后之文，法律有《继承》之篇，其限制至严且明，如族中遇有承嗣之事件发生，须由当事人拟择亲支中之相当者，开具派名及生年月日时，交由本房房正报明奉祀孙，订期召集族长族正暨各房房正到祠，公同审查，俟认为合法后乃缮嗣书三份，依次署名盖章，以一份存祠备查，以二分交双方分别执守，方生效力，如有以异姓乱宗者，无论成龄与否，一经查明，须开亲族会议，停止其谱系权，呈请审判衙门备案，仍一面于本亲支中择其相当者，按照上项手续办理，以继绝世，如有不肖宗人，扶同隐饰，以个人之私情乖纲常之大义，悖礼违法，莫此为甚，而殃咎不可逃矣。近在其身，远在子孙，岂或爽哉？宜引此为戒云”。[1]

所谓《礼经》中“为人后”的说法，指为宗子立嗣，宋明礼仪变迁之后，亦为普通人用于其收养、过继行为。[2] 如果说，“尊国体”一条是以传统资源作为新观念的合法性，那么“重血统”一条恰好相反，是以新资源作为传统观念的合法性。《民律草案》的《继承》篇并不讨论血统问题，其立意与传统的“继嗣”更有着本质区别，即便是从内容上讲，它也是排除了家长与嗣子等内容，只与遗产继承相关。然而罗松石有意无意地把继承解释为承嗣，用“法律有《继承》之篇”的说法增加权威性，力图使立嗣行为更加符合宗法伦理。

四、结语

《罗氏宗谱》中的内容给我们提供了一个反观传统社会士绅观念与行为的机会。士绅是沟通大传统和小传统的媒介，关于这一点，以往的相关研究已经足够充分。郑振满、常建华等学者指出，对于儒家知识分子来说，从修身、齐家到治国、平天下，中间还有一个重要的环节——“化乡”，即沟通所谓“小传统”与“大传统”。罗松石将具有时代意义的《民律草案》引入宗谱之中，这是一个

---

[1] 《罗氏宗谱》，“世约”。

[2] 张小也：《法律与社会变迁》，《官、民与法：明清国家与基层社会》第一章，中华书局2007年版。

应对社会变迁的非常之举，却也是一个士绅再自然不过的行为。

《罗氏宗谱》也给我们提供了一个观察清代士绅知识结构的机会。在宗谱的编纂过程中，罗松石对于经学的理解，对于经世致用书籍的掌握以及对于考据学方法的运用，是其知识结构的一个较为完整的反映。这个知识结构足以帮助清代士绅应付进而经世、退而化乡的种种情形，具有高度的包容性和灵活性。它占据着支配地位，直至新的知识体系掌握话语权。

此外，《罗氏宗谱》中对于新式法律的援引和理解，还可以帮助我们从个体经验的角度，揭示那些非连续性和非目的性的因素是如何在法律近代化的既定目标之外运作的。对于沈家本等主导法律改革的官员来说，无论如何也不能预料到，《民律草案》是这样发挥它的“作用”的。

民初大理院援用习惯所考量因素初探

尹　萍*

引　言

自清末修律始的中国法制近现代转型以中华法系的崩溃及大陆法系的确立为主要标志，走的是一条大规模移植近现代西方法典（尤其是德、日法典）的道路。然而，有意思的是，在清末民初甚至民国的很长一段时间里，与中国社会的其他领域，诸如文化、教育等领域一样，中国的法律领域亦呈现出明显的“新旧杂沓”[1]的格局。仅对习惯的态度而言，[2]清末变法修律之前，为了使将要颁行的新法更易于民众接受，特别是使民事立法更能体现本国民俗风情，清政府曾颁发政令，在各地成立调查局，自上而下地在全国组织了一次历时四年的大规模民商事习惯调查，后虽因清朝覆灭而中止，但其尊重习惯的风格仍可以从那部虽未公布施行，但完成于1911年的《大清民律草案》中窥见一斑。该草案第1条规定，“民事，本律所未规定者依习惯法[3]，无习惯法者依条理”。这应该是中国最早的对司法援用习惯所作的明确的法律规定。民国七年（1918年）初，

---

*　尹萍，扬州大学法学院副教授。

[1]　张晋藩：《中国法律的传统与近代转型》，法律出版社1997年版，第473页。

[2]　本文所称“习惯”指大陆法系传统的习惯，即尚未被国家认可或由国家强制力保证实施的、人们共同信守的行为规范，以与“习惯法”相区别。详见厉尽国：《法治视野中的习惯法：理论与实践》，中国政法大学出版社2010年版，第22页。

[3]　公丕祥教授在比较了民初大理院在不同年份的判例中对“习惯”和“习惯法”的用法后得出结论：从大理院在民国初年制定民法前的用语来看，习惯法与习惯是互用的。这样看，当时并不对事实上习惯和习惯法进行明确的区分，这也是继承了中国古代的司法传统。公丕祥主编：《民俗习惯司法运用的理论与实践》，法律出版社2011年版，第53页。

北洋政府“鉴于司法制度侧重习惯”，“令行各省区高等审判厅处责成调查，切实具报”，[1] 又重开民商事习惯调查运动。“清末民初的这两次民商事调查为当时的民商事立法提供资料准备，也为当时乃至之后的司法和执法提供了重要的参考依据。”[2] 显然，尽管在尽快实现法治和现代化，尽快与西方接轨思想的指导下，民国统治者将具有形式理性的西方成文法典视为现代法制的标志，但并未忽视包括习惯在内的中国固有本土资源对于国家立法和司法的意义，也并未彻底抛弃尊重习惯的司法传统[3]。问题是，司法者在面对为数众多的、各具特色的习惯时总是要有所取舍的，只有那些经过判断、甄别后被认为具有正当性的习惯才会得到援用，从而上升为习惯法。那么，他们判断的标准是什么？或者说，他们在援用习惯时所考量的具体因素是什么？本文主要通过对《大理院判例要旨汇览》(1912—1918)[4](下简称《汇览》)这一文本中的大量判例进行考察，归纳出了民初大理院在援用习惯时所考量的几大因素。

一、法律无明文规定

这是首先要考量的因素，反映了制定法优于习惯的位序原则。《汇览》第一章“法例”里的多个判例都反复强调了这一点。其中，在民国二年上字 3 号判例所例举的习惯法成立之四个要件中，第三个即为“系法令所未规定之事项”，这为各级审判机关以后援用习惯奠定了基调。在其后的民国二年上字 64 号判例里，大理院再次强调：“判断民事案件，应先依法律所规定。法律无明文者依习惯法，无习惯法者依条理。”民国三年，在一起因分家而涉讼的案件中，大理院所作上字 198 条判例称，“适用习惯必须法律无明文规定者而后可。家产应按子数均分现行律既有明文，自无主张习惯之余地”，最后适用的是《大清现行律》“民事有效部分”之

[1] 见北洋政府《司法公报》第 232 期，第 1 页。

[2] 眭鸿明：《清末民初民商事习惯调查之研究》，法律出版社 2005 年版，第 241 页。

[3] 其实，即使是大陆法系，否认习惯法效力的倾向也只是在 19 世纪初之前，之后尤其是从 20 世纪始，大陆法系国家也开始在成文法中承认习惯法对于成文法的补充效力，如 1907 年的瑞士民法典。参见史尚宽：《民法总论》，中国政法大学出版社 2000 年版，第 9 页。

[4] 《大理院判例要旨汇览（第一卷）》节取的是大理院自民国元年改组至七年十二月底的判文，大理院编辑处 1919 年 12 月刊印。

“户役门”中“卑幼私擅用财产条例”第一条，而不是当地的习惯。

这一考量不仅在《汇览》中被明确表达，而且在大理院就相关案件的咨询所作的法律解释里也被明白无误地传递出来。按照当时的《法院编制法》，大理院有统一解释法令之权。这种解释类似于今天最高院就个案作出的“批复”，具有法律效力。例如，民国二年，总检察厅代京师第一初级审判厅转呈咨询函，称：民法未颁，每有重婚案件发生，常患无所依据。而各地习惯复杂。就北京一隅而论。有经媒妁说合，双方承诺，婚姻即成立者；有经媒妁说合后，须放小定，婚姻始成立者；有经媒妁说合后，须放大定，婚姻始成立者；有经奠雁后送达婚帖，婚姻始成立者。种种不同，其在法律上究以何种方式可认为婚姻成立之标准？……唯按重婚罪之成立必须以婚姻成立与否为前提。若婚姻方式无一定标准，此种问题实难解决。转咨大理院详示解释，指令遵循。大理院复函：查婚姻成立专就刑法上解释，须具备形式要件，即以举行相当仪式之日（如旧礼式之迎娶、入赘，新礼式之举行结婚）作为婚姻成立。[1] 大理院因“法有明文”而以刑法中婚姻成立之必备形式要件否定了各种婚姻成立之旧习惯。换言之，只有在法律对此无明确规定的情况下，才可能去考虑援用习惯。

但值得注意的是，大理院对法律作了“强行法”与“任意法”的区分，意在强调“法无明文”之“法”系指强行法，即如果强行法有明文，则绝对不能援用习惯，只有在强行法无明文规定时才能考虑援用习惯。换言之，如果任意法有规定，则有可能弃该法而援用习惯。如《汇览》“法例”所载民国六年上字1422号判例称：“习惯法之成立，固以多年惯行之事实及普通一般人之确信心为其基础，而此项事实与确信尤必为法所未定之事项，或与法律规定（指任意性质之法）有特异之点，始得认其成立。”同时，在“继承编”之“总则”部分，于开篇就明确了“继承法规概为强行之规定，不容有反对习惯之存在”（民国六年上字1156号）、“继承之法律系有强行之性质，不容有相抵触之族规存在”（民国七年上字957号）。这意味着法官在考量这一因素时，首先要对法律进行强行与任意的认定。民国四年，在邵瑞康上告邹顺湘、邵瑞镳的承继涉讼案中，上

[1] 《大理院解释法律文件》（第一、二辑合刊），统字第16号，大理院书记厅编辑，1913年6月20日初刊。

告人邵瑞康略称现行律关于立嗣部分之规定系任意法规，试图引民间二姓兼祧之习惯来支持其承继之合法。大理院驳回上告，维持原判。判决理由之一为："本院按强行法与任意法之分，须视其所规定之事项是否意在维持公益以为判断。查现行律立嫡子违法条例，无子立继者应以同宗昭穆相当之侄为嗣。此项条例其本旨在维护宗族关系，谓非公益规定殆有所不可"，认定现行律立嗣部分的规定"为强行法规尤属毫无可疑"，"上告人虽引民间二姓兼祧之习惯以注明现行律立继法规并非强行，然人民之违反法律与否与法律本身之性质如何并无何等关系，不得以人民有违反法律之事实即谓该法律并非强行。"[1] 此案在《汇览》中形成的判例要旨称："现行律载，招婿养老者，仍立同宗者一人承奉祭祀，家产均分。如未立继，身死后从族长依例议立。此项条例系为贯彻不许异姓乱宗之精神而设，亦当然属于强行法"（民国四年上字 168 号）。

我们看到，正是在认定现行律立嗣部分为强行法的基础上，大理院才毫不犹豫地排出了对民间二姓兼祧习惯的法律适用。而强行法与任意法的判别，"须视其所规定之事项是否意在维持公益以为判断"，在本案中表现为"贯彻不许异姓乱宗之精神"。如果该法涉及维护公益，则为强行法，反之则为任意法。众所周知，"公益"是一个高度抽象和模糊的概念，受社会的传统文化、观念以及经济发展水平的深刻影响，带有较强的主观色彩。这就要求大理院在自由裁量的范围内对社会的各种观念、利益进行权衡，运用司法解释的技巧对不同的法律进行或扩展或缩减的解释，以使固化的法律能够顺应和促进社会的发展变迁。例如，该案判例中提到的"从族长依例议立"，在同年上字 311 号判例中，大理院对其作了扩展式的界定："律文所谓须凭族长云者，本不过谓妇人择嗣须凭族长之证明以昭大公。故所择何人，苟于昭穆伦序无失，即族长不得横加干涉。而族长意存偏向，不为凭证者，尤得请求审判衙门以裁判代之"，大理院认为这种扩展于公益无害，借此判例扩大了寡妻择嗣的权利。

综上，大理院援用习惯时考量的第一个因素是制定法是否有明文规定。如果有，紧接着要考量的是：该法为强行法还是任意法？与之不可分割的是判断该法条是否意在维持公益？至于何为公益，大理院必须在权衡各种观念及利益后加以认定。

[1] 《北洋政府档案（大理院）》第 009 卷，中国档案出版社 2011 年版，第 279—286 页。

二、当事人间没有契约

如果大理院认为没有强行法对该案件进行调整，接下来要考量的因素是当事人之间是否有契约。只有在没有契约或当事人的意思表示不清晰时，才会考虑习惯。如民国三年上字 86 号判例称："意思表示不明了时，可以该地方普通习惯为解释之资料"。将契约的效力置于习惯之上，体现了在私法领域重视和尊重当事人意思自治的精神。例如，《汇览》中所载民国四年上字 1851 号判例称："金钱债权之利率，如当事人之间有特别之意思表示，即不得以该地方通行计算利率"；民国五年上字 51 号判例称："不关公益之习惯法则与契约相抵触者，为尊重当事人意思起见，自应以契约为准"。

但是，对契约的尊重也是有限制的。限制主要表现在以下几个方面。

第一，如果契约的内容与法律相冲突，则冲突部分无效。大理院在解释契约的成立时指出："契约之成立以行为适法为要件。如以不法行为为债权之目的而缔结契约者，法律上当然认为无效。则凡因契约所生之权利义务全然不能发生"，"凡以不法行为为契约内容之一部分，则惟不法原因存在之部分无效"[1]。这有两种情况：一种是全部冲突，全部无效。例如，现行律"禁革买卖人口条例"中有禁止买卖人口的明文规定，因此，如果当事人双方订立以人口买卖为内容的契约，则该契约全部无效。民国七年，大理院针对这类涉讼案件，作出上字 427 号判例称："买卖人口为妻妾，现行法令本有禁止明文，则凡以此禁止事项为标的之契约依法当然无效"；一种只是部分冲突，则部分无效。例如，"钱债门"之"违禁取利条例"有月息不得过三分的规定。民国六年上字 700 号判例中判定的就是部分无效情形："两造原立借约，既定为五分利率。按诸现行律月息不得过三分之规定固有不合。惟原约所不合法者，仅以其超过三分，则在三分之限度内自不能不认原约之效力。"

第二，如果契约内容与公共安全、善良风俗相违背，则违背部分无效。《汇览》"契约"章开篇的判例就表明了这一态度："契约如无违背法令、公安、良俗，自应认为有效"（民国四年上字 1488 号判例）。民国六年 1075 号判例则是最好

[1] 北洋政府：《司法公报》（临时增刊），1915 年第 43 期，第 34 页。

的例证："违约金本推定为损害赔偿之预约，与无偿赠与之全然出于恩惠者显然不同。如于其数额毫无限制，则债务人常不免因一时之不便而为债权人所挟持，实足以败良俗而长刁习。故当事人所约定之违约金如较实际所受损害显然超过者，审判衙门自得就当事人之请求酌予核减，惟不得因定有多额之违约金，遂指其契约之全部无效。"之所以作出这样的判决，是因为大理院认为过多违约金的约定会造成债权方对债务方的挟持，对债务方显有不利，这种"败良俗而长刁习"的行为，违背了公安、良俗。不过，我们注意到，大理院并未彻底否定该契约的效力，而只是赋予债务方请求司法机关"酌予核减"的权利，这体现了法律对双方权利给予同等保护的意图。

综上，大理院援用习惯时考量的第二个因素是当事人之间是否有真实有效的契约存在？与这一考量密切相关的是，该契约的内容（即对双方权利义务的规定）是否清晰明了？这些内容是否与现行法律相冲突？如果与法律相和谐，那么，是否违背公序良俗？至于何为公序良俗，大理院有权根据传统文化、内心信念等来定夺。

三、习惯为善良习惯

习惯的位序在契约之后，这一原则充分体现在《汇览》中。如"民国三年上字1090号"判例称："凡商业行为无特约者依习惯"，民国四年上字755号判例称："经理人之报酬及其支给之方法，自应译其与主人所约定者为准，如无约定，则应以习惯为判"，都是强调只有在当事人之间没有契约的情况下才依习惯。然而，面对习惯，大理院是否无须再作考量，直接拿来就用？从对《汇览》所载判例的分析来看，情况并非如此。大理院首先会考虑该习惯是否确实存在？即习惯法成立要件之"内部要素"和"外部要素"，也就是民国六年上字1422号判例所称之"多年惯行之事实及一般人之确信心"是否存在？这需要审判衙门在当事人提出该习惯的基础上依职权进行调查以为判断。

在查实确有此习惯后，还需要判定该习惯是否善良。也就是说，该习惯是否有违公序良俗，这是更为重要，也更难考量的因素。民国四年大理院在"上字1276号"判例称："习惯法则通常概无强行之效力"，表明不是所有习惯都必须加以援用。正如风俗有善恶之分，习惯也有善恶之别。是否援用，还需要大理院的甄别和认定，只有被认定为善良习惯才能被援用。不过，大理院并不常用“善良习惯”这一提法，《汇览》中只有民国六年抗 18 号判例明确提到“地方善良习惯”。在其他众多的判例里，虽然并未明确“善良习惯”，只是概括称为“习惯”、“特别习惯”或“普通习惯”等，但并不意味着“善良”不是考量的前提条件，只是因为它们包含了“善良”之意被认为是不言而喻的。如民国四年上字 1283 号判例称：“共有之地，除该地方有特别通行习惯，或共有人有特别规约外，须经共有人全体同意始可为有效之处分”，民国五年上字 323 号判例称：“佃权人虽得让其权利与他人，但设定行为禁止让与，或关于让与有特别习惯时，法律并不强行干涉，仍许其依设定行为或照习惯办理”等，就属于这类情况。而在司法实践中，“有些地方习惯直接被视为‘恶习’‘痼弊’而遭到禁止，如民间流行的‘一田两主’习惯”[1]，这可以作为其反证。

还需再追问的是，何谓“善良习惯”或“公序良俗”？从理论上讲，善良习惯是在一个社会中经长期演化自发形成的，使良好、和谐的人际关系和社会秩序得以维持或恢复所应遵循的行为规范。但这样的解释仍然抽象。通过进一步考察相关判例我们发现，尽管善恶判断是道德判断的范畴，带有很强的主观色彩。但是，这种主观判断又是受传统文化、经济发展程度影响的，所以又带有一定的客观性。现将其判明标准具体归纳为以下两个方面。

第一，善良习惯是“无背于公共之秩序及利益”的习惯，即能够使良好、和谐的人际关系和社会秩序得以维持或恢复的习惯。在民国二年上字 3 号关于习惯法成立的四个要件的判例里，第四个要件即为“无背于公共之秩序及利益”。至于“公共之秩序及利益”具体包含哪些内容，有不少判例可作为其注解。

例如，民国三年的一起上告案件的关键在于判定上告人所主张的“船长故意或过失加害于人不负赔偿责任”的习惯是否有效。大理院在就该案作出的上字 733 号判例中称：“习惯法成立要件有四，而以无背于公共秩序者为要件之一。本案上告人主张之旧习具备其他条件与否兹姑不论，然其因船长之故意或过失所加他人之损害而可以免责，因贪利而为过重之积载或过量之拖带，将毫无民

[1] 公丕祥主编：《民俗习惯司法运用的理论与实践》，法律出版社 2011 年版，第 52 页。

事上之责任，弁髦他人之生命财产，其弊何可胜言！是故此项习惯即使属实，而为公共秩序计。亦断难予以法之效力”。该判例将公共秩序及利益界定为社会公平的实现，要求过错方对无过错方承担责任，使其所受损失得到合理弥补。

再如民国三年上字845号判例。该判例所涉案件的焦点在于是否赋予“民认旗东”习惯以法的效力。大理院认为，“民认旗东”的习惯是前清以来在吉林省既为惯行之事实，当时民人私垦，籍旗东为荫庇，相沿至今。更重要的是，该习惯无背于公共秩序和公共利益。因而这些人在旗东所取得的收租权为不容剥夺之权利，该习惯具有法律效力。这里的公共秩序及利益则主要指既定法律关系得到尊重，社会得以安然无扰，以及每个人都合法获利的状态。

第二，善良习惯是无碍于经济发展的习惯。无论是清廷主持下的变法修律，还是孙中山领导的辛亥革命，目标之一都是尽快摆脱落后局面，全面发展中国国民经济，实现经济现代化、赶超世界先进水平。这就需要司法机关为经济和商业发展保驾护航。在当时的时代背景下，大理院确实将该习惯是否有碍于经济发展作为考量其是否为善良习惯的一大标准。

例如，针对民间不动产买卖中普遍存在的家族亲戚有优先购买权的习惯，大理院民国四年上字282号判例称：“卖业先尽亲房之习惯既属限制所有权之作用，则于经济上流通及地方之发达均有障碍，即难认为有法之效力。”大理院之所以否定该习惯的效力，就是考虑到它妨碍了不动产所有权的快速流转，从而可能阻碍资源的最优配置，不是“善”的习惯。这一态度在随后几年的判例里被保持下来。民国六年，大理院在上字1014号判例里重申：“亲房拦产之习惯既经现行律明示禁止，且足长亲房把持措勒之风，于社会经济殊无实益，自难认其有法之效力”，亲房把持措勒之风显然属于刁习刁风，该习惯当然无效。民国三年上字988号判例称：“习惯之有法律上效力，尤以不害公益为其要件之一端。如所主张商号负债不能涉及家产之办法于交易安全实有妨碍，纵令果属旧有之习惯，亦段难认为有法律之效力。”该判例虽然将“不害公益”作为论证的前置条件，但后面却是以该习惯“于交易安全实有妨碍”来否定其效力，此种交易安全显然是跟经济和商业贸易相勾连的。

民国七年，一上告人以该地方历来有“业主与卖房屋须尽原住租户留置，不能擅卖与他人”的习惯为由，要求撤销原审判决。大理院在上字224号判例里称：

"姑不论是否属实，就令非虚，惟此项习惯不仅限制所有权之处分作用，即于经济之流通与地方之发达均不无障碍，为公共之秩序及利益计，断难予以法之效力。"此判例将是否有利于经济发展作为判断善良习惯标准的意图彰显无遗。

综上，对该习惯是否为善良习惯的考量，因涉及价值判断，故而具有很大的不确定性。但大理院还是将"无背于公共之秩序及利益"和"无碍于经济发展"作为了必须考量的因素，显示了大理院在此问题上试图通过判例确立一些较为客观的衡量标准的努力。

四、商事习惯之考量

这一考量显然与上文已述的促进经济和商业发展密切相关。为尽快实现经济的现代化，时代赋予了司法机关为工商业繁荣保驾护航的历史使命。之所以将商事习惯（惯例）单列出来，是因为从对《汇览》所载的涉及商事习惯的判例分析来看，民初的大理院对商事习惯（惯例）格外重视，对涉案的商事习惯大多承认其具有法之效力。与一般的民间习惯相比，商事习惯（惯例）较为特殊。这一方面是由于商事活动之复杂繁琐，"成文法无论如何纲举目张，细大靡遗，势不能举社会间变化无定之事物状态，而一一网罗无遗"，而当时的商事立法数量很少而且内容简单[1]，法律的空缺留给了习惯更大的空间。与此不同的是，虽然当时民法也未制定，但前清《现行刑律》的民事部分却仍然有效，仍然发挥着规范人们民事行为的作用；另一方面是因为商事习惯（惯例）"一部分可为商人公意之结晶，一部分直为对外商业失败之痛史"[2]，被视为商人在商业往来的过程中经验教训的总结，是商业智慧的结晶，当然有利于商业和经济的发达。商事立法不外乎是对商事习惯的改正和保存。

从根本上讲，商事习惯（惯例）与一般的民间习惯并无本质区别，将其看

---

[1] 北洋政府在民初颁行的商事法规主要是1914年的《商人通例》和《公司条例》。其中，《公司条例》仅是以大总统教令的方式公布的，未经立法程序；《商人通例》共73条，条文较为简单。而且它们都是仿照西方法律完成的。见占茂华主编：《中国法制史》，中国政法大学出版社2009年版，第376—377页。

[2] 严谔声编纂：《上海商事惯例（一）》（陈霆锐序、林康侯序），载于《民国史料丛刊》663卷，经济·商贸，大象出版社2009年版。

作是一般民间习惯的一种特殊情形并无不妥。因此，对它的考量也不外乎上述几方面因素。这可以从民国五年上字970号判例得到证实："津埠向来习惯，铺房房东不得无故不租，以免妨害商业。此项习惯因律无明文，且由审判衙门以职权调查之结果，从而认其确有此惯行之事实，并经该地方人民共信为有，不得不遵之效力。而又不背于善良风俗及公共秩序，按诸习惯法则成立之要件，固已具备，自应依照办理。"其中将"律无明文"和"不背于善良风俗及公共秩序"作为"依照办理"的前提。类似的还有民国四年上字1539号判例："商人间之金钱债务计算利息，如依商场习惯，逾一定尚不清还，应由债权人滚利作本再行加利，自应依习惯准其加利计算。盖此项特别习惯既未与法律之明文相抵触，而揆诸商人专以营利为本之本旨，又非此不足以保证其应有之利益，故也。"该判例也强调了"未与法律之明文相抵触"。

但更多的时候，大理院并不过多罗列这些先决条件，而是倾向于表达一种毋庸置疑可以援用的肯定态度。例如，民国三年，财政部来函请求大理院就"以公款贷商生息发生诉讼时应据何法判决"作出解释。大理院批复称："国家在私法上之地位与个人同。故凡公款存放商号生息，如遇商号因亏倒闭，自亦应受破产法规之限制，不能较其他债权人有优先权"，并特别说明，因为"前清破产律已于前清光绪三十三年十月二十七日废止，故现遇破产事件，均依破产条例及习惯法则以为判断。所谓破产法规者即指破产条理及习惯法则而言"[1]，足见其对商事习惯的认可。再如，对于强制某行政区域内同业之人必须加入该区域从事同种行业之人组织的同业公会（即同业组合）的商事习惯，大理院在民国四年上字23号判例里认为，组织同行公会"以谋该行业之发达，原为行政惯例之所允许，至此种同行公会既经成立之后即应受到法律之保护。纵使所订规条有未完善或事实上暂失其强制力之能力，亦难断为该公会即为消灭"；民国五年上字873号判例称："据京师商会之调查可知，京师地方习惯，凡铺东于其所租铺房隙地添盖房屋者，苟房东别无异议，即当然发生铺底权。"在这些判例里，大理院用了"不得不遵之效力"和"当然"这种很明确、很肯定的表达。

商事习惯（惯例）在民初能取得这样的地位，还有一个原因不容忽视，那

[1] 《大理院解释法律文件》（第三辑），统字第147号，大理院书记厅编辑，1914年11月15日初刊。

就是商会对司法的影响力。当时一些重要的商会，如中华民国实业协会、全国商会联合会、上海商会等，都有着积极参与商事立法的热情，并有过将商界习惯体现在立法中的尝试。[1] 虽然这些商界习惯最终未被国家立法机关采纳，但至少在民初的司法实践中得到了相当的尊重。例如，从大理院复农商部咨（统字 145 号）中可以发现，民国初年，大理院曾就商人买卖期羌之行为是否为赌博一案有过不同的解释。民国二年，吉林高等审检厅曾就此案电咨大理院，大理院认为该案属于商人以银或物之市价赌赛，与空买空卖既系一事，自应以赌博论。至民国三年，全国商会联合会总事务所致电农商部称，经商会开会仔细研究此案认为，该行为“既属买卖又订期双方兑现，纯是商行为，非犯罪行为。以物易银、定期交现、预定价值不问涨落乃商人营业之常，如买卖汇票或承办货物，或预行订盘限期交现，习惯周属相沿，法律亦所不禁。营业自由确为正当，买卖其羌亦系此等营业性质……”强调该行为是“以银或物指定期限，届期实交银物的‘期’”行为，与“商人仅以银物之市价买卖，并无银物交易，凭一纸空条订定期限互找赔赚之‘空’”行为性质上“迥有区别”。农商部就此案再咨大理院。大理院辩称，“本院以空买空卖系指奸民设局诱人赌赛市价涨落者而言……本院解释该项行为应以赌博罪论亦即以此为范围。其商人买卖先交押款，临限仍收现货者自不在内”，因此，“此次全国商会联合会所称以物易银定期交现纯系买卖行为……不能认为赌博罪”[2]。显然，正是由于全国商会联合会介入此案，大理院才更加慎重对待了该案的一些细节，并最终认同了商会所称的“周属相沿”的商界习惯。

不仅如此，商会甚至还被赋予在一定范围内根据商事习惯先行解决商界纠纷的权力。民国四年，内务部、农商部和司法部共同呈准的《京师商民债务案件得由法院委托商会调处办法》规定：凡被告为商人及业经判决应付执行各案件，如有必要情况，均得由法院委托商事公断处调处。若调处不协仍准诉之法院。

正因为上述原因，对于商事习惯（惯例），只要法律未有规定，则大理院更多考量的不是其善良与否，而是关注该习惯的内部要素和外部要素。即是否确

[1] 详见眭鸿明：《清末民初民商事习惯调查之研究》，法律出版社 2005 年版，第 272—274 页。

[2] 《大理院解释法律文件》（第三辑），统字第 145 号，大理院书记厅编辑，1914 年 11 月 15 日初刊。

实存在？是否为商界所普遍确信？而这种考量要么直接被赋予了商会，要么由审判衙门依职权向各商会调查核实。民国商人严谔声在民国二十二年编纂的《上海商事惯例》一书所“搜集的各项惯例，均系根据正式商业团体经调查核实后，答复法院或律师询问之件”[1]，其中有不少记录的就是民初上海商会答复司法机关的习惯。如民国二年三月，上海地方审判厅关于交付定货责任习惯的调查主文为：兹有甲商店向乙商店定购货物，先交定洋若干元，言明于某日交货。及到期之后，乙商店因意外情事（不可抗力者）不能交货，而此项货物价格飞涨。本埠商业习惯，此时乙商店应否负赔偿之责任？抑仅须交还定洋，即可解除契约，不负其他责任？应请调查商情，以资参考。上海商会答复要点：查所谓不可抗力之情事，除天灾兵祸非人力所不能挽回者，自无法再令交货。其余应就事实分别处理也。民国七年二月，江苏上海地方审判厅关于支票责任习惯的调查主文为：上海支票习惯，如甲发行支票与乙，乙于未到期前转给于丙，丙届期往钱庄取款。以票根未到拒绝支付。照上海商情，丙能否直接向甲请求偿还？抑须向乙求偿，乙再向甲求偿？希查复。上海商会答复要点：查上海钱业营业章程（属行业章程，作者注）第十条内开，支票以押脚之字号图章为重，故能上市通用。以后各号支出银洋支票，倘到期不付，必须向出票之家理直，以杜借票取巧等弊，等言，则丙自可向出票之甲理追也。司法机关在有关调查主文后通常会有“相应函请复查，以凭核办”“烦迅速调查，详细见复”“究竟上海有无上述习惯，请即查示”“希详查是复”等字样，而商会在查实确有此习惯后都会以“应照习惯办理”“自应……”“此案应请查照习惯办理”等肯定的语气答复。可见当时商会地位之高。

综上，作为习惯的特殊类型，大理院对商事习惯（惯例）是否援用的考量更多的是其内部因素和外部因素，而基于当时商会在商事习惯的认定和核实方面所占的优势，这种考量一般都建立在商会的认可基础之上。

---

[1] 严谔声编纂：《上海商事惯例（一）》（编辑例言），载于《民国史料丛刊》663卷，经济·商贸，大象出版社2009年版。

“《现行律》民事有效部分”寻踪：无法可守的守法主义？

陈　颐[*]

百年后回望“三千年未有之大变局”，清末修律无疑是这一变局的枢纽。以修律为中心，传统中国的政治法律体制被整体性的抛弃，近代西洋式的宪政法律国家体制得以塑造成型。传统中国全部的上层建筑，举凡宪政、法典、司法、官吏、教育，无一不新，无一不能不新，而这一巨变是不可逆的。

在这一加速度运行的沧桑巨变中，恰恰在法律的核心领域，旧律以“《现行律》民事有效部分”的形式残存至北洋政府垮台，不能不令人惊奇。追寻“《现行律》民事有效部分”的历史踪迹，看看旧法之核心如何在新的政治法律秩序下得以延续，亦不无兴味。

一、临时参议院：不是《大清民律草案》，而是《现行律》民事部分

民国建立之初，匆促之间，新法难以颁布，而清末修律的成果（包括已颁布的新式法典以及法典草案）亦足以作为新政权的法制基础，这也是袁世凯就任临时大总统（北京）当日（1912 年 3 月 10 日）发布“现在民国法律未经议定颁布，所有从前施行之法律及新刑律，除与民国国体抵触各条应失效力外，余均暂行援用，以资遵守”的大总统令的主要原因。不过，细究临时大总统令文，暂行援用的对象仅限于前清生效施行的法律，并不包括草案。可以认为，该令

---

*　陈颐，法学博士，同济大学法学院教授。

文仅仅是新旧政权过渡时的常规处置，既不可能也没有能力去详究近代最重要的法律领域——民事法律领域的规范缺失问题。这应该也是临时大总统孙中山于1912年3月24日向临时参议院（南京）提出《呈请适用民刑法律草案及民刑诉讼法咨文》明确“现拟就前清制定之《民律草案》……由民国政府声明继续有效，以为临时政府适用法律”的原因之一。[1]

3月24日致临时参议院的咨文与3月10日临时大总统令最大的差异在于明确了究竟哪些前清法律可以暂行援用，该咨文称“现拟就前清制定之《民律草案》、第一次《刑律草案》、《刑事民事诉讼法》《法院编制法》《商律》《破产律》《违警律》中，除第一次《刑律草案》‘关于帝室之罪’全章及关于内乱罪之死刑，碍难适用外，余皆由民国政府声明继续有效，以为临时政府适用法律”，这一出自司法总长伍廷芳呈文的对可暂行援用的前清法律的判定与3月10日临时大总统令有着明显区别。第一，该咨文主张采用第一次《刑律草案》而非《大清新刑律》，[2] 这一主张显然与伍廷芳作为法理派的中坚的身份以及第一次《刑律草案》更合乎民国政体的判断有关。但从法理而论，作为过渡法律，摒弃既有的前朝生效法典而采用该法典的最初草案，无论如何都与通常做法有所捍格。第二，该咨文将《民律草案》作为第一部提及的临时政府拟适用的法律，应是基于“司法机关将次第成立”“俾司法者有所根据”的理由。第三，则是《刑事民事诉讼法》问题。所谓《刑事民事诉讼法》即由时任晚清修律大臣的伍廷芳本人主持起草奏呈的《大清刑事民事诉讼法草案》，但因争议太大而被《大清刑事诉讼律草案》《大清民事诉讼

---

[1] 据第二历史档案馆影印该临时大总统令的通电译件，南京临时政府在3月11日即获悉袁世凯大总统令全文。该咨文以《刑律草案》代替新刑律，显然已不全是解决民事法律规范缺失问题。

[2] 所谓“第一次《刑律草案》”当指光绪三十三年八月修订法律馆起草上奏并公布的《刑律草案》（即通说所谓“第一案”）。关于《大清新刑律》历次草案情形，参见陈新宇：《〈钦定大清刑律〉新研究》，载《法学研究》2011年第2期。该草案全文见“修订法律大臣沈家本等奏进呈刑律草案折并清单”，载《大清法规大全·法律部》卷十一至卷十三（北京政学社编，有台北考正出版社1972年版与国家图书馆2015年出版的《明清法制史史料辑刊（第三编）》收入两种影印本），《大清光绪新法令》第19—20册（上海商务印书馆编译所编纂，商务印书馆1910年版，整理本收入《大清新法令》点校本第一卷，商务印书馆2010年版，第457—672页）；当代整理的版本参见黄源盛辑注：《晚清民国刑法史料辑注》（上），台湾元照出版公司2010年版，第35—202页；高汉成主编：《〈大清新刑律〉立法资料汇编》，社会科学文献出版社2013年版，第24—181页；赵秉志、陈志军编：《中国近代刑法立法文献汇编》，法律出版社2016年版。

律草案》取代，成为废案。[1] 显然，该咨文带有浓厚的伍廷芳的个人色彩。

伍廷芳呈文与常规多有相悖之处，仅就采用《民律草案》的主张而言，可为之解释的理由或许有三：其一，借助新政权初步实现晚清未竟的变法事业。其二，基于现实的考量，旧律中不存在现代法律世界的民刑两分，旧律中也不存在现代意义上的民法，作为权宜之计，采用《民律草案》亦是合情合理之举。其三，民国政权本为革命政权，采用《民律草案》无疑比采用旧律（《大清现行刑律》）更合乎革命的宗旨。

然而伍廷芳的主张在临时参议院审议时大部分被推翻了。据临时参议院《新法律未颁行以前暂适用旧有法律案》咨文（1912 年 4 月 3 日），伍廷芳主张的第一次《刑律草案》仍被《新刑律》所取代，《刑事民事诉讼法》被《刑事民事诉讼律草案》取代，《民律草案》则被《现行律》"规定各条" 取代。如果说以《新刑律》取代第一次《刑律草案》尚属更合乎法理，而《刑事民事诉讼法》在前清本未生效即被《刑事民事诉讼律草案》取代也合乎情理的话，那么，以《现行律》"规定各条" 取代《民律草案》则是难以理解的。如果从前清时生效与否判断，则《刑事民事诉讼律草案》也仅是草案，并非生效法律。而《大清现行刑律》（亦称《现行律》《现行律例》）作为颁布《大清新刑律》之前的过渡，仅颁行八个月，即被《大清新刑律》取代。更何况《现行律》作为最后一部中国传统法典，与民国政权无论如何也难以合拍。临时参议院的决议令人费解。

考察《参议院议事录》的记录，临时参议院于 1912 年 3 月 25 日上午宣布政府交议司法部呈称《拟就删改前清法律暂为临时适用法律案》付法律审查会审查；3 月 28 日上午审查政府交议《新法律未颁行以前暂适用旧有法律案》报告，由审查员报告审查大旨；4 月 3 日上午，召集该案第二读会，就审查报告讨论公决议决，并于当日向临时大总统孙呈送《新法律未颁行以前暂适用旧有法律案》咨文。因此，可以清楚的是，对司法部提案作出重大修改的应当在法律审查会的审查报告中。

查上述三次临时参议院会议出席参议员名单，出席全部三次会议者计 20

[1] 《大清刑事民事诉讼法草案》于光绪三十二年（1906 年）四月初二奏呈，《大清刑事诉讼律草案》《大清民事诉讼律草案》分别于宣统二年（1910 年）十二月二十四日、二十七日奏呈。

人，去除不太可能作为审查员审查该案的5人，[1] 为15人，该15人中的绝大部分都接受了新式教育，无一人有明显的旧律背景，[2] 临时参议院的决议由此更令人惊奇。

唯一也许可以提出的理由则是临时参议院的大多数议员 [3] 在政权递嬗之时，仍倾向于坚持守法主义的立场，即前朝已生效的法律当然优先于未生效的法律草案，无论该法律草案相比已生效法律是否进步，是否更合乎新政权的需要。[4]

随着南京临时政府的解散，临时参议院随之北迁，该决议亦未见正式公布，民事法律的渊源问题仍悬而未决。

二、大理院：判断民事案件《现行律》效力优先

民国元年8月24日，改组后的大理院开院。大理院必须直接面对民事法源问题。当年（1912年）12月11日，大理院作出第二一号民事判决，从判决文字来看，大理院并未援引1912年3月10日的临时大总统令，也未援引1912年4月3日的临时参议院的咨文，从判决文本来看，大理院似乎并不知晓临时参议院咨文的存在。[5]

在判决说理部分开头，大理院先申明“判断民事案件，应先依法律所规定；无法律者，依习惯；无习惯者，依条理。通例所在，不容稍有假借”，[6] 而后就“法学上原则及法典编制形式”两个方面主张《现行律》关于异姓不得立为嗣子但得酌分财产的规定有效。所谓法学原则，大理院称：“凡法律之制定、变更、废止，必须有表示其效力之明文，或有与之相同或抵触之法律颁布，而后可适用新法胜

[1] 即4月3日二读会提出修改意见的彭允彝以及议长林森、副议长王正廷、全院委员长暨临时大总统秘书李肇甫、临时大总统秘书熊成章。

[2] 15人中有来历可考者11人，9人留学日本，1人留美，1人毕业于北京法政学堂。

[3] 议决当日出席议员30人，以20人多数议决。

[4] 至于《现行律》规定各条是否确为前朝覆亡时仍生效之法律，尚有疑问，本文限于篇幅，不予展开。可部分参见《大清现行刑律》（点校本），陈颐点校，北京大学出版社2017年版，“序”。

[5] 在此后确认《现行律》民事部分效力的诸判例、解释例中亦未见提及；不过《司法公报》第一年第一期“命令”栏首载3月10日临时大总统令。

[6] 《大清民律草案》第一条规定：“民事，本律所未规定者，依习惯法，无习惯法者，依条理。”此即大理院判决所谓“通例”的出处。

于旧法之原则，认旧法为无效。此外，非一国之统治权确已消灭，或有最强之根本法使其法律自体不能存在者，法律即不得认为消灭。若既无变更、废止之明文，而又无与之相同或抵触之法律，且与最强之根本法不相违背，仅国家之统治机关有更易，则无论何种法律，取正当解释，其效力当然与旧时无异。据此以论，《现行律》除《暂行新刑律》已有规定者外，其余律例，自可继续适用。”

在“法典编制形式”这一理由上，该判决补上了如下说明：“《现行律》虽以‘刑律’标目，然非一种单行之刑法，乃集合诸种法典有刑事制裁者而成，故关于某项事件律例，必须有某项法律颁布，而后能决定其是否失效。现在民律尚未颁布，其关于民事各条例，其律例为有效。”这一判决例即是北洋时期“《现行律》民事有效部分”效力的真正来源。

如果考虑到有可能参与此案判决书制成的大理院推事们的背景，这段完全不考虑《大清民律草案》与《大清现行律》之间巨大鸿沟的说明，是不可思议的。

该判决书署名的法官包括大理院推事民庭庭长汪爔芝、推事廉隅、胡诒谷、沈家彝、黄德章。其时民庭尚有朱献文，而大理院时任院长为章宗祥。上述7人中6人留日、1人留美，至少6人法科出身，都曾参与清末修律，是清末新律的主要起草人，[1] 作为新律制定起草的最主要的实践者，[2] 该判决例在《现行律》效力有争议，《现行律》民事部分所指不明，在明确援引了《大明民律草案》第一条的情形下，仍然绕开《大清民律草案》，强行确立了《现行律》民事部分的法律效力及其优先地位，[3] 令人惊讶。能够解释这一选择的也许仍是前文所述临时参议院的大多数议员们的可能立场——守法主义。

此后，大理院在其判决例中密集地重申了《现行律》民事有效部分的优

---

[1] 章宗祥曾任前清法律馆纂修官、宪政编查馆编制局副局长、清内阁法制院副使，汪爔芝曾任前清修订法律馆协修，廉隅曾任前清宪政编查馆编制局科员，胡诒谷曾任前清邮传部参议厅法制科法律起草员、沈家彝曾任资政院编纂，黄德章曾任司法部编纂，朱献文曾任前清修订法律馆协修。其中章宗祥是商法的主要起草人，朱献文则主持修订《大清民律草案》亲属、继承两编。

[2] 虽然廉隅、章宗祥、朱献文、汪爔芝均位列《大清现行刑律》修订衔名，但考虑到《大清现行刑律》的修订以删并为主，谈不上“改”，无从判断他们的旧律素养。

[3] 从技术上说，大理院完全可以回避《现行律》问题即可解决该案所争议的“异姓不得立为嗣子但得酌分财产”问题。《大清民律草案》立法理由称：“条理者，乃推定社交上必应之处理，例如事君以忠、事亲以孝及一切当然应遵奉者皆是。”

先法源地位，包括二年上字第六四号判例[1]、三年上字第七〇号判例[2]、三年上字第三〇四号判例[3]、三年上字第九三八号判例[4]、三年上字第一一九八号判例[5]，八年以后，大理院又再次密集重申了《现行律》民事有效部分的优先法源地位，如八年上字第二一九号判例[6]、八年上字第三九四号判例[7]、八年上字第八三二号判例[8]。

三、无法可守的守法主义？

虽然临时参议院与大理院都选择了《现行律》作为民国民事审判的最高法源，[9]但《大清现行刑律》389条律文、939条条例[10]中，究竟哪些属于民事有效部分，并不清楚。然而，守法或者说法律优先总得确定哪些是法，确定哪些是“《现行律》民事有效部分”，这无疑是前文所谓“守法主义”的大问题，不过这个问

---

[1] “判断民事案件，应先依法律所规定，法律无明文者，依习惯法；无习惯法者，依条理，盖通例也。现在民国民法法典尚未颁行，前清《现行律》关于民事各规定继续有效，自应根据以为判断。”

[2] “习惯之适用，亦必以法令所未规定或所许之事项为限。《现行律例》既有立嗣专条，自无先行适用习惯之理。”

[3] “民国民法法典尚未颁布，前清之《现行律》，除制裁部分及与国体有抵触者外，当然继续有效。至前清《现行律》虽名为《现行刑律》，而除普通刑事部分外，关于特别刑法、民商事及行政法之规定仍属不少，自不能以名称为刑律之故，即误会其为已废。”

[4] “前清《现行律》关于民事各条除与国体及嗣后颁行成文法相抵触之部分外，仍应认为继续有效。”

[5] “前清《现行律例》关于民事各条，除与国体及嗣后颁行成文法相抵触之部分外，现仍继续有效。……关于分析家产，《现行律例》既有明文，自无主张习惯之余地。”

[6] 《现行律例》“无子立嗣，不得紊乱昭穆伦序”之规定，应属强行法规。其与此项法规相反之习惯，当然不能有法之效力。

[7] “《现行律例》禁止以孙祢祖……应有强行效力，不容反对习惯之存在。”

[8] “民国民律未颁布以前，《现行律》关于民事规定，除与国体有抵触者外，当然继续有效。即其制裁部分，如民事各款之处罚规定（如处某等罚、罪亦如之等语），亦仅不能拟以处罚，关于处罚行为之效力，仍应适用，以断定其为无效或得撤销。”

[9] 北洋时期大理院始终坚持法律优先原则，但除了“《现行律》民事有效部分”，北洋时期的民事法律数量非常之少，仅有《管理寺庙条例》《清理不动产典当办法》《国有荒地承垦条例》《矿产条例》等数种。

[10] 《钦定大清现行刑律》“卷首・律目”末注明“附例共计一千三百二十七条”，系指律例合计1327条，非指条例有1327条。另，经点数，《钦定大清现行刑律》实际收入条例939条，而非938条。参见《钦定大清现行刑律》（点校本），陈颐点校，北京大学出版社2017年版。

题从未解决。

考虑到大理院推事们与清末修律的密切关联，奕劻等在《核议沈家本等奏《编定〈现行刑律〉告竣缮具黄册恭候钦定折》[宣统元年（1909年）十二月二十三日]中所称的“《现行刑律》户役内承继、分产以及男女婚姻、典买田宅、钱债违约各条，应属民事者，自应遵照奏定章程，毋庸再科罪刑”[1]以及在《呈进〈现行刑律〉黄册定本请旨刊印颁行折》[宣统二年（1910年）四月初七日]中所称的“《现行律》户役内承继、分产、婚姻、田宅、钱债各条毋再科刑”之说“系指纯粹之属于民事者言之”，大理院推事们在讨论何谓《现行律》民事部分时，应该并不陌生。但如细看奕劻两份奏折的表述，其实大有问题，因为《现行刑律》删去六目之后，在30门中，可以大致对应的应该是户役、田宅、婚姻、钱债4门，故而所谓“户役内承继、分产、婚姻、田宅、钱债各条”的表述中的“户役”应为“户律”，而“户役内承继、分产以及男女婚姻、典买田宅、钱债违约各条”能直接对应的各条似应为户役内的立嫡子违法条（承继）与别籍异财条（分产）、婚姻内男女婚姻条、田宅内典买田宅条，而钱债内三条并无直接对应“违约”的律条，可见《大清现行刑律》颁行之时对何谓“《现行律》民事部分”就不清楚。

大理院判决例与解释例援引《现行律》的律例除了户役、田宅、婚姻、钱债4门外，尚援引了服制图以及名例、市廛、斗殴、犯奸、河防5门；涉及律文20条，条例26条；比较集中的仍是户役、田宅、婚姻、钱债4门。[2]但即便是这4门，律例的引用比例还是相当低的，4门总计原律40条，引用14条，仅占35%；[3]原例64条，引用22条，仅34.3%。

从分布上看，大理院援引《现行律》民事部分很难说有明确的说法，实际上大理院也从未公布过究竟《现行律》的哪些条款是有效的，属于所谓“《现

[1] “章程”指《各级审判厅试办章程》，其第一条给出的界定是“凡因诉讼而审定理之曲直者属民事案件”，其第111条规定的检察官须出席的民事诉讼为婚姻事件、亲族事件、嗣续事件三类。

[2] 户役，原律12条、引用4条，原例21条、引用8条；田宅，原律10条、引用1条，原例18条、引用4条；婚姻，原律15条、引用6条，原例19条、引用7条；钱债，原律3条、引用3条，原例6条、引用3条。

[3] 未进一步统计律文各节的引用情况，如果统计律文各节引用情形，则实际引用的比重会更低。

行律》民事有效部分”[1]。

而在大理院全部的判决例、解释例中，大理院有关民事的解释例计421号，其中援引《现行律》者105号，占比24.9%；大理院有关民事的判决例计2213号，其中援引《现行律》者158号，占比仅为7.1%。[2] 如依《大清民律草案》编制来分编考察的话，法源问题则更突出，即《现行律》实质上仅对亲属、继承案件的审理起到了实质法源的作用，[3] 但即便是亲属、继承领域，援引《现行律》的判决例也仅占到了该领域判决例的15.3%。（参见下表）

		总则	债权	物权	亲属	继承	总计
判决例	总号数	248	833	380	428	324	2213
	援引《现行律》号数	7	17	19	66	49	158
	占　比	2.8%	2.0%	5.0%	15.4%	15.1%	7.1%
解释例	总号数	66	97	57	141	60	421
	援引《现行律》号数	5	5	5	63	27	105
	占　比	7.6%	5.2%	8.8%	44.7%	45%	24.9%

而在大理院自身认可的三种法源——法律、习惯、条理中，被认可的习惯数量并不多，有理由推断大部分的解释例、判决例的效力来自于条理，而所谓条理，则大抵接近于《大清民律草案》，并且本质上与《现行律》属于两个世界的规则。从大理院自身的官方法源汇编来看，最重要的《大理院判例要旨汇览》《大理院判例要旨汇览续编》《大理院解释例要旨汇览》（由大理院各庭推事担任编辑员）也均依据《大清民律草案》的篇章结构（继承编有较大修正）来编排大理院的民事判例与解释例。

由此可见，大理院的“守法主义”捉襟见肘，实者“无法可守”。导致这一局面出现的最主要原因无疑是在于近代的变局已经开始深入到社会生活，传统

[1] 1919年5月《司法公报》第90期“考镜”栏目刊载的奉天民商事习惯调查会编印的《现行律例关于民事有效部分》，很难视为大理院“《现行律》民事有效部分”的官方版本。

[2] 参见沈尔乔等编辑：《“〈现行律〉民事有效部分”集解四种》，陈颐点校，法律出版社2016年版，附录五“大理院判例、解释例要旨（《现行律》民事有效部分相关）汇辑（附检索表）”，第755—833页。

[3] 在援引《现行律》的158号判决例中，115号为亲属、继承规则，占到了72.8%。

的《现行律》与这个巨变中的社会日益脱节。继续坚持“守法主义”的立场，已经开始显得荒唐可笑了。也正因此，早在1917年，大理院即在统字第五七六号解释中承认：“现在民法尚未颁行，该律民事部分，虽属有效，而适用之时，仍宜酌核社会进步情形以为解释，不得拘迂文义，致蹈变本加厉之弊”。只是，如果不拘迂文义，如何守法呢？如何能够称之为“守法主义”呢？

四、“守法主义”中的新与旧

“守法主义”无疑是新观念，就新式法律秩序的话语来说，“守法主义”本身即是司法应有之秉性，是司法与生俱来的保守，也是司法成为可信赖的社会治理力量的源泉所在。然而新式法律秩序在近代中国的引入本身却是前所未有的革命——革旧法的命，临时参议员们和大理院的推事们恰恰又是这一革命的中坚力量。按理，“守法主义”应当捍卫“革命果实”，但在“《现行律》民事有效部分”的名目之下，我们看到了这一出奇特的景观：新法的原则用来捍卫被新法革命了的旧法；革旧法的命的人卫护着旧法中最根深蒂固的、最核心的部分。

在这一场革命中，标志性的时刻无疑是因“礼法之争”而广受瞩目的《大清新刑律》的制定颁布，围绕《大清新刑律》的“礼法之争”的核心即在于坚持还是放弃“三纲五常”。但“三纲五常”并未随着《大清新刑律》以及更为重要的民国共和政体的肇建隐入历史。“君为臣纲”虽然退出了历史舞台，[1]但“父为子纲”“夫为妻纲”却随着《现行律》民事有效部分延续了近二十年，直至南京国民政府成立、《中华民国民法》颁行。

清末民初的新式法律人、新式政治家们要争宪政、要卫共和，但落在社会生活上，仍然得是“父为子纲”“夫为妻纲”的。在前述大理院元年上字第二一号判决中，大理院附带提出了第三个理由：“况继承一事，关系礼制，多为公益规定，不能因国体变更而失其存在，尤可断言”，明确而斩钉截铁地说明了“守法主义”真正的来源，即新式法律秩序的核心原则只是用来卫护旧伦常的，可

[1] 洪宪帝制与张勋复辟的失败恰恰说明了共和之后就不可能再有帝制了。

以说，卫护旧伦常是真，而守法主义是否是真，却颇难遽断。[1]

时至今日，我们仍然找不到合适的框架理解这一依然模糊的法律景象。这一批法律革命者以新法捍卫旧律的努力，是否可以理解为他们努力避免了社会基本秩序的剧烈变动，为新秩序的形成提供了适度的时间？抑或想象成一群穿着新式法袍轻捻着心中的辫子的古怪的人以他们的顽固完美地诠释了司法者的责任，为初入中国的法治奠定了坚固的基石？我们是否可以说，他们才是中国文化的托命之人，苦心孤诣地守护着中国文化赖以生存的基本社会秩序？又或者，新法的革命，本就是要以法律重构社会的，他们只是革命征途中的掉队者乃至于革命的叛变者？再或者，他们才是激进革命时代的睿智的改良者，游走于新旧两端，以旧促新，以新释旧，所谓的“守法主义”只是新酒装旧瓶的完美的技术操作？如此种种，皆难谓全然无据，亦皆难谓何者必是答案，值得继续“寻踪”。

[1] 可资参照的是1921年3月2日广州军政府曾发布的《民律草案修正各条》，但亦因遭到反对而延期施行，并最终不了了之。

传统民事习惯对《中华民国民法·物权编》的影响

孙洪阳 *

《中华民国民法·物权编》的制定受到了编纂者的极其重视。1929 年，以胡汉民为院长的立法院提交立法原则有 14 条规定，在这些原则之后各附说明理由，提交中央政治会议审议，中央政治会议通过审议，将该项原则及说明略加修正，使其作为物权编起草的原则要求。民法起草委员会委员先后开会四十余次，草拟民法物权全编，经过立法院的审议后通过。

1929 年 11 月 30 日公布了《中华民国民法·物权编》，并决定在 1930 年 5 月 5 日开始实施，物权编在《中华民国民法》中处于第三编，该编的条文为第 757 条至 966 条，共 210 条，包括十章内容，这十章内容是立法者对于物权认识的基本体现。

笔者主要就固有法中的民事习惯对《中华民国民法·物权编》的影响进行展开分析，并结合清末民初两次民事习惯调查的成果即《民事习惯调查报告录》与《中国民事习惯大全》的内容作为民事习惯的分析依据，来考察《中华民国民法·物权编》在立法过程中对民事习惯态度的得失之处，同时，也分析了南京国民政府时期最高法院的判例对于民事习惯取舍的问题。

笔者认为，法律条文对民事习惯的态度主要分为两大种：第一种为法律条文肯定民事习惯的部分。主要包括：1. 法律条文对于民事习惯的直接援引；2. 法律条文对于民事习惯的原则性援引；3. 法律条文对于民事习惯的改造援引；4. 法律条文对于民事习惯的补充性规定。第二种为法律条文对于民事习惯行为的否定

---

* 孙洪阳，上海市松江区法院书记员。

部分，即法律条文明确的否定某些民事习惯。对于这两大种情况，笔者将结合法条和具体的民事习惯进行论述，以期得出《中华民国民法·物权编》对于民事习惯的态度。

一、法律条文对于民事习惯的肯定部分

（一）法律条文对于民事习惯的直接援引

在进行立法时，将民事习惯直接转化为法律条文的做法较为少见，通过分章对比分析法律条文与民事习惯的内容，发现有法律条文直接引用民事习惯的内容做法，现将其总结如下。

1. 在“所有权”部分相邻关系中，土地所有权在公私法范围内都要受到法律的保障，他人如任意侵犯，自得予以禁止，查民事习惯的相关资料可以得出：“澄城县民事习惯，土地所有人于自己土地上设立工场或挖坑取土，若于邻地有损害者，邻地之所有人得禁止之。”[1] 但是民间的民事习惯中也有些侵入邻地的例外情况，例如：“业主未设围障之山林或牧场，通山县习惯，他人可入采取杂草或天然物；而五峰、郧县、汉阳均不许他人擅入采取。竹溪县习惯，所有杂草或其他天产物，现有业主采取者，他人不得入内；惟业主未尝采取，他人亦得入山采取。巴东县习惯如得业主允许者，亦可入内樵牧；京山县习惯，凡非业主所培植者，均可采取；谷城县习惯，只准割取杂草。麻城、广济两县分两种：一曰开禁山，无论何人，皆可采取；一曰封禁山，无论何物，他人均不得采取。潜江、竹山两县习惯，则概不准他人入内樵采。”[2] 这是有关土地所有权安全的民事习惯。

通过查阅物权编第 790 条可得，土地所有人除了在他人有通行权者，或者依照地方习惯，任凭他人入其未设圈障之田地、牧场、山林，刈取杂草，探取枯枝等外，土地所有人都可以禁止他人侵入其土地，通过对比内容可以得出，法律条文是以不得侵入他人土地之内为原则，以可以进入他人地内为例外，并

---

[1] 前南京国民政府司法行政部编：《民事习惯调查报告录》（以下简称《报告录》），中国政法大学出版社 2005 年版，第 289 页。

[2] 参见《报告录》，第 267、274 页。

且允许进入他人地内的做法遵从了民间的习惯做法，直接将其引入法条。

2. 在福建省顺昌县形成了限制通行的习惯，“这时甲有房屋一所，共分三院，前后有门，现将后院卖绝于乙，约定，甲可从后门通过，乙也可从前门通过，但有丧事时，其灵柩不得从他人院内通过。”[1] 有关通行权之法律规定，可从第 800 条得出，一部分人如果有使用他人正中宅门需求的，可以直接使用，但是双方另有特别约定或另有习惯的情况下，需要遵从其特约或习惯，如果因使用他人物品给他人带来损失的，应当支付赔偿金。法律直接引用该习惯的内容，同时也尊重了当地习惯的做法。

3. 水资源的利用关乎人们的生产、生活，因此，民间形成了较为丰富的有关水资源利用的民间习惯。“水性就下，加以防堵，将造成水患。任其排泄，则无异以邻为壑，宜加规律。”[2] “新建县习惯，处于高地之田地，其所用之水有剩余余，田地处于低地的农户，可以使用高地者之余水进行灌溉，此所谓：上有余水下有命田”。[3] 但也有特殊情况，相邻土地者，地处低之所有人，对于流至之水，不得任意驻堤防阻，高地所有人欲开挖沟渠蓄水、泄水，必须无害于低地所有者，否则，低地所有人可进行阻止。[4]

关于相邻田地的水资源利用问题，从第 775 条可得，对于从高处流向低处的水，低地的所有人不能任意阻挡；如果该水是低地所有人所必需，高地所有人不能因其土地需要，从而对水源进行截留。这是同时照顾了上游与下游用水的利益问题，以减少因用水产生的纠纷。

4. 动产所有权取得的方式很多，诸如先占、拾得遗失物、发现埋藏物、添附等，查阅民事习惯的相关规定，只有陕西省澄城县有一规定，是有关遗失物之取得，即“如果有人拾得遗失物，找到失物主后，应该将其物的一半归还失物主，另一半归属拾物人；如若找不到失物主，该物品即为拾得人所有”[5]。

查阅物权编第 807 条可知，对于所拾得的遗失物，六个月内如若无人认领，

---

[1] 参见《报告录》，第 243 页。

[2] 王泽鉴：《民法物权》第一册，中国政法大学出版社 2001 年版，第 218 页。

[3] 《报告录》，第 192 页。

[4] 参见《报告录》，第 289、179 页。

[5] 《报告录》，第 289 页。

所拾得的遗失物或拍卖的价金应归于拾得人所有。从该条可以看出，立法者完全采用了该民事习惯的精神与内容，对于动产所有权的其他取得方式，在民事习惯调查报告录中笔者尚未发现相关习惯，不过，笔者认为对于其他的取得方式肯定也有很多民事习惯，只是没有列名罢了。

从以上内容得出，立法者在编纂法律时，将民事习惯直接转化为法律条文的做法是不多见的，因为日常生活中的民事习惯形形色色，人们的习惯做法因地区的不同而不同，这就导致民事习惯容易出现多样性，使立法者不宜直接将习惯做法转化为法律条文。

（二）法律条文对于民事习惯的原则性援引

民事习惯具有区域性与民族性，对于同样的问题，不同的地区或民族会有不同的做法，立法者在编纂法律时，如若对于民事习惯的行为进行借鉴，只能将其进行归纳总结使其对于各个地区与民族都有适用性，笔者将立法者编纂法律时对于民事习惯的原则性引用的情况归纳如下。

1. 疆界旁树木的果实与枝根若进入到邻地，势必会影响邻地人的采光、通风等，关于越界果实与枝根的习惯有：在湖北兴山、麻城、汉阳等八县，当甲地内所种果木的果实落入乙地内时，虽说果实在乙地，但果实仍归属于甲所有。但是，在竹溪县情况就有所不同，竹溪分旷野与比屋而居两种情形，如果实掉落乙的旷野地中，该果实仍归属于甲，如果是在比屋而居的情形下落入乙地，该果实应归乙所有；“谷城、郧县与巴东三县还分自落与外力作用两种，因甲摘取落入乙地者，多归甲；自动落于乙的院内，大多归属于乙”[1]。甲乙两地相连，甲地之树竹枝根侵入乙地，巴东、通山、谷城、汉阳、兴山五县习惯，乙应向甲说明与其商量，请其刈除，甲应允刈除，则枝根归甲，若甲不允，乙则自行刈除，枝根归乙；郧县习惯，乙可径自刈除，其枝根归乙；潜江、竹山、麻城三县习惯，乙可径自刈除，但枝根仍归甲所有；竹溪习惯，乙可径自刈除，但树根归乙所有，树枝仍归甲所有；广济县分两种情形：侵入乙地为地上之根，乙刈

[1] 参见《报告录》，第266、274页。

除后仍归甲，地下之根侵入乙地，乙可自砍自有。五峰习惯，树枝应向甲声明，令其刈除，其枝归甲所有，树根由乙径自挖除，其根归乙所有。京山县有习惯针对侵入他人地内的枝根，另一方可以刈除，刈除后到底归谁无定论。[1]

有关相邻之地枝根侵犯邻地与果实落入邻地的处理方式，不同的地区有不同的做法，立法者将其做法进行整合规定了统一的做法。例如，由物权编 797 条可知，关于逾越疆界的枝根，被侵入者可以请求竹木所有人将其刈除；如果竹木所有人未采取行动，被侵入者可以自行刈除。关于侵入他人地内的果实处理问题，由 798 条规定，如果果实自动落于邻地者，应将该果实视为属于邻地所有人；但所落之地为公用地的情况下，不适用上述规定。这两条规定的做法是综合各地习惯的结果。

2. 关于建筑物排水问题，各地区针对各自的地势、房屋建筑特点等形成了当地的习惯。例如，山东平度有俗语“借山不借水”，建筑房屋时不得将滴水侵入到邻地；开封有不得使檐水注滴邻近，必须给自己留有若干尺滴水之地，在市井繁盛之区，若无余地可承滴水，多在檐头修一条沟，引水回流，俾入己院；嘉祥县有建筑房屋，须留滴水地二三尺，而平遥县的滴水地则需距离墙根六寸或八寸；福州建筑物有“滴水滴自己，飞檐飞他人”之习惯，如甲乙丙三地前后相接，甲地居中，乙地在前，丙地在后，甲建房时，其前后檐端只能在自己所有地范围内滴水，不得以前后柱所立为标准，其前后柱已尽甲地，柱外垂檐必将滴水滴至邻地。面对如此纷繁复杂的各地习惯，立法者在总结各地的做法后，直接将其规定为第 777 条，“土地所有人不得设置屋檐或其他工作物，使雨水直注于相邻之不动产”。这种做法对于各地都有很好的指导作用。

3. 关于共有物的管理费用承担问题，清水河县习惯为“面对洪水时，两家须共同开凿沟渠以泄积水，其费用须平均负担”[2]。由法条第 822 条规定，对于共有物的管理费的担负问题，如果契约另外作特别的规定，就应当由各共有人按其应有部分进行分担。该条总的思想就是除了共有人之间有特别的约定，各共有人所应承担的担负应与其所占份额相同，其精神与清水河县有关共同开挖沟

[1] 参见《报告录》，第 265—266、273 页。

[2] 参见《报告录》，第 337 页。

渠费用承担的习惯一致。

4. 永佃权是我国较为古老的权利，永佃权的出现，使一块田地上设定两个所有权，在江苏地区，佃户对田亩拥有的是“田面权”，地主对田亩拥有的是“田底权”，面所有人既是土地的所有者，又是佃户，其所拥有的田面权可以自由的出售、转让。[1] 正如费孝通先生所言：“田底所有权仅仅表明对地租的一种权利，这种所有权可以像买卖债券和股票那样在市场上出售。田底所有权可以属于任何法人，不论是个人、家族或政府。这个所有权可能是私人的，也可能是公共的。”[2]

针对永佃权的相关法律规定还是言简意赅的，第842条直接将永佃权的范围界定为永久在他人土地上耕作或牲畜之权，其概念规定与民间的做法几乎一致，因为民间租佃土地的需求就是耕作与放牧，这与中国封建社会的小农经济社会有关。由第843条规定可知，永佃权人可以将其对于土地的权利让与他人。这里认为永佃权可以典卖、抵押或继承，虽说黑龙江省兰西县与安徽通省、隆化、围场、平泉及绥远地区在转让权利时是否需要地主同意有不同的习惯，但都不排除永佃权人拥有这份权利，只是实施该权利时稍有不同，立法者在进行第843条立法时充分的考虑了民间习惯的因素，将其直接规定为永佃权人得将其权利让与他人，是作了原则性规定的表现。

5. 地役权者，依设定行为所定目的，或历年行使权利之事实，以他人土地供自己土地便宜之用之权利也。[3] 地役权的设定与人们日常的生产、生活息息相关，因此，在民间形成了大量的有关地役权的民事习惯，现将有关地役权的民事习惯总结如下：江西赣县之习惯，农民灌溉田亩，如若须经过他人田地，有两种方式，即提禾（提开禾苗）挖沟过水，或提禾筑盆过水。使用这两种方式灌

[1] 与“田面权”“田底权”类似的叫法还有福建政和县的“田皮”与“田骨”；安徽英山县的“面子”与“裹子”；江苏海门县的“过投地”与“苗地”；安徽旌德县的“佃田”与“丈田”；安徽歙县的“小买田”与“大买田”；浙江金华县的“客田”与“民田”；浙江黄严县的“上皮”与“下皮”；福建南平县的“税田”与“苗田”；福建浦城县的“小苗”与“大苗”等等（参见《报告录》）。这些对于田地的面与底的不同的称谓，体现出习惯的地域性，甚至是在同一个省的不同的县的叫法都有不同，但是，它们所代表的具体内容是相同的，只是不同的表述而已。

[2] 费孝通：《江村经济——中国农民的生活》，商务印书馆2001年版，第164页。

[3] 刘志歇：《民法物权编》，中国政法大学出版社2006年版，第219页。

溉，无须供役地所有人的承诺，只需选择使用对供役地损害最小的方式，使用后，使用者须将挖沟或筑盆恢复原状即可。[1] 地役权的设定理念，即为在对供役地最小损害的前提下提高需役地的利用价值，因此在对供役地进行改造或限制时，要同时兼顾两者的利益。

关于地役权者因行使权利而设置者的民间习惯，"福建浦城县习惯，如果甲有田地可作为蓄水之用的渠陂，乙、丙等需要使用甲的土地修造渠陂来灌溉，那么乙、丙等应该共同向交纳租金"[2]。"绥远五原县之习惯，因大雨或其他原因，遇有邻地自然流至之水，须施以必要工作时，其费用由高地所有人与低地所有人共同负担，亦或但由低地所有人负担。因县内流水之地均为上田，低地所有人借水灌溉受益最大。"[3]"福建建阳县习惯，建阳商人沿溪转运木筒，经过水坝时，必须与设有水坝之乡议定修坝费用，约每厂木筒经过一水坝，须出费用二元到十元不等的费用。"[4] 利用设置获得益处者，在供役地所有人因提供供役地有代价付出时，地役权人需要对其进行补偿。

根据有关地役权人行使地役权时设置的相关习惯，立法者作出如下立法，地役权人因要行使权利而建造的设施，他有维持该设施的义务，供役地所有人在不危害地役权人使用的情况下，可以使用前项的设施；针对前项的情形，供役地所有人应该按照其受益的程度，来分担维持该设施的费用。在面对需役地需要施以必要工作时，如果对于供役地也有需求的话，其费用一般由供役地所有人与需役地所有人共同负担，在特殊情况下，由需役地所有人独自承担，该习惯形成的基本理念为谁受益谁承担费用，做到了权利义务的相统一。

6. 有关典权的原业主在将不动产出租或出典给他人时，其租金或典价往往较出卖价格低，业主如若在租期或典权期内，有权对不动产进行出典或出卖，其他人不得干涉，该民事习惯被称为"租不拦典，典不拦卖"，其在民间的生产、生活中非常普遍。例如，奉天省洮南一带及义县、绥中、锦县；吉林省舒兰县；黑龙江省龙江县、讷河县、青冈县等二十三县；山西省岐山县都有"租不拦典，典不拦卖"

---

[1] 参见《报告录》，第 201 页。
[2] 《报告录》，第 248 页。
[3] 《报告录》，第 336 页。
[4] 《报告录》，第 240 页。

的习惯；另外，山东省滋阳、聊城两县之习惯有“租不压典，典不压卖”，陕西省长安县的“拦典不拦卖”，绥远及萨拉齐等县的“尽卖不尽典”也都是表达的“典不拦卖”的习惯。赋予原业主在租期或典期内有出典或出卖的权利后，为了衡平原业主与承租人或典权人的利益关系，同时也赋予承租人或典权人在同等条件下具有优先权，在原业主与承租人或典权人之间做到了兼顾与公平。

因此，面对原业主在将典物出典后，因家庭变故或其他不得已的原因，需要对典物进行出卖时，典权人不得阻拦，由法条918条可知，设定典权后的物品，其所有权应该发生转移。该条的立法目的是赋予典权人权利的条文，但从另一个侧面也承认了出典人的转卖权。该条给予的出典人的转卖权与民间习惯中的“租不拦典，典不拦卖”的内涵是一致的，都是对出典人权益的救济。

7. 在大部分地区原业主在回赎典物时，需要根据典契进行回赎，但是典契的订立，一般是根据当地习惯进行的，不动产的典当主要分为对房子的典当与对土地的典当，因此，对田地的回赎与对房子的回赎也有不同的习惯。根据现有资料，可以看到各地回赎田房的时间多是以旧历年前为限，且多发生在二、八两月，这些时间人们较为清闲，有更多时间去进行房屋的回赎。对于土地的回赎大多发生在惊蛰、清明前或秋分后，根据农时安排可知，土地的回赎一般在耕种前或者庄稼收获后为主，这时回赎田地不耽误原业主的耕种，且典户在土地上所种植的庄稼多已收获，做到了兼顾双方的利益公平。

虽说各地的回赎时间有所不同，但是立法者还是根据各地的时间做了一般性概括。例如，出典人对于耕作地的回赎，一般为收益季节后次期作业开始前，对于不动产的回赎，应当于六个月前，先行通知典权人，让其有个准备。立法者在制定该条文时对于耕作地的回赎遵循了不违农时的自然规律，与民事习惯中的一般回赎田地的时间多在秋后惊蛰前是一致的。对于其他不动产的回赎，一般是指对于房屋的回赎，应于六个月前通知的做法也是很人道与有必要的，在这六个月中可以给典权人足够的时间进行准备与搬离，该种做法要比民事习惯中的多有不提前通知的做法要科学合理。

以上涉及的几类民事习惯，虽说各地的做法有些不同，但都是“大同小异”，各地的做法有很多的共性，立法者根据各地的习惯做法，结合物权理论将其概括成一般的做法，使其对各地都具有指导意义。

（三）法律条文对于民事习惯的改造后援引

基于民事习惯具有地域性，各地的不同民事习惯做法有的满足物权民事理论，而有的做法是违背基本法律精神。对于那些违背民事理论的做法，立法者对其给予了一定的改造，然后将改造后的做法作为一般的做法列入法典中来，使其具有普遍的指导意义。

1. 有关邻地使用与通行形成的习惯有：解县形成了行走邻地之限制的习惯，甲、乙两地毗邻，至甲地必须经过乙地，甲地所有人于乙地播种至收获之期间内，只得行走地畔。[1] 关于通行问题，介休县有“世无天爷毛子”的说法，而嘉祥县有“抬牛地”的说法，这两县的习惯几乎相同，就是说田地位于中心，四边无出入之车路者，人可以径自通行，若非商得地邻同意，不准牛车出入。[2]

对于土地所有人想要疏通水道或开设公路时，根据土地的自然条件，必须从相邻地通过时，五峰、竹溪习惯，不管是疏通水道或开设道路，都分为个人利益与公益两种情况，如属个人利益，必须向邻地人置买或租借才能通过；如是属于公益，只需通知邻地人即可通过，开设道路，事前即不通知，其相邻人亦不得阻止。麻城习惯，分为有无老例两种，有老例者，不必租借应予通过；无老例者，必须置买才能通过。潜江、谷城、广济、竹山四县习惯，须向邻人租买，始能通过，而兴山或甘肃全省习惯对于开通水道须向邻人租买，开设行路不必租买。郧县、汉阳习惯不论水道或行路，均须向邻人置买或租借，才能通过。巴东、京山两县，有须租买，有不须租买亦准通过者。[3]

对于“袋地”或其他与公路不相接的土地，不同的民事习惯有不同的处理方式，有的地方需要租借或置买才能得以通行，而立法者是将其改造后，直接赋予“袋地”所有人通行权，如第 787 条得知：在土地与公路没有相邻时，土地所有人只有通过周围的邻地才能到达公路，在这个过程中，对于通行地因此所受的损害，通行人应支付一定的赔偿金。第 788 条也规定：有通行权人于必要时得开设道路，但对于通行地因此所受之损害，应支付偿金。“袋地”所有人只有

[1] 《报告录》，第 122 页。

[2] 参见《报告录》，第 112、131 页。

[3] 参见《报告录》，第 266、275、311 页。

在对通行地造成损害时才给予偿金，这样更加符合现代法律的发展趋势，即只有存有损害才给予赔偿的理念。

2. 在我国民间习惯中，因典权人与典物有密切的利益关系，因此，原业主在进行出售典物时，典权人具有先买权。例如，怀德县、吉林全省、龙江县、京山县、通山县、华亭县都有典主优先购买业主让与的典物的权利，原业主出卖典物，先尽典主，不得直接出售给第三者，否则，典主可主张留买权。[1] 另外还有些地方典主虽说有先买权，但其先买权次于亲房或四邻。例如，湖北广济、潜江两县习惯，所有人在出卖田地时，对于已经出典的田地，应先考虑亲房的需求，其次考虑典户的需求，最后考虑邻里的需求；甘肃变卖田房者，首先询问户族，只有当户族不买时，才考虑当户的需求；如果当户没有留买的意思，才允许业主与他人进行买卖。[2]

面对各地区对于典主先买权顺序的不同，立法者对不适宜经济社会发展的做法给予了改造。法条第 919 条规定，出典人在将典物的所有权让与他人时，此时，如果典权人提出对于典物提出同价留买权，如果出典人没有正当理由不得拒绝。这是符合人们的生活习惯与生活常识的，因为典权人与典物有经济上的联系，且典权人一般占有典物年限较长，有一定的情感付出，其先买权的行使，不仅满足了原业主的经济之需，也使典权人更加方便地使用典物与维护自身的利益。

3. 在抵押权中，民间习惯设定抵押权后其范围及于法定孳息与天然孳息。例如，福建顺昌县，若甲以价值千元土地作为抵押向乙进行借款，负担债务五百元，约定一年履行一次利息，若甲未能按时履行利息之约，乙可先收获此抵押物所生之孳息，作为利息之代价。所谓孳息者，天然孳息，如土地上之树木、瓜果等；法定孳息，如房租、地租等，但是，这些孳息的价值常低于利息的数额，还款期届满后，债务人仍不清偿，债权人可请求债务人卖却或直接将抵押物卖却，从而实现其债权。[3]

立法者依据民法理论对其进行改造，由第 863 条可得，抵押权的效力及于抵押物被扣押后由抵押物分离的天然孳息。本条文指出，抵押权的效力范围，

[1] 参见《报告录》，第 21、277、318 页。

[2] 《报告录》，第 312 页。

[3] 参见《报告录》，第 242 页。

不仅包括抵押物，还包括抵押物之天然孳息，本条的精神与福建顺昌县的习惯是一致的，若甲未能按时偿还债务，乙可先就甲的土地的孳息进行偿还利息，但是顺昌县的习惯所及之孳息包括天然孳息与法定孳息，而本条条文所涉及之利息为天然孳息，不包括法定孳息，这是立法者根据民法理论对其进行的改造，使其更加符合社会发展需求。

4. 有关一物重复抵押的问题，在不同的地区有不同的习惯。直隶省清苑县、湖北省汉阳、郧县、兴山、麻城、竹溪六县习惯均允许重复抵押，并且在湖北五县中，一物重复抵押后，抵押人无法按期偿还债务，麻城、郧县均系以抵押之先后定优先权之顺序；汉阳、兴山、竹溪三县习惯，则均系一律均摊，并无先后之不同。然而，安徽省广德县习惯，一物第一次设定抵押权后，即使该不动产之价格超过债额数倍，亦不得再行抵押于他人。[1] 有的债务人欠债太多尽产摊账时，设定抵押的债务与没有设定抵押的债务是否有不同，不同地区有不同的习惯，竹溪、兴山、竹山、巴东四县习惯，有抵押权之债务与普通之债务均系同一摊派。并不享有优先权利；谷城、广济二县，有抵押权之债务不能与普通债务一律摊派；五峰县对于抵押债务的利息部分有优先权，其他债务仍没有优先权。

面对如此混乱的习惯做法，立法者对其进行了大量改造，法条第 865 条规定，不动产所有人因担保数债权，就同一不动产设定数抵押权者，其次序依登记之先后定之。从本条文的规定内容可以得出，设定抵押权时依据的是登记成立，而不是设定时即成立，但是，从上文的分析中可以看到，大部分地区的民事习惯虽然允许重复抵押（安徽省广德县不允许重复抵押），但其成立抵押权的时间是设定之时，而非登记生效，这也许与广大农村地区登记机构不完善有关。

（四）法律条文对于民事习惯的补充性规定

还有一些习惯虽说各地的做法不同，但是这些不同的做法都没有违反民事法律的基本理论，立法者无须对其进行否定，因此，立法者采取了尊重各地习惯的做法，将此做法称为对民事习惯的补充性规定。将此类习惯总结如下。

---

[1] 参见《报告录》，第 16、186、272 页。

1. 关于不同时期、不同河段之间用水的情况，在民间形成了不同的做法。例如，安徽舒城县田产买卖，契约内必注明有关用水权，其用水权分为忙水（栽插期间）、间水（非栽插期间）之别，两个用水期间不得混用；又有混水（即水涨时）、清水（即水枯时）之分，混水之际得筑成垱坝截用三日，清水之际得截用七日，期满即应开垱放水下流。若下流急需用水，须向上游情商，不得擅挖垱埂。[1] 这些都是为了照顾好高地与低地者的利益。

针对不同的用水习惯与方式，立法者对于不同河段的土地所有者形成了一些规制。由第 784 条规定，如果河流的两岸属于不同的土地所有人，不得随意变更水流的宽度；属于同一地所有人，所有人变更水流或宽度时应考虑给下游留足必要的水路；如另有习惯者从其习惯。特别是第二款的规定，表明了立法者尊重各地用水习惯的做法。

2. 有关邻地安全的民事习惯主要集中在传统领域。例如，保证房屋的坚固，不去擅自侵犯邻地，而随着经济社会的发展，为保证邻地安全提出了新的挑战，立法者则根据时代要求提出新的立法规定。例如，第 793 条规定，土地所有人的土地有轻微的煤气、蒸气、臭气及其他与此相类者侵入或者根据地形应该那样飘动的煤气等可以不去禁止该行为。从法条第 793 条的规定来看，对于土地的安全立法者给出了基本的标准，民事习惯如果有不同的做法也是受到保护与尊重。

3. 地上权人在他人土地上为工作物或植物而使用其土地，必须设定契约。汉阳、麻城、兴山、巴东、潜江五县租约内必定有期限，在存续期间内，出租、出卖，均不随土地所有权之转移为转移；五峰习惯，仅有设定建筑房屋之地上权，而无设定之植物之地上权；郧县、竹溪两县习惯，设定建筑房屋之地上权无期间，唯设定植物之地上权有期间；竹山、谷城、京山三县习惯，设定的契约有定期限者，有无期限者。[2]

据《中华民国民法典》，该法第 834 条规定，如果地上权没有规定具体的期限，地上权人有权随时抛弃他的权利利益，另有习惯规定的可以从其习惯；地上权人在进行抛弃时，应向土地所有人以意思表示进行说明。笔者通过总结地

[1] 参见《报告录》，第 187 页。

[2] 参见《报告录》，第 267、273 页。

上权民事习惯可以得知，对于是否设定期限，不同的地区有不同的规定。有的地区须要设定期限，有的地区不需要，该条法律前半部分规定“未设定期限者，地上权人得随时抛弃其权利”，这是对民间习惯的改造，且偏向于保护地上权人的权利；后半部分是“另有习惯者不在此限”，表明立法者对于民间习惯充分的尊重，给予地上权人与土地所有人设定相关期限及内容的自由。

4. 在将田宅等项抵押于人者，一般由原业主书立契约外，还有对于是否应将老契交与承典人或承押人的问题。通过查阅民事习惯的相关资料发现，山西省新绛县与黑龙江省龙江县与肇东县之习惯在将田宅典押于人时，除了签订契约外，还需要将老契交于承典人或承押人，以防产生纠葛。[1] 但在山西省左云县、黑龙江省巴彦县、通北县、布西设治局地方、铁骊设治局地方之习惯在典当田宅时，更加看重书立契约，无须交付老契。不管是否需要老契及如何立契约，这些习惯都是当地人们根据当地民族习惯所约定俗成的行为方式，在当地具有认可度与可行性。

典契的签订是典权设定的桥梁，典权设定后，典权人就拥有了相关的权利与义务，在多个地方典权人具有转典的习惯。例如，黑龙江省龙镇县、山西省猗氏县习惯，进行转典时，只需要双方同意与交付原典字据即可，不需要另立新契，原业主回赎时，应向新典户回赎。[2] 陕西省鄜县习惯，典当田宅，若当户不愿管业，得向业主请赎，业主无力回赎时，当户得央中转当他人，书立转当约据，交转当人收执。如果原契约一并交给转当人，以后业主应该直接向转当人加赎金；如果不交付原契约，业主必须得向原当户回赎。[3] 在以上这些地区的有关转典的习惯中，主要涉及转典时是否需要移交原契约，是否需要立新的字据以及业主向谁进行回赎的问题，虽说各地的操作手续有所差异，但其在当地是得到当地人们的认可与遵守的。

由于典契是典权设定的书面凭证，并且典契的书写形式或在典物出典、转典、让与的过程中是否需要提交老契的习惯具有多样性，为了使人们更好地适用该法，立法者在立法过程中采取对有关典契的民事习惯给予充分尊重的态度。

---

[1] 参见《报告录》，第 42、83、96、138 页。

[2] 参见《报告录》，第 91、120 页。

[3] 参见《报告录》，第 301 页。

例如，《中华民国民法典》第915条第一款规定，典权存续中，典权人可以将典物转典或出租于他人，另有习惯或契约者可以遵从相应的习惯或契约。该条说明了纵使民事习惯中有关处理典权的契约做法不同，法律首先是遵从人们的自由意志，这就表明在立法时肯定了民间有关典契习惯的做法。在典权存续的过程中，典权人具有将典物转典或出租的权利，虽说转典的做法不同，但法律是首先遵从习惯，第915条第一款明确表明了法律的态度，该条对于各地的做法表明了认可的态度。

法律对于民事习惯的补充性规定是在各种民事习惯的做法都有其合理性，在当地都有适用价值，并且不违反物权民事理论，只有这样的习惯才能得到立法者的认同。

二、法律条文对于民事习惯的摒弃

还有一些民事习惯做法，立法者认为它们不符合经济社会的发展需要或违背基本民事理论，因此，立法者就用法律规定的形式对于这部分法律条文给予了否定。通过论述民事习惯与法律规定，笔者将其总结如下。

1. 找贴为出典人在典权存续期间，表示原意出让典物的所有权给典权人，典权人通过加典的方式，从而取得典物的所有权。根据找贴的内容，可知找贴是找价作绝之意，虽说是作绝，但是在人们的行为中经常出现找而不绝之现象。福建省政和县有一典数找的习惯，将田房典卖后无力取赎，即行绝卖，然亦有典卖后再三找价而不绝卖者。[1]福建省建瓯县有找贴之习惯，不过大部分得按照时价去找，找的次数没有限制，找贴的时间大多是在阴历年底，如有急需的情况，比如丧葬等事，可随时去找，但是不能超过时价的数额。[2]在福建省建阳县有“一找即绝”的习惯，每百元应找十五元，一经找价，即立断绝字据，永远不得言赎。[3]麻城对于典物之习惯，有不限年岁者，永久可以回赎，如书有年限，限满未赎，不能回赎，并不找贴。多数地区在典当田宅后皆有找贴之习惯，但是找

---

[1] 参见《报告录》，第236页。

[2] 参见《报告录》，第255页。

[3] 参见《报告录》，第238页。

贴的次数各有不同，甚至出现“一找再找”的情形。

典权期限届满后，出典人无力抽赎典物，由典主找付出典人典物时价与往昔典价相较之差额，而典权人获得典物的所有权。关于找价行为是被法律所认可的，它具有保护弱者的功能。但是对于找价的次数法律有明确的规定，第926条规定，出典人在典权存续时，表示将典物的所有权让与典权人，典权人只有按时价找贴，才能取得典物所有权，找贴只能发生一次。法律规定找贴的次数以一次为限，结合上文有关找贴的民事习惯可知，在民间总是出现“找而不绝”的现象，可见，立法者对于“找而不绝”的行为给予了否定，因为“找而不绝”的行为不利于保护典权人的合法权益，并且易使典物的所有权处于“悬而未决”的状态，不利于典物价值的发挥与社会稳定。

2. 关于回赎权的存续期有没有期限限制，不同地区形成了不同的习惯，很多地区不管经过多长时间，回赎权一直存在。例如，福建闽清县习惯，虽说典契内容多约定三年或五年内取赎字样，期限届满，迟延数年，典户不得对抗，甚有逾期数十年或百余年仍可取赎者。[1]福建省惠安县有“典在千年，卖在一朝”的俗彦，典当与人之产业，不论时间近远，均准赎回，为普通习惯。陕西省朝邑县有“当地千年活”的说法，当地无论经过多长时间，一旦业主执当契向当户赎地，当户均须赎给，不得异言。甘肃省古浪县有“一典千年活”的习惯，不管契约中是否注明期限，年久典业均可由原业主赎回。[2]以上这些习惯都是说明回赎权行使时间的灵活性，不受经过时间长短的约束，更好地保护了原业主的权利。但也有个别地区对回赎权的存在时间有较为严格的限制。例如，甘肃省靖远县习惯，典当之房屋，经过六十年原业未有赎回，则原业主之所有权即归消灭。[3]这样就促使了原业主若想收回典当不动产，就需要及时地行使权利。

由法条第923条可知，对于定有期限的典权，在期限届满后，出典人可以用原典价典物赎回，但是出典人在典期届满后，超过二年不以原典价回赎的，典权人就取得典物所有权。第924条规定，对于未定期限的典权，出典人有权随时以原典价回赎典物，不过自出典后，超过三十年不回赎的，典权人就取得

[1] 参见《报告录》，第244页。
[2] 参见《报告录》，第321页。
[3] 参见《报告录》，第319页。

典物所有权。这两条法律对于出典人回赎权的行使，设定了期限的限制，这是对民事习惯中“典在千年，卖在一朝”“一典千年活”等做法的否定，促使出典人“不要躺在回赎权上睡觉”，要及时行使回赎权。如果无限期的允许出典人对典物进行回赎，则不利于对典权人权利的保护，也不利于物权的稳定与典物价值功能的发挥。

3. 在设定抵押权的过程中，各地作为抵押物的物品形式及设定抵押的手段方式具有多样。在大部分地区设定抵押，不仅仅包括不动产，大量动产也被用来设定抵押，汉阳、广济、巴东三县习惯，只要是有价值的契约或凭据，都可作为抵押物品；在宣恩县，凡日用生活之物，均可作为债务抵押品。[1] 在设定抵押的过程中，动产与不动产设定抵押的方式是不同的，江苏省各县、福建省南平县、陕西省凤翔县三县习惯，在用动产设定抵押时，均以过手管理标的物要转移于债权人之手，若债务人到期不能还款，抵押物听凭债权人处理，在抵押期间，若抵押物有毁损、灭失的，由债权人进行折价赔偿；在用不动产设定抵押时，南平县与江苏省各县习惯，抵押物毋须过手管理，而凤翔县习惯，过手与否，视当时之交涉为准，在抵押期间，不过手管理的抵押物毁损、灭失的应由债务人承担责任。[2]

通过法典可以得出，抵押权只能由不动产来设定。在民事习惯中，有关设定抵押权的物的种类多种多样，在大部分地区动产及日常生活用品都可以设定抵押权，再者，在设定抵押权的形式方面也有多种类型，有的不动产也需要过手管理，这些行为都被第 860 条所否定。法律条文明确规定，设定抵押权的物只能是不动产，且在设定抵押权时抵押物是不发生占有转移的，这些规定与大多数县的做法是不一样的，这是立法者对于抵押权的规定尽量做到统一的努力。

4. 在设定质权的过程中，有关质物是否需要转移占有，甘肃省循化、盐池、皋兰、武山、漳县五县习惯，质物无定息，至少二分，多亦不过三分，平准二分五厘，但书立字据时，无论动产、不动产，均不须过手管理。[3] 甘肃五县的习惯规定，不论动产还是不动产作为质物时都无须转移占有。从史尚宽先生给质

---

[1] 参见《报告录》，第 262、271、277 页。

[2] 参见《报告录》，第 146、238、308 页。

[3] 《报告录》，第 323 页。

权下的定义及《中华民国民法典》第884条中可以得出，利用动产在设定质权时必须转移占有，第885条规定，质权之设定，因移转占有而生效力，质权人不得使出质人代自己占有质物。因而，法律规定对于甘肃五县的习惯做法给予了彻底否定。

上述四类民事习惯是物权编中法律条文给予否定的情形，这些民事习惯在立法者看来是不符合当时民事基本理论，如果继续依照民事习惯的做法则会不利于我国经济社会的发展，也不利于与世界的接轨。

通过分析民事习惯与民事法律条文的关系，可以得出，物权编对于民事习惯的态度，肯定的部分约占30条，否定的部分约占6条，由此观之，肯定的部分远多于否定的部分这也说明，我国的大部分地区的民事习惯还是能够得到立法者的认可。从涉及民事习惯的内容部分来看，主要集中在所有权、地上权、永佃权、地役权、典权、抵押权这六个方面，其中的永佃权、典权为我国传统的民事习惯，将其纳入物权编中，更加能够体现出立法者对于我国传统民事习惯的重视。

三、南京国民政府最高法院民事判例对民事习惯的取舍

法律的生命在于实施，因此，与立法相伴的是法律的适用。对于《中华民国民法》而言，其适用的集中体现是中华民国最高法院的司法判例。司法判例涉及民事习惯的主要集中在《中华民国民法·物权编》对于民事习惯的改造或摒弃的部分，尤其是涉及典权与先买权部分的民事习惯的判例，最能体现国民政府最高法院对于不合经济社会发展习惯的态度，通过判例的形式来淘汰那些不利于工商社会发展的民间习惯，以下选取几个典型案例对于民事判例进行分析。

判例一：典权之效力[1]

1933年2月23日民事上字第979号，其要旨为：（一）……而依民法物权编所定，典权人按照时价找贴。惟于典权存续中，出典人表示让与其典物之

---

[1] 参见郭卫、周定枚编：《最高法院民事判例汇刊》第12期，上海法学书局1934年版。

所有权于典权人时，定有找贴一次之明文。（二）在民法物权编施行前发生之典权，在民法物权编施行后，得仍适用旧法规者，以定有期限而依旧法规得回赎者为限。……

判例二：典物之回赎与找贴[1]

1933年10月3日民事上字第790号，其要旨为：……若在该编施行前，业已届满，应认为期间届满。……其未定期限者，则依该编之规定，自出典后三十年不回赎者，典权人即取得典物所有权。（二）……定有找贴一次之明文……。（三）……故依旧法规不得回赎之典权，出典人于民法物权编施行后，即不得更依旧法而为告找作绝之主张。

从以上判例的要旨可知，有关典权的效力问题，强制当事人适用《清理不动产典当办法》或《中华民国民法》的规定来处理此案，否定了出典人多次找贴与无限回赎的相关习惯的权利，意在明确典物的产权，保证民法典得以顺利实施。

有关先买权的判例有：

判例三：先买权之效力[2]

1932年3月24日民事上字第599号，其要旨为：（一）承租房屋人基于习惯而生之先买权……（二）民法物权编施行前之法例，承租房屋人得依习惯而认许其有先买权，以租期较长或无期者为限……（三）先买权人必须表示愿照时价留买之意思……

判例四：亲房先买习惯之效力[3]

1933年民事上字第813号，其要旨为：亲房先买之习惯，历来判例不认为有法之效力。

---

[1] 参见郭卫、周定枚编：《最高法院民事判例汇刊》第14期，上海法学书局1934年版。
[2] 参见郭卫、周定枚编：《最高法院民事判例汇刊》第6期，上海法学书局1934年版。
[3] 参见郭卫、周定枚编：《最高法院民事判例汇刊》第12期，上海法学书局1934年版。

判例三、判例四均是涉及主张先买权的案例，判例三与判例四对于民法典施行后，均否定了房屋承租人的先买权，但是，对于民法典施行前发生的纠纷，仍按照大理院民事判例来裁判，且以“租期较长或无期”的承租人为限，只有同时满足条件的房屋承租人依习惯才享有先买权。判例四对于亲房主张的先买权，国民政府最高法院是直接给予了否定。从后两个判例可以得出，虽然先买权在民间极为流行，但其不利于商业社会发展，致力于推动民国商业社会发展的国民政府最高法院对其给予了否定。

民事判例主要集中在对于民事习惯的否定，大量的民事判例在民间流行。通过民事判例的运用，可以使广大民众知悉哪些民事习惯是被官方所否定的，这也起到推广法律条文的作用。民法的近代化是通过民事立法与民事司法来实现的，民事立法是静态的法，而民事司法是动态的法，只有将静态的法转为动态的法，才能使所立之法更加适应这个社会的发展，司法判例是运用民事法律的重要体现，起到解释法典的功能，同时，也是弥补法典不足的重要手段。

四、结语

通过以上分析，可以得出《中华民国民法·物权编》中直接涉及民事习惯的条文为36条（肯定部分30条，否定部分6条），约占物权编的17.14%，主要涉及的权利为所有权、永佃权、典权、地役权等部分，这也是物权法律的重要权利。这也可以看出，《中华民国民法·物权编》对于民事习惯虽有规定，但是所占比例是不大的，这就能够说明民事习惯对于《中华民国民法·物权编》的立法的影响是不大的，这也就是其不被民众所接受的原因。但是，在这不多的比例中，以对于民事习惯的肯定为主，《中华民国民法·物权编》中除了第四章内容提到的对民事习惯的吸收部分，剩下的可以说是对民法学理与西方法律的借鉴。从数量上来看，法条对民事习惯的吸收部分所占数量较少，远不及民法学理与西方法律所占比重，这就正如吴经熊先生与梅仲协先生对该法典的评价，大部分法条都是有“来历的”，是吸取了西方的立法经验的结果。因此，中国民事习惯对《中华民国民法·物权编》虽有影响，但其影响是不大的，在30条的肯定部分中，直接引用的只有4条。可见，中国民事习惯对于《中华民国民法·物权编》的影响是极小的，这就使得《中华民国民法·物权编》在某种程度上脱离人民群众的日常生活习俗。法官在裁判案件时，依据《中华民国民法·物权编》所作出的判决结果与传统民事习惯的做法多有矛盾，这就使得法律规定不能使广大人民群众所信服。从另一个角度来看，基于当时社会的动荡，军阀混战，中国结束封建社会的时间较短，我们不能用今天的视角对当时的立法者提出过于苛刻的要求，虽然物权编有很大的不足，但我们也不得不看到其在历史发展过程中对后世产生的巨大影响。

法学家吴经熊曾指出，成功的民法典的特征："民法为文化之产物，同时民法要亦为促进文化之工具。"[1] 由此得出，民法应当具有时代性与适应性，先进性为应具有引领时代的法学理论，适应性为引入了相关的民事习惯与人们的日常生活形成对接。总体来说，《中华民国民法·物权编》在先进性方面是达到了当时先进国家立法的水平，但是，其适应性方面还有所欠缺，特别是对民事习惯的吸收还不够。我国当时是传统的农业国，而立法却仿照工商业社会的运行模式进行设计的，因此，对于当时的中国社会需求有一定的脱节。

"民法，关乎人们的日用常行。"[2] 虽说《民法总则》将民事习惯纳入正式法源的地位，但是接下来的具体立法还有很长的路要走，因此，笔者认为，要想使制定出来的法律更加符合本国的国情，当务之急是开展全国性的民事习惯调查，仿照清末民初时的民商事习惯调查，搜集有关的民商事习惯传统，将其分类整理，为立法者提供丰富的第一手资料，以便立法时进行参考、吸收。只有使制定出来的法律既符合现代社会发展的法治理念，又吸收、借鉴了本民族民事习惯的精华部分，才能称得上是一部较为成功的法典。

---

[1] 吴经熊：《关于编订民法之商榷》，参见何勤华、李秀清主编：《民国法学论文精粹（第3卷）》，法律出版社2004年版，第2页。

[2] 王利明：《时代呼唤一部具有中国特色的民法典》，载《法律科学》1998年第3期。

民国时期江西地区的
民间谱牒纠纷及其解决机制

龚汝富 *

族之有谱，犹国之有史，一部族谱不仅承载着一个家族繁衍生息的岁月变迁，而且肩负着敬宗睦族和维护宗祧继承的历史使命。近代以来，伴随着宗法制度的没落，宗祧继承因违背男女平等、诱发谋财争继等弊端而备受诟病，1930年《中华民国民法典》继承编将其剔出立法文本，财产继承从宗祧继承中剥离出来，宗祧继承制度从此退出国家制定法的历史舞台。但维系宗祧遗绪的谱牒纂修传统在乡村宗族社会仍然发挥着重要影响，修谱与登谱在族众心目中具有特别神圣的身份认同和情感归属的重大意义，宗族家长仍旧利用族谱条规约束族众。民间常有新生男丁被排斥在登谱之列，父母呼天抢地；有的族人要求更正家谱信息，却招致其他族众竭力阻挠；有的族人因犯奸作科被贴谱、除名，不断申辩复族。这些围绕着族谱登载、更正、插修、窜改、撤销、贴封、除名等所引发的系列谱牒纠纷，也可以概称为"谱讼"，不仅因为诉讼由纂修谱牒引起，而且由族谱"凡例"或"谱例"所确立宗族自治规则也是司法审判中的基本依据。

近年来，笔者查阅江西地区民国司法档案，阅读到大量的谱牒纠纷案卷，深切感受到此类案件的司法判解蕴涵着丰富的社会内涵，呈现出转型时期新旧法制交融互济的过渡性特征。退出国家制定法舞台的宗祧继承制度正以谱牒纠纷诉讼的表现形式，转化为一种顽强的民间习惯和观念形态继续发挥其影响力，几乎每个谱讼案件背后都表征着国家制定法与民间习惯之间的互动与交融，这种二元互济的价值判断也构成了各级司法官吏反复权衡的基本思路：在不违背

---

* 龚汝富，华东政法大学教授，博士生导师。

宪法宗旨及现行法律前提下，处于立法空白地带的宗族自治条规被赋予习惯法地位，得到一体遵从。与涉讼族众言之凿凿的“习惯重于法律”“族规重于法律”“公约胜于法律”[1]的舆论呼声具有高度的暗合效应。

一、谱牒纠纷类型及其争讼诱因

在宗祧继承先于财产继承的传统法律制度下，争取谱牒名分，不仅是维护个人在家族中的声誉问题，而且也是捍卫其现实财产权利的迫切需要。如果一个男丁被家族其他成员阻挠登谱，不仅意味着他将丧失宗族成员的资格，游离于宗族保护和祖先遗泽之外，甚至连继承亲生父母财产的权利也受到质疑，其纠纷冲突之激烈不难理解。当财产继承从宗祧继承中独立出来之后，宗祧系谱对民众的现实权利义务关系并不发生实质性的影响，人们仍然纠结于谱牒名分，其个中缘由到底又是什么？如果我们透过不同类型的谱牒纠纷及其争议要点，会惊奇地发现当事人的诉求并非只是为了颜面攸关的身份归属感，背后潜藏着分享宗族胙肉、丁饼及族会款产等诸多现实利益，对于面临绝嗣危机的家庭，谱系接续更直接与财产继承权利相联系。

谱牒纠纷诉讼因其争议事项不同，呈现出不同类型的案件特征及其诉求利益，笔者以民国时期江西地区发生的谱讼案例为分析范本，将其归纳为以下七类。

（一）亲子诬执异姓子不许登谱之诉

1937年临川地方法院受理县民杨万氏携孙杨棣华提起登谱给饼之诉。杨棣华为杨万氏之媳杨龙氏遗腹所生，有产婆为证，然而在登谱时却遭到族众杨德兴、杨德保等拒绝，理由是杨棣华不是龙氏所生，而是私买杨发生之子。临川地方法院经过法庭质证，认定杨发生之子耳根有痣，与杨棣华完全不符，判令杨德兴等败诉，责令杨得兴等给杨棣华登谱发饼。杨得兴等拒绝执行判决，随

[1] 《乐元保等答辩状》《乐元保具状》，江西省档案馆馆藏民国档案：《乐雨助回复族谱给付胙饼上诉》，档案号：J018-02-22862。

后上诉到江西省高等法院，“犹主张检验龙氏身体以攻击原判决之失当”，结果被驳回上诉，维持原判。杨得兴等仍不服二审判决，并继续上诉到最高法院，因超过诉讼时效而被裁定驳回。[1]亲子诬执异姓子被族人阻挠登谱，在乡村宗族社会屡见不鲜，且均发生在单丁独苗的家庭，个中缘由固然不排除族众串通谋陷吞产的动机，如杨万氏诱人的财产利益在杨德兴等人的呈禀叙述中已露垂涎端倪。但被诬执阻挠登谱一方在诞育亲子过程存在的疑点和纰漏，却是纠纷发生的直接原因。在该案中杨龙氏遗腹生子确实存在疑似情形，杨得兴等族众指证异姓子失败后，仍然一再要求检验杨龙氏是否有生育史。其实，只要诞育亲子过程未得族众见证，常常不免招致诬执揹谱之诉，如1939年临川县民江汉兴在外纳妾生子江冬基，上谱时被江墨基等诬执异姓子，以谱例禁令为由拒绝登谱，双方诉至临川地方法院及江西高等法院，最终以抱养异姓查无实据为由，判令江氏家族准许江冬基登谱。[2]1946年南昌县民李慕田上诉登谱案即是如此，李慕田之妻张林花因与公婆不和出走改嫁樊炳卿，不久生下男孩由李慕田抱归抚育，取名李学溪，但上谱时却被李氏族众以抱养异姓子为由拒绝登载，李慕田起诉到南昌地方法院，法院支持李氏家族意见，驳回李学溪登谱诉求，李慕田上诉至江西省高等法院，改判其胜诉，判令将李学溪登入葛溪李氏族谱。[3]

（二）私生子、奸生子不许登谱之诉

1938年弋阳县司法处受理县民童清娇为私生子汪福接请求登入汪氏族谱之诉：弋阳县民汪胜勤于1931年去世，孀妇童清娇独自守寡，维持丈夫二十余亩家业。1936年童清娇与人通奸，“私生一子，取名汪福接”，翌年正月童清娇宴请汪氏支房族众，以“不孝有三，无后为大”为由，声称自己私生一子承继汪胜勤也是迫不得已的良苦用心，但童清娇的请求遭到汪氏族人一致反对。诉至县司法处，

[1] 《江西省高等法院民事判决二十六年度上副字第184号》《最高法院民事裁定二十七年度渝上字第2550号》，江西省档案馆馆藏民国档案：《杨德兴等诉杨万氏登谱给饼案》，档案号：J018-02-14581。

[2] 江西省档案馆馆藏民国档案：《江继宗等认领亲子登谱事件上诉》，档案号：J018-02-15279。

[3] 《江西省高等法院民事判决三十五年度上字第450号》，江西省档案馆馆藏民国档案：《李学溪请求登入族谱案》，档案号：J018-02-21731。

兼理司法的弋阳县县长张抡元致信江西省高等法院梁院长请示如何判决，江西省高等法院民事庭章庭长代梁院长批复认为，“私生子应否入谱，系关该族谱例，如有争执，亦应以该主张，尤非任何公署之批示所能拘束”。要求弋阳县司法处根据汪氏族谱的谱例进行判决，从而驳回孀妇童清娇的诉讼请求。[1]

在中国传统社会，私生子、奸生子不许登谱，是谱例绝对严禁的条款。但民国时期社会风气丕变，非婚生子女在法律上取得了与婚生子女平等的权利，保护非婚生子女权利也成为社会舆论主流，所以弋阳县张抡元县长在处理孀妇童清娇私生子登谱时特别慎重，终因汪氏谱例所碍，判决汪氏族众胜诉。1947年临川县民黄文禄为奸生子请求登谱之诉，结果则完全相反：1946年黄文禄趁兄黄阳禄应征服役之际，与嫂黄邱氏奸生一子，黄文禄要求宗族准其结婚并将奸生子登谱，遭到族众反对，黄文禄起诉到临川地方法院，家族代表黄早禄等以谱例所载“杂乱宗支，禁止登谱”为由提出抗辩。地方法院对于黄氏族众的主张表示理解，要求呈示谱例，可黄早禄等交不出谱例，遂判决黄文禄之奸生子准许入谱。黄氏族众不服，上诉至高等法院，仍然维持原判。[2] 从判决结果来看，黄文禄比童清娇要幸运得多，黄氏族众拿不出限制登谱的谱例证据，而汪氏族谱却炳据森然。其实，黄文禄登谱胜诉只是一纸空文，笔者在临川区档案馆查阅到该案执行的后续案卷，黄氏族众虽然无法限制黄文禄与嫂黄邱氏结婚，但仍然顽强地抵制其子登谱，判决执行遥遥无期。[3]

（三）义子、养子、继子登谱之诉

1947年临川县地方法院受理县民邹连水请求将养子邹金发登入邹氏族谱之诉：邹连水呈称邹金发为南昌邹姓难民之子，“同属邹姓”，并由邹毛头、邹炉苟向邹氏谱局董事出具书证，登入草谱。后来族人邹唐喜揭发邹金发并非邹姓子弟，乃为阙

[1] 《弋阳县第一区区长江士学报告》《县长张抡元致江西省高院梁院长函》，江西省档案馆馆藏民国档案：《弋阳县请示私生子是否准予续嗣登谱案》，档案号：J018-02-22587。

[2] 《江西省高等法院民事判决三十六年度上字第188号》，江西省档案馆馆藏民国档案：《黄早禄族谱纠葛上诉》，档案号：J018-02-22146。

[3] 临川区档案馆馆藏民国临川地方法院档案：《黄文禄已结婚不得登谱案》，档案号：L015–01–02102。

姓子弟，谱局于是拒绝将其登入正谱。于是邹连水以垂涎其财产阻挠登谱为由，向法院起诉邹唐喜等及邹氏谱局。邹氏族人根据谱例规定的“螟蛉不书”“同姓无实据者不书”提出抗辩，要求邹连水提供邹金发父母的相关信息，邹连水无法自圆其说，法院判决邹连水败诉。随后邹连水上诉至江西省高等法院，也被驳回上诉。[1]

义子、养子、继子是否允许登谱，视不同族谱谱例规定而论，大多数族谱禁止入谱，也有一些族谱允许入谱，只是在谱中标明“义子”“养子”“继子”等字样以示区别而已。[2]1941 年宜春县民欧阳易氏上诉确认嗣子登谱一案，辩称其已故之子苟毛三岁时出继给欧阳连德为嗣，要求欧阳宗祠修谱时列入嗣子身份，被宗祠拒绝。双方起诉至袁宜地方法院和江西省高等法院，法院查证“继约”系伪造，判决欧阳易氏败诉。[3]还有的家族只允许义子、养子、继子登入草谱，正谱则不登。如 1941 年宜春县民罗天荣请求养子列谱上诉一案，罗天荣养子（乳名细苟牙）已登入罗氏承祜堂草谱，当其要求登入正谱时遭到族众反对，于是起诉到袁宜地方法院，法院认为正谱尚未修纂，不许入谱尚未成为事实，诉讼原因并未发生，因而驳回起诉。罗天荣担心正谱修成之后判决无法救济，于是又起诉到江西省高等法院，高等法院也以同样理由驳回起诉。[4]

（四）插修族谱之诉

1935 年南昌县地方法院受理喻士元等起诉喻郁文等冒认宗亲插修族谱之诉：喻氏宗族分礼、义、信三派，各自独立经管本支事务，互不统属。1935 年夏天，喻氏宗族商议重修族谱，三派之外的喻庆农“携一祖牌，接洽插修”，并当众交给义派修谱捐资一百五十大洋。义派族长喻郁文收到捐款后，遂在义派宗锈公名下捏造第三子喻道臣为喻庆农祖先。信派族长喻士元获悉喻庆农捐款插修一事，率众起诉喻郁文等“冒认喻庆农入谱，未得全族同意”，“盗名伪证，假借族众名义以乱血统”，

---

[1] 《江西省高等法院民事判决三十七年度上字第 223 号》，江西省档案馆馆藏民国档案：《邹连水入谱纠葛上诉》，档案号：J018-02-18820。

[2] 南京国民政府司法行政部编《民事习惯调查报告录》，胡旭晟等点校，中国政法大学出版社 2000 年版，第 859 页。

[3] 江西省档案馆馆藏民国档案：《欧阳易氏确认嗣子无效上诉案》，档案号：J018-02-15825。

[4] 江西省档案馆馆藏民国档案：《罗天荣请求养子列谱上诉》，档案号：J018-02-15829。

要求南昌地方法院判令喻郁文等不得紊乱宗系将喻庆农插修登谱，法官根据喻氏宗族分派自治的习惯，驳回喻士元等诉求。“族中习惯向以族长及各房房长或各柱柱长为各该支之代表，行之已久，视为当然者，则如各支代表如已意思一致，即得视为全体同意。”1936年，喻士元等上诉江西省高等法院，二审仍然维持原判。[1]

合族联谱本是传统社会扩大宗族势力的重要途径，但将毫无关联的非本宗同姓插入族谱以紊乱谱系，也是谱例严禁的。因为一旦合族联谱，则意味着宗族共有财产将接纳更多的分享者，其潜在的后果难以预料。如吴道永等与吴道炎等因请求删除谱例及撤销助契上诉一案中，吴道永是吴氏家族正支代表，而吴道炎则属于吴氏家族的螟蛉派，列入吴氏族谱的附录中。吴氏新修族谱，考虑到祠产原为正支全部捐建的资产，于是在有关祠产项下加载“以上祠产附录不与”，引起吴道炎等螟蛉派激烈反对，起诉到法院要求删除加载文字，各级法院均支持螟蛉派的主张，吴氏宗族祠产正支与螟蛉派共有，正支子孙深感憋屈。[2]但是族大人杂，贪图蝇头小利者大有人在，如汪莲生与汪立孝等因请求加入祠谱事件上诉案中，汪莲生为“半路汪”代表，而汪立孝则是“大宗汪”族长，以前大宗汪建祠修谱，半路汪并未加入，1932冬至日，“大宗汪”汪祥霖等46户开会同意“半路汪”出银500两助修家谱，而“大宗汪”有230户人家，其他族众并不知情，于是引发插修祠谱纠纷，法院认为“不管其是否同宗，只要未得‘大宗汪’全体同意，‘半路汪’不能够随便加入谱系内”，判定汪立孝等胜诉。[3]

（五）更正族谱之诉

1948年余干县民吴胜祥向县司法处提起更正吴氏族谱之诉：吴胜祥于1945年12月亲生一子，取名燮平，并于翌年正月初一登入吴氏草谱。1948年正月初一，吴宝祥、吴旺祥、吴志远等在吴氏宗祠指控吴燮平系属买来，由吴太平在族谱上改为义子。吴胜祥认为窜改族谱“以为日后分夺家产之地步”，遂向余干

---

[1] 《喻郁文等五人答辩词》《江西省高等法院民事判决二十四年第395号》《喻士元与喻郁文等修谱一案卷》，档案号：J018-02-04853。

[2] 《吴道永等与吴道炎等因请求删除谱例及撤销助契上诉案》，载《司法公报》1935年第46期。

[3] 《汪莲生与汪立孝等因请求加入祠谱事件上诉案》，载《司法公报》1936年第121期。

县司法处提起更正之诉。司法处根据吴宝祥等提供的证人证言及谱例，判定吴胜祥败诉。吴胜祥上诉江西省高等法院，高院改判吴胜祥胜诉，要求被上诉人在族谱中更正义子为生子。[1]

就族谱登载的身份性质或存殁信息进行更正，往往牵涉当事人的切身利益，也常引起激烈的纠纷冲突，因为有些信息错讹本身就是相关当事人所设的陷阱，如吴宝祥等在谱上将吴燮平改为义子身份，就是为以后争夺吴胜祥遗产埋下伏笔。无独有偶，1945 年光泽县民邱贤麟负责阖族修谱校正，将旁系血亲邱世仪死亡时间由 1931 年 9 月 6 日窜改为 1928 年 9 月 6 日，使邱世仪之子邱重招变为奸生子，并到处散布谣言，诽谤孀妇邱翁氏，邱翁氏遂向光泽县司法处控告邱贤麟“变登谱牒，诽谤存没名誉，而图占产之所为。”邱贤麟既不承认变登族谱内容，也拒绝加以更正。邱翁氏上诉到江西省高等法院，经过法官询问调查，邱贤麟并没有具体监修族谱，错讹出于族谱纂修者，而负责修谱的陈华云则声称是邱世仪逝世之年登载的笔误，法院判令更正。[2] 族谱作为阖族男丁、财产登载的信息底册，窜改变登自然会产生相应法律后果，如宜春县民张名扬因举办团练购置枪支，竟然将张氏族谱窜改数十处，企图霸占和变卖张氏元辅公名下的祀产，终因其他族人典卖祀产，查对族谱而东窗事发。而临川县民饶润生则为了给长子饶明贤逃避兵役，在 1943 年饶氏重修族谱时，报称次子开贤于十一年前已在养父家死亡，要求在族谱中更正确认饶明贤为独子，族人饶普保等以上年丁饼册上有开贤名字为由，不允更改，双方争讼至临川地方法院和江西高等法院，终因为饶开贤查无踪迹且有养父母开具的死亡证明，法院判令饶润生胜诉。[3]

（六）归宗登谱之诉

1943—1944 年宜春县民谢济声要求归宗撤销养子登谱之诉：谢济声自幼随母改嫁蓝友金，在蓝氏六修族谱时载为蓝友金之子，后来应谢氏族众邀请，又归宗

[1] 《余干县司法处民事判决三十七年度民字第 12 号》《江西省高等法院民事判决三十七年度上字第 404 号》江西省档案馆馆藏民国档案：《吴胜祥更正谱载义子上诉》档案号：J018-02-18560。

[2] 江西省档案馆馆藏民国档案：《邱贤麟变登牒谱被告》档案号：J018-07-10192。

[3] 江西省档案馆馆藏民国档案：《饶普保确认独子身份更正谱牒抗告》，档案号：J018-02-17177。

登谱，派名谢金裕，也即谢济声。为此，蓝谢两族在袁宜地方法院展开争夺归宗登谱诉讼，谢济声坚持归宗登谱，请求删除他在蓝氏族谱中的身份登载。蓝氏永兴祠提出反诉，如果谢济声坚决要求归宗谢氏，则必须雇请谱匠恢复蓝氏九部族谱原样，负担由此发生的巨额开支。地方法院判决采纳了蓝氏宗族的意见，判定谢济声归宗谢氏，但同时必须赔补蓝氏宗族更正族谱的相应费用。谢济声以措勒巨款阻挠归宗登谱为由，向江西省高等法院提起上诉，蓝氏永兴祠也以同样的理由进行抗辩。二审以是否归宗登谱为公民个人自由选择为由，判定撤销谢济声登入蓝氏族谱，驳回蓝氏永兴祠的赔偿要求。[1]父死随母改嫁的幼儿甚至遗腹子，被继父家族接纳和登入族谱之后，囿于民间私议指摘或维系生父家族香火的需要，主张回归生父家族并登入族谱，而继父名下也仅其“独子”一脉，双方家族为此展开激烈争夺，谢济声的遭遇就是典型。与之命运相同的还有广昌率鼻仔（唐辉贤），率鼻仔为其父唐先发的遗腹子，出生在其母[2]唐何氏招赘赖贤寿之后，五年之后赖贤寿也去世，外人一直以为他是赖氏子嗣，1941 年唐氏宗族修谱，唐先发之弟唐先伯邀请唐辉贤归宗登谱，赖贤寿之族人赖贤登等坚决反对，认为率鼻仔为赖氏子嗣，双方争讼至广昌县司法处和江西省高等法院，一审根据壮丁册登记信息判决率鼻仔为赖氏子嗣，二审则根据唐何氏历次口供改判为归宗唐氏登谱。[3]

（七）贴谱之诉

1948—1949 年东乡县民乐雨助要求回复族谱给付胙肉丁饼之诉：当事人于 1946 年底因为偷盗邻村王金灿耕牛，被扭送杨桥乡警察局，警察局将其押回本保之后交由县司法处惩处，羁押十一天之后遇赦放回。族人乐元保等以其在杨桥乡警察局的问讯笔录已承认盗牛为由，将其贴谱以示惩罚。乐雨助坚称耕牛是其误买所得，并经中间人斡旋取得王金灿具结的误会证明，起诉到县司法处，县司法处支持乐氏宗

---

[1] 《最高法院浙赣闽分庭民事判决（三十三年度永上字第 454 号）》，江西省档案馆馆藏民国档案：《谢济声请求回复原状赔偿损害被诉案》档案号：J018-07-17883；江西省档案馆馆藏民国档案：《谢济声撤销养子登谱执行》，档案号：J018-07-17634。

[2] 江西省档案馆馆藏民国档案：《张名扬变造族谱上诉》，档案号：J018-02-07551。

[3] 江西省档案馆馆藏民国档案：《唐先伯归宗上诉》，档案号：J018-02-15826。

族贴谱旨在约束族人"遵归正轨"的良法美意，判决乐雨助败诉。乐雨助不服，一再上诉到江西省高等法院，1949年年初，该案经过漫长的讼争历程，江西高等法院在仅有乐雨助一人出席法庭调查的情况下，仍然判定维持原判。[1]

贴谱是针对严重触犯家族条规的子弟，在族谱中将其名字贴封三年，期间不得进入宗族祠堂参与祭祖和分享胙肉丁饼等福利。无再犯者期满得恢复族谱名字，若有再犯，则直接削谱除名。1946年6月，《万载县邹氏族董会临时整理族风规约》第二条规定，对于族中有结伙抢劫他人财物者，除了交由政府法办外，还要"铲除其谱牒，开除其族籍"[2]。1948年，龙南县程大乡第五保保民蔡演华便受到开除族籍的惩罚，原因是管理社仓谷的蔡先仁、蔡懋杰多次抓获其盗窃社仓谷，于是在蔡氏祠堂召集七八十个族人开会，根据谱例规定，公同议定将其开除族籍，"并在家谱上乌印覆盖"，蔡演华于是不断向各级政府申诉冤屈，各级政府均认为开除族籍是家族整肃族人的重要举措，属于自治组织的自律规则，不宜干预，从而驳回其诉请。[3]

因为谱牒纠纷讼争具体情形各异，以上分类未必恰当，且概括也难免遗漏，但上引案例具有两个共同特点：其一，均为上诉到高等法院甚至最高法院的诉讼案。这些案件事实本身并不复杂，但介入讼争的宗族矛盾及告争者目的却不简单，其漫长而煎熬的诉讼过程，不断暴露出谱讼背后非常隐秘的利益诉求，即告争人的真实意图，为司法审判人员把握谱讼特点、衡平双方权益、平复宗族矛盾提供了较为全面的观察视野，因而，这些谱讼案例也最能反映风俗民情与司法裁判之间的互动过程及其特点；其二，所有诉讼案都是因谱牒登载事项而起。每个案件名称中均有"登谱""上谱""列谱"等关键词，将谱讼的独特性与其他民事诉讼案件区别开来。按照现代民法理论，每个民事诉讼案件总能归入侵权或违约等责任形式当中，而谱讼案件的判解则避开了现代民事法律制度的话语表达，重新回到旧律制度残存的习惯规则。为了让法庭审判更加合理公允，法官在具体剖析案

---

[1] 《江西东乡县司法处民事判决三十七年民字21号判决》《江西省高等法院《法庭调查笔录》，江西省档案馆馆藏民国档案：《乐雨助回复族谱给付胙饼上诉》，档案号：J018-02-22862。

[2] 万载县档案馆：《万载族董会卷》（1946年5月—1949年3月），档案号：2—21—65。

[3] 《为鼓动族潮波平波起连续嚼噬不害不休迫乞迅令拘要法办以息焰势而匡倾危》，江西省档案馆馆藏民国档案：《省政府、省府秘书处、省民政厅关于开除族籍等案件的训》，档案号：J016-3-01301。

件细节之前，必须先将其归纳为一个大家容易理解的法律问题，在民事诉讼案件类属中努力寻找切入口，形成一套权利话语的解释机制，从而运用相应的法律逻辑来解构案件当事人之间的法律关系，并支撑法庭判决的法理基础。否则，这些案件因为缺乏明确定性而呈现出各是其是的判决结果，更难寻觅法官在案件审判过程中的理性抉择。事实上，从当时各级法院受理谱讼时所使用的五花八门的案件名称来看，司法审判人员似乎没有很好解决案件类属的难题。然而，撇开这些谱讼案件外在的冲突表象，从法院最终判决结果及其判解叙述来看，法官的分析判断已触及问题本质，谱讼确为民事诉讼中独特的案件类属。

二、法官裁判立场与判解艺术

近代中国自清末制定《民事诉讼律草案》以来，民事诉讼法始终坚持不干涉主义的基本原则，民不告则官不究，法官审理民事诉讼案件仅以当事人告争事项为限，采取一种消极、中立的立场，并不积极主动去查明争议事项以外的事实。从以上各级法院审理谱牒纠纷案件的基本情形来看，法官庭审的裁判立场、调查方法和判解艺术也始终秉承不干涉主义的原则。

（一）法官立场与争议判断

法官在谱讼案件审判过程中的立场与判断，是考察谱牒纠纷解决机制的核心环节。法官如何看待各种形形色色的谱讼案件，如何理解诉讼当事人的利益诉求，如何平衡各方权益和平复社会舆论，因为谱讼案件在乡村宗族社会被赋予独特的公共意义，法官需要以审慎中立的立场和形态，对谱牒纠纷的争议性质、诉求权利及裁判法益作出准确清晰的判断，在保护当事人权益的同时维护社会公序良俗。

认识谱讼案件的独特性，坚持客观中允的正确立场。无论登录、更正、插修、撤销、贴封、除名，所有的谱牒纠纷都关乎族谱，其中谱例几乎成为破解纠纷争议的焦点，也是法官裁判案件的基本依据，所以笔者将谱牒纠纷诉讼与“谱讼”等同互用。首先，诉讼是因为宗族成员之间要求登载或更改族谱信息而引起的；其次，是否允许相关当事人登载或更改族谱的诉求，准据法并不是国家制定的民事法律，而是族谱“谱例”或“凡例”所确立的宗族自治约束条规；最后，判决结果并非要求履行现代民事法律违约或侵权之责，而是明确国家法域之外的一种身份证明，无论法官做何裁判，最终都要借助宗族自治条规来执行判决结果。只要准确把握谱讼案件的独特性，谱例作为裁判谱讼案件的准据法地位便凸显出来，法官将法庭审判的公权力话语权让渡给了谱例所代表的民间习惯规则，法官消极中立的裁判立场使之“置身事外”。如前引黄文禄要求与嫂结婚并将其奸生子登谱之诉，两项诉求均为传统旧律和家法厉禁的恶德丑行，但为现代法律所不限，是否允许登谱完全取决于黄氏谱例的规定，法官无须干预，本着谁主张谁举证的原则，黄氏族众拿不出限制登谱的谱例证据，只好判决黄文禄胜诉。

分析谱讼案件争议背景，准确判断诉求利益。谱讼当事人诉求的是一种什么权利，从表面上看，似乎与现代民事权利无涉，因为不能够将其率行归结为公民的身份、名誉、财产等权益，但与当事人切身利益却有千丝万缕的关系。登入族谱本不是一件特别值得自豪的事情，因为绝大部分家族男丁都轻而易举获得了这种身份证明。但如果一个家族成员被排除登谱之列，那他作为家族一分子的资格被剥夺，名誉扫地，直观地看许多家族利益不能够分享，如果深入分析乡村宗族社会的生存环境和资源状况，一个游离于家族势力保护之外的个体，因为社会交易成本增大，他的生存状态和资源环境会进一步恶化。显然，谱讼诉求的实际上是一种形成权，满足当事人形成某种法律关系或法律状态，给其带来某些因为身份变化所获得的现实利益。如归宗登谱之诉，归宗者在哪一方谱上都只是一个名号而已，但选择到何方登谱，其关系亲疏、舆论评价及其潜在利益却是非常现实的考虑因素。又如更正族谱之诉，变更家谱信息能够改变当事人的法律状态，相应地获得某些利益，如饶润生把长子变更登记为独子，意味着其子可以逃避兵役，族众饶普保等为何不能成人之美反而讼争连年？其一，因为他们是同族同保的族人，饶开贤变成独子了，以后本保的壮丁自然摊到其他族众头上；其二，饶润生报称次子十一年前即已去世，可上年宗祠散发胙肉、丁饼册上仍有其领受签字。无论真死还是假死，均难以平复族人的愤怒。

平衡谱讼各方权益，维护社会主流价值。谱讼案件特别有趣的地方在于，有些当事人总是以族众代表的身份参与诉讼，以维护宗族公共利益为旗帜，如何认识、平衡和保护诉讼争议中的当事人权益，需要全面慎重的反复斟酌。如弋阳县民童清娇为私生子汪福接请求登谱之诉中，县司法处鉴于现行法律平等保护非婚生子女权益的立法宗旨，不敢贸然驳回童氏的要求，担心伤害到私生子汪福接的权益。江西高等法院民事庭的批示却明确表示支持汪氏族众的诉求，不仅在于汪氏族谱例规定不允私生子登谱，而且在于童氏非婚生子并不是法律鼓励和肯定的正当性行为。登谱只是加入到宗族这一社会自治团体的一道门槛，其设定条件只要不违反现行法律，当视为对全体族人具有约束力，国家公权力不宜干涉。汪氏宗族不允汪福接登谱，只是没有接纳他为汪氏家族这一自治团体的一个成员，并不影响他作为一个公民的基本权利，对其现实利益也不构成任何实质性损害。在乐雨助复族诉讼一案中，乐雨助贴谱并不会给族众带来任何好处，让其复族也不损害族众任何利益，但乐氏族众孜孜不倦与其较劲，主要在于张扬谱例条规的严肃与公正，各级法院驳回乐雨助的诉求，旨在肯定谱例劝人为善、禁人为恶的积极价值。这种尊重谱例自治习惯的司法判决，在维护公序良俗的前提下，平衡了各方当事人权益。

（二）事实认定与法庭调查

事实认定是法院判决的基础。在大多数谱讼案件中，查明真相非常简单，如私生子拒绝登谱，关系妇女名节和夫家颜面，若非证据确凿，断不至于诬人清白，惹祸上身；义子、继子、养子登谱纠纷，其身份不查自明，是否允许登谱，完全取决于各族谱例的规定；归宗登谱诉讼，偶尔也存在身份疑似情形，但绝大多数归宗者身份是明确的，是否归宗登谱取决于本人意愿；插修族谱中的正支、旁支及各支管理模式，载在册籍，一目了然；贴谱削谱以当事人犯奸作科为前提，是谱例中最严厉的惩罚，苟非人赃俱获、臭名昭著，施罚者绝不敢冒犯众怒。既然大多数谱讼案件事实清楚，可这些案件却又缠讼不已，问题症结出在哪里？笔者比较所有谱讼案件之后，发现一个非常有趣的诉讼规律：势单力薄的个体不断诉诸法律，寻求公权力介入，讼言哓哓；人多势众的一方则众口一词，秉承习惯遗规，漠然以对。两造一冷一热，一闹一拖，酿成缠讼之局。如乐雨助复族上诉一案，他声称贴谱应以违法犯罪为前提，而是否违法犯罪，则应以法院判决为准。族人以其被警局羁押十一天为由，认定其已犯奸作科，遂罚以贴谱，实与法制时代罪刑法定主义的精神不合，要求回复族籍给发胙肉、丁饼。在江西省高等法院法庭调查中，只有其本人到庭，被告乐氏族人无一人出庭，全然不予理会，最后法院仍维持原判，支持贴谱。

在谱讼案件的法庭调查中，最难认定事实真相的是亲子问题。当时既已否定传统滴血认亲的科学性，却又缺乏科学的亲子鉴定办法，所以涉及亲子认定问题，主要靠人证：见证怀孕、见证分娩、见证喂奶等。既然是亲子，本是不证自明、邻里周知的事实，何以需要另外证明呢？几乎所有的亲子诬执抱养异姓子纠纷，起因均为怀孕、分娩，尤其是分娩不在家里，而在外地，事出蹊跷，由此引发族人种种猜忌。如1939年临川地方法院审理张永祥与张水森登谱纠纷案，法庭调查时首先由原告张永祥举证张英林为其亲子的证据：其一，1938年9月28日产下一男婴，取名张英林，就是最好的证据；其二，接生婆谢范氏及街邻谢毛俚等为证。随后由被告张水森等举证抱养异姓子证据：其一，临川习俗出嫁女不许回娘家生子，原告之妻谢氏跑到兄嫂谢范氏店内生子，不合情理；其二，族属张海龙等均未见谢氏“大肚怀孕”；其三，原告妻子谢氏曾对张忠魁之妻谈到买子的事情，说明早有预谋。接着原告回应被告举证：其一，住在兄嫂店内生子，性质如同住在旅馆，不等于住在娘家屋内，与风俗习惯无妨；其二，由于被告勒索原告捐献祠堂二百大洋未遂，串通全族同仇敌忾，“故全族赞助被告，捏称未见大肚怀孕”；其三，张忠魁是被原告辞退的工人，其妻挟嫌报复作伪证，买子系属秘密事件，谢氏聪慧过人，若预谋买子也不会透露给佣工之妻。法庭调查过程中，张水森等始终咬住谢氏一个反常细节，即原告家庭生活条件优越，谢氏为何非得到兄嫂店内住十多天生子。尽管张水森无法指证原告抱养何人之子，而法官认定张英林为原告张永祥亲子，但张水森等仍然不依不饶，决不同意登谱。最后，张永祥援引1932年最高法院上字第57号关于养子登谱“标明养子以示区别”的判例，“退一万步言之”，就按被告张水森主张的异姓子也得“依法”允许登谱，戏剧性一幕发生了，张英林最后竟以假定养子的身份判决登谱，但张水森仍以谱例“异姓乱宗，不许登谱”为由拒绝登谱，并向江西省高等法院提起上诉，而张永祥也以确认亲子登谱提出反诉。法院最后判决张永祥胜诉，可张水森等拒不执行判决。[1]

[1] 临川区档案馆馆藏民国临川地方法院档案：《张永祥与张水森登谱案》，档案号：L015–1–7831。

在法庭调查中，双方为寻找证据，手段无不用其极，甚至提出简单而难堪的证明方式。有的族众从亲子生母的生理体征上怀疑其有过生育史，要求检验母亲身体，如在亲子诬执异姓子之诉中，杨棣华为杨龙氏所生，固然有产婆为证，但因产婆为杨万氏近亲，其证明的采信力也大为减弱。尽管杨德兴等指证杨棣华为杨发生之子被否定，杨棣华的真实身份却依然受到族众的怀疑。可是，当杨德兴等提请检验杨龙氏生育史时，却触及到了现行法律赋予公民人身权利保护的底线。如果杨龙氏没有生育史，自然意味着杨棣华非杨万氏之孙，但检验杨龙氏生育史却侵犯了公民的人身隐私。众所周知，在确证杨棣华亲子身份真实性与检验杨龙氏生育史之间，具有非常直接的证据链条，可无论杨棣华亲子身份真实与否，并不损害任何族众的权益，若要检验杨龙氏生育史反证杨棣华亲子身份真实性，则侵犯了公民杨龙氏应有的人身权利。显然，司法官吏首先要保护现行法律赋予公民的法定权益，而不是以侵犯公民人身权利来验证宗族谱系的纯洁性。在双方证明力同样存在瑕疵的情况下，只要不损害其他族众的现实利益，以保护当事人诉求的最大利益为判决结果。如在更正族谱之诉中，吴胜祥与族众之间的质证纰漏很多，所以一审败诉，但高等法院在反复权衡双方证据漏洞之后，却毅然支持了吴胜祥的诉求，因为在吴氏族谱中把吴燮平的身份由“义子”更正为“亲子”，并不会对吴氏族众产生任何实质性损害，却能够最大程度地保护吴胜祥、吴燮平父子的权益。

显然，在法庭调查和辩论中不断接近事实真相，即使疑窦重重，法官在证据采信方面本着保护妇女儿童合法权益的宗旨，总是宽容地作出有利于新生婴儿身份权益的事实认定，为后面作出保护弱势群体的法庭判决奠定基础。

（三）法律适用与判解艺术

谱讼案件的独特性在于围绕宗族团体成员名分准入而展开，虽然这种名分是据于传统宗祧继承而延伸的血脉谱系，已在反封建的社会革命中遭到诟病和摒弃，但现代国家的社会基础却是尚未完成反封建革命的广大乡村社会及其民众，所以，肩负社会革命重任的国家如何革新改造国民及其社会风尚，显然不能一蹴而就。作为封建宗法制度的核心内容，宗祧继承首先与男女平等这一社会革命目标相违背，国民党人不能将宗祧继承列入民法典之中，乃是其开展社会革命必须坚持的基本政策目标。问题是在广大乡村社会，宗祧继承伴随着建祠修谱活动的蓬勃展开，并没有丝毫消退其现实影响的迹象，甚至有愈演愈烈的宗族攀比争竞的势头。处于这种尴尬状态下制定的民法典虽然摒弃了宗祧继承制度，却无法回避宗祧继承问题的发生。其实，谱牒纠纷本质上就是宗祧继承问题，是父系血缘的一种身份继承，在现实社会中，这种身份又被演绎为利益攸关的名分。

民法典摒弃了宗祧继承的相关规定，为实现男女平等和保护非婚生子女继承权扫除了法律制度上的障碍。但一家一族内部毕竟婚生子女是常态，非婚生子女是例外，而且谱牒书写的核心内容均以男丁的谱系为根本。据此，国家虽然在法律层面上完成了对公民人身财产权利保护的相关规定，却不能干预基于宗族内部自治规则所确立的准入条约，也即谱例。所以，在诸多地方谱牒诉讼纠纷中，审判官共同面临的问题便是于法无据，即没有现成的法律条款来加以裁判这些谱牒纠纷，因为它仅仅是一个民间自治组织准入问题，并没有对公民构成侵权或违约责任，所以在司法实践中便呈现出一个法律适用的真空地带。同类性质的案件裁判，不同司法机关或司法官可能作出不同的解释。诚如有专家认为立嗣修谱在现行法上无规定，然而在判例法上则是“法所不禁”，其性质属于“放任行为之一种”。根据“契约自由原则”，应当承认修谱和立嗣的事实存在，只是在宗祧继承与遗产继承分离的情况下，此时的宗祧继承“大异其旨趣”。[1]

立法未作规定，法律适用便存在不确定性，审判官在司法实践中应当掌握判解艺术，也即了解运用判例法层面的司法解释例和司法裁判例。初级审判机构首先要解决的问题是，在受理谱讼之后归类存在较大分歧，需要从谱讼的表象背后寻找系争案由。在笔者查阅到的所有江西地方谱牒纠纷案卷中，卷首名称即案由几乎各有说法，没有定名。有的冠以登谱、入谱等简单案件名称；有的诉以侵害、侵权和妨碍自由为案件名头；有的则将谱牒与继嗣、继承权益直接关联起来，认为是阻碍继承案件。但无论案件名称定性为何，均以谱牒准入为争讼节点。法律适用的不确定性，还表现在此类案件的裁判因为缺乏明确的法条依据，有限的判

[1] 俞承修：《论宗祧继承之变迁及其在现行法例上之地位》，载《法令周刊》1935年第239期；俞承修：《论宗祧继承之变迁及其在现行法例上之地位（续）》，载《法令周刊》1935年第240期。

例解释不足以应付实际情形，败诉一方普遍要求上诉，用政策和革命话语，不断转换攻防对策以寻求新的说法和权益救济。由于缺乏具体的法律条文规定，游移于国家政策与宗族自治条规的审判官，常常在两者之间寻求一种利益平衡，使得法律适用过程呈现出更加多样性。绝大多数审判官借助司法解释例或司法判例来解决问题，也有特殊案件不断向上请示而形成新的判例法。但几乎所有案件的审理，都会紧紧抓住谱讼争议的核心依据——谱例的合法性与适用性，将不同谱牒讼案解析为理一分殊的裁量智慧，以谱例为案件审判之依归。

值得称道的是，审判官在司法实践中赋予谱例更加丰富的实际内涵，为各案的裁判解决提供了坚实的法理依据。在不违背党义国法的前提下，维护谱例应有的良法美意，并且作出灵活开放的积极解释，优先考虑最大多数族众利益。如吴道永等与吴道炎等因请求删除谱例及撤销助契上诉一案中，吴道永是吴氏家族正支代表，而吴道炎则属于吴氏家族的螟蛉派，列入吴氏族谱的附录中。吴氏新修族谱，考虑到祠产原为正支全部捐建的资产，于是在有关祠产项下加载“以上祠产附录不与”，引起吴道炎等螟蛉派激烈反对，起诉到法院要求删除加载文字，各级法院均支持螟蛉派的主张，吴氏宗族祠产正支与螟蛉派共有。[1]在事实认定存在模糊的空间地带，优先考虑谱牒给予家族成员利益最大化，谋求法益最优是审判实践中共同的目标。早在1909年，南昌县民刘思胜便遭遇过这种尴尬，在省城贸易数年并生子的他，回到南昌县礼坊村要求给孩子上谱，族长刘启英索要钱财未果，即“误传”其买得异姓子拒绝登谱，起诉到南昌地方审判厅，才得以判令登谱。[2]后来此类谱讼案件，均以照顾准入为判决终局，即拒绝登谱的一方举证不力，纵然有许多明显的疑窦和风化妨碍事实，仍然判决登谱诉请。如前引临川地方法院受理的黄文禄与嫂子黄邱氏奸生子登谱诉请，这在任何家族法规中都是乱伦削谱的重罪，可是法院从照顾奸生子宗族身份出发，作出了有利判决，纵然是奸生子，可他也是实实在在的黄氏族人。当然，这种伤风败俗案件被如此开明裁判，仍离不开以谱例为核心证据，正是因为黄氏族众不能在法庭上呈示家谱的谱例规定，所以黄文禄的诉请被支持。

---

[1] 《吴道永等与吴道炎等因请求删除谱例及撤销助契上诉案》，载《司法公报》1935年第46期。

[2] 汪庆祺编：《各省审判厅判牍》，李启成点校，北京大学出版社2007年版，第129—130页。

三、习惯重于法律：理论与实践

在一个制定法为主的国家，习惯只是处于从属地位。在谱牒诉讼案件中，当事人反复高调声明习惯重于法律，其实有两层关键事实需要说明清楚：一是谱牒所承载的宗祧继承在中国原本就是法律，现在因为社会革命而被低调冷却处理，既不鼓励，也不反对。作为社会公序良俗的一部分，国家承认其存在的合法性与自治性；二是作为记载家族谱系和历史的重要文献，谱例申叙了族众议定的自治规则，在约束一族群众中具有根本法的地位。就族众而言，事关宗族内部成员是否应当登录谱牒，自然悉以谱例议定规则为依据，国法无由干涉。据此而言，习惯重于法律，实不为过。

（一）从国家制定法到民间习惯法

宗祧继承及谱例条规退出法律规则，让渡与习惯法。1930年《中华民国民法》第一条规定："法律所未规定者，依习惯；无习惯者，依法理。"宗祧继承在该民法中未作相应规定，自然依照习惯办理。早在民法典颁布之际，法律界已经关注到法律与习惯在民法领域具有特殊关系，强调要重视民间习惯及其变迁之调查，否则"法律自法律，而社会自社会矣！"[1]

对于立法否定宗祧继承存在的理由，学术界揣度有以下数端：一是宗法制度没落，宗祧继承失去根基；二是男女平等乃大势所趋，宗祧继承无异于剥夺女性继承权；三是减少谋财争继之风。[2]"此次我国新民法，故只有财产继承之规定，而无宗祧继承之规定，世人所误认之宗祧继承，听诸习惯之自然变革，事实与法律，转易调和耳。"[3]

值得注意的是，宗祧继承制度原本是传统法律的重要组成部分，如今蜕变为民间习惯，也具有其特殊性。"习惯与法律，本成因果关系，习惯而法律化，则习惯即为法律。所称为文明国家，即人民之合理习惯，已成为不成文法。法律而习

[1] 《本社呈送民法亲属继承两编意见书上中央政治会议文》，载《法学季刊》1930年第1卷第1期。
[2] 涂藻德：《论宗祧继承之应否存在》，载《学林杂志》1925年第1卷第12期。
[3] 陈舍我：《宗祧继承与遗产继承》，载《桂潮》1932年第3期。

惯化，则法律更易推行，法治目的更易到达。”[1]宗祧继承由法律而习惯是否是一项成功的法律变革，数年之后也引发了法律界另外一种声音，如立法院副院长覃振便有恢复家族制意图，罗列弱化家族制度后的诸多法制梗阻，“司法本身得不到社会的辅助。……从前有孝友之家族制为之防范，为之调解，大半可以助司法之不及。”“民法多与习惯相反。……就继承法而言。”“农业生产及消费之合作，失其枢纽，致社会经济骤起变化。”“刑事已失其防范之作用，（民法脱离传统习惯）民事纠纷增加。”[2]当然，覃振意图恢复宗法传统的各种说法也遭到了法学界的批评，“争继归宗之诉讼，遂日益渐多……今使恢复宗法继承，势必破坏女子继承权。（新民法）所异于旧法者，不过无子而不愿立继者，无须强其立继之一点而已。夫民事法规，在无背公共秩序及善良风俗之范围内，原得容许人民自由意思，活动期间”[3]。然而，覃振的回复宗法传统的思想，并非孤立，有人甚至呼吁恢复宗祧继承的固有传统，并将传统宗祧继承上升到“奠定国家基础的问题”，“将固有法制习惯所公认之宗祧继承，完全废除。此项法律，完全因袭欧美，对于个人主义之色彩，过于浓厚，而固有家族主义之踪迹，已无从捉摸。”[4]

由法律而习惯的宗祧继承和宗法谱系，作为习惯法可谓相延时间漫长，早已融入民间生活而成为坚定铁律，尤其从谱例的约束力来看，仍然具有顽强的生命力。谱例或曰修谱凡例、谱规，是修谱的基本原则和要求，除了阐述修谱的基本方法之外，其中最关键的内容就是罗列具体条款，限制异姓乱宗，以保证宗族血缘的纯洁性。谱例的这种强制性规定，在全国各地方都很普遍，如温州永嘉县白泉村陈氏大宗祠内至今保存的光绪四年（1878年）合族订立《陈氏宗谱定规碑》，明令叔接嫂、典妻、同姓为婚等所生子概“不入宗谱”。[5]1943年，江西省宜春县谌氏所修族谱的谱例仍然强调，“凡抚养异姓者，虽不与童仆等，户产可共而谱内不载，所以别异姓，不使乱宗也。若族中有抚继同宗而昭穆不

---

[1] 吴春桐：《法律习惯化与习惯法律化》，载《东方杂志》1935年第32卷第10号。

[2] 覃振：《民族复兴运动中对于家族制之回顾》，载《东方杂志》1935年第32卷第10号。

[3] 蒯晋德：《宗法继承得失之研究》，载《法学丛刊》1935年第3卷第11期。

[4] 魏大同：《论宗祧继承与抗战建国》，载《政治建设》1939年第1卷2、3期（合刊）。

[5] 吴明哲编：《温州历代碑刻二集（上）》（温州文献丛书），上海社会科学院出版社2006年版，第207页。

紊者，不在此例。至族内有出继异姓者须书之”[1]。但是，谱例也是根据社会演进和家族发展的需要，不断作出相应调整，新的条款往往以新例或增例的形式出现。如明代永乐年间泉州桃源庄氏族谱《凡例》明确规定“凡出家及赘婿并中下殇者，止书于图，不许入牒（谱）”。但到成化年间修谱时新增的《凡例》中却容许赘婿入谱，“凡赘婿者，旧谱不修其名于牒，今乃修之”[2]。

司法判解努力补充和调剂立法空白，使案件得到及时、充分和合理的处置与说明。首先，以判解形式明示相关规定，肯定谱牒及其谱例的积极内涵。例如，判例法中即有认定谱牒性质与谱例约束力的清晰说明，“谱牒仅以供同族稽考世系之用，于私人权义不生重大影响，故其记载虽有错误，而非确有利害关系，即其权利因此受害，纵属同房族之人，亦不许告争，以免为无益之诉讼。”[3]“谱例为阖族修谱所应共同遵守之规约，故除与现行法令显相抵触者外，合族均应受其拘束。”[4]“祠谱为阖族公同共有之物，除合族规约别有订定外，允许非共有人加入共有，非得族人全体之同意，不发生效力。”[5]“谱例为拘束族众之规约，苟非已有成例或得族众全体同意，不得专擅为之。”[6]其次，改造旧习惯，使之转变为与现行法律不相冲突的文本。如传统承祧契约在宗祧继承中具有特别重要的地位，但在民国司法实践中被赋予契约自由的新精神。如江西进贤钟陵镇朱文喜被逼立族人朱外行为嗣孙，并载入草谱，立有承祧字约和死后财产拨付字约20纸，但均未签字画押，随后，朱外行以单方面按捺手印的承祧字约要求履约，由此起讼。进贤县司法处根据朱文喜与妻朱万氏要求撤销承祧字约。朱外行提出上诉，也被江西高等法院驳回。《江西省高等法院民事判决三十七年度上字第338号》指出：“现行民法关于宗祧继承虽因废止而无规定，然选立嗣子原属当事人之自由，亦未加禁止。”[7]

又如前引乐雨助贴谱案中，乐雨助要求回复族谱并给发胙饼，被东乡县司法处作出驳回的判决。法庭在阐述判决理由时对民间公序良俗给予充分肯定，

[1] 《宜春谌家坊谌氏族谱》卷首上《凡例》，民国三十二年谯阳堂活字本，江西省图书馆藏本。

[2] 《泉州桃源庄氏族谱汇编》，厦门大学出版社1999年版，第3页。

[3] 《潘大年与潘可兴等因请求更正谱牒及入谱涉讼》，载《大理院公报》1926年第3期。

[4] 《阮清璧与阮五芳因请求入谱事件上诉案》，载《司法行政公报》1934年第56期。

[5] 《汪莲生与汪立孝等因请求加入祠谱事件上诉案》，载《司法公报》1936年第121期。

[6] 《吴道永等与吴道炎等因请求删除谱例及撤销助契上诉案》，载《司法公报》1935年第46期。

[7] 江西省档案馆：《朱外行撤销承祧字约上诉》，档案号：J018-02-18468。

"按谱牒胙饼，法律并无规定，该族谱以铲谱停胙之惯例，借以约束其族人遵归正轨，非特不背于公共秩序和善良风俗，且有助于法律之所未备。该类习惯公例，应可不受限制。"[1]

（二）乡村社会与习惯法的权威

尊重习惯与维护乡村社会的传统规范，不仅不会丧失国家制定法的约束力，相反会强化国家法制在乡村社会的普遍实施。只有承认习惯法的权威，才能在乡村社会赢得最广泛的支持。

乡村族众的社会资源匮乏，是谱例所代表的习惯法发挥现实影响的根本原因。在传统封闭的乡村社会，宗族垄断地方资源是常态。传统地方社会出现家族械斗，其实多是地方社会各宗族之间争夺资源所激发的矛盾斗争。聚族而居的乡村社会，家族公产众会汇聚大量财富，成为族众共同享有的财产形态，但无不以各种入会形式为资格门槛，而登谱只是成为族人的基本初阶。不能登入族谱，也就摒弃了在家族中任何权益分享的机会，因而谱讼可谓乡村社会普通民众最基本的身份争竞，不容轻视怠慢。也正因为如此，在乡村社会，每个族人被家族开除族籍，都被认为莫大的耻辱。一来在族内无法分享每个家族成员应有的权益和福利，二来在族外成为一个游离于家族共同体外的个体，难以抵御潜在的孤独与欺凌伤害。如根据谱例规定，对盗窃犯罪的族人予以贴谱或者开除族籍处分，前引东乡县民人乐雨助为宗族贴谱废胙上诉到江西高等法院而坚持不懈。无独有偶，龙南县程大乡第五保保民蔡演华被社仓管理首士蔡先仁等讦告为盗窃社谷，蔡氏族人七八十人在祠堂开会，决议开除其族籍，并在族谱上把他的名字用乌印覆盖，蔡演华为此申诉到江西省政府。[2] 乐、蔡二人为开除族籍而汲汲以求国家公权力的介入干预，正好说明了这种身份处分对于乡村族众来说，具有致命的打击，而惩罚依据则是谱例所代表的习惯法影响。然而，对于已经融入外地生活圈子的族人，是否参加修谱以及谱例对其约束力，也就

[1] 江西省档案馆：《乐雨助回复族谱给付胙饼上诉》，档案号：J018-02-22862。

[2] 江西省档案馆：《江西省政府关于龙南县民蔡演华开除族籍案件的训令》，档案号：J016-3-01301。

大打折扣。如 1937 年 6 月，万载施氏族人登报寻找仕宦在外的族人施海澜后裔，但久久并无回音。显然，像这样并不依存原籍宗族社会资源的族人来说，是否登谱以及谱例约束力已不重要。[1]

修谱在民间资源整合方面发挥极为重要的积极影响，统辖一族的民众自治与舆论评价。修谱不仅是一个族众资源整合的过程，也是规则酝酿的过程，蕴涵着整个家族最权威的舆论评价。如修谱首先要有财力和人力，为此要成立谱会、丁兰会等筹措修谱基金，需要成立谱局笼络各族房支首脑，需要议定谱例规则，整个过程需要公开透明。如笔者在民国江西河口地方法院档案中发现张氏修谱引发的纠纷诉讼。其中有两个文献特别值得注意：一是红纸刻印的《铅邑鹅北湖塘张氏谱局为合族重修八次宗谱会议录》，列举了各房支族长、房长一起议决十一项谱例的讨论过程，成为此次修谱的基本规则；二是张姓族人张细姩父子三人要求参加修谱的申请报告，并附有本房族长和房长的签名支持，重申父子三人在“匪患”中脱离家园的经过。张细姩申请入谱的理由，正是宗谱会议录中议定谱例第七条，“倘有‘共匪’蹂躏地方人伦紊乱者如何处置？决议：酌量情形处理”。显然，修谱中议决的谱例便成为一族整合的基本法则，既是宗族自治规则，也包含褒贬的舆论评价，在乡村宗族社会具有高度权威的规范体系。

习惯法的力量不仅在于纠纷解决需要借助民间传统规则加以裁量，更重要的影响在于司法判决的最终执行依赖于习惯与舆论的支持。二十世纪三四十年代，民事判决执行难已经成为司法审判实践中的一大难题，究其原因固然多多，但判决昧于民间习惯传统，无法被舆论支持，往往是其中关键因素。在谱讼案件中也最能体现出习惯法的影响力，如乐雨助要求回复族籍和胙饼福利，在上诉高等法院时由于取得了盗牛案失主王金灿的《误会证明书》，证明其盗牛完全是因为无因管理而引发的一场误会，由此要求撤销原判决，恳请支持其复族与胙饼的上诉主张，但高等法院仍然维持原判。其实，此案即便高等法院改判乐雨助胜诉，最终也需要乐氏族人解除贴谱来完成具体执行，而族人乐元保答辩状既已申明，“复族方式约有数点：一跪于祖宗前，明誓悔过；二置酒；三或给微产归于众有以作慈善事业。……族规重于法律，习惯胜于泰山，千载不移，任

[1] 《万载县施氏宗祠谱局紧要通告》，载《江西民国日报》1937 年 6 月 3 日。

何人不得破坏。”[1] 这种近于苛刻的复族方式，无论乐雨助接受与否，他在被贴谱时所认定的盗贼罪行并没有任何改变。又如万载县民谢金裕（即谢声济）幼年随母改嫁蓝友金，于蓝氏六修族谱时载为蓝友金之子，成年后归宗谢氏本族，要求蓝氏族谱撤销登录，蓝氏族人不允，谢声济从万载县司法处到江西高等法院第五分院（宜春），一直打赢官司却无法执行，因为蓝氏族人提出了判决履行的苛刻条件，谢声济上诉到江西省高等法院和最高法院，均判定撤销（蓝氏族谱）入谱，要求变更登录。但蓝氏族众仍然坚持要求：“判令被上诉人雇原谱匠印刷更正计族谱二页、最高法院判决一分、高等法院判决一分、通告一分，合计七页，各印九十八页，分送宜春、万载、萍乡、浏阳、修水、铜鼓、宜丰、奉新九县蓝姓领谱人，取得收据，交与上诉人作为回复原状。如需上诉人代办，估计需法币三千四百元。”蓝氏族众并不否定最高法院的判决，但只要谢声济不能满足更正族谱的先决条件，判决执行便遥遥无期。[2]

与近代中国社会革命相表里，近代中国法律变革无疑是与中国礼法传统渐行渐远的一个历史进程。作为中国传统法律文化中最具特色的宗法制度，虽然与近代国家治理模式完全不同，但因为近代中国仍为农业大国，由宗法制度维系的乡村社会仍然占据中国最广泛的地域版图和人口规模。废除宗祧继承是反封建社会革命的需要，法律变革本身也是社会变革的一种书写方式。宗祧继承与谱例规则在聚族而居的乡村社会仍然发挥极为重要的规范作用，国家对此采取超然中立立场是必要而明智的。宗族谱例规则是宗族自治的基本规范，在不与现行党义国法相违背的前提下，尊重谱例申叙的宗祧继承旧惯，可以换取民间舆论的更多理解与支持。而且谱牒纠纷未必完全是事关谱例原则立场的争竞，每个案件背后当事人的利益诉求，常常具有较大的隐秘性，因而案件的最终解决，往往不在法庭之上，而在法庭之外，在于满足各方当事人的利益平衡。习惯大于法律，不在于习惯强于国法，而在于法律实施与法庭判决最终必须依赖乡村社会及其乡土习惯。

---

[1] 江西省档案馆：《乐雨助回复族谱给付胙饼上诉》，档案号：J018-02-22862。

[2] 江西省档案馆：《谢济声请求回复原状赔偿损害被诉案》，档案号：J018-07-17883。

民国时期民间借贷的利率习惯与司法适用

吕铁贞 *

民间借贷如同一把双刃剑。一方面，民间借贷自古以来被中国官方排斥在官方金融体制之外，其产生和发展主要依靠自发内在力量，民间借贷率长期居高不下，部分借贷涉及的主体数量众多，涉及金额庞大，如出现违约事件将直接引发社会事件，影响社会稳定；另一方面，民间借贷作为传统的救济和融资途径，在社会经济发展中起着不可替代的作用。如何正确对待民间借贷并推动其健康发展成为任何时期的立法和司法都不容忽视的主要问题之一。民国处于新旧过渡的时期，与以往相比，官方更重视利率的法律规制，而民间习惯又顽强地在借贷实践中发挥作用，有关高利贷的纠纷层出不穷。对此，司法机关首先考虑适用法定利率的有关规定，针对一些特殊的案件，有条件地确认部分民间习惯。民间借贷习惯实际上扮演者“准法律”的角色，甚至超过了法律规制的作用。民间借贷扎根并发展于民间，为民所用。在解决“如何确定民间借贷利率上限？利率上限确定的依据什么？司法在利率制度完善过程中应扮演何种角色”问题过程中，我们应当充分重视作为制定法之母的习惯。

一、民国时期民间借贷的习惯与利率

民间借贷习惯类型丰富，根据借贷标的物的不同，可分为金钱借贷和实物借贷，这是民国时期借贷的主要形式。

---

* 吕铁贞，上海财经大学法学院副教授。

（一）金钱借贷

金钱借贷作为最普遍的借贷方式，即将金钱作为借贷的标的物。虽然民间借贷属于非正式金融，但也属于经济行为的一种，金钱借贷也不例外。利息的高低并非由债权人或债务人一方决定，往往会受到多种因素的共同影响。这些因素主要包括借贷数额、借贷期限、借贷双方身份、经济环境等因素。

通常情况下，借款的期限越长，则债务人需支付的利息往往越低，反之，如借款时间短，利息越高。各地的习惯亦大多如此。如山东的平原县、临淄县以及汶上县等地有“银号放贷收取利息的办法”：“银号放贷之时，应根据借款期限长短来确定银币的价格。如果每一银币在市场中价值二千七百文，则借用一个月应支付的总价款为二千八百文，如借款期限为两个月，需再多支付一百文。借款期满之时清偿，不再额外收取利息，否则需按每月 3% 以上收取利息。”[1] 再如福建闽清县亦有借款长期、短期利息不同之习惯：“民间及商家借款，月利率一般在一分至二分之间。如果借款期限较长，一年只收取十个月利息，反之需按月收取利息。”[2]

借款利息受借款期限影响的同时，还受借款数额影响，借款额越高利息越低，借款额越低则利息越高。这一习俗在全国各地都普遍存在。如山东省滋阳、邹平县等地就有“借款利率因借款本金数额的不同而有所区别”的习惯：“如债务总利息不足 200 元，则按月 3% 计算利息；利息在 200 元以上，可按月利率 2% 计算利息；利息总额超过 1000 元，则月利率在 1% 至 2% 之间。”禹城县亦有类似习惯：“百元以下利息为三分，超过一百元后，利息递减，如超过一千元，则月利率最高不超过一分五厘。”[3] 福建顺昌县有“年债和月债”的习惯：借款数额越多，则利率愈少，并以年为单位进行计算，此为年债；借款额少，则利息愈高，并以月为单位

---

[1] 前南京国民政府司法行政部：《民事习惯调查报告录》，胡旭晟等点校，中国政法大学出版社 2005 年版，第 138 页。

[2] 前南京国民政府司法行政部：《民事习惯调查报告录》，胡旭晟等点校，中国政法大学出版社 2005 年版，第 504 页。

[3] 前南京国民政府司法行政部：《民事习惯调查报告录》，胡旭晟等点校，中国政法大学出版社 2005 年版，第 376 页。

计算，此为月债。[1]类似的习惯在甘肃省亦存在，此处不再一一叙述。

借贷双方的身份不同，同样会影响利率的多少。在传统中国，身份不同，主要指的是债权人和债务人的职业，其中以农民、商人居多。通过对史料查询分析后发现，商人之间、农民之间以及商人与农民之间的利息都存在一定区别。总体而言，商人之间借贷利息最低，商人与农民之间借贷利息居中，而农民与农民之间的借贷利息最高。如山西辽县有"商人和非商人有不同利率"的习惯："商人之间借贷，利率不超过一分五厘；非商人之间借贷，利率不得超过三分；非商人与商人之间借贷，利率不超过二分五厘"。[2]此外，如山西汾阳县、江西赣县、南康县、宁都县等都存在着类似借贷习惯。

民间借贷属于非正式金融范畴，但金钱借贷以金钱作为借贷标的物，市场经济环境及金融政策的调整直接影响现金的供应量，因此，必然会对借贷利率产生影响。一般来说，现金充足之时，借贷利率较低，如现金短缺，则利率较高。如山西清源县存在"满加"习惯："金钱借贷，有的以年月作为计算单位，也有季度进行计算，每年有四个季度，一个季度共有三个月。如每季度借银千两，收取利息六两、七两或者八两不等。利息的高低，根据现金供应进行调整，俗称'满加'。"[3]在江苏上海县，借贷利息以市场资金供应量的多少相关，资金充足之时的利息较低。但市场资金供应量紧张之时，利息增加，每千两借款每日需支付利息六七钱不等。[4]

影响民间借贷利率高低的因素很多，上述介绍的四种只是最常见的因素。自古以来，中国社会都属于熟人社会，借贷双方之间关系的远近亦直接影响着借贷利率的高低。如江苏省南京，"债权人刚好有闲置资金，而债务人并非贫穷之日，但因临时资金短缺，因此，看在平日关系密切的份上，债权人将资金出

[1] 前南京国民政府司法行政部：《民事习惯调查报告录》，胡旭晟等点校，中国政法大学出版社2005年版，第512页。

[2] 前南京国民政府司法行政部：《民事习惯调查报告录》，胡旭晟等点校，中国政法大学出版社2005年版，第379页。

[3] 前南京国民政府司法行政部：《民事习惯调查报告录》，胡旭晟等点校，中国政法大学出版社2005年版，第399页。

[4] 前南京国民政府司法行政部：《民事习惯调查报告录》，胡旭晟等点校，中国政法大学出版社2005年版，第409页。

借给债务人。该借贷的目的并不是盈利。此类借贷的利率往往比较低，通常低于每月二分。”[1] 民间借贷利息的多少，受多种因素影响，利息背后往往隐藏着多只隐形的手，各种因素一起作用，最终形成了特定时期、特定地点的利息标准。早在民国时期，陆国香对湖南民间借贷状况调查后认为，以下六种因素对民间借贷利率高低有着影响：“1. 借贷数额的多少；2. 借贷期限的长短；3. 是否有抵押担保；4. 借款人对资金的急需程度；5. 生活环境的贫富程度；6. 借贷款为公款还是私款。”[2]

民国不同时期的法定利率有所不同，但基本上可以月利 3% 作为参照标准，将民间借贷区分为“零利率”、“低利率”或“高利贷”。该时期民间现金借贷生活中形成了大量习惯，其中，主要的高利贷习惯有：

其一，“利滚利”。即如借款期限期满未还款，则利息计入本金，重新计算利息，这成为债权人避免风险的一种有效手段。[3] 在河北地区，因“利滚利”导致利息繁殖过快，又被称为“臭虫利”。[4]

其二，“驴打滚”。当借贷年利息达本金一倍之时，俗称“驴打滚”，如在太行山地区就有借一元还二元的习惯。[5] 但其通常指的是，如到期不还款，利息加倍。因此，驴打滚比利滚利的利息更高。在河北丰南县、河南新郑县、天津郊区，都有类似的习惯。

其三，“印子钱”。又称为折子钱，在该类借贷中，借贷双方约定债务人分期偿还本息，债权人规定债务人每次需偿还的借款数额和本息还款时间，并将其记录在折子上，每当债务人履行一次还款义务，债权人加盖一次印记，该类借贷主要特点为借款数额小，借款期限短且利息极高。比如，在民国河北地区，此类借贷借款期限一般只有一两个月，借款数额也仅为一元、两元，借款额超过十元的极少。普通每月利息为二十分。[6]

[1] 童德兴：《南京农民借贷方法》，载《农林会刊》1934 年第 4 期。

[2] 陆国香：《湖南农民借贷之研究》，载《工商半月刊》1935 年第 15 期。

[3] 刘永功等：《利息学概论》，西南财经大学出版社 1992 年版，第 157 页。

[4] 田文彬：《崩溃中的河北小农》，载《益世报》1935 年第 4 期。

[5] 魏宏运主编：《抗日战争时期晋冀鲁豫边区财政经济史资料选编》第二辑，中国财经经济出版社 1990 年版，第 1361 页。

[6] 中央银行经济研究处：《中国农业金融概要》，商务印书馆 1936 年版，第 93 页。

其四，“大加”。主要指月利息为本金一倍。太行山地区将其称之为“十利”或“老一分”。十个月，利息即与本金相同。[1]

因各地经济条件不同，影响利息的各因素有所差异。民国时期，还存在众多其他高利贷习惯。因篇幅原因，在此不再展开叙述。

（二）实物借贷

实物借贷，作为历史上最早、最常见的借贷方式，随着时代变迁不断发展，并在不同的时代，在民间借贷过程中起着不同的作用。民国时期，由于物价上涨、通货膨胀，实物借贷的地位与金钱借贷相比有所下降，但仍然在民间借贷过程中起着重要作用，并有着完善的实物借贷习惯，维护着民间借贷体系的正常运转。

1. 借粮还粮

一般情况下，人们向他人借贷粮食后往往还以粮食，但在利息和履行方面，却有着不同的习惯。借粮还粮的利息往往比金钱借贷的利息要高，普通情况下都会高出五分之一所有。如奉天省即存在着“即粮加息”的习惯：借贷期限一般为十个月，“如借粮一石，则约定期限期满之时至少应当偿还一石五斗或者一石六斗”。[2] 此外，还有“青苗债”习惯，该习惯存在于河南省泌阳县地区，“在青黄不接之时，一些缺粮的农民以已经种植的青苗作为担保，向高利贷者借粮，维持生计。借粮期限一般是一至二个月。债务人在还粮之时，借 1 斗至少需偿还 1 斗 2 升；也存在借 1 斗，但偿还 2 斗的情形”[3]。

2. 借粮还钱

在民国时期，通常情况下，借款人借粮食，只需偿还粮食。但像奉天省、山西省以及甘肃省的个别县存在着借粮还钱的习惯。而且，利息往往随着粮食

[1] 宏流：《地主剥削式样》，载《晋绥日报》1947 年第 3 期。

[2] 前南京国民政府司法行政部：《民事习惯调查报告录》，胡旭晟等点校，中国政法大学出版社 2005 年版，第 351 页。

[3] 泌阳县地方史志编纂委员会：《泌阳县志》，中国古籍出版社 1994 年版，第 503 页。

市场价格的变动而调整。

如奉天省的洮安县，借粮期限一般以十个月为限，如“粮食价格为一斗一元五，则，如借粮一石，在还粮之时需偿还洋十五元，具体应当根据市场价格协商决定，从来没有不超过三分的。如到期未还，则需额外支付利息。”[1]

甘肃省大通县的“加五粮食债”习惯，债务人借粮食之后，在偿还粮食之时，需各色粮食各加五斗偿还。武威县的“米麦借贷”习惯同样涉及借粮利率：“通常情况下，金钱借贷利息，习惯上不超过三分，但粮食借贷利息，不超过五分。”

二、民间借贷的习惯利率高于法定利率：禁而不止

鉴于高利贷的社会危害之大，民国时期政府重视对民间借贷利率的立法规制。不过，由于诸多原因，以借贷方式获取高于法定利率的现象仍广泛存在，屡禁不止。

（一）法定利率

民国初年关于法定利率沿袭清末的有关规定。根据《大清现行刑律》的“违禁取利”条，规定：“凡私放钱债及典当财物，每月取利并不得过三分，年月虽多，不过一本一利，违者，处四等罚以余利计赃。重（于四等罚）者，罪止十等罚。”由此可以看出，放贷收取利息系合法行为，但是对利率上限进行了强行性规定，违者以坐赃罪追究刑事责任，严重者高达十等罚。不过，月利息上限为3%，年利率达36%，但在当时的经济状况下，该利率明显高于大部分行业的投资回报，想必大部分的放贷人还是乐于放贷的。

民国关于利率的主要立法既有一般立法，又有特别立法。前者有1925年的《民国民律草案》和1929年的《中华民国民法》，后者为1947年颁布的《利率管理条例》。1925年的《民国民律草案》关于利率部分的内容有5条法律条文，其中第291条规定：“应付息之债务，其利率未经约定，亦无法令可据者，周年利率为5%。”第292

[1] 前南京国民政府司法行政部：《民事习惯调查报告录》，胡旭晟等点校，中国政法大学出版社2005年版，第351页。

条："约定利率逾周年15%者，经一年后，债务人得随时清偿原本。债务人依前项规定清偿原本者，应于一个月前预告债权人。"该《民律草案》对商业性民间借贷和非商业性借贷进行了区分，如一般情况下，利滚利是无效的，但商业性借贷除外。其次总体上来说，该草案对借贷双方的利益都进行了兼顾。年最高利息在30%的规定基本上与清末规定持平。对利息上线进行规定，在一定程度上保护了债务人的权益，减少债务人的负担。但因政治和军事原因，该草案并未真正施行。

1929年《中华民国民法》关于民间借贷利率的条款主要有4条法律条文，其中第203条规定："应付利息之债务，其利率未经约定，亦无法律可据者，周年利率为百分之五。"第20条："约定利率逾周年百分之十二者，经一年后，债务人得随时清偿原本。但须于一个月前预告债权人。前项清偿之权利，不得以契约除去或限制之。"第207条："利息不得滚入原本，再生利息。但当事人以书面约定利息迟付逾一年后，经催告而不偿还时，债权人得将迟付之利息滚入原本者，依其约定。前项规定如商业上另有习惯者，不适用之。"

《中华民国民法》的上述规定，不仅继承了清末及北洋政府时期立法身影，还在尊重借贷习惯的基础上对利率进行调整，增强了立法的可行性。

1927年8月1日，南京政府规定民间借贷利率上限不得超过年息20%，《中华民国民法》直接回应并吸收了该规定。在具体内容方面，禁止债权人收取复利，并允许在借贷双方约定年利率超过12%之时，不论事先是否约定了还款期限，借款期满一年后，债务人就有权随时要求偿还本息，但应当提前一个月通知债权人。该规定实质上减少了债务人利息负担。同时，根据条款规定，商业性借贷如有特别习惯，应当按习惯执行，但年利率仍不得超过20%。

从形式上看，《中华民国民法》立法者希望通过上述约定保护在社会生活中处于相对弱势地位的债务人，预防高利贷的产生，但实际上民国时期物价飞涨、通货膨胀及高利贷盘剥严重。[1]立法预期目标很难实现。

国民党政府为了加大对利率的管制力度，根据银行法，在原拟定的《银行存款贷款利率管理条例》基础上，于1947年12月19日另行公布了《利率

[1] 王印焕：《通货膨胀下人民生活的绝望》，载《北京科技大学学报（社会科学版）》，2003年第19卷第1期。

管理条例》（以下简称《条例》），该条例共七条，其中第2条规定："银钱业存款利率不得超过放款利率，放款利率之最高限度，由当地银钱业同业公会斟酌金融市场情形逐日拟定同业日拆及放款日拆，报请中央银行核定，牌告施行。"第4条："银钱业放款利率超过当日中央银行牌告日拆限度者，债权人对超过部分无请求权。"第5条："银钱业以外之金钱债务，其约定利率不得超过订约之时当地中央银行核定之放款日拆，超过者债权人对超过部分无请求权。"

虽然《条例》只有简单的七个条文，但信息量极大。首先,《条例》实施之后，利率上限的审核权统一收归中央银行所有。虽然《条例》允许各地银行业同业公会可根据金融市场情形逐日拟定同业日拆及放款日拆之最高放款利率，但最终核定权归中央银行所有，并需挂牌公告。

由于部分省份未设置中央银行支行，为防止部分省份利率管制出现无法可依情形,《条例》规定：未设立中央银行地区的银钱业的最高利率，应当以距离最近地方之中央银行挂牌为准。《条例》不仅对银钱业最高借贷利率进行规定，还对银钱业之外的借贷最高利率作出了规定，当然包括了民间借贷利率。在事实上成为利率管制的特别规定。[1]

（二）民间借贷利率高于法定利率是常态

1934年，中央农业试验对全国现金借贷利率进行调查，李金铮学者根据上述数据整理成如下表格：[2]

省　份	各种借贷利率的比例（%）				
	1–2分（10% ~ 20%）	2–3分（10% ~ 20%）	3–4分（10% ~ 20%）	4–5分（10% ~ 20%）	5以上分（10% ~ 20%）
河　北	6.6	46.7	43.8	2.5	0.4
山　西	2.6	17.0	40.6	27.6	12.2
山　东	5.4	35.7	37.0	20.0	1.9

[1] 该条例是我国台湾地区金融当局实施利率管制的主要依据，直至1985年11月27日被废止。

[2] 李金铮：《借贷关系与乡村变动》，河北大学出版社2000年版，第86页。

续表

省 份	各种借贷利率的比例（%）				
	1–2 分（10% ~ 20%）	2–3 分（10% ~ 20%）	3–4 分（10% ~ 20%）	4–5 分（10% ~ 20%）	5 以上分（10% ~ 20%）
河 南	1.2	10.8	52.8	19.2	16.0
四省平均	4.0	27.6	43.5	17.3	7.6
全国平均	9.4	36.2	30.3	11.2	12.9

[华北四省农民借贷利率〈年利〉（1934）]

通过对上述表格数据进行分析，除河北省外，无论在某个省份还是全国，现金借贷年利率在 30% 以上的都超过 50%，其中，河南民间借贷中，年利率超过 30% 的高达 88%。全国范围内，年利率超过 50% 以上的亦达到了 12.9%。而根据当时立法，年利率上限为 20%，根据上表数据，从全国来看，高利贷率达到了 90.6%，从单个省份看，河北最低，但高达 93.4%。

在当时社会状况下，解决温饱为每个家庭的第一要务，因此，现金借贷之外，存在大量的粮食借贷现象。根据当时政府在 1933 年对山西、河南、河北、山东四个省份进行的统计，年平均粮食借贷利率为 6 分（60%），可见粮食的借贷利率明显高于现金借贷利率。

20 世纪二三十年代，众多省份都对本省范围内的借贷情况进行了调查，调查结果都显示高利贷在当时是普遍存在的。如河北的调查数据显示，年利率超过 20% 的超过了 83%，年利率 50% 以上的也将近 13%。在山西，通过对各县的调查，普通百姓之间月利率存在于 3% 至 5%（年利率在 36% 至 60%）之间，其中月 3% 的居多数。机构借贷中，商店借贷月利率也多在 3% 和 5% 之间；钱庄略高，月利率平均在 3.7% 以上。还有山东、河南的，月利率普遍在 3% 和 5% 之间，个别较低的，也有月 2% 至 2.5%。由此可见，当时的民间借贷，绝大多数都属于高利贷。

从 20 世纪初的统计数据来看，除了在极个别集中开展合作的区域，借贷利率在整体上都呈现出上涨趋势。比如，在河北省的安国县，现洋利率就从之前的一月 3 分五厘上涨至每月百分之七八左右，奉票利率上涨更多。[1] 同样，在山西屯留县，根据调查表明，早 1934 年之前，放债一个月利率 2 分左右，但在当前，

[1] 民国丛书续编编委会：《中国经济年鉴》（上），商务印书馆 1934 年版，第 200 页。

"别说每月二分不行，三四分都不行了，普通月利都已经达到了5分"。在其他省份，如山东、河南，利率都呈现上涨趋势。[1]

缺乏生活、生产资料导致百姓不得不对外借贷，高利贷成为普遍现象。法定利率并没有得到有效的实施。关于《条例》的实施效果，某次台湾省"议会"中，一名张姓"议员"指出"当时的立法动机，实在是为压低利率，防止高利贷之猖獗。但是，于实施之后，根本没有达到目的"，"现在还是由于《利率管理条例》仍然存在，所以本省银行各种存款利率，在形式上都是经过议定后报经金融主管当局核定，但事实上，当市场利息高涨的时候，一般要向银行借款，实在不容易，大家都知道银行放款，除明息外，尚有暗息，债务人所负担的，还是超过法定的标准，而且已经是五人能够否认的公开秘密。似次情形，利率管理条例无异虚设"。

事实上也是如此，如中华人民共和国成立前的福建省上杭县，虽然当时的国民党县政府明文禁止高利贷，规定谷息全年不得超过50%，现金月息不得超过5%，但暗中高利贷仍然盛行。利率也恶性畸高，"利率少则加三（30%），重则加倍，甚至有加二倍的；当年还不清，利上滚利"。[2]

三、民间借贷中利率纠纷的司法实践

司法实践中的借贷纠纷多由利息问题引发。主要有两种类型：1. 未约定利息，是否计息、如何计息；2. 约定利息高于法定利息，无法偿还。其中前者，如果一般数额不大，借期较短，一般通过调处解决；后者往往通过诉讼解决。基本上分为三种情况：高利贷入刑、对超出法定利率的利息不予支持、对民间借贷的利率习惯有条件的予以确认。

（一）高利贷入刑

民间借贷属于借贷双方之间平等协商后自愿达成的民事行为，本因属于民

[1] 高苗：《山西屯留县农村经济实况》，载天津《益世报》1934年12月1日。转印自李金铮：《借贷关系与乡村变动》，河北大学出版社2000年版，第94页。

[2] 冯和法：《中国农村经济资料》，黎明书局1933年版，第606页。

事法律调整范围。但在民国时期，政局动荡，为了打击高利贷给政局带来不利影响，当时个别政府甚至直接以刑事处罚方式来处理利率超过 20% 的情形。

如闽西上杭县中山保郭氏于 1940 年农历八月，以衣服作为抵押向本保的饶富秀借款国币五元，双方约定年利率为百分之二十四。《中华民国民法》第 205 条规定“约定利率，超过周年百分之二十者，债权人对于超过部分之利息，无请求权”。因此，双方约定的年利率超过了约定法定最高限。但是，该事件在不久之后被政府当局发现，饶氏被以放高利贷名义提起诉讼，法律依据即为“刑法”第 344 条。

根据《中华民国民法》第 205 条约定，如饶富秀要求郭氏按年利率 24% 的标准支付利息，超过 20% 的部分，审判机关不予支持，即，如双方最终通过司法途径解决，郭氏无须支付超过 20% 的利息。但在本案中，饶富秀直接被根据“刑法”规定以高利贷起诉。由于资料缺乏，虽然不确定最终决定结果，但根据政府直接由于年利率超过 4% 为由起诉贷款人。可见当时政府对高利贷采取高压政策，虽然有法可依，但因高利贷入罪，仍让普通百姓措手不及。但起到的震慑作用也是不言而喻的。[1]

（二）对超出部分的利息不予支持

第二次国内革命战争（土地革命）期间，为满足广大农民对土地的需求，提高农民的生产积极性，实现革命的最终胜利，中国共产党在革命根据地开展了对地主进行打击、分田地、废除封建剥削和债务运动。国民党政府感受到了明显的危机，虽然高利贷入刑的案件逐渐减少，但《中华民国民法》“年 20% 利率”的规定被严格落实。《中华民国民法》第 205 条规定：“约定利率，超过周年百分之二十者，债权人对于超过部分之利息，无请求权。”根据该条规定，民间借贷的年利率应当控制在 20% 以下，如借贷双方约定的年利息超过本金的 20%，则超过部分无效。

如闽西宁化县的商人刘氏在 1932 年中上旬分两次向张氏借小洋票 1700 角。此后，刘氏先后分两期向张氏支付了利息 40 余角和息谷 7 石，共价值 250 角。

---

[1] 民国档案：《饶富秀高利贷案》，全宗号 8 号，案卷号 325，上杭县档案馆藏。

后因土地革命爆发，资金困难，刘氏未向张氏偿还本金，亦未继续支付利息。1935年年底，张向法庭提起诉讼，请求法院判决刘偿支付本息共计2700角。1936年年初，一审开庭，法院查清事实后，判决刘向张全额偿还本金的同时，仅支持刘按年利率20%的标准支付利息，法院最终支付的本息为1800角。[1]

（三）司法机关对部分利息习惯的确认

民国初期，大理院公布的判决对下级审判机关具有约束力。也正基于此，大理院在中国近代法制史上留下了光辉的一页。大理院对借贷利息习惯的解释同样直接对下级法院有指导作用。通过史料查询，大理院对符合条件的民间借贷习惯予以确认，这在当前无疑有重要的借鉴意义。

在司法实践中，审判机关往往将商业借贷和非商业性借贷予以区别。由于商业借贷目的是赚取利息，因此，即使债务人和债权人事先没有约定利息，审判机关也一般都对习惯利息予以支持。如大理院三年上字第六零九号判决对民间商业借贷利息习惯是否予以认定之时解释如下："如商人间因商业行为产生债权并对利息予以约定，则债权人有权要求债务人支付利息，即使双方当事人未约定利息，如债务人没有明确证据说明双方之间约定没有利息，同时，该债权亦没有无须支付利息的习惯，则应当认定该债权有利息，债权人可以在相当范围内请求债务人支付利息。"同年，大理院又在三年上字第一零九号判决中明确表示"就商业规则而言，商人之间的行为都为有偿行为，根据原因为商人都系以营利为目的的"。大理院通过该判决，对商人的营利行为予以了肯定，商人的商业行为的营利性有了合法、合理的支持。

四、适度尊重习惯有利于解决当今民间借贷利率的法制困境

《民法总则》[2]第10条规定："处理民事纠纷，应当依照法律；法律没有规定

[1] 民国档案：《关于张承控刘圣春债务涉讼》卷，全宗号87号，卷案号139，清流县档案馆藏。

[2] 《民法总则》于2017年3月15日第十二届全国人民代表大会第五次会议通过，自2017年10月1日起施行。

的，可以适用习惯，但是不得违背公序良俗。”这是我国首次以民事立法方式承认了习惯的一般性法源地位。习惯法正式上升为“硬法”，有利于推动依法治国和以德治国的统一。民间借贷来源、发展于民间，并服务于民间。在立法过程中充分考虑民间借贷习惯，甚至以立法方式对民间借贷习惯进行确认，不仅是对本土资源的有效利用，还有利于相关立法取得民众的认同。

（一）民间借贷利率立法中给予习惯一定空间

截至我国《民法总则》出台之前，我国历次民事立法活动，都未以明文方式确定民事习惯具有一般性法源的地位。尽管如此，一些法律条文还是规定了习惯在某些特定领域中具有法源地位。如根据《物权法》第85条的规定，在处理相邻关系纠纷之时，如无法律规定，可参照当地习惯；第116条规定了法定孳息在无法律规定之时，亦可参照交易习惯取得。又如，《合同法》多个条文都提到了交易习惯。涉及习惯的法律、法规规定，还有《最高人民法院关于适用〈中华人民共和国婚姻法〉若干问题的解释（二）》中规定了返还彩礼的条件。历次民事立法中忽视民事习惯的尴尬终于随着《民法总则》的出台而化解。

1. 民间借贷利率立法吸收民间利率习惯的可能性分析

我国有民事习惯入法的基础，其中就包括了民间借贷利率习惯。清朝末年，因修律需要，各省区组织力量成立宪政调查局，对全国的民商事习惯进行了广泛调查。民国初期，在审判官员的呈请之下，北洋政府也在各地成立了民商事习惯调查委员会，并对当时民商事习惯进行调查。两次民商事习惯调查前后持续近二十几年，涉及的范围包含了生活的方方面面，当然也包括了全国各地的民间借贷习惯，最终形成了《民商事习惯调查报告录》《民商事习惯调查录》和《中国民事习惯大全》，这无疑都是当今法治建设的宝贵材料。借贷法律制度是社会借贷生活的产物，如民间借贷制度的创新脱离了真实的借贷生活，则必然无法得到百姓的尊重和依赖。

民事习惯和制定法相互配合、相互依靠，是人类文明发展的产物。两者相互作用，共同维护了社会秩序，促进了社会生活、经济发展。民间借贷立法的目的是保障借贷双方的权益以及维护金融秩序的稳定，这与民间借贷习惯不谋而合。借贷习惯的存在，主要也是为了实现上述目的。也正是由于借贷习惯有着上述作用，借贷双方才愿意尊重并反复使用。正是由于民间借贷利率习惯与借贷利率法律制度有着上述共性，将民间借贷利率习惯吸收立法，成为可能。

2. 民间借贷立法吸收民间借贷利率习惯的路径

（1）确认民间借贷利息习惯的法源地位

清末开始，我国即开始习惯入法。《大清明律草案》第1条规定："民事，本律所未规定者，依习惯；无习惯者，以条理。"民初颁布的《中华民国民法典》第1条对也正式确认了习惯的法源地位："民法所未规定者；依习惯……"第2条规定："凡任意条文所规定之事项，如当事人另有契约，或能证明另有习惯者，得不依条文而依契约或习惯，但法官认为不良之习惯不适用之。"随后，民初大理院以判例方式确认了适用习惯的条件和原则，这些习惯包括族规、宗族习惯、村规民约等。[1]

虽然在《民法总则》之前，我们未正式确认习惯法具有一般法法源的地位，但在处理民族关系、邻里关系、商业交易等纠纷之时，已经充分正视了习惯的作用。

如今，《民法总则》已经明确赋予习惯具有一般法法源的地位，这给民间借贷习惯利率入法创造了条件。

（2）甄别、选择有益习惯

民间习惯数量庞大，涉及范围广泛。法律作为对社会关系具有普遍性约束的社会规范，其内容应当具有普遍性。民事习惯对调整社会关系有重要意义，但并非完美无缺，相反，部分习惯属于陋习、恶习，会对建设社会主义法治国家造成障碍。因此，对众多习惯进行甄别应当成为习惯入法的前置程序。甄别、选择习惯的方式很多，但最值得借鉴的莫过于清末民初进行的民商事习惯调查。在条件成熟之时，通过对民间借贷习惯进行调查，并进行归纳总结，对那些长期被人们遵守的习惯，在立法之时可考虑吸收。

[1] 参见刘清景主编：《新编民事法规判例解释决议全集》，台湾大伟书局1998年版。

（二）司法实践中给予习惯足够重视

2007年，曹建明在“民俗习惯司法运用研讨会”上指出：“……人民法院作为定纷止争、解决社会矛盾纠纷的专口机关，在审判实践中遇到的一个重要的问题，就是如何确定解决纠纷规则的选择与适用问题。……人民法院在案件审判过程中不应忽视民俗习惯。”[1] 民俗习惯形成于社会群体在长期交往过程中，规范着人们之间的权利和义务。在司法实践中适度采用民俗习惯，可提高司法效率，增强司法裁判结果的公信力。

1. 民事习惯的司法确认

法院在审理案件过程中，应当以法律为依据，进行公正裁决，并非依靠法官主观臆测。因此，法律适用者行使权力的首要前提就是准确确定“法律与法”的范围，这也是宪法对司法的基本要求。[2] 长期以来，两大法系对“法律渊源”并未形成统一的定义。但两大法系在定义法律渊源之时都明示或暗示地表示习惯属于法律渊源的一种。

我国理论界大部分学者认为，如国家对某一民事习惯确认后，该习惯就可成为民法上的渊源。这一点在《民法总则》中已经得到具体体现。根据上文所述，早在清末民初时期，特别是在民初，当时审判机关以判决形式对大量民事习惯进行确认，并最终成为法院审理案件的依据，这其中包括了对民间借贷利率习惯的确认，如大理院三年上字第六零九号判决。

2. 实现利息习惯在借贷案件审理过程中的价值

法院审理案件之时坚持的基本原则是“以法律为准绳，以事实为依据”，因此，当事人主张是否可得到法院的支持，主要就是看该方提交的证据是否可被法院认可。民事借贷案件，大部分纠纷系因利息引起。未进行利息约定，或者利率约定不明之时，如法院认可部分合理且具有普遍性的借贷利率习惯，则即

[1] 刘佳佳：《民俗习惯司法运用研讨会在泰州举行》，载《新华日报》2007年8月22日第A01版。

[2] 〔德〕伯恩·魏德士：《法理学》，丁小春、吴越译，法律出版社2003年版，第101页。.

可减轻当事人的举证责任。例如，民初法院在审理商业性借贷过程中，如利息约定不明或者未约定利息，法院认可商业借贷习惯并判决债务人支付利息。

习惯在司法活动中具有补足现有法律的功能。由于法院受理案件后应当遵守“禁止拒绝裁判”原则，而“凡法律必有漏洞”，这不得不给予法院必要授权，授权法院在一定程度上对法律漏洞进行填补。法院可根据哪些材料或依据来填补法律漏洞呢？贴近人们的习惯自然应当成为首先考虑的对象。民间借贷纠纷实际上并非复杂的纠纷，但涉及利率计算之时，借款时间、利率参考标准、约定利息与法定利息冲突等情况都会影响最终利率。而我国目前不存在单独的民间借贷法律法规，授权法官以借贷习惯填补民间借贷利率漏洞，将有效缓解法院的判决压力，确保判决结果公平公正。最后，如法院在审理借贷纠纷案件之时脱离借贷习惯，将无法真正查明双方纠纷产生的根源，无助于形成公平、公正的判决。

3. 借贷利率习惯在借贷纠纷案件调解过程中的适用

民间借贷产生并发展于民间，借贷双方受到各种借贷习惯的约束，包括利率习惯、借款期限、违约责任等。借贷双方发生纠纷往往是因为违反了借贷习惯。

通常情况下，借款方拒绝偿还本息后，出借方不会立即提起诉讼，而是寄希望通过协商的方式解决。通过诉讼方式解决民间借贷纠纷往往是因为一方对对方违反约定的行为产生了怨恨，进而希望通过诉讼一解心头之恨。但是，“和为贵”思想在中国人心中根深蒂固，通过调解方式符合诉讼双方的内心期待。而且，由于大部分民间借贷行为发生于熟人之间，为化解矛盾，解决纠纷，法院在处理民间借贷纠纷案件之时往往优先采用调解的方式。法官如巧妙利用借贷习惯，可提高调解效率，并增加调解结案的概率，最终达到停纷止争的效果。虽然部分学者反对在诉讼过程中采用调解的方式结案，[1]但长期以来，被誉为“东方经验”的调解在诉讼过程中发挥的节约司法资源、提高司法效率的作用有目共睹，这其中包括通过调解方式解决了大量的民间借贷纠纷案。

[1] 江伟：《完善我国民事诉讼立法的若干理论问题》，载《中国社会科学》1991年第5期。

从女子财产继承权的确立看民国时期民法近代化

郑全红 *

民法为规范人民日常生活之轨则，区判权利义务之准绳。[1] 我国古代由于实行诸法合体，民刑不分的法典编撰体例，所以不存在现代意义的民法。即使有一些民事的规定，也都是刑法化了的民法。清末颁行《现行刑律》中有相关民事之规定，至民国时期继续有效，但未超越传统民法之范畴。清末变法图强，设立修订法律馆，继续编订《大清民律草案》五编，此为中国第一部民法典草案，对以后的民法立法有一定影响。民国成立后，先后设立法典编纂会、法律编查会、修订法律馆，继续编订《民律第二次草案》。国民政府定都南京，法制局纂拟《亲属法草案》《继承法草案》，此可为吾国民法第三次草案。及国民政府实施五院制，立法院成立，乃完成民法法典，逐编陆续公布施行。[2] 下面我们对于女子财产继承权的法律规定沿着清末民国民事立法的发展演变轨迹进行系统考察，由此观察女子在法律上争取财产继承权的历史脉络。

一、《大清民律草案》中的女子财产继承权

从立法层面观察女子财产继承权的发展演变，我们需要追溯到清末起草的

* 郑全红，天津商业大学法学院教授。

[1] 谢振民编著，张知本校订：《中华民国立法史》(下册)，中国政法大学出版社 2000 年版，第 740 页。

[2] 谢振民编著，张知本校订：《中华民国立法史》(下册)，中国政法大学出版社 2000 年版，第 740 页。

一个重要的法律文本《大清民律草案》。光绪二十八年（1902年），清政府任命修订法律大臣沈家本、伍廷芳考订现行律例，但于民法尚未来得及编修。光绪三十三年（1907年），清政府民政部奏请厘定民律，9月政府任命沈家本、俞廉三和英瑞为修订法律大臣，正式设立修订法律馆，次年10月，法律馆延聘日本法学者松冈义正帮助立法。《大清民律草案》于宣统三年（1911年）完成。全文共5编36章1569条，依次为：总则（第1—323条）、债权（第324—977条）、物权（第978—1316条）、亲属（第1317—1458条）和继承（第1459—1569条）。前三编由日本人松冈义正起草；后两编亲属和继承由朱献文、高种和等分别起草，并因"关涉礼教"而依钦旨会商礼学馆共同拟定。

《大清民律草案》遵循的立法原则主要有以下四个方面：（1）注重世界最普遍之法则；（2）原本后出最精确之法理；（3）求最适于中国民情之法则；（4）期于改进上最有利益之法则。立法原则对民律草案的内容产生了重要的影响，民律前三编在起草者松冈义正的影响下，以"模范列强"为主，深受德、日、法和瑞士等国民法典的影响，体例结构取自德国民法典。民律后两编虽也采纳了一些资产阶级的法律规定，但所有涉及亲属关系以及与亲属关系相关联的财产关系，根据民律草案的起草原则，主要参照现行法律、经义和道德，注重吸收中国传统社会历代相沿的礼教民俗，即"以固守国粹为宗"。因此第四编"亲属"体现了浓厚的家族本位特色，确定了家长在家庭中的特殊作用。[1]第五编"继承"[2]同样体现着浓厚的传统色彩，家族的传承观念远远重于个人的物质利害得失。下面我们就分析一下《大清民律草案》中有关女子财产继承的具体规定。

（一）《大清民律草案》中与女子财产继承权相关的一些保守条款

《大清民律草案》规定妻子为限制行为能力人，草案第9条规定："达于成年兼有识别力者，有行为能力，但妻不在其限。"第31条将妻的身份等同于满七岁之未

---

[1] 第四编对亲属关系的种类和范围、家庭制度、婚姻制度、未成年人和成年人的监护、亲属间的抚养等作了规定。

[2] 第五编规定了自然继承的范围及顺位、遗嘱继承的办法和效力以及对债权人和受遗人利益的法律保护。

成年和准禁治产人，妻的行为能力受到了种种限制。具体体现在《大清民律草案》第 27 至第 30 条，妻子所为的非属于日常家务的行为，需要经过丈夫的允许方为有效，否则得撤销。在夫妻财产上，《大清民律草案》第 1358 条规定“妻于成婚时，所有之财产及成婚后所得之财产，为其特有财产。但就其财产，夫有管理使用及收益之权”，承认妻子的特有财产这是一种进步，但却对其所有权进行限制，夫对其有“管理使用及收益之权”，将所有权的权能占尽，实际上剥夺了妻子的财产所有权。在继承上，虽然《大清民律草案》名义上取消了宗祧继承是一种进步，但是继承财产以直系卑亲属之男子为限，而且直系卑亲嗣子亦可继承，这实际仍是宗祧继承，否认了妻子和亲女的继承权，仅将她们列入“应承受遗产人”序列中（第 1468 条）。这些规定仍是传统社会“男尊女卑”的典型体现。清末的法律修订者都是接触过西方法律文明的社会精英，但是囿于传统观念的根深蒂固，却无法将西方的男女平等理念付诸实践，无法摆脱传统宗法制度和封建礼教的束缚。

（二）《大清民律草案》中有关女子财产继承权的进步规定

《大清民律草案》中的亲属、继承法律受到自由、民主、平等思想的影响，与传统的亲属、继承法律相比，有关女子财产继承权的规定有许多进步之处。如第 1357 条第一次明确规定夫妻约定财产制；第 1358 条明确规定妻之特有财产权；第 1368 条明确规定妻之个人财产在离婚时仍归妻有；第 1391 条明确规定在立嗣中第一次将妻之亲属列入立嗣的范围之内；第 1463 条明确规定：“有母在者，若各继承人欲分财产，须经母之允许。但若别有遗嘱者，从其遗嘱”。第 1467 条明确规定在财产继承中，法定继承人包括妻和亲女，“无前二条之继承人，依下列顺序定应承受遗产之人：一、夫或妻……五、亲女”；第 1468 条明确规定，在财产继承中，妻子在继承顺序中先于父母、亲兄弟等。这些规定使妇女拥有了私有财产权、扩大了家庭财产继承权、确立了男女具有对等的相互扶养权；这“标志着女子财产继承权在立法层面已经破除了坚冰，在中国法制史上具有的进步意义是不言而喻的。虽然《大清民律草案》由于清朝的迅速覆亡而未及颁行，但其中这些有关女子财产继承权的进步性规定在民初的司法实践中被大理院以“条理”的方式援用，这为民初女子财产继承权的获得作出了巨大贡献。

二、《现行律民事有效部分》中的女子财产继承权

民国建立初期，由于各方面条件的缺失，起草新的民法典的条件还不具备，面对不断涌现的民事法律问题又不得不去进行调整。于是《大清民律草案》成为提起援用的法律，但是由于其在前清时期并未被颁布且中国的国体已经发生更改而被北京政府参议院否决掉。1912 年 4 月 3 日，参议院开会议决，“中华民国之法律，未能仓猝一时规定颁行。而当此新旧递嬗之交，又不可不设补救之法，以为临时适用之资。……暂酌用旧有法律，自属可行。……惟民律草案，前清时并未宣布，无从援用，嗣后凡关民事案件，应仍照前清现行刑律中规定各条办理”。《大清民律草案》被否决作为民初的法律适用后，大理院于 1914 年解释到，在民国民法典尚未颁布前，前清的法律除其与国体及之后颁布的法律相抵触的外，继续有效。因此现行律的民事有效部分被作为审理案件的依据而援用，即为《现行律民事有效部分》[1]。这意味着民初适用的民事法律由清末继受西方私法理念和制度结构而编订的新型民事法律《大清民律草案》退回到了固有民法《现行律民事有效部分》。

《现行律民事有效部分》是中国传统法律的延续，其涉及民事方面的规定，无论是涉及财产关系的条款，还是与身份相联系的法律规定，均是对传统社会秩序和传统社会关系的维护。而其中与女性权利密切相关的亲属、继承法律规定更是体现着维护尊卑长幼、男尊女卑等固有伦理法的身份差等精神，这使民初有关女性权利的法律完全退回到了大清国律例的状态下，这不仅与当时蓬勃发展的妇女解放运动及世界私法潮流不符，也与民初根本大法中的主权在民、法律面前人人平等的宪法原则不相符合。[2] 如《现行律民事有效部分》对于女子财产继承权也仅规定：“户绝财产如果无继嗣可立，由亲女承受。”虽然规定亲女能继承户绝财产，但是后来大理院在民国七年强调：遗产继承除有遗嘱外，应该以宗祧继承为先决条件。这说明亲女只有在不存在立嗣的情况下，才能承受

[1] 《现行律民事有效部分》作为民国时期实质意义上的民事基本法，直到《中华民国民法典》颁布才失效。

[2] 徐静莉：《“变守”权衡、曲折演进：民初女性权利变化的基本轨迹——以婚姻、继承为中心》，载《江淮论坛》2010 年第 2 期。

户绝财产。它明确地维护旧有的继承制度，是历史的倒退 [1]。

三、《民国民律草案》与女子财产继承权

由于《现行律民事有效部分》中亲属、继承编中的内容“与社会情形悬隔天壤，适用极感困难，法曹类能言之，欲存旧制，适成恶法”，不符合时代发展需要，北洋政府面对社会各界的压力，先后设立法典编纂会、法律编查会、修订法律馆，继续编订《民律第二次草案》。法律编查会于民国四年完成了《民律亲属编草案》7 章，但该草案几乎是《大清民律亲属法草案》的翻版。1918 年（民国七年），北洋政府改法律编查会为修订法律馆。修订法律馆在《民律亲属法草案》的基础上，兼采《现行律民事有效部分》及大理院历年的判例，同时调查各省民商事习惯，并参照各国立法，于民国十四至十五年编订完成了《民国民律草案》。《民国民律草案》编订时期，恰逢妇女运动决议案获得通过，故该草案吸收了决议案的部分内容，使得《民国民律草案》对传统的身份法律进行了一定的修正。这种修正使得有关女子财产继承的规定不仅超出了传统法律的规定，甚至突破了《大清民律草案》的规定，体现出了实质性的进步，但适值国会解散，该草案未能成为正式民法法典。下面我们就分析一下《民国民律草案》中有关女子财产继承的具体规定。

（一）《民国民律草案》中与女子财产继承权相关的一些保守条款

《民国民律草案》对于妻的民事行为能力并没有在总则中予以否认，但是在婚姻编中，对于妻非属日常事务的行为仍作了与《大清民律草案》相同的限制，即“不属于日常家务之行为，须经夫允许”，显然仍不承认妻的完全独立之意志，实际上妻仍是限制行为能力人。作为成年人的妻子无法获得与丈夫相同的民事主体地位，其不平等不言而喻。有关夫妻财产方面的规定也处处显示着男女之间不平

[1] 参阅李显东：《从〈大清律例〉到〈民国民法典〉的转型——兼论中国古代民法的开放性法律规范体系》，中国政法大学 2003 年博士学位论文，第 56—57 页。

等。“民律第二次草案”第1135条规定“妻于成婚时所有之财产及成婚后所得之财产，为其特有财产”，第1136条规定“专供妻用之衣服、首饰及手用器具等物，推定为妻之特有财产”，承认女子可以成为财产所有人，但接着规定“就其财产，夫有使用、收益之权”“妻之特有财产，由夫管理”。另外，对于“其他动产所属不分明时，推定为夫之财产”。妻与夫之间在财产所有以及对财产的管理、使用、收益上的差别，都在彰显着“男尊女卑”和对成年女子完全民事行为能力的否定。

（二）《民国民律草案》中有关女子财产继承权的进步规定

《民国民律草案》由于受女权运动的影响，其有关女子财产继承权的具体内容仍存在某些进步性。例如，《民国民律草案》第1340条规定，所继人的亲女，无论出嫁与否，在继承开始时，享有请求酌给遗产归其继承的权利；第1468条规定，在被继承人死亡又没有直系卑亲属的情况下，“依下列次序定应承受遗产之人：一、夫或妻……五、亲女”。亲女可以酌分财产以及妻子在夫亡无子的情况下可以合承夫分。该规定突破了亲女只能对户绝财产的继承以及妻子无财产继承权的法律限制，这是历史的进步。其他进步的表现徐静莉在其所著《“变守”权衡、曲折演进：民初女性权利变化的基本轨迹——以婚姻、继承为中心》一文中进行了全面细致的分析。例如，“在关于自然人的规定中，删除《大清民律草案》中体现男女不平等的限制人格独立的条款。如在行为能力的规定方面，只要妻达成年年龄，并未经法定宣布为禁治产人情形的，即与其他自然人一样享有权利能力和行为能力，使妻享有了平等独立的法律人格”，“在夫妻关系上稍采男女平等原则，改夫妇一体为夫妻别体，妻之于夫有独立人格存在”；规定“妻得夫允许可为一种或数种营业者，在其营业范围内，对于一切营业事务，有自由处决之权”；规定了夫妻约定财产制，开始承认妻有与夫对等的契约地位；确认妻对自己特有财产的所有权与合理的处分权。虽然这些权利还非常有限，但与《大清民律草案》及《现行律民事有效部分》的规定相比，仍有显著的进步。[1]

---

[1] 徐静莉：《“变守”权衡、曲折演进：民初女性权利变化的基本轨迹——以婚姻、继承为中心》，载《江淮论坛》2010年第2期。

《民国民律草案》在立法层面虽因袭了一些旧的礼教内容，如扩大家长权、承认宗祧继承，仍有不足，但我们从徐静莉所列举的这些成就不难得出这样的结论，《民国民律草案》对女子财产继承权的获得仍具有重大推动作用。

清末到民初有一系列民事立法活动，先后有《民律一草》和《民律二草》出台，但对女子财产继承权却未能作出法律上彻底的确认，从而进行更为有力的保护。即使在轰轰烈烈的资产阶级革命完成后，有关女子财产继承权的法律法规仍不尽如人意。南京国民政府成立后，《中华民国民法典》出台，女子财产继承权最终在法律上得到确认，被法律所保护，此种状况才彻底改观。

四、1926 年《妇女运动决议案》与女子财产继承权

随着妇女解放运动的高涨，1926 年国民党的第二次全国代表大会通过了《妇女运动决议案》。《妇女运动决议案》基于男女平等的理念，明确规定男女平等享有财产继承权。同年 7 月，国民党发布通令，训令新的法规没有制定前，关于妇女的所有诉讼案件，各级司法机关都必须依据《妇女运动决议案》方面的原则来裁判案件。因此通过努力，在法律层面上，女儿终于能够和儿子一样，享有相等的继承权。女子财产继承权的获得，开创了“中华民国女子在法律上和男子一样待遇的新纪元”[1]，被当时的人们称为“可谓于吾国法制史上放一异彩矣”[2]。但是“关于出嫁女的继承权的做法，各地所做的解释多有不同。湖北司法厅一九二七年五月三十一号的解释为女子享有财产继承权，均无限制出嫁之女不得继承遗产之规定。女儿虽然出嫁，仍可以与其兄弟均分遗产。但是同为关于出嫁女的规定，南京最高法院的意见却与武汉方面的观点截然不同，其于一九二八年二月二十八日的最高法院解字三四号的解释则区分未嫁女和出嫁女，甚至还限制未嫁女的财产继承权”[3]。由于其违反了“妇女运动决议案”的基本精神，遭到了社会各界的纷纷谴责，不仅郁嶷、高潍睿、胡长清等法学家纷纷发表意见批评最高法院的做法，就是普通民众也对这种做法表示不满。因此为了平息民众的不满情绪，深入

[1] 高潍睿：《女子财产继承权的限制问题》，载《法律评论》。

[2] 郁嶷：《女子继承权问题》，载《法律评论》。

[3] 孙萍萍：《中华民国时期继承制度研究》，山东大学硕士学位论文，第 22 页。

贯彻《妇女运动决议案》的基本精神，1929年最高法院及中央政治会议讨论后公决："女子不分已嫁未嫁，与男子享有同等的继承权"。

1929年7月，中央政治会议第189次会议讨论通过了司法院的《已嫁女子追溯继承财产施行细则草案》，同年8月施行。伴随《已嫁女子追溯继承财产施行细则》颁布，各地的相关解释才得到了统一，该细则对《妇女运动决议案》的内容作了进一步的补充和修正。其第一条明确规定，将施行时间定为民国十五年十月通令到达各省之日，通令之日尚未隶属的为隶属于国民政府之日；第二条规定，女子虽经确定判决因其已经出嫁，而不承认其有财产继承权者，该女子仍得享有之。但因其他法定原因而丧失继承权者除外；第三条规定，已嫁女子对于自己应该继承的财产而被其他继承人分析的，可以在细则施行后6个月内要求重新分析。[1] 该细则的出现虽然违背了法不溯及既往的原则，但是我们不得不说它在保护女子财产继承权方面跨出了很大的一步，使得男子和女子在法律上的平等得到进一步的实现。更为重要的是，它将继承权的范围扩大至已嫁女儿，至此已嫁女子和未嫁女子一样同等享有财产继承权，增加了女性获得财产继承权的主体范围。但是在存在宗祧继承的前提下，女子不可能有真正的、完全平等的财产继承权，尤其是当时并没有在法律上真正承认女子继承权的背景下，细则中关于已嫁女的继承权的限制随处可见就显得不足为奇。

五、1928年的亲属、继承法草案中的女子财产继承权

1927年（民国十六年）6月，国民政府设立法制局，着手草订国家各重要法典。法制局认为："民法总则、债权、物权各编，有民间习惯及历年法院判例，暂时尚足供司法者之运用，惟关于亲属、继承、习惯及判例皆因袭数千年宗法之遗迹，衡之世界潮流，既相背驰，揆诸吾党政纲，尤甚龃龉，爰决定先行起草民法亲属、继承"两编。"[2] 可见南京国民政府认为其他编尚可以适应民事审判

[1] 李文军：《近代中国女子继承权确立过程论析：革命与法律的二重奏》，载《妇女研究论丛》2010年第6期。

[2] 谢振民编著，张知本校订：《中华民国立法史》（下册），中国政法大学出版社2000年版，第749页。

活动的需要，唯有亲属、继承的习惯及判例却因其沿袭了几千年宗法社会的固有传统，而与当时日益发展的民主革命形势相冲突，也与当时的世界发展潮流背道而驰，因此决定先行起草亲属和继承编。本着承认男女平等、增进种族健康、奖励亲属互助而去其依赖性的三大原则，燕树堂起草了《亲属法草案》。本着废除封建遗制之宗祧继承、男女在法律上之地位完全平等、除为遗族酌留生活费外许继承人以遗嘱自由处置其财产、继承人仅于所继承之限度内对于被继承人之债务负清偿之责、增加国库承受遗产之机会促进地方公益事业之发展、配偶继承遗产之顺序不后于直系卑亲属的六大原则，罗鼎不拘于成例、囿于旧习，大胆草拟了《继承法草案》。

1928年完成的《继承法草案》，一本革命原理之所指示，期成一革命之法规，对于女子财产继承权的取得，作出了不可磨灭的贡献。

首先，《继承法草案》废除了封建遗制之宗祧继承，为女子财产继承权的取得奠定了理论基石。“宗祧继承制之所由生，概本于封建时代之宗法观念。其时认大宗为一尊之统，故设大宗无后族人即应以支子后大宗之制。孔子曰：“凡殇与无后者，祭于宗子家。”《丧服传》云：“为人后者孰后，后大宗也。”又云：“大宗者收族者也，不可以绝。则初制小宗暨支庶之不得立后，盖无容疑。今此制行之既久，末流所至，其弊害愈益加剧，向之以是否嫡长为应否立后之标准者，今则以所后人之财产之有无多寡为衡。此草案不明认宗祧继承之制，所谓继承，顿属遗产归属问题，与宗祧问题了无关涉。”[1]《继承法草案》打破了宗祧继承下严格的封建等级观念，立嗣不再作为处分遗产的前提条件，这样就使得被继承人在享有了更多的择立嗣子自由的同时，还为自由处分遗产问题预留了广阔的空间，从而使女子财产继承权的取得水到渠成。

其次，《继承法草案》奉行男女在法律上之地位完全平等，为女子财产继承权的取得提供了切实的保护。“我国旧习不认女子有继承之权，亲生之女，非其父母特别给予，不许对于遗产上主张任何权利。清律有户绝财产，果无同宗应继之人，归亲女承受之定例，限制之严，直与根本否认其有继承之机会无择。

[1] 谢振民编著，张知本校订：《中华民国立法史》（下册），中国政法大学出版社2000年版，第751页。

旧大理院判例认为妇亡无子者，夫有承受其遗产之权，而无子守志之妇，则仅得于立继之前，代应继之人，管理夫之遗产，两相比较，男女间待遇之不平等，亦甚显著。次草案关于承继一切事项，均采男女机会均等主义，亲女无论已未出嫁，对其父母之遗产，均有继承之权，与子男毫无二致。而寡妇鳏夫，对于配偶之遗产，所得享受之权利，亦完全相同。即此外各种亲属，苟与被继承人之亲等远近相等，绝不因性别而有所轩轾。”[1]《继承法草案》关于承继一切事项，均采用男女机会均等主义，亲女无论已未出嫁，对其父母之遗产，均有继承之权。

再次，《继承法草案》遵循配偶继承遗产之顺序不后于直系卑亲属的原则，为妻子成为法定继承人继承财产提供了切实保障。《继承法草案》秉承男女平等原则，在切实保障女儿财产继承权同时，对妻子的财产继承权也予以保护。“我国向例，被继承人有直系卑亲属者，配偶无当然与之共同继承之权。征诸各国立法例，亦概认配偶承受遗产之次序，应后于直系卑亲属。然夫妻间之关系，与亲子间之关系，孰为密切？颇不易于判别。且男子创立产业，多得助于内助，一朝配偶亡故，生活费即须仰给于其儿孙，甚至有时为维持一家之和平与秩序，不得不听命于儿孙，不惟有背崇德报功之义，人情上亦似有所不忍。此草案认配偶有独立之继承权，其秩序不后于直系卑亲属，庶得其平衡。”[2]可见，《继承法草案》不仅将妻子列为法定继承人，其继承顺序还先于直系卑亲属，这是对传统中国寡妻依赖嗣子生活的彻底颠覆，对妻子的权益进行了切实的保障。

最后，《继承法草案》为了确保被继承人的真实意思能够得到维护，对遗嘱的制定方式也作了详细的规定。该草案规定了自立遗嘱、公证遗嘱、代笔遗嘱、口授遗嘱四种方式，保障继承人充分按照个人意愿自由处分财产，这也使得女子有机会继承财产。[3]

法制局起草的《继承法草案》，虽然由于立法院尚未成立并未生效，但是可以看出，这部草案其卓著革新之精神，实为我国立法史上之一大进步。总之，

[1] 谢振民编著，张知本校订：《中华民国立法史》（下册），中国政法大学出版社2000年版，第751页。

[2] 谢振民编著，张知本校订：《中华民国立法史》（下册），中国政法大学出版社2000年版，第753页。

[3] 程维荣：《中国继承制度史》，上海教育出版社2001年版，第223页。

两部草案其很多内容较前两编有很多的进步之处，如亲属编草案的进步之处表现在：第一次草案认为妻为限制行为能力人，此编则否；旧律及历次草案关于离婚条件，均宽于男而严于女，此编则否；历次草案关于亲权之行使，均以父为先，必父不能行使亲权时，始由母行使之，此编则以共同行使为原则；历次草案于一定之制度内，仍承认夫权之存在，此编则无夫权之明文。而继承法草案也按照“男女在法律上之地位完全平等”的原则，认为“宗祧重在祭祀，故立后者惟限于男子，而女子无立后之权，为人后者亦限于男子，而女子亦无为后之权，重男轻女，于此可见，显与现代潮流不相容”，因而毅然抛弃了在“民律第二次草案”中复活的宗祧继承，赋予了女子以与男子完全相同的继承权。这些进步之处被后来的民法继承编所采纳。其在中国法制史上具有重要意义。

六、《中华民国民法》亲属、继承两编有关女子的财产继承权

1928年（民国十七年）12月，南京国民政府成立了立法院作为最高的立法机关。同月，国民党中央会议委员胡汉民、林森、孙科提出民法久未颁布，现立法院也已成立，特提请中央决定由立法院组织民法立法。次年，南京国民政府成立了由傅秉常等人组成的民法起草委员会，并聘请司法院长王宠惠、考试院长戴传贤及法国人宝道为顾问，负责民法典的编订工作。

由于亲属、继承编更多是接受了传统风俗的影响，所以国民政府制定尤为审慎。民国十九年七月，立法院正副院长胡汉民、林森提请中央政治会议核定其立法原则时指出，“查民法第一编民法总则，第二编债编，第三编物权编，均经政府次第公布，第四编亲属及第五编继承，亟待起草，俾使适用。惟《亲属》《继承》两编，对于本党党纲及各地习惯所关甚大，倘非详加审慎，诚恐多有仟格，拟请先由本会议制定原则——提请先行决定，俾于制定原则是有所参考”[1]。国民党第236次会议讨论后确定了亲属法和继承法的立法原则。亲属法的立法原则有九点，分别是：亲属应分为配偶、血亲、姻亲三类；夫妻及子女间之姓氏；

[1] 谢振民编著，张知本校订：《中华民国立法史》（下册），中国政法大学出版社2000年版，第779页。

亲属不规定范围，而规定亲属之定义，及亲等之计算方法；成婚年龄男 18 岁，女 16 岁；亲属结婚之限制；夫妻财产制；妾之问题，无庸规定；家制应设专章规定之；家之本位之问题。继承法的立法原则有九点："宗祧继承无庸规定；遗产继承，不以宗祧继承为前提；继承人之范围顺序及其应继分；配偶应有相互继承遗产之权；配偶继承不限于一定之顺序；继承开始前赠与之遗产之计算；对于遗产有贡献之继承人，无庸规定报偿；特留财产，应加规定；特留财产之范围。"国民党中央政治会议确定了立法原则后，提交立法院通过，交民法起草委员会遵照起草。《民法亲属编》于 1930 年（民国十九年）12 月 6 日公布，《民法继承编》于 1930 年（民国十九年）12 月 22 日公布，并定于民国二十年（1931 年）5 月 5 日施行。

（一）《民法亲属编》中女子财产继承权的文本考察

《民法亲属编》分 7 章共 171 条。分为第一章通则；第二章婚姻，分为 5 节：婚约、结婚、婚姻之普遍效力、夫妻财产制和离婚；第三章父母子女；第四章监护，分为 2 节：未成年人之监护、禁治产人之监护；第五章抚养；第六章家；第七章亲属会议。其中对夫妻财产制的规定特别突出。

1. 夫妻财产制的规定与女子财产继承权

夫妻财产制的契约化，是南京国民政府民法亲属编的一大创举。夫妻财产制的法定制与约定制的划分为打破封建宗族财产继承制，为妇女提高自身地位提供了物质方面的有力保障。在旧的制度下，妇女恪守"未嫁从父，既嫁从夫，夫亡从子"的礼制，在父权家族制度之下，对财产本来就少有过问权，更不用说所有权和继承权了。这是对妇女正当权利的一种践踏。

国民政府民法亲属编在夫妻财产制的专章规定总则中指出："夫妻得于结婚前，或结婚后，以契约就本法所定之约定财产制中，选择其一，为其夫妻财产制。"[1] 并且特别规定了法定特有财产为夫妻独立拥有所有权。所谓特有财产，即

[1] 参见黄右昌：《民法亲属释义》，上海法学编译社出版社 1934 年出版，第 63 页。

“（一）专供夫妻个人使用之物；（二）夫或妻职业上必需之物；（三）夫或妻所受之赠物，经赠予人声明为其特有财产者；（四）妻因劳力所得之报酬。”[1] 其法律上的意义仍有不同，在对外关系上，只有妻子的特有财产有法律上的意义，因为该民法仅认定妻子有特有财产债务（第 1025 条、1036 条），而作为丈夫其债务常为全面债务，由丈夫就其全部财产负责。在对内关系上，丈夫所承担的对债务的责任也重于妻子。这四项说明中，第二项、第四项促使妇女摆脱对丈夫的人身依附具有很大的现实意义，并且使第 1003 条成为事实上的可行之条款。

国民政府民法亲属编规定了联合财产制、共同财产制、统一财产制、分别财产制四大类财产制。其中法定财产制为联合财产制，约定财产制包括共同财产制和统一财产制，而分别财产制成为非常的夫妻财产制。这样的法律规定事实上是顺应了当时社会上部分女子有一定财产，并且已享有继承权的事实情况。所谓联合财产制，即“在以妻之原有财产，附于夫之财产，而妻对于原财产，仍保留其所有权”的财产制度。联合财产含有共同财产制及分别财产制的思想。在联合财产制下，妻原有财产由夫管理，夫无处分权，而且夫因妻之请求，有随时报告其状况的义务。其重要特点是“妻原有财产，不因组入夫妻财产，有所增减”。所谓共同财产制，指“夫妻之财产及所得合并而成之财产，管理权属夫”财产制度。在共同财产制下所产生债务，有应由夫负担的，也有应由妻负担的，二者之中由妻为负担主体，根据情况动用共同财产或不动用共同财产，其主要特点是“共同财产分割时平等分割”。所谓统一财产制，指“妻之财产，除特有财产外，均转移于夫，妻则只有估定价额之返还请求权”的财产制度。这属于妆奁制的一种变形，其主要特点是“妻财产的所有权转于夫”，“估价于组成统一财产以前确定”。分别财产制，即指“夫妻对于其财产，各保有其所有权、管理权及使用收益权之制度”。其重要特点是，无特有财产的存在，夫妻互负补偿请求权。

国民政府民法亲属编中关于夫妻财产制的规定最突出的特点就是，允许妻子保留特有财产。在宗法社会中，为妻有“私房”很有可能因“窃盗”而出。即使妻子一向恪守妇道，然夫丧无子，无论寡居或是再婚，对原来的夫妻财产

[1] 参见黄右昌：《民法亲属释义》，上海法学编译社出版社 1934 年出版，第 64 页。

仍没有丝毫继承权。这样一来，妇女的生存权都受到严重威胁，更别提教育权、发展权等等了。新法一方面引进了西方新型的法律制度，另一方面全面研究了当时中国的现实状况，做到了最大限度地贴近国情，充分地发挥了民法的意思自治原则。男女双方当事人可以根据各自不同的地位、背景、文化程度、居住地等因素自主决定。以当今的眼光来看，分别财产制一定是现代人最为推崇的民主条款。

2. 妾的家庭地位及其财产权利

随着男女平等呼声的继续高涨，南京国民政府在1931年民法亲属编中明确限制了妾的存在，而且在新刑法中将纳妾归为通奸罪。但是妾作为社会仍然存在的一种现象，在实践中法律对妾的存在作了妥协，把其继续视为家庭成员，能够和其他家属享有相同的权利，而在财产继承上能够通过家长的遗嘱继承财产。《中华民国民法》第1123条规定，妾虽不是亲属，但是却以永久同居生活为目的而居住一家者，视为家属。因此妾想要获得和其他家属相同的权利，其前期必须是和家长永久的共同生活，一旦别居，则丧失了被养赡的权利；第1138条规定配偶作为第一顺位的继承人继承财产，母亲作为第二顺位的继承人继承财产；第1149条规定，被继承人生前抚养的人，由亲属会议依其抚养的程度及其他关系酌给遗产。从法律条文的规定可以看出，妻子作为第一顺序的继承人能继承丈夫的财产，但是由于妾的身份不同于妻子，因此妾不能以妻子的身份作为第一顺位的继承人继承丈夫的财产，但是我们仍然可以从中看出，妾作为所生子女的母亲，作为第二顺序的继承人能够直接继承其子女的财产，从而间接地继承家长的财产。同时妾作为家长生前所抚养的人，在家长死后能够要求酌给财产以保障自己的生活。

（二）《民法继承编》的立法成就与女子的财产继承权

《民法继承编》分3章共88条，这部法典与第一次草案、第二次草案及法制局所拟之草案相比，采用西方继承法的先进体例，对于女子财产继承权的保护更加彻底。具体表现在以下几个方面。

1. 此编对于宗祧继承，不加规定，遗产继承亦不以宗祧继承为前提。《民国民法继承编》从立法上彻底废除了宗祧继承，女子的继承权从而得到了法律上的完全肯定。与旧律中妻无继承遗产的权利，守志之妇承夫分也不过是暂时的财产管理权相比，民法继承编对妻的行为能力不再限制，厘定夫妻财产制，夫妻间可以相互继承，承认配偶的继承权，配偶继承不限于一定顺序。女儿继承权不再限定于户绝之家，并不再区分在室女、出嫁女抑或是归宗女，无论婚姻状况如何，其对父母的遗产，均享有继承权及代位继承权，与男子的继承权并没有什么区别，女子拥有了与男子完全平等的继承权。

2. 此编规定继承人分法定继承人及指定继承人两种，均不分性别；配偶相互继承，不限一定之顺序。《中华民国民法典》第 1138 条规定：遗产继承人，除配偶外，依左列顺序定之……；第 1144 条规定，配偶间有相互继承遗产之权，其应继分，依左列各款定之：一、与第 1138 条所定的第一顺序的继承人同为继承时，其应继分与其他继承人平均。二、与 1138 条所定的第二顺序或第三顺序的继承人同为继承时，其应继分为遗产的二分之一。三、与 1138 条所定的第四顺序的继承人同为继承人时，其应继分为遗产的三分之二。四、无第 1138 条规定的第一顺序至第四顺序的继承人时，其应继分为全部遗产。因此从该法律条文的规定我们可以看出，妻子不仅在法律上能够作为丈夫的财产继承人继承丈夫的财产，而且其作为第一顺序的继承人，在缺乏其他继承人的情况下，还能继承所有的财产。至此寡妻在法律上享有完全的财产继承权。

不仅妻子的财产继承权得到确认，女儿的财产继承权也获得了肯定。《中华民国民法典》第 1138 条规定："遗产继承人，除配偶外，依下列顺序定之。一、直系血亲卑亲属……4. 祖父母"；第 1141 条规定："同一顺序的继承人有数人时，按人数平均继承。但法律另有规定者除外。"这一法律规定将亲女作为第一顺序的继承人，与兄弟同等地继承父母的财产，她不再被排除在兄弟之外或者不再被作为最后顺位的继承人继承财产。第 1140 条规定："第 1138 条所定的第一顺序继承人，在继承开始前死亡或丧失继承权者，由其直系血亲卑亲属代位继承其应继分。"这一条文是对代位继承的规定，它排除了旁系兄弟们的继承权，即使她们死去也不会被剥夺其应继承的财产，由其后代继承。这使得财产继承的范围扩大到了在以前的继承制度中无论如何也不可能获得继承的财产的女儿的后代们。[1]第1187条规定："遗嘱人在不违反关于特留分的规定的范围内，可以遗嘱自由处分其遗产。"第1223条规定："继承人的特留分，依左列各款的规定：一、直系血亲卑亲属的特留分，为其应继分的二分之一……"这是法律的强制性规定，被继承人在立遗嘱时，必须为法定继承人特留一定的份额归其继承，因此女儿作为法定继承人，其父亲必须为其女儿留法定的份额归其继承，而不能以遗嘱的方式排除女儿继承财产的可能。

在肯定妻子、女儿拥有财产继承权的同时，母亲也拥有了财产继承权。《民国民法典》第1138条规定：遗产继承人，除配偶外，依左列顺序定之：……2.父母……"。法律规定母亲可以作为子女的第二顺序的继承人，能够获得子女的财产，这改变了之前母亲不能继承子女财产的悲惨境地。

七、结语

晚清修律吹响了中国全面法制变迁的号角，"这场法制变迁的重大影响之一，在于法律背后所预设的人伦关系产生了根本性的变化。如果借用Thomas Kuhnde的典范理论观察这场法制变迁前后的中国法律，应可认为，传统中国法秉持的是"身份差等法规范典范"，而现代法律则是"人身平等法规范典范"，如果着眼于两性关系，则"男尊女卑"是中国传统法典规范下的立法原则，而"男女平等"便是现代法律之圭臬。这场法制变迁就是此一典范由"男尊女卑"转向"男女平等"的契机，[2]而如果从中国女性的角度来看，他代表的就是女性之法律地位产生根本性变化的开端"[3]。

民国时期女子财产继承权的确立经历了一个艰难曲折的过程。民国时期女子财产继承权的演变是近代中国法律不断变迁下的一个缩影。对于男尊女卑，缺乏男女平等观念的中国社会而言，女子财产继承权在近代民法中的确立经历

[1] 谭秀丽：《民国时期女子财产继承权的演变初探——从盛爱颐诉胞兄及侄儿案展开》，西南政法大学2009年博士论文，第18页。

[2] 参见陈惠馨：《传统个人、家庭、婚姻与国家——中国法制史的研究与方法》，台北五南出版社2006年版，第78页。

[3] 梁弘孟：《大理院关于夫妻财产制判例之研究》，载《法制史研究》2011年第19期。

了一个曲折的过程。《大清民律草案》首先在立法层面突破了旧体制的局限，初步确立了女性的独立法律地位，但却仅仅停留在文本层面，没有来得及施行就退回到《现行律民事有效部分》。不过，民初大理院却在司法裁判中，常常以“条理”的形式将《大清民律草案》中有关女性权利的进步性规定引入具体的审判实践中，以判解的方式使女性法律地位得以提高。之后，《民国民律草案》在吸收这些进步性判解的基础上，又有进一步的发展，《民国民法典》最终完全确立了女子的财产继承权。从《大清民律草案》到《中华民国民法典》，从大理院到最高法院，女子财产继承权的确立过程与中国法律由传统向现代转型同步。一百年前由沈家本启动的晚清修律，开启了中国法律近代化的进程，正是在这个意义上，沈家本才被称为“中国法律近代化之父”。但中国的法律近代转型在割断了传统法律这根脐带之后，一种全新的兼采中华法律固有法与大陆法系移植法之精华的现代法律虽然落地，但并未生花，如此中国法律转型还远未完成。女子财产继承权被法律所认可也有近百年了，但无论是民国还是当今，真正主张自己权利的女性还是凤毛麟角。可以这么表述，中国的法律在民国时期由于社会精英的介入已经逐渐现代化了，但由于传统民间惯习的顽强抵制，中国的法治距离现代化的目标还有距离，“变法难，变法的观念更难，法律迈向两性平权的过程从来都不是一帆风顺，一蹴而就的，而总是充满艰辛，甚至可谓披荆斩棘的”[1]。

[1] 梁弘孟：《大理院关于夫妻财产制判例之研究》，载《法制史研究》2011 年第 19 期。

下篇

中国现代民法的未来展望

法典理性与民法总则：以中国大陆民法典编纂为思考对象

朱庆育 *

引　言

（一）问题

经过17世纪这一“自然科学时代”（Naturwissenschaftliche Periode）[1]的洗礼，身披厚重传统外衣的法学（Jurisprudenz）借助一般化（Generalisierung）与体系化（Systematisierung）技术，终以科学理性的全新形象盛装登场。[2]19世纪，历史法学派更是造出“法律科学”（Rechtswissenschaft）一词，[3]以显示自身在科学家族的登堂入室。对于近代法律科学取得的成就，马克斯·韦伯（Max Weber）指出，唯其具有“形式性的性格”。[4]其中，德国民法典借助“提取公因式”（Ausklammerung）之数学技术，[5]用总分则编制体例把法典的形式理性追求演绎得淋漓尽致。

---

*　朱庆育，南京大学法学院教授。

[1] *Wilhelm Windelband*，Lehrbuch der Geschichte der Philosophie，14. Aufl.，Verlag von J. C. B. Mohr（Paul Siebeck）Tübingen，1948，S. 316ff.

[2]〔德〕韦伯：《法律社会学》，康乐、简惠美译，广西师范大学出版社2005年版，第26—27页。

[3] S. *Franz Wieacker*，Privatrechtsgeschichte der Neuzeit：unter besonderer Berücksichtigung der deutschen Entwicklung，2. Aufl.，Vandenhoeck & Ruprecht Göttingen，1967，S. 370（Fn. 76）.

[4]〔德〕韦伯：《法律社会学》，康乐、简惠美译，广西师范大学出版社2005年版，第28页。

[5] *Gustav Boehmer*，Grundlagen der bürgerlichen Rechtsordnung，II 1，J. C. B. Mohr（Paul Siebeck）Tübingen，1951，S. 72f.

如今，中国正在走向民法典。随着2007年《物权法》以及2009年《侵权责任法》的完成，加上之前颁行或修正的《继承法》(1985)、《民法通则》(1986)、《担保法》(1995)、《合同法》(1999)、《收养法》(1999)以及《婚姻法》(2001)等，再辅之以环绕四周的大量司法解释，民法典在内容上已趋于成型。面对这些从内容到形式均各成体系的单行立法，多少有些令人疑虑的是：届时合并成统一的民法典时，将如何安置这些彼此未必和谐无间的各项规范？

实际上，早在2002年12月的九届全国人大常委会第三十一次会议上，民法典草案就已经有过一次审议。只不过，从内容来看，这部提交审议的草案显然是临时拼凑的急就章，不仅条文编序未作统一整理，更离谱的是，《合同法》《婚姻法》《收养法》《继承法》这几部已经生效的单行法律，均未作任何调整或更动，直接堆入草案，拼成相应各编，至于各编之间的内容重复与矛盾，自然是俯拾皆是，不胜枚举。面对此景，也就没有理由相信，法典编制曾经得到立法者的审慎思考。全面检讨未来民法典的体例非本文任务。草案第一编是“总则”，这似乎表明，立法者有意接受德国民法典开创的总分则编制。总则编的设置虽属法典形式问题，却丝毫不意味着它能够脱离具体的制度环境无机移植。不了解作物的适植土壤与栽培技术，不会有成功的移植。有鉴于此，本文试图讨论两个密切相关的问题：总则编需要何种生存环境？在形成总则时，应如何运用“提取公因式”之技术？为了简化讨论，本文以德国式民商分立体例为背景。

（二）结构

文章正文分为三节。

总则之设置，首先是追求形式理性的结果，不过，时至今日，应该没有人仍会坚持，法律适用是价值无涉的纯逻辑推演。形式体例亦有其生存土壤的要求。一方面，立法者对于法典功能的不同认知，势必影响包括如何对待总则在内的体例安排；另一方面，以文字表述的法典，由立法者创作完成，功能定位不同，目标读者亦各异，而法典总则未必适于一切读者。为此，本文第一节所要讨论的是：立法者的功能定位将如何左右法典总则的取舍？目标读者之不同又将如何对总则编构成影响？

第一节偏重于实质理性的讨论，意在观察法典总则的适植土壤。如果存在移植可能，栽培技术便成为决定其生长之关键。既然总则乃是“提取公因式”的结果，欲要继受，了解“公因式”之提取标准并在此基础上检讨各项候选因素，就是不可或缺的必要作业。此乃第二节所要处理的问题。第三节就法律行为专作讨论，原因在于这一概念在德式总则体例中，居于无可争议的核心地位，总则的存废维新，实系于此。

最后是简短的结论。

一、民法典的土壤

虽然如哈耶克（F. A. von Hayek）所指出的，自我生成的自由秩序（spontaneous order，self-generating order）中，作为正当行为规则（rules of just conduct）的私法规范为民众交往所创造，立法者不过是将其揭示并表达，[1] 但以文字表述的法典本身毕竟是一件人为作品，其风貌将无可避免地受制于作者对它的定位。例如，通常情况下，“由一人创作完成，最能为普通人理解的法典，以影响民众生活方式为其目的；而最具技术精确性、难以读懂的法典，则是无意于通过法典来改变世界之委员会的作品”[2]。因此，在自治法与管制法二元格局下，探究中国大陆立法者对于民法典功能的想象图景，是我们走进法典意义世界的先行步骤。

（一）民法典的功能定位

中国大陆对于法律功能的认识有其独特之处，每次立法，均在第 1 条显示立法意图，以表达立法者对于该部法律的定位。这一立法惯例何以如此顽强，它是否意味着什么，学界似乎无意深究，普遍采取视而不见的态度，其中，梁慧星教授的说法也许具有相当程度的代表性：“（关于第 1 条）我认为不要在一些没有实际价值的问题上浪费精力，要把主要精力放在实际的制度上。它只具

---

[1] *F. A. Hayek*，Law，Legislation and Liberty，Routledge & Kegan Paul，1982.

[2] *Horst Heinrich Jakobs*，Wissenschaft und Gesetzgebung im bürgerlichen Recht：nach der Rechtsquellenlehre des 19. Jahrhunderts，Ferdinand Schöningh，1983，S. 10.

有一种宣示的性质，不是实质性的东西，不值得过分关注。”[1] 与之形成鲜明对照的是，苏永钦教授甫一接触中国大陆立法，即对第1条表示了极大的关注，甚至认为，它可能是“对自治法定位最大的挑战”。[2] 态度为何如此两极分化？

如果相信法律是立法者的创造物，那么，创造者的意图（立法者意旨）必将成为理解并适用法律的指针。此时，“立法意图”之进入制定法，规范意义在于，法律解释与适用必须受其拘束。正因为如此，王利明教授主持的“民法典学者建议稿”认为，立法目的和宗旨是“法律的必要条款”：“立法的目的和宗旨是立法者为法律适用者提供的立法背景信息，它既是法官解释法律的依据，为法官的自由裁量提供方向和限制，同时它也为人们理解民法典提供一个框架，使民法典更好地发挥行为规范的功能。”[3] 可见，于立法者而言，“立法意图”并非仅具“宣示的性质”，毋宁说，明确规定“立法意图”的优点在于，它能够左右法律规范的基本走向，从而确保法律为自己所追求的目的服务。

不过，当法律通过自身条款明确宣称，它是为实现立法者特定目的而存在时，固然能够充分反映立法者的意志，却也意味着，所谓法律，不过是无自身独立价值的政治工具，根据政治目标之不同，立法者可以不受制约地为法律设定相应的任务。当然，政府可能需要借助立法手段来贯彻公共政策目标，此时，立法目的之规定有其必要。[4] 问题是，当原本应以自治为基本理念的私法亦被如此处置时，即表明，自治充其量是实现特定政策目标的手段。[5] 只要目标能够实现，手段不妨从权甚至舍弃。于是，民法的自治颜色不断剥落模糊，覆盖其上的，则是清晰可辨的管制。

为何立法者不能指望通过民法规范来实现政策目标？如果立法者不能加诸自己的目的，民法规范意义何在？

---

[1] 易继明访谈：《学问人生与人生的学问——访著名民法学家梁慧星教授》，载易继明主编：《私法》（总第6卷），北京大学出版社2004年版，第39页。

[2] 苏永钦：《社会主义下的私法自治——从什么角度体现中国特色？》，载氏著：《走入新世纪的私法自治》，中国政法大学出版社2002年版，第91页。

[3] 王利明主编：《中国民法典学者建议稿及立法理由·总则编》，法律出版社年版2005年版，第9页。

[4] 苏永钦：《民事立法者的角色——从公私法的接轨工程谈起》，载氏著：《民事立法与公私法的接轨》，北京大学出版社2005年版，第28页。

[5] 苏永钦：《民事立法者的角色——从公私法的接轨工程谈起》，载氏著：《民事立法与公私法的接轨》，北京大学出版社2005年版，第91页；朱庆育：《物权立法与法律理论》，载《中外法学》2006年第1期，第8页。

对于民法的目的独立性质，苏永钦教授将其概括为“中立规则”，列民法典五项实体体系规则之首。苏教授指出，去政治化的中立规则，主要功能在于维稳，保证法典不会因为公共政策的变动而频繁翻修：“民法典一旦承担政策工具的功能，就必须和政策性法律一样做机动性的因时制宜，颠覆法典本来要在变动中维系基本秩序的功能，整部民法典可能随时因某些规则的政策性调整而修正，得不偿失至为明显。”[1]维稳功能偏重形式理性。哈耶克的研究，则是把私法规范目的独立品格当作自由秩序得以存续的必要条件。

哈耶克认为，人类社会两种秩序分别奉行两种规则：自我生成秩序对应正当行为规则，特点在于目的独立性（end-independent）；与之相对的，是目的依附（end-dependent）的组织规则。前者构成私法社会（private law society）的根基，后者则服务于政府组织的公法社会。[2]

私法规则之目的独立，与它所服务的自由秩序互为表里。“自由社会的一个特征，是人们目的的开放性。”[3]换言之，自由社会中，个人目的多元并存。没有任何人拥有如此全面的知识，以至于有能力设计一个满足所有人目的的秩序。因而，自由秩序之形成，必定不是人为设计的结果，只能是无数个人行为的自发产物。既非刻意造就，自由社会就不可能为某一具体目的而存在，毋宁说，它之所以是值得维护的，是因为唯其如此，各种互不相同、甚至相互抵触的个人目的才能和谐共存于同一社会秩序之中，更不必担心因为与“社会目的”不相容而被取缔——社会并无自身目的。目的独立的自由秩序需要同样性质的法律规则与之配套。在自由社会，每个人以自己的行为追求自己的目的，他们在此过程中共同遵守的规则，必定超然于任何人的具体目的。这意味着，作为正当行为规则的私法规范，是目的独立的。因此，表述在法典中的民法规范，只是各人实现自己目的的条件，如果被抽去了目的独立之特性，势将沦为目的依附性质的管制规则。哈耶克指出，以组织规则的逻辑对待私法规范，这是“促

[1] 苏永钦：《现代民法典的体系规则》，载《月旦民商法杂志》2009年第25期，第9—10页。苏教授的较早研究则可参见：《私法自治中的国家强制——从功能法的角度看民事规范的类型与立法释法方向》，载氏著：《走入新世纪的私法自治》，中国政法大学出版社2002年版，第1页。

[2] *Hayek*，Fn.〔6〕，Vol. 2，p. 31.

[3] *F. A. von Hayek*，Die Verfassung der Freiheit，2. Aufl.，J. C. B. Mohr（Paul Siebeck）Tübingen，1983，S. 45.

使自由社会的自我生成秩序逐渐转向极权的组织秩序的主要原因之一”[1]。

（二）民法典的目标读者

无论立法者是谦虚内敛、容让自治，还是雄心壮志、锐意管制，最终都必须通过立法作品而展现。一般来说，创作者对于作品寄予何种期望，就会设定何种人群为其目标读者。此处所要讨论的问题因而是：法典自治或管制之功能定位不同，立法者会如何选择目标读者，又将如何对待总则？法律的意义在于适用，因此，构成法典潜在读者的，无非是民众（适用对象）与法官（适用者）两类。

私法自治下，民众法律关系之形成，取决于行为人意志，因此，如果立法者对自治理念有足够的尊重，就不会指望通过法典来改变民众生活，而倾向于将其定位为裁判法，此时，负裁判之责的法官往往成为法典目标读者。德国民法典即其著例。为了提供尽可能准确高效的裁判依据，德国民法典并未过多照顾民众的理解问题，有意舍弃了欧陆其他法典通俗性的特点，代之以精确但抽象的语言与技术，总则编之设置，亦是此等考虑的结果。[2]

与之不同，1949 年以后的中国大陆立法一直以通俗化为基调，直到近年制定《物权法》，草案修订要求仍然是，“尽可能规定得具体一些、通俗一些，力求让群众看得懂、能掌握”[3]。以法律外行“看得懂”为努力方向，其预设读者显然不会是法律专家（法官），只能是民众。而民法规范之所以要让普通民众读懂，用民法起草小组成员魏耀荣先生的话说，就是“使人们懂得如何去行使自己的权利”[4]。类似高论，依稀可闻之于 17 世纪，其时，“利维坦”的崇拜者霍布

---

[1] *Hayek*，Fn.〔6〕，Vol. 1，p. 114.

[2] *Gustav Boehmer*，Einführung in das bürgerliche Recht，2. Aufl.，J. C. B. Mohr（Paul Siebeck）Tübingen，1965，S. 78；*Zweigert/Kötz*，Einführung in die Rechtsvergleichung：auf dem Gebiete des Privatrechts，3. Aufl.，J. C. B. Mohr（Paul Siebeck）Tübingen，1996，S. 143ff.

[3] 《全国人大法律委员会关于〈中华人民共和国物权法（草案）〉修改情况的汇报》（2005 年 10 月 19 日第十届全国人大常委会第十八次会议），载全国人大常委会法制工作委员会民法室编著：《物权法立法背景与观点全集》，第 30 页。

[4] 王胜明、魏耀荣、杨振山：《中国民法典制定中的重大问题》，载王卫国主编：《中国民法典论坛（2002—2005）》，中国政法大学出版社 2006 年版，第 35 页。

斯（Thomas Hobbes）即认为，“法律……用处不在于约束人民不做任何自愿行为，而只是指导和维护他们，使之在这种行为中不要由于自己的鲁莽愿望、草率从事或行为不慎而伤害了自己”[1]。

乍看之下，由于民法与民众利益密切相关，令法典易于读懂的要求顺理成章。相应地，以民众为读者以及随之而来的法律通俗化，也就理所当然表现了立法者“心系百姓”“造福万民”的谦卑姿态。由此反推，法律若是使用大量外行不知所云的专业术语，当属精英阶层知识垄断之举无疑，与民主观念背道而驰。

吊诡的是，历史显示，在法律通俗化的主张者中，几乎看不到纯正的民主主义：霍布斯固然是君权至上的鼓吹者[2]；以通俗著称的法国民法典，其主事者更是同样著名的专制君主。实际上，当权力者竟然假定民众不懂得如何行使自己的权利时，无异于宣称，他们比民众自己更清楚其利益所在；而如何行使自己的权利竟然都要听从权力者居高临下告知的社会，若非要称其为“民主”，恐怕亦只是黑色的政治幽默，至于构成民法生命的自治，则基本上是无从谈起了。在此意义上说，温情脉脉的通俗易懂之追求，其实不过是中国传统政治智慧的现代升级版，差别仅仅在于，“民可使由之，不可使知之”的为政戒律，被改装成“为使由之，而使知之”的开明圣治。路径重置，目标不变，亘古传承的，是“使由之”的精神内核。[3]

立法技术上，以民众为读者的法典，一般不会对总则体例感兴趣，因为总则规范过于抽象而难以为外行理解；如果法律更以改变民众生活为目的，抽象难懂的体例安排亦不会是合目的性的选择。德国纳粹时期的“民法革新”为之提供了最有力的佐证。

纳粹党执政后，发起了声势浩大的“法律革新”（Rechtserneuerung）运

[1] 〔英〕霍布斯：《利维坦》，黎思复、黎廷弼译，杨昌裕校，商务印书馆 1996 年版，第 270 页。

[2] 相应地，在法律理论方面，霍布斯亦是“命令论”的先行者。在他看来，“法律是一种命令，而命令则是通过语言、文字或其他同样充分的论据发布命令的人之意志的宣布或表达”。霍布斯：〔英〕霍布斯：《利维坦》，黎思复、黎廷弼译，杨昌裕校，商务印书馆 1996 年版，第 210 页。

[3] 光绪三十三年（1907 年），清政府决定编纂民律，在“编纂民法之理由”中，首先被提及的是：“凡私法上之法律关系须用法律明示，使人民知之与使人民由之也，不然则易生无益之争议而害及国家之秩序矣。”参见张生：《中国近代民法法典化研究（1901—1949）》，中国政法大学出版社 2004 年版，第 65 页。

动，司职其事者，是1933年成立的德意志法律研究院（Akademie für deutsches Recht）。[1] 其中，民法革新的目标是：彻底告别十九世纪奉行逻辑体系、疏离生活实际的旧法典及其法律教义观念，根据民族社会主义世界观的精神制定一部新法典，以便重塑民众的日常生活。[2] 相应地，新法典的重点之一，是从形式、风格与内容各方面充分实现民法的通俗化与大众化。[3] 在此背景下，1942年，柏林大学教授黑德曼（J. W. Hedemann）领导的"人民法典委员会"拟定完成并出版《人民法典》（Volksgesetzbuch）第一部分，内容包括"基本规则"（Grundregeln）与第一编"人民同志"（Volksgenosse）。基于"生活重于理论"的理由，《人民法典》舍弃了旧法典的总则编，而新设"基本规则"之编制。[4] 关于"总则"与"基本规则"的关系，黑德曼曾作如下说明：

1896年法典的总则意在统领其后各编，人民法典的"基本规则"亦有此意，不仅如此，后者追求更多，除法律方面的考虑外，尚以通俗化为要。……人性化的通俗更难实现，这正是"基本规则"区别于1896年法典总则的基本之点。"基本规则"不仅意在指示法律教育之途径、对法官与学者作出指令，就其自身而言，它至少还想要摒弃如下观念：法律只是当事人纠纷的裁断规则与法官的适用规则。毋宁说，有如海因里希·雷曼（Heinrich Lehmann）在意见书中指出的，其意义更在于，"基本规则第一节——即言简意赅的第1至18条——为人民同志提供集体共同生活的准绳（Richtschnur）、揭橥日常法律活动的行为准则（Verhaltensmaßregeln），此亦称基本原则，立法者的指导思想（Leitgedanken）体现其中，并统率其后人民法典无论是六编还是八编的各项具体规定。"实际上，

---

[1] S. *Thorsten Hollstein*, Die Verfassung als "Allgemeiner Teil": Privatrechtsmethode und Privatrechtskonzeption bei Hans Carl Nipperdey（1895-1968）, Mohr Siebeck Tübingen, 2007, S. 66f.

[2] *Justus Wilhelm Hedemann*, Die Erneuerung des bürgerlichen Rechts, in: Zur Erneuerung des bürgerlichen Rechts, C. H. Beck' sche Verlagsbuchhandlung München und Berlin, 1938, S. 7ff.

[3] *Hans Carl Nipperdey*, Das System des bürgerlichen Rechts, in: Zur Erneuerung des bürgerlichen Rechts, C. H. Beck' sche Verlagsbuchhandlung München und Berlin, 1938, S. 97f.

[4] *Hedemann/Lehmann/Siebert*（vorgelegt）, Volksgesetzbuch（Grundregeln und Buch I）: Entwurf und Erläuterungen, C. H. Beck' sche Verlagsbuchhandlung München und Berlin, 1942, S. 40（*Hedemann*）.

这是对于其后各编组成部分的另外一种“统领”。[1]

不过，以管制为目的的立法固然会选择通俗化的风格并且倾向于舍弃总则，反向推论却未必成立。瑞士民法典的起草者明确表示以通俗化为其追求，[2] 而无证据表明，它同时伴随着管制之强化。其通俗取向之原因，除了幸运地拥有博学并务实的胡贝尔（Eugen Huber）作为法典唯一起草者外，[3] 另有一个重要背景是，法典制定时，多数判决依然由非专业法官（Laienrichtern）作出，法律职业的大众化特征极为显著，此时，立法者纵然将读者设定为法官，亦不可能与早已得到学说汇纂法学洗礼的德国相提并论。[4]

在实质理由方面，瑞士民法典的立法资料显示，之所以舍弃总则体例，主要基于以下考虑：第一，大部分州法并无总则编的设置而且无意于此。1893 年 11 月 17 日的一份调查备忘录表明，只有两票赞同设置总则编，其他均是反对，非但如此，1894 年 10 月 31 日联邦法院在其评估报告中，对总则编亦持否定意见。第二，就内容而言，总则主要包括权利主体、权利客体与权利的得丧变更。其中，权利主体不妨规定于人法之中，该处置且与随后的亲属法在外观上更具紧密联系；物作为物权客体置于物权编，亦足令法律关系连接更显紧凑。如此一来，总则唯剩权利的得丧变更而已，即使对于这一部分，亦能找到更为妥适的处理方式。第三，总则规范所面临的难题是，它如何能够无差别地适用于各种具体情形？实际上，许多总则的一般规定，在适用于具体法域时，不得不依情势作出调整甚至几乎无从适用。例如，法律行为错误对于亲属法，较之于物权法或债法，意义即相去甚远。结果反倒是，原本意在简洁的总则技术，却使局势变得更加复杂。因此，更为务实的处理方式是，将法律规范置于典型适用领域，然后扩

[1] *Hedemann/Lehmann/Siebert*, a. a. O., S. 41（*Hedemann*）.

[2] Schweizerisches Civilgesetzbuch：Erläuterungen zum Vorentwurf des Eidgenössischen Justiz-und Polizeidepartements，Bern：Buchdruckerei Büchler & Co.，1902，S.14.

[3] *Rudolf Gmür*，Das schweizerische Zivilgesetzbuch：verglichen mit dem deutschen bürgerlichen Gesetzbuch，Verlag Stämpfli & Cie，1965，S. 33ff; 苏永钦：《现代民法典的体系规则》，载《月旦民商法杂志》2009 年第 25 期，第 22 页。

[4] *Gmür*，a. a. O.，S. 32; *Zweigert/Kötz*，Fn.〔17〕，S. 173ff; 苏永钦：《现代民法典的体系规则》，载《月旦民商法杂志》2009 年第 25 期，第 21—22 页。

及至边缘地带，比如，将错误规则置于债法。其他诸如取得时效、消灭时效等制度，亦同此理。[1]

反观中国大陆，立法者既念兹在兹地不忘管制民众，训练有素的法律家共同体又远未形成，两相结合，中国大陆原本拥有放弃总则体例的最坚强理由，然而，实际情况却是，立法者对于总则的偏爱，似乎甚至超过了它的原创者。不仅已颁行的《合同法》《物权法》以及《侵权责任法》等明确划分为总分则结构，2002 年 12 月审议的民法典草案亦以总则为其首编，甚至，在总则之内，尚有"一般规定"之二次抽象。其间缘由，一方面也许可归结为，在我们法学教育的影响下，总分则知识格局已成为立法操持者的知识前见，另一方面，似乎亦未必没有传达立法者于目的理性并无清醒意识的信息。当然，这不是说，为了更好地贯彻其管制理念，立法者应该迷途知返，把通俗化事业进行到底，亦不是说，在既有环境之下，总则编全无存活余地。淮南之橘虽淮北为枳，但它至少无害于水土，更重要的是，唯在移植之后，才会出现为使其良性生长而改善生存条件之动因。就此而言，中国大陆虽然条件粗陋，法典总则仍不妨一试。

瑞士民法典的考虑表明，总则之存废，固然与立法者主观偏好及抽象理念有关，但更切实际的是，在作出技术取舍之前，先就规范内容本身，一一观察各项候选公因元素。

二、总则编的构成

（一）概说

一般认为，作为学说汇纂体系产物的民法总则滥觞于胡果（Gustav Hugo）1789 年的《当代罗马法学阶梯》一书，该书正文共分五编，即对物权（Realrechte）、对人债权（persönliche Obligationen）、亲属权（Familienrechte）、遗产（Verlassenschaften）及程序（Proceß），正文之前，安置了一个包括七节内容的

[1] Fn.〔28〕, S. 22f.

“导论”（Einleitung），用以论述法律的一般理论。[1]1807年，海泽（Arnold Heise）将乃师的“导论”扩展为“一般理论”（Allgemeine Lehren），作为《供学说汇纂讲授之用的普通民法体系纲要》的正文第一编。[2]此后，萨维尼（Savigny）、普赫塔（Puchta）与温德沙伊德（Windscheid）等人继受并巩固了这一体系。[3]经过百年发展，总则体例的地位已是几近牢不可破，在此期间，除布林茨（Brinz）自成体系之外，其余则无不因袭成说。[4]学说汇纂体系首次法典化见诸1865年的萨克森民法典（sächsisches BGB），有学者指出，该法典“几乎是学说汇纂教科书条文化的产物”。[5]1896年的德国民法典则令总分则编制体例产生了世界性的影响。

在内容上，构成学说汇纂教科书总则的，大致包括：首先，关于客观法的一般理论，主要论述客观法的概念、渊源、表现形态、时空效力、适用、解释及续造等；其次，权利主体，分为自然人与法人；再次，权利客体，通常只处理“物”这一最重要的客体；复次，法律上的行为，尤其是意思表示与法律行为，不法行为亦常在此出现；最后，主观权利的概念、种类、得丧、冲突与竞合、行使以及自力救济或诉讼保护等。[6]其中，除了客观法的一般理论并非专属于民法、纯粹是历史原因而进入体系外，[7]其他大部分内容均为德国民法典总则编所接受。[8]

---

[1] *Gustav Hugo*, Institutionen des heutigen römischen Rechts, Berlin: August Mylius, 1789.

[2] *Arnold Heise*, Grundriss eines Systems des gemeinen Civilrechts zum Behuf von Pandecten-Vorlesungen, 3. verb. Ausg., Heidelberg: Mohr u. Winter, 1819.

[3] S. *Boehmer*, Fn.〔5〕, S. 73.

[4] *Ernst Zitelmann*, Der Wert eines “Allgemeinen Teils” des bürgerlichen Rechts, Separat-Abdruck aus der von Hofrat Prof. Grünhut herausgegebenen Zeitschrift für das privat-und öffentliche Recht der Gegenwart（Band XXXIII）, Wien 1905, S. 1.

[5] S. *Boehmer*, Fn.〔5〕, S. 73.

[6] S. *Zitelmann*, Fn.〔35〕, S. 2ff; *Boehmer*, Fn.〔5〕, S. 73.

[7] S. *Zitelmann*, Fn.〔35〕, S. 2.

[8] 关于客观法的一般理论，德国民法典1881年的分编草案（Teilentwurf）曾在“客观法”标题下以40条的篇幅详细规定于总则编的第一章。*Albert Gebhard*, Allgemeiner Teil, Teil 1, in: *Werner Schubert*（Hrsg.）, Die Vorlagen der Redaktoren für die erste Kommission zur Ausarbeitung des Entwurfs eines Bürgerlichen Gesetzbuches, Walter de Gruyter & Co., 1981. 待得1888年的第一草案时，第一章标题更为“法律规范”，篇幅缩至2条，内容分别是法无明文规定之法律关系的法律适用以及习惯法问题。Entwurf eines bürgerlichen Gesetzbuches für das Deutsche Reich, 1. Lesung, amtliche Ausgabe, Verlag von J. Guttentag, 1888. 1894年的第二草案则将其整章删除。Entwurf eines bürgerlichen Gesetzbuches für das Deutsche Reich, 2. Lesung, I. -III. Buch, auf amtliche Veranlassung, J. Guttentag, Verlagsbuchhandlung, 1894.

（二）公因式提取标准

总则既然具有公因式地位，首先需要追问的就是：此等公因式依据何种标准而提取？

法律规范（Rechtsnorm,Rechtssatz）虽然事关生活关系，但它不是后者的描述，毋宁说，法律规范的意义在于，为生活关系提供特定的规范评价，其逻辑结构包括构成要件（Tatbestand）与法律效果（Rechtsfolge）两部分，相应地，公因式之提取标准，或者是法律效力（Rechtswirkung），或者是构成事实（Tatsache）。

首先考虑的是法律效力标准，原因在于，任何法律的适用，最终都必须落足于此。民法上的法律效果围绕着权利、义务而展开，以权利为切入点，所谓法律效果，指的就是权利关系的变动，主要表现在权利主体、权利客体与权利得丧变更三个方面。以法律效力为体系化的线索，当中所体现的提问方式是：为了引发此等效力，需要具备何种要件？[1]因此，贯彻这一标准的结果将是，有关法律效力之规定汇成总则，分则内容则是各项具体的构成事实。然而，不同权利（如债权与物权）的效力可能相去甚远，相互之间并无太多共通之处，若纯以法律效力为标准，能够成为权利内容公因式的，除了极度抽象的权利一般概念，或者关于权利行使与保护的一般规则，别无太多因素。实际上，有关权利的得丧变更，除了作为结果的效力问题，从引发结果的原因（构成事实）中亦可能产生公因式，此时，提问方式相应变更为：从形色各异的构成事实中抽象出来的共通要件，产生何种效力？[2]

德国民法典各编之设置，兼采法律效力与构成事实双重标准，齐特尔曼（Ernst Zitelmann）谓之交叉分类（Kreuzeinteilung）：债法与物法之分立，乃是奉行法律效果标准的结果；亲属法与继承法之形成，则取向于相似的构成事实。[3]齐特尔曼进而指出，总则编之形成，亦是交叉分类的结果。例如，人作为权利主体，固然是各种法律效力的担受者，但许多具体规定，如自然人或法人的出生（设立）、死亡（终止）、各项行为等，均属构成事实；法律行为事关权利得丧

[1] S. *Zitelmann*，Fn.〔35〕，S. 8.

[2] S. *Zitelmann*，Fn.〔35〕，S. 9.

[3] S. *Zitelmann*，Fn.〔35〕，S. 10f; s. auch *Dieter Medicus*，Allgemeiner Teil des BGB，9. Aufl.，C. F. Müller Verlag，2006，Rn. 16f.

变更，乃是效力取向的结果，其无效、待定及可撤销等各项效力瑕疵亦当然是效力的共通规定，但法律行为本身则是引发法律效力的构成事实；等等。[1]

（三）括号之外的元素

提取公因式本应是一项由具体而抽象的归纳作业，但德国民法典颁行之初，总则编即遭激烈批评，理由之一就是，并无证据表明总则之出现，是在充分观察具体情形的前提下，经由归纳而成，反倒是自上而下的演绎痕迹清晰可见，既然如此，放置于括号之外的这些元素具有何种程度的覆盖能力，就值得怀疑了。[2] 时至今日，已无必要深究总则之产生途径，更具实际意义的毋宁是，就已形成的总则内容再作检讨，判别是否具备适格的“公因式能力”。交叉分类下，德国民法典的总则编包括七章，分别是人，物，法律行为，期间、期日，消灭时效，权利的行使、自卫、自助，担保之提供。中国 2002 年 12 月的民法典草案中，总则包括九章：一般规定、自然人、法人、民事法律行为、代理、民事权利、民事责任、时效、期间。二者范围大同小异，不妨一体观察。

1. 权利主体

自从总则体例为学说汇纂法学所创造后，无论是在教科书还是在法典，“人”（权利主体）一直是其重要成分。道理似乎很简单：人是所有法律关系的主体，当置于括号之外无疑；而权利主体概念形式化之后，法人取得了相当于自然人的地位，二者并立亦是理所当然。

不过，问题未必如此简单。当法律关系被三分为主体、客体与内容时，如果主体能够因其存在于任何法律关系当中，而获得公因式地位，即意味着，客体、内容皆应作同等处置，然而，正如下文将要指出的，不仅“客体”总则化的效果不尽人意，有关“内容”之规定，更是支离破碎、甚至附会牵强。权利主体固然为一切法律关系所必备，并且因此成为法律核心概念之一，但实证法律体系毕竟

---

[1] S. *Zitelmann*，Fn.〔35〕，S. 11ff.

[2] *Siegmund Schloßmann*，Willenserklärung und Rechtsgeschäft：Kritisches und Dogmengeschichtliches，Verlag von Lipsius & Tischer，1907，S. 65ff.

不同于哲学体系，前者虽亦关注概念的一般化，但目的既在适用，规范构成的一般化毋宁更具意义，否则，所谓总则编，恐将成概念定义之汇总场所。[1] 作为法律规范的集合体，能够成为公因式的，必须体现于适用之中。例如，胁迫之进入总则，不是因它在法律概念体系中具有一般地位，而是因为在法律适用时，该项因素既影响财产行为的效力，于身份行为亦有其意义，财产行为中，负担行为固然可能受到胁迫，处分行为也不例外。此亦表明，公因式一旦被提取，将出现规范体系的双重不完整：一方面，总则规范自身失去了独立适用能力，它必须与括号之内的因素相结合，始得合成一项完全规范。即便胁迫之构成要件与法律效果均在总则中得到貌似完整的规定，但当事人所实施的，不可能是一项抽象的“法律行为”，而只能是买卖（负担行为）、移转所有权（处分行为）、撤销（形成行为）或结婚（身份行为）等具体行为，若无分则的具体事实来填充相应的构成要件，总则规范将无所适用；另一方面，既然总则已将部分构成要件与法律效果提取于括号之外，括号内的分则规范亦不再完整。胁迫因素虽然必定存在于具体的法律行为中，但离开了总则，法官无法找到可资适用的规范。反言之，如果法律规范自成体系，不必经由其他法域补足，即无公因式之提取问题。

若不考虑非法人团体，权利主体可二分为自然人与法人。然而，德国民法典上有关自然人与法人之规定，如维亚克尔（Franz Wieacker）所指出的，只不过是学说汇纂体系中权利主体一般理论的只言片断。[2] 即便如此，除权利能力（权利义务承受资格）勉强具备公因式之某些特点外，其他诸如自然人住所，人格权，失踪或死亡宣告，法人设立，登记，内部关系，终止等各项总则规定，其实亦难谓成功，它们几乎均自成系统独立存在，在适用时，与分则各编充其量具有相互参引的关系，无论如何谈不上是后者的共通规定，况且，法人在亲属、继承法上几乎了无意义，更遑论是公因元素。

另外，中国大陆尚以行为能力与监护制度为人法内容，置于总则。行为能力能够影响法律行为的效力，就此而言，它具有公因式能力，不过，行为能力与人的主体资格无关，在规范意义上，它毋宁与法律行为制度关系更为密切。

---

[1] S. *Zitelmann*, Fn.〔35〕, S. 14.

[2] *Wieacker*, Fn.〔3〕, S. 487.

因而，德国民法典的处置，值得赞同；至于监护，其所体现者，则主要是行为能力欠缺者的身份关系以及以此为基础而产生的财产关系，除非将亲属法整体置入人法，否则，在众多身份关系中单独以之为总则内容，难谓合理。

有鉴于此，关于人法，本文愿意认同齐特尔曼的见解，即，将包括自然人与法人在内的人法从总则抽出，自成一编。[1] 这样，既不至于占据总则之位却名不副实，还可从容完整地囊括自然人与法人各方面的属性，从而避免德国民法典割裂人法内容之缺陷，同时，争议不断的人格权法的体例问题也有望得到合理解决[2]：不必随人法牵强地置于总则，亦无须别出心裁逐其远行独自成编。另外，由于亲属法及以之为基础的继承法涉及大量财产法规范，故不妨一仍其旧，规定于财产法之后。至于人法编的位置，基于主体概念的先行性与美观方面的考虑，可作为法典第一编。[3]

2. 权利客体

权利客体之为总则内容，在学说汇纂教科书上，有如权利主体，亦是受理性哲学影响的结果。权利客体（Rechtsobjekt，Rechtsgegenstand）的罗马法对应概念是物（res），包括有体物和无体物两类，其中，“‘有体物’乃是能为触觉感知之物，比如土地、人、服装、金银以及其他不可胜数之物。”“无体物则是不可为触觉感知之物，通常存在于某项权利之上，比如遗产、用益权以及经由任何方式而产生的义务。”[4] 如果以此为标准，那么，在权利客体的名义下，几乎所有民法规范均得成为总则内容，这显然是不可接受的。

德国普通法时期，物亦包括有体与无体，[5] 但德国民法典未循旧径，从分编草案开始，就有意将物的概念限制于有体物（körperliches Ding），[6] 其时，物被置

---

[1] S. *Zitelmann*，Fn.〔35〕，S. 13.

[2] 相关争论，可参苏永钦：《现代民法典的体系规则》，载《月旦民商法杂志》2009 年第 25 期，第 36—43 页。

[3] S. *Zitelmann*，Fn.〔35〕，S. 24.

[4] *Gaius*，Institutionen，Herausgegeben，übersetzt und kommentiert von *Ulrich Manthe*，Wissenschaftliche Buchgesellschaft，2004，II 12-14.

[5] 张双根：《物的概念若干问题》，载《华东政法学院学报》2006 年第 4 期，第 103 页。

[6] *Reinhold Johow*，Sachenrecht，Teil 1，in：*Werner Schubert*（Hrsg.），Die Vorlagen der Redaktoren für die erste Kommission zur Ausarbeitung des Entwurfs eines Bürgerlichen Gesetzbuches，S. 144.

于物权法第一章（“一般规定”）第一节（“物的一般规定”），总则编则无关于“权利客体”的内容。第一草案同其处置。法典第二委员会将物的体例安排问题委诸法典编辑委员会（Redaktionskommission）处理，后者将其升至总则编，[1] 由此形成第二草案第一编第二章之内容，在结构上，“物”作为权利客体，与第一章作为权利主体的“人”相互呼应。1896 年颁布的德国民法典未再更动。

不幸的是，法典编辑委员会的决定招来比权利主体问题更激烈的批评。德国民法典将物的概念限定为有体标的（körperliche Gegenstände），却又同时置之于总则编，结果是，这一部分内容较之前一章，其“不完整与支零破碎犹有过之”。[2] 原因很简单，有体物只是物权客体。将物的规定放置于远离物权法的总则编，除了降低总则编的涵盖能力，亦割裂了物与物权之间的规范关联，几无是处。考虑到物的概念重返无体标的于规范架构无益，[3] 令其回归物权法，谅必是最为可行的选择。[4]

我国《物权法》只在第 2 条第 2 款对物有所涉及：“本法所称物，包括不动产和动产。法律规定权利作为物权客体的，依照其规定。”动产与不动产以物理上的可移动性为基本判别标准，因此，《物权法》上的“物”，当采狭义，仅指有体物而言。但就语词使用而论，“物权客体”似乎被当作“物”的上位概念，因为权利亦得成为“物权客体”，但它却不是物。[5] 虽然 2002 年的民法典草案总则编未包含物，但物权法既已施行，再无余地，除非立法者认为，1 款的篇幅即为已足，否则有理由相信，物的规定只能安插于未来民法典的总则编。果如此，无疑是在重复德国民法典上“一般化失败的典型”[6]。

3. 权利内容

权利类型不同，内容亦相去甚远。债权与物权之所以分立两编，正是以权

[1] S. *Hans Josef Wieling*, Sachenrecht, Band 1, 2. Aufl., Springer Verlag, 2006, S. 53f.

[2] *Medicus*, Fn.〔42〕, Rn. 22.

[3] *Wieling*, Fn.〔53〕, S. 11.

[4] *Zitelmann*, Fn.〔35〕, S. 25；德国当代教科书中，打破法典体例，于物权法部分详论物之概念者，Wieling 为其代表。*Wieling*, Fn.〔53〕, S. 53ff.

[5] 以权利为物权客体者，如《物权法》第 180 条设立于建设用地使用权或土地承包经营权之上的抵押权，第 223 条的权利质权，等等。

[6] *Medicus*, Fn.〔42〕, Rn. 23.

利效力（内容）为其分类标准，因此，能够作为公因式被提取的，必定极具一般性。德国民法典上，有关权利之内容，分离出权利变动（法律行为）、权利的时间属性（期间、期日、消灭时效）、权利的行使与自力救济（自卫、自助）以及担保之提供诸方面规定。中国大陆2002年民法典草案未包含权利的自力救济、担保之提供内容，添入了取得时效（与诉讼时效[1]并称"时效"）、民事权利之分类与定义。法律行为问题且容下节详述，此处先论其余。

权利时间属性的规范内容大致包括期间、期日与时效（取得时效和消灭时效）三方面。任何法律关系都在时间中存在，在此意义上说，时间规范置于总则，自无不妥。不过，时间之计算，对于多数法律适用情形来说，只是前导性或辅助性作业，所涉法律规范基本都是说明性规范（erläuternde Rechtssätze）或解释性规则（Auslegungsregeln），自身不具有独立性，因此，如《民法通则》般，以之为附则内容，似乎亦无不可。关键在于时效。罗马法时期，因长期不使用其物而导致物上权利消亡（usucapio）与因长期不行使权利而导致诉权或请求权消灭（praescriptio actionum）的现象构成统一的时效（Verjährung）制度，前者令对方取得物权，称取得时效（Ersitzung），后者则称诉讼时效（Klagenverjährung）或请求权时效（Anspruchsverjährung）。德国民法典之前的欧陆立法，基本上都对这两项制度作统一规定。格布哈特（Albert Gebhard）起草的法典分编草案将二者分离，请求权时效留驻总则，取得时效则遣至物权编，理由是，取得时效的适用对象只是物权，无法构成法典的一般规定。这一调整得到认可。[2]请求权属于一般概念，债法、物法、亲属法与继承法均有其规范空间，就此而言，以

[1] 我国"诉讼时效"称谓来自于苏联。德国法上，法典第一草案称"请求权时效"（Anspruchsverjährung），后直接改称"Verjährung"，民国译作"消灭时效"。关于术语选择，"立法理由书"曾作如下说明："请求权时效（Anspruchsverjährung）不是通用术语，权利时效（Rechtsverjährung）或债务时效（Schuldverjährung）亦非罕见，多数时候则使用诉讼时效（Klageverjährung）之表述。权利时效称谓之不妥，乃因此等时效于物权无所妨碍；债务时效之不妥，则在于，所谓债务，一般只作债权所对应的拘束力之理解；至于诉讼时效，则容易令人误以为，诉权内容乃是时效标的，实际上，时效所指向的，并非司法追诉中的程序管辖问题，而是权利本身。" Motive zu dem Entwurfe eines bürgerlichen Gesetzbuches für das Deutsche Reich, Band 1（Allgemeiner teil），amtliche Ausgabe, J. Guttentag, Verlagsbuchhandlung, 1896, S. 289f.

[2] *Gebhard*, Fn.〔39〕, S. 306ff; Motive, Fn.〔59〕, S. 288ff.

请求权时效为总则内容，实属正当。不过，请求权虽属一般概念，但即使在德国法上，请求权时效的典型适用对象其实亦是债权，身份性请求权固然无从适用，物上请求权亦被大幅排除，涵盖能力难称理想，因而，以典型化处理方式，在债编规定请求权时效，然后借助类推技术扩及至其他法域，至少不是更坏的选择。[1]其间差别仅仅在于，前者的规范方向是例外排除，后者则是类推扩展。如果例外排除的情形太多，提取公因式之技术，未必优于典型化处理。中国大陆的现状为典型化处理创造了条件。《民法通则》未明确诉讼时效的适用对象，2008年最高人民法院发布《关于审理民事案件适用诉讼时效制度若干问题的规定》，第1条规定："当事人可以对债权请求权提出诉讼时效抗辩，但对下列债权请求权提出诉讼时效抗辩的，人民法院不予支持……"显然，债权乃是典型适用对象，更为严格的解释甚至可能是，唯有债权请求权始得适用诉讼时效。

罗马法有过"权利之行使无伤他人"（Neminem laedit，qui suo jure utitur）的格言，[2]它所表达的是，特定主体享有某项权利，就意味着该主体可因此自由行为，即使权利的行使致使他人遭受不利益，亦无可指责。[3]就此而言，权利行使属于行为自由领域，法律无从置喙。所以，关于权利行使，能够作为公因式的，只能是消极的原则性规定，对此，德国民法典只有恶意刁难之禁止（Schikaneverbot）即权利滥用原则（Rechtsmissbrauch）一条（第226条）规定。当然，经过学说与判例发展，被规定于债编的诚实信用原则（第242条）亦取得了相当于总则的地位。在立法体例上，采德式安排，以之为总则规定固然可以接受，但在条文数目上，难免单薄。窃以为，循瑞士民法典成例，在法典正文之前设序章（Einleitung），规定法源、权利行使的一般原则等必要内容，似亦无不妥。至于权利的自力救济，在以公力救济为原则的文明社会，不过是"脱胎于早期法律史的"权利保护之例外，[4]多数情况下，其适用涉及侵权行为。中国大陆2009年颁布的《侵权责任法》将自卫行为（正当防卫和紧急避险）纳入

[1] *Zitelmann*，Fn.〔35〕，S. 28.

[2] *Detlef Liebs*（zsgest.，übers.，u. erl.），Lateinische Rechtsregeln und rechtssprichwörchter，6. Aufl.，Verlag C. H. Beck，1998，S. 142.

[3] 〔法〕雅克·盖斯旦、吉勒·古博、缪黑埃·法布赫—马南：《法国民法总论》，陈鹏等译，法律出版社2004年版，第702页。

[4] *Wieacker*，Fn.〔3〕，S. 487.

其中，由此推断，应该不会构成未来民法典总则编的内容，而为立法所遗漏的自助行为，因其适用对象是请求权，故不妨作典型化处理，安置于债编之中。

担保之提供大概是德国民法典总则编最容易被忽略的问题。它在学说汇纂法学体系中，位于权利保护学说之后，但在适用时，所涉问题基本都在债法领域，难谓具有公因式能力，因此，更为妥适的处置，是令其回归债法。[1]

中国大陆民法典草案第6章"民事权利"是关于各项基本民事权利的立法定义。在来源上，它应该是以《民法通则》第5章"民事权利"为基础，通过抽离具体权利内容、并稍加改造而成。毋庸置疑，此处所定义的权利，在民法中无不具有基础地位，但能够成为规范公因式的，如前文所言，不是概念本身的基础性，而是规范适用的共通性。且不论立法者本应节制定义嗜好，[2] 即便需要立法定义，物权、债权、知识产权、人格权、身份权等概念，亦分别是相应各法域的内容，自以分拆编入为宜。

4. 民事责任

有如第6章，民法典草案第7章"民事责任"亦是脱胎于《民法通则》。1986年《民法通则》以专章规定"民事责任"，这一举措颇受部分学者首肯，被评价为对传统民法体系的突破与创新。不过，即使是赞誉有加者，亦未主张将其植入总则。[3] 观其内容，草案总则编有关民事责任的7条规定，无一具备公因式能力：违反合同的"民事责任"，早已被规定于1999年《合同法》；侵权责任以及承担责任的方式，为2009年《侵权责任法》所囊括；其他则或者是普法式的教条（如第96条："因同一行为应当承担刑事责任、行政责任的，不影响承担民事责任"），或者根本与民法规范无关（如第98条："自然人、法人有抽逃资金，隐藏、转移财产等行为，拒不履行发生法律效力的法律文书的，经权利人申请，人民法院可以将该逃避民事责任的情形予以公告，并可以采取必要措施限制其高消费等行为。"）。

---

[1] *Zitelmann*, Fn.〔35〕, S. 26.

[2] 关于立法定义对于学术的僭越，可参朱庆育：《物权立法与法律理论》，载《中外法学》2006年第1期，第5—8页。

[3] 如魏振瀛：《物权的民法保护方法——是侵权责任，还是物权请求权》，载费安玲主编：《学说汇纂（第1卷）》，知识产权出版社2007年版，第12页。

管见以为，在未来的民法典中，不妨将其整章删除。[1]

5. 一般规定

总则之内尚有“一般规定”，这是中国大陆立法者独创的“双重公因式”体例，在规范意义上，自然难免让人产生过度抽象之疑虑。[2] 通观民法典草案，“一般规定”的 9 条内容可分为四类：立法目的（第 1 条）、调整对象（第 2 条）、“民事活动”的基本原则（第 3—8 条）及法律的效力范围（第 9 条）。

“立法目的”之不妥，已如前述。“调整对象”之规定自《民法通则》第 2 条略加改造而来，旨在界定民法的调整范围。然而，处理各法域之间的关系，不是如分配行政权力般划分“势力范围”。如果说，计划经济时期为了保有民法的一息气脉，需要特别强调民法规则并非全无适用余地，不能被取缔，而不得不借助“调整对象”之界定来分得经济法的一杯残羹，[3] 那么，时过境迁之后，这一策略信已不再合乎时宜。在正常的私法社会，关于民法，立法者的任务仅仅在于，将民众普遍默言奉行的交往规则予以显性表述。如果认为，民法的“调整范围”须由立法者划定，无异于在“立法目的”基础上进一步表明：民法不过是立法者手中的工具，任由揉捏。正是在此意义上，拉德布鲁赫（Gustav Radbruch）指出，私法与公法不是实证法上的概念（positivrechtliche Begriffe），而具有先验性（apriorisch），它们在逻辑上先于法律经验并且约束着法律经验之展开。[4]

民事活动的基本原则包括平等原则（第 3 条）、自愿原则（第 4 条）、公平原则（第 5 条）、诚信原则（第 6 条）、合法权益不受侵犯原则（第 7 条）与公序良俗原则（第 8 条），其中，除诚信原则与公序良俗原则对于民事交往具消极

[1] 苏永钦教授建议，民事责任法单立一编，作为财产法和人法的救济法置于其后。请参苏永钦：《民法典的时代意义——对中国内地民法典草案的大方向提几点看法》，载氏著：《民事立法与公私法的接轨》，北京大学出版社 2005 年版，第 71—73 页。依笔者浅见，这一体例的合理性，以打通物债二分为前提，否则，把物上救济和债上救济归拢放置，将各自远离救济本体，其缺陷，一如把物规定于民法总则。关于物债二分，下文有涉及。

[2] 关于“双重公因式”，可参朱庆育：《物权立法与法律理论》，载《中外法学》2006 年第 1 期，第 2—3 页。

[3] 关于《民法通则》时代调整对象的意义以及民法与经济法的关系，可参周大伟编：《佟柔中国民法讲稿》，北京大学出版社 2008 年版，第 1 页。

[4] *Gustav Radbruch*，Rechtsphilosophie，2. Aufl.，C. F. Müller Verlag，2003，S. 119.

控制的规范意义外，其他均为私法题中之意，特别予以宣示，固然可见立法者的重视，但需要特别宣示，似乎亦表明，它们在民事生活中，其实是稀缺并且是赋予性的。德国民法典与之形成鲜明对照。私法自治是德国民法典的核心原则，却未见任何明文宣示，不是因为立法者认为它不重要，相反，恰恰是因为如此的不言自明，早已成为社会共识，以至于立法者要做的，只是通过规范来贯彻体现。[1] 此亦表明，立法者的“重视”，未必是民众之福。

浅见以为，关于“一般规定”，不妨在删除“立法目的”“调整对象”以及大部分“基本原则”后，将诚信原则与公序良俗原则等内容置于法典序章，从而消除有害无益的“双重公因式”架构。

三、总则编的核心

上节表明，被当作以及被试图当作民法总则之组成元素的，或者本可独立成编，或者宜应纳入各编，或者不妨归诸序章附则，或者理当予以删除，均不具有足够的公因式能力。然而，若就此得出放弃总则之结论，难免仓促。于德式建筑而言，总则之承重墙仅为法律行为一端，其他不过是辅助性的零散构件而已，正因如此，主张舍却总则编制的德国学者，亦多伴随着对法律行为概念的否定。[2] 中国大陆自《民法通则》以来，无论立法、学说抑或司法，均继受了法律行为（“民事法律行为”）概念，2002 年法典草案亦在总则分两章规定了“民事法律行为”与“代理”。为了简化讨论，本节拟在此前提下，结合实证法进行观察。

（一）债权行为与物权行为

1. 概说

依弗卢梅（Werner Flume）之见，“学说汇纂体系的主要特征在于前置总则之

---

[1] *Werner Flume*, Allgemeiner Teil des Bürgerlichen Rechts II, Das Rechtsgeschäft, 4. Aufl., Springer- Verlag, 1992, S. 1ff.

[2] *Schloßmann*, Fn.〔44〕; *Nipperdey*, Fn.〔25〕, S. 107, 113f.

体例，总则之核心则在法律行为理论”[1]。雅科布斯（H. H. Jakobs）说法与乃师有所不同：“德国法典编纂的体系特点既不在五编制，亦非前置总则之体例，而是物法与债法的截然区分。”[2]貌似矛盾的表述其实只是强调重点不同：区分物法与债法之后，即有了变动物权的行为（物权行为）与负担债法义务的行为（债权行为）的分离，抽象的法律行为理论亦得以成为法典公因式，并因此撑起总则大厦。[3]

一般来说，如果立法者以通俗化为其追求，会倾向于否弃“抽象难懂”“疏离生活”的物权行为理论，将物权移转纳入债法关系，如此，有关法律行为的内容（如意思表示、代理、附条件期限等）规定于作为债法的合同法即为已足，无需叠床架屋，另设民法总则。[4]不过，立法者可能陷入莫名的自相矛盾，一方面否认物权行为理论，另一方面却又借助法律行为构建总则，[5]更重要的是，法律规范一经颁行，即脱离立法者控制，获得独立生命，法律适用所援引者，亦

---

[1] *Flume*，Fn.〔72〕，S. 28.

[2] *Horst Heinrich Jakobs*，Gibt es den dinglichen Vertrag? SZ 119（2002），S. 288f.

[3] 苏永钦教授以物权法定主义的松动为突破点，通过凸显物权的“关系”本质，来寻求债法与物法接通之可能，并由此重构法典体例。集中论述请参苏教授三篇系列论文：《物权法定主义的再思考——从民事财产法的发展与经济观点分析》，载氏著：《私法自治中的经济理性》，中国人民大学出版社2004年版，第84—120页；《物权法定主义松动下的民事财产权体系——再探内地民法典的可能性》，载氏著：《民事立法与公私法的接轨》，北京大学出版社2005年版，第202—244页；《可登记财产利益的交易自由——从两岸民事法制的观点看物权法定原则松绑的界限》，“新世纪民法典的新元素”两岸学术研讨会论文（南京，2010年3月）。管见以为，这也许是德国民法典以来最具突破性的理论建构，但对于接通债法与物法之后，是否还有必要坚持物的有体性，又如何维持债权行为与物权行为的分离等问题，笔者思虑尚有未通之处，加之物权立法在中国大陆已成现实，因此，本文论述，仍以物债二分为基础。

[4] 纳粹德国的民法革新运动即循此进路。Vgl. *Nipperdey*，Fn.〔25〕，S. 107，109f. 不过，以纳粹世界观为圭臬的论证亦非整齐一律。其时，抽象物权行为的批评者除了疏离生活、人为拟制之指斥外，还提出登记簿公信力足以取代抽象原则的主张。对此，时任保加利亚司法部长、索菲亚大学（Uni. Sofia）教授的Dikow曾予以反驳，他指出，抽象物权行为只是一项法律技术，并非社会哲学上的概念，后者对于法律的要求，是确保生活交往的平和、有序以及尽可能的紧凑，抽象物权行为恰当其任，因为它的优点之一就是，能够保证法律交往的稳定与安全；至于公信力取代说，更多的则是一种误解，如果物权变动的效力受制于原因行为，那么，公信力将为之崩溃，换言之，抽象原则与公信力之间并非彼此排斥，相反，二者相辅相成，共同服务于纳粹世界观下法律交往的安全有序。*Lüben Dikow*，Die Neugestaltung des Deutschen Bürgerlichen Rechts，Verlag von Duncker & Humblot，1937，S. 79ff.

[5] 日本前车与中国后尘，可参苏永钦：《现代民法典的体系规则》，载《月旦民商法杂志》2009年第25期，第23—27页。

是规范自身而非立法者意志，因此，与其揣摩立法主事者莫测高深的态度，[1] 不如将注意力集中于实证规范。于此所要检讨的问题是，中国大陆既有立法是否为债权行为与物权行为之分离留有余地？

2. 物权变动的模式

依《物权法》之规定，物权原则上自登记（第 9 条）或交付（第 23 条）时起移转，显然不同于法国的“一体原则”（Einheitsprinzip）或称“合意原则”（Konsensprinzip）；同时，未见如德国法之明确的物权合意规定，似亦有别于“分离原则”（Trennungsprinzip）。实证法反复强调，所有权因登记或交付而移转，表面上看，与奥地利的“交付原则”（Traditionsprinzip）颇为接近。梁慧星教授与陈华彬教授即认为，中国大陆之所有权移转，“不要求另有移转所有权的合意（物权的合意），所有权的移转是买卖合同的本来的效力”，“非采德国法物权形式主义，也不是法国、日本的债权意思主义，而是采纳奥地利等国民法的债权形式主义。”[2]

不过，梁、陈二教授所建立的对应关系也许过于简单。奥地利普通民法典（ABGB）第 425 条规定：“单纯的名义不足以移转所有权。除非法律另有规定，所有权及一切对物物权只能通过法定交付与受领而取得。”在此意义上，奥地利

---

[1] 例如，《物权法》第 15 条规定：“当事人之间订立有关设立、变更、转让和消灭不动产物权的合同，除法律另有规定或者合同另有约定外，自合同成立时生效；未办理物权登记的，不影响合同效力。”全国人大常委会法制工作委员会民法室的说明是：“本条规定的内容，在民法学中称为物权变动与其基础关系或者说原因关系的区分原则。以发生物权变动为目的的基础关系，主要是合同，它属于债权法律关系的范畴，成立以及生效应该依据合同法来判断。”其所表达者，似乎是物权行为理论中的分离原则（Trennungsprinzip）。然而，随之而来的表述又令人困惑：“登记并不是针对合同行为，而是针对物权的变动所采取的一种公示方法，如果当事人之间仅就物权的变动达成合意，而没有办理登记，合同仍然有效。”于此，属于“债权法律关系”的合同分明又包含了“物权变动合意”，这显然不会是分离原则的内容。更有甚者，连自己的表述意味着什么都未有足够的意识，它竟然还能进一步宣称：“目前，无论是民法学界，还是法律规定和司法实践，对于区分合同效力和登记效力，在认识上已经基本一致。”参见全国人大常委会法制工作委员会民法室编：《〈中华人民共和国物权法〉条文说明、立法理由及相关规定》，北京大学出版社 2007 年版，第 22—24 页。立法主事者态度之飘忽莫测，“瞻之在前，忽焉在后”，虽欲从之，奈何末由也已。

[2] 梁慧星、陈华彬：《物权法》（第 4 版），法律出版社 2007 年版，第 85 页。

与我国确有相通之处。然而，奥地利奉行的“名义加方式理论”（Titel-Modus-Lehre），除了表达名义本身不足以导致物权移转外，它还强调，若无有效的法定名义，物权创设行为亦无效[1]——法典第380条规定：“缺乏名义或法定取得方式者，不能获得所有权。”为此，奥地利民法典第424条特设明文，列举了基于法律行为而传来取得的法定名义，包括契约、死因处分、司法判决与法律指令。中国大陆显然缺乏相应规定，未将取得名义法定化。

更重要的是，奥地利法似乎未必如梁陈二教授所说，不承认有物权合意。奥地利民法典施行之初，“方式”（modus）之内确实被认为只包括单纯的事实行为（交付），[2]但在学说汇纂法学的影响下，经过学术判例的发展，迄至当代，物权处分行为（sachenrechtliches Verfügungsgeschäft）不再被视作一项事实行为，它同样需要前后手之间的合意（Willenseinigung），是独立于负担行为之外的另外一项法律行为，只不过，根据法典第380条，其有效性（Wirksamkeit）受制于义务性的负担行为，[3]正因如此，奥地利的物权让与立场亦被称为“要因交付原则”（kausales Traditionsprinzip）[4]或“要因让与原则”（Prinzip kausaler übereignung）[5]，波恩大学教授胡贝尔（Ulrich Huber）则将其与瑞士划归同类。[6]

奥地利之所以能够实现解释上的立场转变，依笔者管见，与其“物”的概念密切相关。奥地利民法典除序章外，含三编内容：人法、物法及人法与物法的共通规定。它显然脱胎于优帝法典体例。一如罗马法，奥地利法上的“物”亦采广义（第285条）：“除人以外，一切为人所用者，皆为法律意义上的物。”包括有体物和无体物（第292条）。既然未有明确的物债二分，无独立的物权行为理论也就

---

[1] *Martin Binder*，Sachenrecht，Verlag Österreich GmbH，2003，S. 33.

[2] *Astrid Stadler*，Gestaltungsfreiheit und Verkehrsschutz durch Abstraktion，J. C. B. Mohr（Paul Siebeck），1996，S. 28.

[3] *Binder*，Fn.〔81〕，S. 137; *Koziol/Welser*，Bürgerliches Recht I（2000），S. 106ff.

[4] 〔德〕乌尔里希·胡贝尔：《萨维尼和物权法抽象原则》，田士永译，载张双根等主编：《中德私法研究（总第5卷）》，北京大学出版社2009年版，第60页。

[5] *Stadler*，Fn.〔82〕，S. 27.

[6] 〔德〕乌尔里希·胡贝尔：《萨维尼和物权法抽象原则》，田士永译，载张双根等主编：《中德私法研究（总第5卷）》，北京大学出版社2009年版，第60页。

不足为奇。问题在于，奥地利法的物权（Sachenrecht）概念被进一步区分为对物物权（dingliches Sachenrecht）与对人物权（persönliches Sachenrecht），法典第307条规定："有关一物的权利，若其并非针对特定之人，称对物物权；若其针对特定之人，并且直接产生于法律规定或当事人具有法律效力之行为，则称对人物权。"显然，它们分别相当于德国法上的物权（Sachenrecht）与债权（Forderungsrecht）。于此可以理解，为何奥地利的学说判例能够在物债二分的学说汇纂法学影响下，改变法典的解释方向。两相对照，中国大陆民法上物的概念，一直是在德国有体物的脉络下展开，就此而言，在物权移转问题上，奥地利法曾经有过的"事实行为"立场，其实自始就与我国体系不合，不具备继受的制度基础。

3. 原因行为的效力与物权让与方式

是否与奥地利一致不重要，重要的是，为了法律体系的融通，应当如何解释既有的实证法？当中关键在于，物权合意是否有其生存空间？

乍看之下，物权合意（物权契约）似乎未曾进入中国大陆立法的视域，这不仅是因为遍检各种立法文件，均未见"物权契约（合同）"之用语，更重要的是，在实证法体系中，契约效力似乎仅存在于债法领域：《民法通则》将契约（合同）规定于第五章"民事权利"第二节"债权"项下，是债的发生原因之一；《合同法》虽未明白表达类似态度，但就规范内容来看，显然是以债法契约为其对象。不过，若以此为据，称物权契约概念不见容于中国大陆实证法体系，恐怕有失草率。置契约于债法领域，非1949年之后的中国大陆独创，此前的民国民法典即其先例，不同的是，民国以来的学说判例，从未否认过物权契约概念。至于民国民法典的体例问题，梅仲协先生的评论可谓是语中其的：

按契约不以债之关系为限，其关于物权者，有物权契约，关于亲属事件如婚约，结婚，收养等亦系契约。我现行民法法典，既设有总则篇之规定，则关于契约上之通常原则，似宜订明于总则篇，方足以贯串全部，前后呼应。乃民法起草者只认契约为债之发生原因之一种，规定于债篇通则中，编制稍欠斟酌。论者或谓此种编制，系师承瑞士债务法法典，未可厚非。殊不知瑞士民法，并不设总则篇，且于其第7条明定：债务法中关于契约之订立、效力及其消灭之普通规定，于民法事件，亦适用之。具徵其体制自与我不同。[1]

可见，立法体例未必有充分的说明价值，在立法者惯常犯错的情况下，尤其如此。所以，具决定意义的毋宁是，透过实证法，一方面考察物权移转之原因行为的效力，另一方面则关注物权的让与方式。

《合同法》第130条规定："买卖合同是出卖人转移标的物的所有权于买受人，买受人支付价款的合同。"就文义而论，所有权之移转，似乎是买卖契约的结果，不必另有让与所有权之合意，或者说，所有权让与合意已纳入买卖契约当中。然而，法律通俗化的后果之一是，因为法律用语的精确性被放弃了，文义解释也就不再可靠。要理解买卖契约的效力，需要进一步求诸相关权利义务的规定。依第135条之规定，买卖契约对于出卖人的效力是："出卖人应当履行向买受人交付标的物或者交付提取标的物的单证，并转移标的物所有权的义务。"可见，出卖人因为买卖契约，只负有交付标的物（标的物单证）与移转所有权的义务，换言之，当事人通过买卖契约所形成的合意，只是负担义务，无关乎所有权之让与。此与德国民法典第433条第1款第1句如出一辙，而与奥地利不同。

当然，如果出卖人履行移转所有权义务之行为只是事实行为，亦不必有物权合意。但是，单纯以事实行为让与权利，难免匪夷所思，而权利移转过程中的私法自治，亦由此消失不见。于是，何以债法义务之负担须依当事人意志为断，物上权利之让与却与之无关，实在令人百思不得其解。退一步说，即便认为，所有权让与合意包含于买卖契约当中，似乎亦无济于事。在物债二分、物的概念限于有体标的的格局内，它反倒会制造一系列的解释难题：买卖契约之成立，需要具备何种合意？如果合意中仅在关于所有权让与部分存有瑕疵，是否会影响买卖契约的效力？如何影响？如果双方当事人订立买卖契约时，根本未就所有权让与达成合意，甚至明确表示嗣后另行达成所有权让与合意，是否会影响买卖契约的效力？如何影响？既然买卖契约中包含义务负担和所有权让与两项合意，何不干脆将其二者拆分，而非要捆绑销售？负担义务与处分权利两个去

[1] 梅仲协：《民法要义》，中国政法大学出版社1998年版，第121页（注释1）。

向相反的乘客，又如何能够登上同一趟列车？等等。

另外，若是否认物权行为之存在，《合同法》第134条将不可理解，因为在所有权保留中，买受人义务之履行是所有权移转的延缓条件，而事实行为不存在附条件之可能。这意味着，唯有承认独立的物权合意，方可无障碍地解释所有权保留买卖。[1]

实际上，只要存在明确的物债二分，变动物上权利之行为与负担债上义务之行为的分离便是题中之意，无论立法者的独断意志有多强大，都不可能在承认物债二分的前提下，逻辑周延地否认物权行为的独立性。在此意义上说，中国大陆立法虽然混乱，但物债二分的基本格局已然确立，“任督二脉”[2]隐约可见，未曾打通，只是因为功力尚浅。

（二）财产行为与身份行为

即便承认债权行为与物权行为的分离，亦未必意味着，法律行为概念能够成为整部法典的公因式，因为，从中抽象出来的法律行为，显然是以财产行为为其原型，它在多大程度上能适用于身份行为，尚需检讨。

《合同法》虽然包含大量本属法律行为一般规定的内容，但它明显对成为整部民法的公因式没有兴趣，第2条第2款规定：“婚姻、收养、监护等有关身份关系的协议，适用其他法律的规定。”实际上，即便是德国法上的法律行为，适用于身份行为时，亦存在诸多例外，大者如无分离及抽象原则问题、排除代理、形式自由被大幅限缩，小者如不能附条件期限、错误等瑕疵不影响行为效力，等等。也正是在此意义上，苏永钦教授建议，将德国民法典的括号一分为二，以财产法通则与人法通则分别统领民法的两大领域。[3]

管见以为，身份行为固有其特殊之处，但基于以下三点理由，仍不妨统辖

---

[1] *Wolf/Wellenhofer*, Sachenrecht, 24. Aufl., Verlag C. H. Beck München, 2008, § 7 Rn. 42.

[2] 王泽鉴教授语，请参氏著：《民法思维——请求权基础理论体系》，北京大学出版社2009年版，第253页。

[3] 详参苏永钦：《民法典的时代意义——对中国内地民法典草案的大方向提几点看法》，载氏著：《民事立法与公私法的接轨》，北京大学出版社2005年版，第71—73页。

于法律行为概念之下：其一，法律行为要旨在于，根据行为人意志实现相应法律效果，其所负载的私法自治理念，亦应贯彻于去管制化的身份法以及以身份为基础的继承法领域，婚姻自由与遗嘱自由即其著例。同时，纵使依托亲权或监护而建立的法定代理制度，其实亦诸多与法律行为代理相通之处。若在法律行为之外单独建立身份行为规则，对于私法自治之弘扬，未必更为有利。其二，继承法所处理者，固然多属财产问题，即便是在典型的身份法领域，亦含有大量的财产规范，原则上，有关得丧变更之问题，当然适用财产法的一般规则。其三，在技术上，纯粹身份行为，同样是以法律行为为其原型，如有关行为能力之考量（《婚姻法》第6条之结婚能力、《收养法》第6条之收养能力），婚姻无效、可撤销的事由与效力（《婚姻法》第10—12条），收养无效事由与效力（《收养法》第25条），等等。基本上，仍可视身份行为为法律行为的特例，正如债权行为、物权行为皆是法律行为的特例，不必另立门户。

（三）小结

如果把讨论语境抽离，完全可以宣称，物权行为之承认绝非必要，只不过，当立法一方面在物债二分的基础上展开，另一方面却又舍弃分离原则时，其规范体系的捉襟见肘，恐怕也就无可避免了。既然采分离及抽象原则的规范技术更能适应现实社会的复杂性，[1] 似乎也就没有理由强将意志自由阻隔于物权变动大门之外。同时，身份行为虽个性突出，但基于去管制化的需要，将其统辖于奉行自治理念的法律行为概念之下，也许亦无不可。本文因而认为，把法律行为作为整部民法的公因式提取，对于中国大陆未来的民法典而言，仍有其可取之处，当然，在此之前，首先需要对既有立法，如《民法通则》《合同法》《物权法》《婚姻法》《收养法》《继承法》等作大幅调整，以消除已然存在的诸多冲突。

---

[1] 详参苏永钦：《物权行为的独立性与无因性》，载氏著：《私法自治中的经济理性》，中国人民大学出版社2004年版，第121—152页。

四、结论

一般来说，适于培植民法典总则编的土壤，至少应该具备自治理念得到足够尊重、训练有素的法律家共同体足够强大两项条件，对此，中国大陆均付诸阙如。即便如此，立法者依然选择了德式总分则体例。管见以为，此举虽有违目的理性，却倒也不必放弃。

奉自治理念为圭臬的法典，不以管制民众行为为目的，毋宁旨在为法官提供尽量精确高效的裁判技术，德国民法典形式理性之追求，端在于此。不过，在科学理性的牵引下，德国民法典在提取公因式时，似难免过度抽象之嫌。本文以为，除法律行为依然不妨维持其总则地位外，其余各部内容，均宜应重做安排：权利主体独立成编，置于法典编首；作为物权客体的物归诸物法；诉讼时效、权利担保、自力救济等落户债法；法典前后增设序章与附则，前者规定权利行使的一般原则及必要的法源规范，后者则处理时间的计算、法典时空效力等附随问题。如此，总则编就势直接改称“法律行为”，位列第二编，居权利主体之后。

“以法治孝”的传统承继与现代转型

杨立民*

引 言

近年来，有关老年人的话题一直是社会各界关注的热点。其中人口老龄化已经成为一个影响中国社会经济发展的重大问题。在人口老龄化带来的挑战中，养老问题是备受关注和讨论的重点之一。从长远看，养老的社会化是大势所趋。但是就近期而言，家庭养老仍将是我国的主流养老模式。[1]

2016年6月27日，第十二届全国人大常委会第二十一次会议审议的《民法总则（草案）》（以下简称《民法总则草案》）有一大亮点，即加强了对老年人权益的保护。它不仅强调了子女对父母负有赡养、照顾和保护的义务，还有望将老年人纳入监护制度的保护范围。实际上，2013年修订的《老年人权益保障法》就已经确立了老年人意定监护制度，这是具有开制度之先河意义的。须知，我国台湾地区的“民法”已运行八十余年，但意定监护制度至今仍未被规定到该法中。[2]

然而，当立法规定“常回家看看”和法院将不孝子女列入失信黑名单时[3]，曾引起学界和社会对“以法治孝”问题的关注和讨论，焦点之一是法律和司法

---

* 杨立民，上海对外经贸大学WTO研究教育学院讲师。

[1] 吴钩：《“老有所养”的古代启示》，载《中国人大杂志》2015年第23期。

[2] 我国台湾地区已于2015年正式推动将监护制度纳入到其“民法”亲属编内。

[3] 参见孙旭晖：《沭阳一对夫妻不肯向父母道歉，被法院列入失信“黑名单”》，载《现代快报》2016年1月11日第F9版。郑羽佳：《不给父亲赡养费，儿子进“黑名单”》，载《京华时报》2016年7月25日第A09版。这两宗案件的新闻报道还被人民网、新华网、光明网、中国法院网、凤凰网、《法制晚报》等各类新闻媒体的转载报道和评论，可见这一司法尝试已为社会所关注。

可否过度干涉道德范畴的事务。[1] 实际上，这种讨论存在一个假设前提，即将孝敬老人视为道德范畴的事务。需要追问的是，孝道仅仅是一个道德问题吗？当老人因为子女的不赡养行为（俗称"不孝行为"）而致死时，还是一起道德事件吗？须知，《刑法》第261条规定了"遗弃罪"，对不赡养老人的行为，情节恶劣的，最高可处五年以下有期徒刑。

所以，孝道不仅仅是一个道德命题，也是一个法律问题。当法律和司法不得不涉足私人道德领域时，在很大程度上也恰恰说明这一领域存在着严重的问题。很少会有父母会无缘无故地状告自己的子女。对于子女的不孝行为，绝大部分老人都会碍于情面而选择忍气吞声。凡是诉诸法律的纠纷，大多是已演化到无法私下调和的程度了。

我国《老年人权益保障法》第14条也规定，赡养人应当履行对老年人经济供养、生活照料和精神慰藉的义务，并照顾老年人的特殊需要。但是，在当前一些地区，社会转型导致人们的价值出现变异和错位，父母与子女之间的代际关系日趋紧张。[2] 有些子女对父母连最基本的物质供养、生活照顾都做不到，更遑论精神慰藉了，有时甚至还存在虐待情况。这是导致很多老人最终选择自杀的一项重要原因。如果说自杀是在以生命作为手段来控诉子女的不孝行为，那么有子女老人的"孤独死"则是一种被迫接受的惨烈结局。

从生理机能、体力状况等方面讲，老年人属于弱势群体，处于社会"生物链"的底端。法律如果不对他们的权益（包括与子女之间的权利义务关系）进行保护，那么他们将面临生存问题。在当前嫌老、厌老之风存在的情况下，法律可能规定不出孝道来，法院也可能判决不出真正的孝心来，但是至少可以制止不孝之风的蔓延。因此，"以法治孝"的做法是值得尝试的。只不过在具体操作过程中，需要注意借鉴中国的传统经验和域外实践，对这些做法的可行性和可能产生的效果进行测评和预估。

---

[1] 参见屈永华：《从儒家孝道的法律化看护道德的限度》，载《法商研究》2013年第5期。肖武、张西流：《"不孝入失信名单"是否能解亲情困境？》，载《四川法制报》2016年4月26日第A05版。

[2] 参见陈柏峰、郭俊霞：《农民生活及其价值世界》，山东人民出版社2009年版，第97—147页。

一、“以法治孝”的传统经验

孝道不仅是中国传统文化的重要组成部分[1]，也是古代法律制度的核心价值[2]。推行孝道既符合统治者利益的最大化，也有利于维护家庭的存续。因此，历朝统治者大都将孝道确定为首要的伦理道德和社会规范，甚至将它作为选拔人才和考核官吏的重要标准。孝道由家庭伦理扩展为社会伦理和政治伦理，可以使人们从尽孝的行为中获得社会认同和自我满足，而不孝的行为则会受到严厉的谴责和惩罚。[3]

早在夏商时期，孝道就已经成为法律规制的对象，不孝行为会受到严厉惩罚，正所谓“五刑之属三千，而罪莫大于不孝”[4]。“刑三百，罪莫重于不孝。”[5]注重礼乐宗法的周朝更是将孝道上升到前所未有的高度，《康诰》明确规定：“元恶大憝，矧惟不孝不友。”[6]作为礼法制度根本原则的“亲亲、尊尊”也是以孝道作为核心要素和逻辑出发点。春秋战国时期，礼崩乐坏，孝道文化一度遭到破坏。但是，在秦国以及统一后的秦朝，“不孝”依然是一项性质十分严重的犯罪。[7]帝制时期，孝道是统治思想的基础和核心，国家从法律层面加大了对不孝行为的打击。在汉代，子孙詈骂、殴打、杀害直系尊亲属，将被处以弃市的极刑。《北齐律》将关乎孝道的“恶逆”“不孝”列入“重罪十条”，并为隋唐律典所继承，发展成为“十恶”中的“恶逆”“不孝”“不睦”。自此以降，各个帝制王朝均以最严厉的罪名和刑罚惩处不孝行为。例如，清朝法律规定：“子孙殴祖父母、父母，及妻妾殴夫之祖父母、父母者，皆斩。杀者，皆凌迟处死。”[8]

---

[1] 参见林明：《传统法制中的孝道文化因素释义》，载《法学论坛》2011年第6期。

[2] 参见龙大轩：《孝道：中国传统法律的核心价值》，载《法学研究》2015年第3期。

[3] 参见〔美〕唐德刚：《从晚清到民国》，中国文史出版社2015年版，第216页。

[4] （唐）李隆基注，（宋）邢昺疏：《孝经注疏·五刑章第十一》，卷六。根据章太炎的考证，这条原则来自于夏朝法律。参见郭建等：《中华文化通志·法律志》，上海人民出版社1998年版，第2—5页。

[5] 吕不韦编：《吕氏春秋·览部二·孝行》，卷十四。

[6] （汉）孔安国传，（唐）孔颖达疏：《尚书正义·康诰第十一》，卷十四。

[7] 参见《睡虎地秦墓竹简·法律答问》

[8] 参见（清）薛允升著，黄静嘉编校：《〈读例存疑〉重刊本》（四），卷三十七，台北成文出版社1970年版，第780—781、949页。

在加大对不孝行为惩处的同时，古代朝廷也十分注重从各方面激励孝道行为：第一，政治性激励。汉代以孝治天下，皇帝谥号均加一个“孝”字[1]，这本身就是赋予了孝道最高的政治地位。从汉代至清末，“孝”还作为选拔考课官吏一个基本标准，著名的“举孝廉”制度就是察举善事父母、做事廉正的人做官。《北魏律》创设“存留养亲”制度，实际上是从制度层面推行孝道的一种举措。第二，荣誉性激励。自西汉惠帝至东汉顺帝，全国性对孝悌褒奖、赐爵达 32 次，地方性的褒奖则更多。[2] 汉朝还设置“孝悌力田”制度，奖励孝敬父母、尊重兄长等有德行的人和能努力耕作的人。[3] 这项制度一直延续到清末。历代正史和地方志中均有孝子事迹的记载，这是对孝道行为的一种精神表彰。第三，物质经济性激励。主要方式有免除赋税、徭役，或者直接赏赐财物等，这在历代史书、法典中有很多记载和规定。根据清朝《户部则例》的规定，地方政府要对贫困不能自存的孝子节妇“按月酌给口粮银两，按年报部核销”。[4]

在古人看来，完整的赡养义务应当包括精神慰藉、生活照料、物质供养三个方面，而且精神慰藉是首要的。《礼记》云：“孝子之养老也，乐其心，不违其志，乐其耳目，安其寝处，以其饮食忠养之。”[5] 孔子认为：“今之孝者，是谓能养，至于犬马，皆能有养，不敬，何以别乎？”[6] 孟子也说：“孝之至，莫大于尊亲。”[7] 因此，古代法典规定子孙对直系尊亲属有精神赡养的义务。子孙不仅要供养家中老人，还要听从他们的教令，违反者将受到惩处。法律不鼓励子孙在祖父母、父母在世时“别籍异财”，实际上是为了子女能够更好地照护老人，同时也是为了让老人能够在晚年享受儿孙绕膝的天伦之乐。《唐律疏议》规定：“礼云：‘孝子之养亲也，乐其心，不违其志，以其饮食而忠养之。’其有堪供而阙者，

---

[1] （东汉）班固撰，（唐）颜师古注：《汉书·惠帝纪第二》，卷二。

[2] 参见李锦全：《中国古代“孝”文化的两重性》，载《孔子研究》2004 年第 4 期。

[3] （东汉）班固撰，（唐）颜师古注：《汉书·惠帝纪第二》，卷二；《汉书·文帝纪第四》，卷四。

[4] 参见（清）薛允升著，黄静嘉编校：《〈读例存疑〉重刊本》（二），卷九，台北成文出版社 1970 年版，第 262 页。

[5] 《礼记·内则》。

[6] 《论语·为政》。

[7] 《孟子·万章上》。

祖父母父母告乃坐。”[1]

另外，中国古代还十分注重从理论和思想层面加强对孝道的倡导。以孔子和孟子为代表的儒家对孝道思想的系统化和理论化作出了极大的贡献，“孝”字在《论语》中出现了19次，在《孟子》中出现了29次（其中一次是指“卫孝公”名字中的“孝”）。虽然对孝道的理解与儒家有很大的不同，但是法家非常重视孝道在维护社会秩序方面的作用。韩非将“臣顺君”“子顺父”“妻顺夫”称为人类最基本的道理。[2] 这是儒家“三纲”的雏形，后来成为国家政治、社会、文化思想的最基本原则，并被贯彻到立法之中。

二、当前我国“以法治孝”的现状及存在的问题

虽然国家努力从制度构建、机构设置、风气倡导等方面加强对老年人的保护，但是现实生活中老年人的生存状况却呈现出日趋恶化的态势。[3] 当前孝道不再受到普遍认同的一个重要原因是缺乏法律制度保障：第一，对不孝行为缺乏问责机制，既缺乏严厉的法律制裁，也缺乏有效的道德指摘和舆论谴责；第二，对孝道的推行缺乏制度性的激励机制；第三，关于老年人权益保护的规定多是“倡导性”条款，缺乏具体的实施细则。

（一）惩戒不孝行为的轻罪化取向

不孝之风的盛行不仅是世风日下的道德问题，也是不孝行为成本太低的问题。法律在惩处不孝行为方面的轻罪化取向，加剧了有子女不孝现象的出现。虽然我国的《宪法》《婚姻法》《老年法》等都规定了子女有赡养父母的义务，但是这些法律条款都缺乏有效的问责内容。只要不孝行为不构成《刑法》第261条所规定的“遗弃罪”，法律一般不予以惩处。对于情节恶劣（包括致老人死亡）的不赡养老人的行为，即便被认定为构成了“遗弃罪”，最高也只是被处五年以

[1] （唐）长孙无忌等：《唐律疏议》，卷一，中华书局1983年版，第13页。

[2] 《韩非子·忠孝第五十一》，卷二十。

[3] 参见李欣：《老年人的监护难题与法律对策》，载《安徽日报》2016年3月8日第7版。

下有期徒刑，而该罪名在实施过程中还面临着执行效力被部分抵消、追责不周、判决难以执行等困境。[1]

惩戒不孝行为的轻罪化取向还表现在将此类行为归到"家庭私人事务"的领域内。根据《刑事诉讼法》第170条及其司法解释的规定，虐待案和遗弃案属于自诉的范畴，虐待案更是属于"告诉才处理"的案件。现实中只要矛盾没有激化到无法调和的程度，大多数老人都选择隐忍子女的不孝行为。在这种情况下，公安机关无权主动干涉遗弃、虐待等不孝行为，司法机关更不能主动受理。轻罪化的立法取向和执法取向降低了不孝行为的成本，在客观上放任了不孝之风的出现和蔓延。

（二）缺乏配套的激励机制

加强对不孝行为的惩戒体现了法律和制度的负向激励功能，而法律和制度的正向激励功能也可以应用到孝道文化的推行中。《老年人权益保障法》只是倡导性地规定养老以居家为基础，鼓励家庭成员与老年人共同生活或者就近居住；国家应为老年人随配偶或者赡养人迁徙提供条件，为家庭成员照料老年人提供帮助。至于具体如何实施这些规定，该法均未涉及，国家也没有再出台相对应的配套政策，更没有设计出激励性机制。

现有的激励措施主要有"五好文明家庭""全国道德模范""中华孝亲敬老楷模""十大孝子""敬老模范户"等精神奖励和探亲假、孝子奖金等物质奖励。这些激励措施有三个明显的特征：第一，侧重精神奖励，物质奖励较少；第二，缺乏从国家层面进行制度化规范，上述激励措施中只有前三项荣誉称号和探亲假这四项具有全国性特征，另外几项措施则只是一些地方性的活动。第三，一些制度已形同虚设。比如，已经实施了36年的探亲假制度是非常不健全的，带有显著的时代特征。根据1981年颁布的《国务院关于职工探亲待遇的规定》，探亲假只适用于"在国家机关、人民团体和全民所有制企业、事业单位工作满一

[1] 余飞跃：《家庭养老的困境与出路——兼论孝与不孝的理性》，载《重庆大学学报（社会科学版）》2011年第5期。

年的固定职工”，外企、私企的员工以及外来务工人员均没有资格享受探亲假。[1] 而在当前，非公有制企业是最主要的就业容纳体。更何况，现在很多人并不知道探亲假为何物；即便知道，也不敢请、不愿请。[2] 在这种情况下，子女就是想尽孝，也是心有余而力不足。

（三）精神赡养的规制缺失

随着养老金制度的普及和医疗卫生体系的不断健全完善，我国老年人在物质、医疗等方面的需求将会不断得到满足，这些都是有形可见的。但是，再丰厚的养老金，再优越的医疗卫生条件，都代替不了亲人间的情感交流和来自亲情的精神慰藉。在逐渐解决老年人“老有所养”和“老有所医”的同时，对于老年人精神赡养（包括情感关心、人格尊重、心理慰藉等）方面存在的问题，我国相关法律一直处于规制缺失状态。

《老年人权益保障法》第 18 条第 2 款对子女应“常回家看看”作了明确规定，这体现了国家对老年人权益保护的重视，但同时也反映出我国当前老年人精神赡养问题的严重性。即便如此，问题依然不能得到根本解决。该条规定是一项倡导型条款，缺乏实际可操作的内容。它只规定“与老年人分开居住的家庭成员，应当经常看望或者问候老年人”，但没有规定回家的形式、频次以及时长，也没有规定具体的监督程序和问责机制。一旦缺乏监督问责要件，法律就不会具有强制执行力，其实施效果也就会大打折扣。

（四）监护制度的长期不完善

在很长一段时间内，我国老年人被排除在监护制度的适用对象范围之

[1] 参见《探亲假跟不上“常回家看看”》，载《北京晨报》2013 年 7 月 3 日 A09 版。刘武俊：《有多少类似探亲假的政策长期“休眠”》，载《中国青年报》2015 年 6 月 24 日 02 版。

[2] 参见余嘉熙：《“不知道、不敢请”的探亲假》，载《工人日报》2013 年 03 月 2 日 05 版。吴为：《探亲假“名存实亡”，多数人未休过》，载《新京报》2015 年 6 月 21 日第 A06 版。

外。[1]2013 年以前，我国监护制度的适用对象仅限于缺乏行为能力的未成年人和成年的精神病人，并未涵盖到老年人群体。随着年龄的增长，绝大部分老年人都在身体机能、记忆力、判断力等方面出现衰退状况，但这与以幻觉妄想、意识障碍、行为混乱等为表现特征的“精神病”存有本质的区别。[2]虽然《最高人民法院关于贯彻执行〈民法通则〉若干问题的意见》对“精神病”和“精神病人”的含义作出扩张解释，从法律层面将痴呆症人认定为精神病人，实质上扩张了成年监护制度的适用对象范围[3]，但是患有痴呆症的老年人毕竟是少数。更何况，因年老而缺乏一定的行动能力与患有痴呆症也绝非同一概念。

虽然老年人意定监护制度在法律层面上得到了确立，但是实践中这项制度却因缺乏具体的实施细则指导和推广宣传而处于一种悬空状态。[4]当前的立法并没有对意定监护协议的确立方法和方式、登记和公证程序，以及监护关系确立后的监督、评价、撤销等机制做出具体的规定。[5]这些立法缺失和制度疏漏都不利于老年人意定监护制度的实施。

更何况，目前有很多人对意定监护制度还不甚了解。受中国传统观念的影响，家庭养老依然是人们的首要选择。即便是子女等晚辈直系血亲因工作、求学、健康等客观情况不能照料自己，抑或是在主观上不愿意照顾自己，老人也极少会选择脱离自己的亲属而另设监护人，因为这种行为意味着亲属家庭关系的彻底破裂。除非该老人没有晚辈直系血亲，抑或受到晚辈直系血亲的遗弃或严重虐待，在生存受到极大威胁的情况下，其选择意定监护才能够得到周围社会的理解和支持。

---

[1] 李建华、王琳琳、麻锐：《中国民法典应构建老年监护制度——兼论中国自然人民事行为能力制度的完善》，载《社会科学战线》2012 年第 11 期。

[2] 王明锁、秦宁：《对构建我国老年人监护制度的新思考》，载《学习论坛》2010 年第 7 期。

[3] 李国强：《我国成年监护制度运行中的问题及其立法修改趋向》，载《当代法学》2014 年第 6 期。

[4] 王斌：《老年人意定监护怎样破解养老困局》，载《法制日报》2016 年 5 月 23 日第 5 版。

[5] 时言平：《老年意定监护还须完善立法》，载《快乐老人报》2016 年 5 月 26 日第 2 版。

三、社会转型时期“以法治孝”面临的困境

（一）代际关系基础发生了变化

在农耕时代，中老年人掌握了代际相传下来的农耕知识和技术，这使得他们在需要掌握这些知识和技术的年轻人面前具有很大的优势。在中国传统的家庭养老模式中，父母与子女之间形成了一种代际交换契约关系。[1] 通俗地讲就是“我养你小，你养我老”。费孝通先生将这种“养儿防老”的模式称为“均衡社会成员世代间取予的中国传统模式”。[2] 在此基础上，传统国家和社会对孝道形成了一种普遍认同。

随着中国从农耕文明向工业信息文明转型，以孝道为核心的传统代际关系正日益趋向瓦解。社会转型过程中，农耕时代成长起来的中老年人不仅失去了原有的传承优势和知识权威，而且还因为自身知识结构的固化和对新事物接受能力的下降而无法“跟上时代的步伐”，这就使他们在年轻人面前处于“劣势地位”。在这种情况下，传统的“以法治孝”便失去了代际关系层面的基础。

在传统代际价值观上，西方社会是“少年至上”，以中国为代表的东方社会则是“老年至上”。[3] 如今，中国人的代际价值观正从以老人为重心向以孩子为重心转变，人们越来越重视如何更好地抚育子女，对如何赡养父母的问题则是持漠视的态度。[4] 反而在很多情况下，父母还要对成年子女进行支援，如帮助子女照看孩子，为子女还房贷等。父母与子女之间的代际关系不再是双向的，而是呈现单向发展的趋势。

---

[1] 李金波、聂辉华：《儒家孝道、经济增长与文明分岔》，载《中国社会科学》2011 年第 6 期。

[2] 费孝通：《家庭结构变动中的老年赡养问题——再论中国家庭结构的变动》，载《北京大学学报（哲学社会科学版）》1983 年第 3 期。

[3] 肖群忠：《孝与友爱：中西亲子关系之差异》，载《道德与文明》2001 年第 1 期。

[4] 刘桂莉：《眼泪为什么往下流？——转型期家庭代际关系倾斜问题探析》，载《南昌大学学报》2005 年第 6 期。

图 1　当前代际关系的转变

虽然从古至今抚育子女的花费一直高过赡养老年父母的花费[1]，但这只是经济方面。衡量一个社会代际关系的重心，还要考虑到生活照料、情感交流、社会认可、国家重视等多个方面。综合考量这些因素，可以发现我国代际关系的重心已经发生了转变。

（二）少子化时代和老龄化社会的同步到来弱化了家庭养老功能

随着计划生育政策的强力推进和人们生育观念的转变，中国进已进入少子化时代。独生子女和双子女家庭成为普遍现象，子女三人以上的多子女家庭已较为少见。具体而言，在计划生育政策的实施下，1980 年代、1990 年代和 2000 年代前半期生育的家庭多为独生子女（城市）和双子女（农村）。虽然 2015 年全面放开二孩政策，但很多家庭却只想要一个孩子，这是因为现在养育孩子的成本越来越高，而养老体制的不断完善也使他们放弃了养儿防老的传统观念。

少子女家庭成为主流，多子女家庭日渐少见，中国进入了少子化时代。我们假设一对夫妻是在 21 周岁时生育子女[2]，以开始实施计划生育的 1980 年为起算点，那么当前少子化家庭的构成情况如下图所示：

---

[1] 王跃生：《中国家庭代际关系的理论分析》，载《人口研究》2008 年第 7 期。

[2] 我国《婚姻法》规定的法定结婚年龄是男不得早于 22 周岁，女不得早于 20 周岁。我们在此取其平均值，假设他们是在 21 周岁结婚，并在结婚当年就生育了孩子。虽然国家在过去的 30 多年里一直在倡导"晚婚晚育"，但是早婚早育的情况却十分普遍，广大农村地区尤甚。

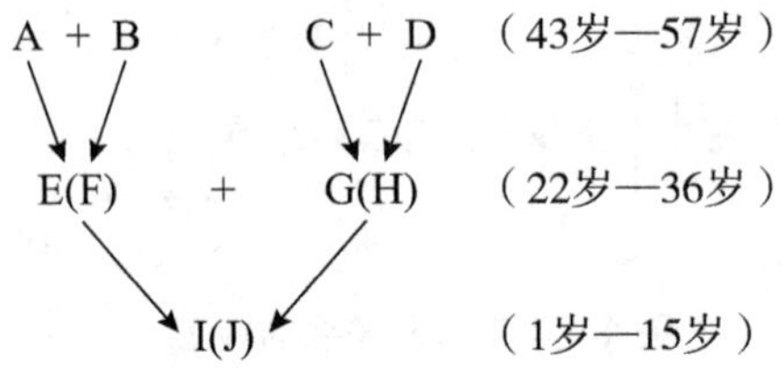

（注：图中的“F”“H”“J”表示可能出现的“二孩”。）

图 2　当前少子化家庭的概况

在进入少子化时代的同时，中国也步入了老龄化社会。当一个国家或地区 60 岁以上的人口占人口总数的 10%，或 65 岁以上的人口占人口总数的 7% 时，就意味着这个国家或地区进入了老龄化社会。根据我国政府部门公布的数据和联合国及人口学家的预测，我国不仅已经进入老龄化社会，而且未来老龄化的压力将是长期持续的。人口老龄化呈现出老年人口的基数大、老龄化速度快、老龄化承载基础弱等特点。

少子化时代和老龄化社会的同时到来，在客观上使得“同居共财”[1]“数世同堂”的家庭模式失去了最根本的存续基础和条件，传统的家庭养老功能日趋弱化。从经济、医疗等物质保障的角度讲，目前我国的养老模式是家庭养老、个人养老与社会养老三者并存。[2] 其中家庭养老主要存在农村地区，因为我国养老医疗保障体系在很长一段时间内没有涵盖农民群体，只有在近年来才开始逐渐普及农村地区。从情感、心理等精神照料的角度讲，无论是农村地区还是城市地区，家庭养老的功能已经远远弱化。在一个子女少老人多的家庭中，要想对所有老人都进行全面细致的照料，已经不太现实。

（三）原子化邻里关系的生成瓦解了传统孝道的社区保障

在传统社会中，邻里关系是一种非常重要的社会关系。邻里之间交往密切，

---

[1] “同居共财”的概念是日本学者滋贺秀三先生提出的。参见氏著：《中国家族法原理》，张建国、李力译，法律出版社 2003 年版，第 191—207 页。

[2] 余飞跃：《家庭养老的困境与出路——兼论孝与不孝的理性》，载《重庆大学学报（社会科学版）》2011 年第 5 期。

往往融入大量的感情因素在里面，正所谓"远亲不如近邻"。传统邻里关系以相互间"知根知底"为特征，呈现出盘根错节的黏合状态，我们称之为"黏合型邻里关系"。

黏合型邻里关系可以为老年人带来很多好处。比如，邻里之间相互走动可以缓解老人的孤寂感，邻居可以在老人有需要时起到照应的作用。另外，黏合型邻里关系还会附随产生一种监督作用，即子女的不孝行为不但会受到法律的制裁，还会受到亲友乡党的道德指摘和舆论谴责，这对不孝子女会造成一定的"潜压力"。当然，黏合型邻里关系也有一些负面影响，比如容易侵犯他人的个人空间和隐私的情况等。

随着人口流动的日益频繁，人际关系不可避免地开始趋向陌生化，这在客观上瓦解了以血亲、村庄、单位为基础建立起来的传统邻里关系。而个人隐私观念的兴起，则使得以"知根知底"为特征的黏合型邻里关系失去了建立主观条件。因此，当前的邻里关系越来越呈现出原子化状态。在这种日益原子化的邻里关系中，邻里之间处于一种"鸡犬相闻，老死不相往来"的状态。大家关起门来各过各的，很难有机会了解邻居家发生了什么，这对缺乏照顾的老年人是十分不利的。

（四）人口频繁流动为"以法治孝"带来了挑战

自改革开放以来，中国的人口流动逐年增加，异地（包括出境）求学、工作、定居的情况越来越多。在这种时代背景下，由于各种原因不能随同子女迁徙共居的父母也便逐渐成为乏人照料的独居老人。例如，随着中国城镇化的推进，大量农村青壮年进城务工生活，但他们的家属（主要是年迈的父母和幼小的子女）却因为城乡二元结构等原因而不能随往，于是便出现了当下备受关注的农村留守老人、留守儿童等问题。[1]

对于这样的情况，如果再以"父母在，不远游"作为是否孝道的衡量标准，

[1] 参见李芳、李志宏：《新型城镇化进程中农村空巢老年人权益的保障策略》，载《人口与经济》2014 年第 5 期。严妮：《城镇化进程中空巢老人养老模式的选择：城市社区医养结合》，载《华中农业大学学报（社会科学版）》2015 年第 4 期。

显然是不合时宜的。总之，在社会转型、时代变迁的背景下，人口大规模的频繁流动，在客观上为子女履行赡养义务带来了困境，同时也为法律该如何规制孝道带来了挑战。

四、法律激励视角下我国孝道文化的制度重构

中国古代对孝道的推行是从国家层面进行制度化设计的。[1] 在现代社会，当然不能够恢复古代的“十恶”“举孝廉”“丁忧守制”“存留养亲”等法律制度，但是可以借鉴它们背后所隐含的精神和内涵，考虑如何从法律制度层面来推行孝道文化。

（一）加强对不孝行为的惩戒

对于不孝行为不能仅停留在道德指摘和舆论谴责层面，要改变以往“轻罪化”倾向，尝试从法律和制度层面加大对不孝行为的惩戒力度。首先是要改变惩处不孝行为无法可依的立法局面，降低不孝行为的入罪惩处门槛。对此，可以借鉴新加坡的做法。新加坡于 1995 年颁布了《赡养父母法》，规定子女必须对父母尽照顾和赡养的义务。对于不赡养父母者，其父母可依据该法向法院起诉。一旦未尽赡养义务的罪名成立，该不履行赡养义务的子女可被罚款一万新元或被判处一年有期徒刑。1996 年 6 月，新加坡又设立了赡养父母仲裁法庭，仲裁庭由律师、社会工作者和普通公民等组成，地方法官担任主审，若调解不成再由仲裁法庭开庭审理并进行裁决。[2]

实际上，中国在这一方面已有了一些立法尝试和司法实践。比如，人力资源社会保障部和监察部于 2012 年 8 月 22 日共同颁布的《事业单位工作人员处分暂行规定》第 21 条规定，有虐待、遗弃家庭成员，或者拒不承担赡养、抚养、

[1] 余从荣、张运华：《汉代推行孝道教化的途径及启示》，载《南昌大学学报（人文社会科学版）》2005 年第 1 期。

[2] 参见徐振华、胡昔用：《新加坡〈赡养父母法〉评介及其对我国的启示》，载《江西社会科学》2012 年第 9 期。

扶养义务等行为的，给予警告或者记过处分；情节较重的，给予降低岗位等级或者撤职处分；情节严重的，给予开除处分。虽然这条部门规章规定针对的只是事业单位工作人员，却不失为在立法层面推行孝道的一个有益尝试。又如，近年来一些法院将拒不改正不孝行为的人列入失信“黑名单”，从司法层面对不孝行为进行惩戒。

只有让不孝者付出足够的代价，才能制止当前的不孝之风。对于因不履行赡养责任而致老人自杀或“孤独死”的，还可以考虑从就业、升迁、信用等方面予以惩治。即一个人如果有严重的不孝行为，那么不仅其个人升迁会受到影响，其从银行贷款的信贷额度也会受到影响。当切身利益受到影响时，他 / 她就会考虑到不孝行为的成本问题。

（二）形成制度性的正向激励机制

世界上很多国家都通过激励机制来推行家庭养老。日本、韩国、新加坡、美国、英国等国家为鼓励家庭养老，在税收、津贴、住房、服务、假期等方面都出台了一系列的激励性政策和措施。中国可以围绕《老年人权益保障法》等法律规定出台一系列配套性的激励措施，鼓励孝道行为，发挥家庭在养老方面的积极作用。

比如，可通过减免税收、提供津贴、享受政策优待等方式倡导家庭养老，激励孝道风气。日本政府支持和鼓励同居型家庭养老方式，提倡三代同堂的家庭模式。子女照顾 70 岁以上低收入老人者，可以享受减税；照顾老人的子女在修建房屋时可得到贷款。[1] 新加坡政府为鼓励子女与父母一同居住，在分配政府组屋时会对三代同堂家庭给予价格优惠和优先安排；同时规定单身青年不可租赁或购买组屋，除非愿意与父母同住，则可优先照顾；如果有子女愿意与丧偶父亲或母亲一起居住，则对父母遗留房屋可以给予遗产税减免优待。政府还推出了一系列津贴计划，以减轻其家庭负担。

---

[1] 参见哈尔·肯迪格：《世界家庭养老探析》，中国劳动出版社 1997 年版，第 230 页。李小健：《家庭养老支持政策的国外镜鉴》，载《中国人大》2012 年第 14 期。

在韩国，对于赡养老人五年以上的三代同堂家庭和赡养老人的个人，在继承遗产时给予税收减免；对于子女和父母各自拥有住房，又选择在一起生活者，可以免除一方出租或出售住房的所得税；本人或其配偶与直系亲属老人共同生活两年以上者，可以获得政府优惠贷款，用来购置、改造、新建住房。英国对家庭照料者在经济方面提供津贴、税收减免、陪同老人出行时的交通娱乐等方面的优惠。对于为 60 岁以上老人提供家庭照料的成年人，美国政府将提供住房、交通、法律和金融等多方面的照顾和优惠。[1] 瑞典对在家中长期照护老人的家庭给付现金和实物。[2]

（三）完善老年人意定监护制度

意定监护制度给乏人照料的老人提供了选择自己监护人的权利。但是，当前我国意定监护制度只是在《老年人权益保障法》中作了原则性的规定，尚缺乏具体可操作的实施细则。因此，应该建立老年人行为能力的认定标准，对于意思能力欠缺（如老年痴呆患者）的老年人，可以适用法定监护制度，对于意思能力健全但因年老、病变等原因而行动能力欠缺的老人，可以适用意定监护制度。从保护老年人合法权益的角度出发，应该围绕意定监护制度建立起监护能力评估机制、监护合约登记制度和公证制度、监护行为评价监督机制、监护人更换机制等一系列配套机制和措施。

（四）发挥社区的功能

家庭养老的基础是老人要有子女后人（包括亲生、收养、过继等情况）。但是在当前中国，孤寡、失独的老人群体和子女不在身边的空巢老人群体均非常庞大，他们的养老问题不是简单地依靠推行“孝道”文化就能解决的。所以，

---

[1] 参见李小健：《家庭养老支持政策的国外镜鉴》，载《中国人大》2012 年第 14 期。

[2] 参见 ALBER J.Residential care for the elderly[. Health Polit Police Law，1992（17）: 929-957. 转引自余飞跃：《家庭养老的困境与出路——兼论孝与不孝的理性》，载《重庆大学学报（社会科学版）》2011 年第 5 期。

要发挥社区的功能，将社区养老作为家庭养老的补充性和辅助性措施。

第一，社区可以发挥监督和代为维权的功能。当老人受到侵害时，街道、居委会、村委会等基层社区可以主动介入干预，代替老人维权。比如，当子女长期不看望老人而老人提出要求的，社区可督促子女履行看望老人的义务；子女不照料老人而导致出现老人“孤独死”等严重后果的，社区可以依法对子女提出控告。

第二，社区可以发挥代为监护的功能。当老人建立合意监护时，社区应积极予以协助，防止老人被骗，并做好监督、评估等善后工作。对于生活长期不能自理、经济困难的老人，社区应积极为其提供护理服务。因此而产生的费用，可以向政府申请补贴。

第三，社区还可以鼓励建立以“地缘+爱好”为纽带的新型邻里关系。住在同一小区的两个没有任何交集和交往的家庭和个人，可能会因为经常一起晨练或跳广场舞而建立起一种较为亲密的邻里关系。这种新型邻里关系的建构，在一定程度上可以缓解老年人的孤独感，也可以在必要的时候起到相互照应的作用。

五、结语

在一个缺乏退休金、养老金、养老保险等社会保障制度的农业社会，“孝”文化本身就是一种“社会经济制度”。[1] 如今逐渐完善的养老保障体制代替了农耕时代的代际存储机制，社会生活水平和人均存活年龄的提高，使中老年人有能力和体力自我养老。但是，对老人的赡养不仅包括经济物质方面，还应包括精神心理方面。老年人自杀和“孤独死”现象的大量出现则反映出推行孝道文化甚至“以法治孝”并非没有必要。

现代化转型也并非意味着要完全抛弃固有文化，固有文化中富有人文精神和对人类情理无害的内容都是要保留的。当然，传承和发扬传统文明并非是一味地复古，而是要有所扬弃。中国传统文化中的很多不符合人文精神和权利保

---

[1] 〔美〕唐德刚：《从晚清到民国》，中国文史出版社2015年版，第216页。

护的内容都应予以摒弃。

时代在发展，孝道的推行也要因时制宜。虽然我们不能再以“父母在，不远游”作为衡量孝顺与否的标准，但是在互联网技术迅猛发展的今天，真正孝顺的人是不会因为空间距离、工作繁重等情况而不履行孝道责任的。当确实由于客观原因而不能“常回家看看”时，经常利用现代化的通信工具与父母通话或见面，也未尝不是一种尽孝方式。在一个将孝道融入日常生活的家庭中，老年人“孤独死”的情况是不会发生的。

生活之法：村规民约规定的民事习惯

高其才*

引 言

贵州省锦屏县平秋镇魁胆村是一个民俗民风浓厚的北侗民族村寨，辖魁胆、便大两个自然寨。位于锦屏县西北境，距县城16公里，距平秋镇政府地7.5公里。锦彦公路通过村东南境，魁孟公路通过村西北境，水库至便大公路通过寨中心。村城东邻平翁村，南界高岑、小岸村，西接桥向、更魁胆村，北底孟寨和三江镇翁寨村，总面积14平方公里。今有耕地面积594亩，其中田面积410亩，旱地熟地面积184亩，森林面积11850.5亩。全村共10个村民小组270户1152人。

据1963年调查时本寨人回忆，侗族祖先迁入魁胆开山拓土，繁衍生息，已历22代，约五、六百年。[1] 在长期的社会发展中，魁胆地区的侗族逐渐形成了适应生产、生活需要的社会习惯法即侗款。[2] 由于地理环境的限制，在清代雍正之前，包括魁胆在内的九寨地区有一套传统的地方管理机制，沿用侗族传统的习惯法进行自我管理；光绪时期，为平息咸同战乱余波带来的社会秩序混乱，黎平府按原知府胡林翼的指导思想在府属各地办地方团练，实行地方自治，各地纷纷以侗款为基础制定乡规乡约，并将之刊勒成碑立于村寨间，清光绪二十六

* 高其才，清华大学法学院教授，博士生导师。

[1] 杨有耕：《魁胆侗寨解放前的林业生产调查报告》，载《贵州民族研究》1982第1期第75页。

[2] 本文从非国家法意义上理解习惯法，习惯法为独立于国家制定法之外，依据某种社会权威和社会组织，具有一定的强制性的行为规范的总和。参见高其才：《中国习惯法论（修订版）》，中国法制出版社2000年版，第3页。

年（1900 年）魁胆订立了《魁胆十六甲禁约》。[1] 之后一直到中华民国时期，侗款这一习惯法在魁胆地区仍然发挥重要作用。中华人民共和国成立以后，魁胆村民通过村规民约进行自我约束，自我管理，自我规范。[2] 魁胆村是一个非常尊重传统的村寨，尊重包括习惯法在内的民族文化，强调历史传统，重视挖掘和保护乡土文化资源，通过村规民约发扬“禁约”自治的优良传统。经过多年总结提炼，在传承固有习惯法的基础上，魁胆形成了家规教育、族规引导、寨规管理的自治管理模式。侗款这一包含民事习惯规范在内的固有习惯法通过转化为村规民约形式而在魁胆村得以延续、弘扬，继续发挥其作用。

2016年10月3日至4日，我们到魁胆村专就村规民约中的民事习惯进行了调查，试图总结村规民约对民事习惯法的继承、传承，理解生活之法，以更好地在民法典编纂吸纳、认可习惯，使民法典编纂具有深厚的传统支撑和坚实的社会基础。

一、村规民约规定民事习惯的内容

魁胆村在议定、修改村规民约时，十分注重总结民事习惯规范，将仍然适

[1] 作为一个具有悠久历史的侗族村寨，魁胆村在民事行为、治安保障和纠纷解决等方面形成了习惯法。根据需要，有些习惯法则总结成为成文的乡规、禁约。如清光绪二十六年（1900 年），因受广西太平天国起义余波的影响，黎平府属各地社会持续动荡，魁胆等九寨地区社会动乱不堪，明抢暗偷事件不时发生，民众无法安居乐。于是，款内各寨头人聚集魁胆进行“议款”，结合当时官府的律令，将先辈遗传下来不成文的款约进行整理，形成明文的《魁胆十六甲禁约》，并刊刻成碑，立于各寨，通晓村民：尝思国有法家有规，吾魁胆十六甲各寨，近来地方紊乱，多滋雀角，民怨载道。为靖地方，各寨首人公议，新定八条禁约，仰共同遵守，毋致违犯。一禁延误公家粮款。违者，送官治罪。一禁勾外烂里。违者，行见家一块柴古规，逐其家人出寨。一禁偷牛盗马滥伐他人林木。违者，罚银十两入众聚款。一禁犯火。焚毁他人房屋、林木者，赔偿损失；故意纵火者，丢入火场。一禁私留面生歹人祸害地方。违者，送官处治。一禁不孝。违者，罚交族处治。一禁乱古礼。男婚女嫁须凭媒妁，违者交族处治。坏伦者，行坠崖古规。一禁寨内外行歌坐月、女子夜行。违者，交族按坏俗处治。大清光绪二十六庚子年孟春月穀旦立。原立有碑在魁胆村内，“文化大革命”中被毁，碑文抄自魁胆村民委员会。

[2] 就我们调查了解所知，魁胆村先后议定实施的村规民约有 1992 年 9 月 15 日的《归（魁）胆村村规民约》、1999 年 8 月 5 日的《魁胆村村规民约》、2004 年 1 月 26 日的《魁胆村村规民约》、2005 年 4 月 20 日的《村规民约》、2008 年 1 月 1 日的《魁胆村村规民约》、2008 年 2 月 6 日的《魁胆村村规民约》、2008 年 3 月 15 日的《魁胆村村规民约》、2014 年 12 月 19 日的《魁胆村村民自治合约》，现行有效的为《魁胆村村民自治合约》。

应现代需要的固有民事习惯予以确认和吸纳，从尊重、选择的原则出发传承良善民事习惯，弘扬良善的民事习惯。

魁胆村村规民约广泛地传承了民事习惯的观念和规范，这些内容包括敬老爱幼、保护妇女、团结互助、热心公益、爱护公物、诚实守信、严禁造谣惑众、禁止内勾外引、吃款处理、喊寨处罚、调解收费等。

（1）敬老爱幼。魁胆村的民事习惯规范十分重视敬老爱幼，村规民约对此予以全面传承和弘扬，要求尊老爱幼，保护老人、妇女、儿童在社会和家庭生活中的合法权益，禁止虐待、遗弃、伤害行为的发生。如2014年12月19日的《魁胆村村民自治合约》第6条有“提倡厚养薄葬，树立尊敬长者、孝顺老人之风，有不赡养老人、虐待老人者作公开批评，责令改正”的内容。2008年3月15日的《魁胆村村规民约》第29条强调“敬老爱幼，是我们中华民族的美德”，“辱骂老人，虐待家庭成员，嘲讽残疾人者”，“不抚养子女，抛丢女婴或不执行《义务教育法》者”，分别给予罚款50—100元的处理。更早的1999年8月5日的《魁胆村村规民约》第4条也有类似规定。

（2）保护妇女。魁胆村的固有习惯尊重女性，禁止侮辱妇女。村规民约也确认这一民事习惯规范。例如，1992年9月15日《归（魁）胆村村规民约》第1条第2款规定：“侮辱妇女或行施其他流氓行为者，罚款10—20元。”2004年1月26日的《魁胆村村规民约》也有类似的规定。2008年1月1日的《魁胆村村规民约》第11条也强调“不准诽谤他人和侮辱妇女”。

（3）团结互助。2008年1月1日的《魁胆村村规民约》第20条规定村民对发生的山火和寨火有主动扑救的义务，强调村民之间的团结互助。第11条也强调“邻里之间发生纠纷不得采用威胁、要挟的办法”。村规民约的这方面规定是对魁胆村民事习惯相关规范的确认和延续。

（4）热心公益。固有民事习惯规范倡导村民关心群体利益，热心公益，积极参与公共事务和公益劳动。魁胆村的村规民约也秉持这一观念，承继这一规范。例如，2008年3月15日的《魁胆村村规民约》第28条第1款就规定“对公益事业不热心、不支持、甚至阻碍者”处以40—150元罚款。

（5）爱护公物。魁胆村的村规民约传承了传统民事习惯的保护公共财产、维护公共设施的良善规范，要求村民爱护公物，不损坏生产、交通、水利、电力、通讯等设施，保障团体利益。例如，2014年12月19日的《魁胆村村民自治合约》第3条规定："自觉维护社会秩序和公共安全，严禁偷窃设施、哄抢国家、集体、个人财物，严禁替罪犯隐藏赃物。爱护公共财产，不得损坏水电、交通、生产等公共设施。"较早的2008年2月6日的《魁胆村村民自治合约》第4条规定："严禁破坏公路、水利、电力、学校等公共设施，违者除令其修复外，每次罚款100元。"2008年3月15日的《魁胆村村规民约》第19条规定对破坏水利水电饮水、交通公路行为者，除赔偿损失外，处以罚款50—200元；第20条也规定对破坏电杆、乱打隔电子或利用技术手段危害通信安全的，除赔偿损失外，处以罚款50—200元。

（6）诚实守信。诚实守信既是我国的传统美德，也是重要的民事习惯规范。魁胆村的村规民约对此予以肯定和确认，特别是要求不作假证。例如，2008年3月15日的《魁胆村村规民约》第18条规定为山林土地纠纷作假证者，面积不管多少，每起根据情节轻重，对重者全部收回该户的责任山、自留地、自留山、责任田（包括责任山、自留山的林木）及村分配该户的所有财产，归集体所有，对轻微者处以50—200元罚款。这一《魁胆村村规民约》第28条第2款也规定对"拒不配合治保、调解、联防组织，对调查询问不尊重事实说假话者"予以处以40—150元罚款。

（7）严禁侮辱、诽谤。为维护社会秩序，保障村民平安生活，魁胆地区的固有习惯规范严禁侮辱诽谤他人、严禁造谣惑众，不许发生此类侵权行为。村规民约也秉承这一精神，确认这一规范。例如，1992年9月15日的《归（魁）胆村村规民约》第1条第4款规定："造谣惑众、煽动闹事、故意扰乱各级机关工作秩序者，罚款10—20元。"1999年8月5日的《魁胆村村规民约》第1条规定："对拉帮结伙打架斗殴，酗酒闹事，侮辱妇女或施行流氓行为，造谣惑众，煽动闹事，故意扰乱各级机关工作秩序，抗交国家各种税费和集体提留款；打击报复村组干，故意破坏公共财物等罚款50—100元。"2014年12月19日的《魁胆村村民自治合约》第2条也明确规定："村民之间应团结友爱，和睦相处，不打架斗殴，不酗酒滋事，严禁侮辱、诽谤他人，严禁造谣惑众、搬弄是非。邻里间发生纠纷，能自行调解的自行调解处理，不能自行处理的要依靠组织解决，不能仗势欺人，强加他人。"

（8）禁止内勾外引。为维护群体利益，魁胆地区的固有习惯一直禁止内勾外引行为，防止侵犯村民利益，魁胆村的村规民约对此予以肯定和承继。如2008年3月15日《魁胆村村规民约》第18条第1款规定“凡是有内勾外引行为者”，面积不管多少，每起根据情节轻重，对重者全部收回该户的责任山、自留地、自留山、责任田（包括责任山、自留山的林木）及村分配该户的所有财产，归集体所有，对轻微者处以50—200元罚款。

（9）禁止夜晚赏月玩山。1992年9月15日的《归（魁）胆村村规民约》第2条第4款规定：“夜晚赏月玩山者，罚款5—10元。”这表明魁胆的村规民约传承了固有婚恋习惯规范。在包括魁胆在内的九寨地区，玩山是青年男女恋爱的主要方式，不过为保障正常的恋爱活动，避免伤风败俗行为的出现，魁胆地区的固有习惯禁止在夜晚赏月玩山，对青年男女的恋爱行为进行了严格的规范。[1]

（10）禁盗治偷。魁胆地区的传统习惯规范一直严禁各种偷盗行为，保护群体、家庭和个人的财产所有权。村规民约也将处罚偷盗作为重点内容进行规范。例如，1992年9月15日的《归（魁）胆村村规民约》第1条第7款规定：“盗窃他人财物行为者，除退还原物外，罚款30—50元。”1999年8月5日的《魁胆村村规民约》第2条规定：“盗窃他人财物、木材除退还原物外罚款100—500元。”2008年3月15日《魁胆村村规民约》第8条更是具体详细地列举了禁止的各种偷盗行为：“凡具有下列行为之一者，除赔偿损失外，处以50—100元罚款：（1）对偷盗家禽：鸡、鸭、鹅等者；（2）对偷盗家畜：猪、牛、羊、狗等者；（3）对偷盗农作物：花生、黄豆、红苕、粮食、稻草等者；（4）进入他人责任田、养鱼塘内用捕鱼机或放田水捕鱼，包括泥鳅等者，除没收其捕鱼找具等。（5）对到他人竹林地内挖春笋、冬笋者；房前屋后和猪牛圈的管辖范围内和大路中的除外；（6）对到他人自留地、自留山果园内，偷经济果和水果者，如橘子、板票、梨子，偷捡油桐籽等。”2014年12月19日的《魁胆村村民自治合约》第8条也明确规定：“严禁偷盗。发生偷盗行为，金额在300元以下，偷盗人负责赔偿失主损失外，

[1] 附近的村民都对这一规范印象深刻。如1983年出生的平秋村人龙国强告诉我们：“小时候感受，14、15岁的哥哥姐姐谈恋爱、行歌坐月不敢往魁胆这边走，因为我们大家都知道这边姑娘晚上都不出来。这个印象很深刻，白天可以出来的。哥哥姐姐告诉我们晚上不要往这边走。”龙国强访谈录，2016年10月3日。

自愿承担违约50—100元，同时写出悔过书，张榜向村民公示；构成违法犯罪的移交上级处理。”

（11）吃款处理。按照魁胆村的固有习惯规范，发生重大违反民事习惯行为损害村民共同利益时，往往进行吃款处理，即由违法者出钱、酒、米请全村人吃饭以为处罚。魁胆村的村规民约继承了这一处罚方式。例如，2008年3月15日的《魁胆村村规民约》第14条规定，偷砍、破坏村寨及居民住地的风景树者，非法砍集体、个人山林、竹林者，借故侵占集体、个人山林、竹林及经济林者，山林边界发生纠纷不经请示或不听劝阻擅自砍伐者，外村人到我村辖区公山及农户自留山、责任山内放砍极木树枝、杂树等自然林木者，盗偷经济林者，除赔偿损失或者退还原物外，处罚猪肉133斤，按户数每户一斤酒、一斤大米吃款处理，盗偷木材发过秤每斤木头10元计称处理，对态度不好继续反抗者，另罚款500—1000元。吃款处理为一种极重的处罚方式，其目的是更好地保护林业资源、发展林业生产。

（12）“推寨”和“驱逐”。现行的2014年12月19日的《魁胆村村民自治合约》第10条规定：“凡有易燃物（稻草等）进寨进家存放和乱搭乱接电线，存在消防隐患的住户，经检查仍未整改者，除限时整改外，自愿承担违约金50元。发生火警者自愿承担违约金200—500元并处罚承担本村鸣锣喊寨员1个月，同时按本地风俗习惯处罚，计划生育基层群众自治按国家有关政策落实到位。”当地的“本地风俗习惯”，包括“推寨”和“驱逐”等传统民事习惯规范。“推寨”即“烧寨”，由发生火灾的家庭出钱，请先生公挨家挨户进行宗教仪式以推走火星、推走火神，实有消防安全大检查之功能。2002年魁胆村就曾做一次“推寨”。“驱逐”即将发生火灾的家庭驱逐出寨，不准在寨内居住和生活。例如，1975年11月，一户王姓人家起火致使八家房屋被烧毁，村民便按照习惯不准该户王姓人家在寨内居住。他家只得在离村寨一公里左右的地方居住。十多年后村民逐渐谅解了他家才搬回寨内居住。[1]“推寨”和“驱逐”是对引起火灾家庭的一种处罚。

（13）喊寨处罚。为防火灾发生，魁胆村历史上长期存在着鸣锣喊寨传统，并一直延续至今。村规民约对发生火警者也同时给予鸣锣喊寨的处罚。例如，

[1] 王宗勋访谈录，2017年5月6日。

2008年2月6号的《魁胆村村规民约》第2条规定，发生火警者，每次除罚款壹佰元外，并敲锣喊寨一个月。2014年12月19日的《魁胆村村民自治合约》第10条也规定："发生火警者自愿承担违约金200—500元并处罚承担本村鸣锣喊寨员1个月，同时按本地风俗习惯处罚。"通过这种方式，既教育发生火警者，也提醒村民注意防火，提高防火安全意识。

（14）调解收费。魁胆村的村规民约一直约定由村、组主持的民事纠纷调解需要收费，如1999年8月5日的《魁胆村村规民约》第9条规定发生纠纷需村调解的交管理费50—100元。2014年12月19日的《魁胆村村民自治合约》第7条也规定，凡交村级调解的民事、山林权属等纠纷，每起双方分别收取调处费50—100元，调解后退回有理方调处费。这些规范是魁胆村民在总结固有的调解收费习惯规范的基础上约定而成，既是对民间民事纠纷发生的一种抑制，也是防止村民滥用民事调解的一种手段，在一定程度上也是对导致民事纠纷发生的无理方的某种处罚。

魁胆村村规民约对民事习惯的规定，[1]既包括实体规范，也包括程序规范，内容全面，承继明显。这些村规民约规范继承了传统美德，树立了社会文明新风；也传承了民族文化，弘扬了地方优良传统，促进了农村社会的和谐发展。

二、村规民约规定民事习惯的影响

考察魁胆村的实践，村规民约规定民事习惯的影响主要表现为对村民的行为影响、观念影响。由于形成了遵守民事习惯的传统，村规民约又传承了固有的传统，魁胆村民普遍具有守法遵规意识，严格依约办事，自觉按规行为，魁胆村形成了遵纪守法、遵规守约的良好社会环境。

---

[1] 在日常生活中，魁胆村还有很多约定俗成、自古流传、沿用至今的民事习惯没有成为村规民约的内容，如："田管三丈，路管八尺"、"上山打猎，见者有份"、忌动他人打草标的特件和进门口打有草标的人家、忌砍烧风景树木等，在婚姻嫁娶、建房立屋、老人丧事等方面仍保留传统习惯规范。如10多年前，有村民在魁胆村寨头的路边看到几棵两米多高的杂树，便用几根野草打个结捆在树上做了个记号，按照习惯法这意味着"此树已有人蓄禁，不准随便砍伐"。此后，村民们看到这样的标记后就自觉把小树保护起来，现在那几棵树已长成了郁郁葱葱的风景树，给过往行人提供了一片阴凉。

长期以来，魁胆村民通过《村规民约》在民事活动、社会治安方面进行自我约束、自我管理、自我规范，避免了违法违约行为甚至群体性事件的发生，村民积极向上、团结互助、诚实守信、扶危济困、孝老爱亲，形成了家庭和美、家族和睦、村寨和谐的良好社会氛围和社会秩序。

受到先辈遵守固有习惯法的影响，魁胆村民极为尊重村规民约，自觉遵守村规民约。在魁胆村党支部原书记王生友看来，魁胆社会治安好主要原因是传统习惯法起大作用，成文的特别是不成文的规矩老人家一代一代的教育你，什么能做什么不能做；前辈的榜样作用，平常的言传身教，就形成习惯、形成传统。[1]74 岁的村民王宗怀也有同样的感受：

村里人守规矩。村里的老人家教育我们从小不能干坏事，不惹事。我们魁胆人就是到外面打工也不惹事，不干坏事。我们怕法律啊，怕一不小心干了违法的事要被枪毙，要被绑起来！村子里现在的治安比以前好多了，年轻人都出去打工了，村里只有老人和小孩。偷盗不划算了，还不如去（打工）赚点钱。[2]

将传统的“以和为贵”“以善为本”作为处世原则，魁胆人形成了遵规范、守规矩的优良传统。各家各户对孩子从小进行守法遵规教育，利用各种途径加强对孩子们美德、规矩教育，分清善行与恶习、合法与违规，使孩子们从小就明确是非曲直，树立积极向上的人生观、价值观。各家族、家庭的老一辈对年轻一代口传身授的教育中，遵守包括民事习惯规范在内的习惯法、维护习惯法的权威为重要内容之一，不管是劳动技能技巧、本民族的风土人情、民族历史、家族历史的传授；还是英雄故事、格言谚语、宗教意识的传诵培养，都渗透着浓厚的习惯法意识。[3] 因为不忍心和害怕自己亲自动手处置自己的亲人，或羞于动手杀自家的猪牛羊，在鼓楼的宴席上向众乡亲赔罪，侗族严格地教育自己的子孙后代，使他们从小就谙知款约的精神，在他们意识的深层牢固地树立起传统

---

[1] 王生友访谈录，2016 年 10 月 3 日。

[2] 王宗怀访谈录，2016 年 10 月 4 日。

[3] 高其才：《中国少数民族习惯法研究》，清华大学出版社 2003 年版，第 237 页。

的习惯法观念。[1] 同时，成年人言传身教，在遵规守约方面成为孩子的榜样。在长期的熏陶下，魁胆村人养成了良好的行为习惯、理性的处世态度。

魁胆村民之间即使发生一些民事方面的矛盾、纠纷，村民也能够友好协商予以处理，或由亲邻、族长、寨老、村组干部等进行调解，达成调解协议。

因此，魁胆村民基本形成了“看好自己的门”“管好自己的人”“做好自己的事”的自觉性，也基本实现了“大事不出村，小事不出组，家庭矛盾不出户”的状况，包含良善民事习惯内容的村规民约发挥了积极的作用，魁胆村形成了良好的社会氛围，风正气清，社会和谐，秩序井然。

三、结语

魁胆村的实践表明村规民约成为传承固有民事习惯的主要方式，侗族传统民事习惯主要通过村规民约得以传承和弘扬。作为村民自治制度主要的表现方式，村规民约以其民主性、地方性、文化性、规范性特点而在办理本村公共事务和公益事业、调解民间纠纷、协助维护社会治安方面发挥了积极作用，在传承民族传统、弘扬地方文化、确认本土规范方面具有重要意义。不过，由于农村经济社会的发展，魁胆村村规民约对传统民事习惯规范的传承与弘扬存在某种减弱的趋势。

由魁胆村的村规民约可知，村规民约较为全面地确认和保障民事习惯。村规民约的生命力来自于保障村民的利益、维护村寨秩序，而从本村实际出发，尊重传统、传承文化、确认习惯是其关键，魁胆村的实践给了我们有益的启示。

在进行民法典编纂过程中，需要进一步重视村规民约规定的民事习惯，总结村规民约中的民事习惯规范，从社会生活中理解法，为科学进行民法典编纂广泛搜集资料、奠定坚实基础。总结村规民约规定的民事习惯，这是进行民事习惯调查的一种重要方式。

---

[1] 高其才：《中国少数民族习惯法研究》，清华大学出版社2003年版，第237—238页。

国外习惯进入国家法之情况考察

蒋传光 *

在法的起源时代，各文明古国法律制度的产生，都遵循一个共同的规律，即经历了一个由习惯法向成文法转化和发展的漫长历史时期。法的产生最初是以不成文法的形式，即以习惯法为开端的。恩格斯在《论住宅问题》中揭示法的起源时曾说过："在社会发展某个很早的阶段，产生了这样一种需要：把每天重复的产品生产、分配和交换用一个共同规则概括约束起来，借以使个人服从生产和交换的共同条件。这个规则首先表现为习惯，不久便成了法律。随着法律的产生，就必然产生出以维护法律为职责的机关——公共权力，即国家。随着社会的进一步的发展，法律进一步发展为或多或少广泛的立法。"[1] 从早期的古巴比伦的《汉谟拉比法典》、古罗马的《十二铜表法》开始，一直到当代，习惯在国外的立法和司法过程中占据着非常重要的地位。据此，本文将选取一些具有代表性国家的法律制度作为参照，考查习惯在国家法律制度构建中的功能和作用，以期为思考当代中国习惯在国家立法和司法中的价值和意义，提供一些启示。

一、习惯与法国法的发展与完善

（一）La Turbe——"向居民进行的"习惯法依据调查

在法国法律中，习惯法（la coutume）被认为是"指 1789 年法国大革命前

* 蒋传光，上海师范大学哲学与法政学院教授，博士生导师。

[1] 《马克思恩格斯选集》第三卷，人民出版社 1995 年版，第 211 页。

通行于法国北部和中部的法律总体。这个词在现代法国也用于指习惯法和一般的习俗"[1]。它属于一种口头的法律运用，经过长久时间约定俗成并且在一定区域（国家）被人们接受。在中世纪时期，习惯法是法国法律渊源中的一种主要形式。

在中世纪时期（Moyen Âge），习惯法在法国的法律秩序中扮演非常重要的角色。《不列颠百科全书》中写道："中世纪法国的地方习惯法的基础是罗马法、法兰克法、国家立法、教会法和封建法的混合物。起初，每一领主都有自己的习惯法和司法制度。1200 年后，在布列塔尼和诺曼底等较大的地区，习惯法日趋统一。尽管学者们热衷于已经恢复使用的拜占庭皇帝查士丁尼一世的罗马法，南方大体上也遵照不成文的习惯法生活。南方习惯法的主要通例主张完全的产权以及属于动产的遗产可以分割等等，它之所以与罗马有关，仅因为南方蛮夷的规约受罗马法的影响。1212 年，这些通例一直有效，那时'近巴黎的法国习惯法'由北方十字军骑士强加于人。在法国全境，新近恢复的罗马法影响了成文的习惯法典籍，这些典籍在 1200 年以后倾向于使法律得到地区性的统一。学术性的罗马法对北方的习惯法有某些影响，但并未取代它。习惯法主要处理的是诸如产权和继承等私法项目。它们因地区的不同而差异很大，结果就掀起了一个把各种习惯法记录下来从而减少某种混乱的运动。"[2]

公元 5 世纪日耳曼人征服西罗马帝国后，日耳曼人在北高卢建立法兰克王国。查理大帝即位后，多数日耳曼王国都处于它的统治之下，其版图几乎包括整个西罗马帝国的范围，成为历史上有名的大帝国之一。公元 843 年查理大帝国瓦解，西欧大陆进入封建割据时期，其法律发展为分散的习惯法，过去的成文法典已不再适用。法兰西王国由法兰克王国分裂而成，它的法律是法兰克王国时期西欧大陆法律的继承和发展。自 9 世纪以后，法兰西王国地方习惯成为法的主要渊源。但当时习惯法的含义并不明确，管辖的界限也不清楚，适用时必须加以证明。[3]

---

[1] 《不列颠百科全书国际中文版（修订版）》（Encyclopedia Britannica International Chinese Edition），中国大百科全书出版社，2007 年 4 月第 1 版，4-552f。

[2] [The New Encyclopedia Britannica in 32 Volumes Encyclopedia Britannica，Inc. Jacob E，Safra，Chairman of the Board Jorge Aguilar-Cauz，President. 4-552f.

[3] 参见林榕年主编：《外国法制史新编》，群众出版社 1994 年版，第 18 页。

从13世纪开始，在一些以口头形式为主的习惯法地区（大约法国北部三分之二的地方），开展一种“向居民进行的”习惯法依据调查（la turbe）。la turbe一词源于拉丁语的turba，或者是la foule（foule指的是群众，一群的意思）。“turba”是由至少10至15人组成的会议，由与会者来确定某项习惯是否存在。[1]习惯法依据调查在法庭调查之前，参与调查的人要在宣誓的前提下，其调查在法院被采纳为居民的证词。当地的风俗和习惯法，以及大部分司法裁决，始终都是根据口耳相传的方式传承下来的。[2]

在这个调查中，并不是分别听取证人的陈述，而是以一群（组）人作证。这种调查的目的在于使一种习惯法生效。一般经常是一组十个人挑选其中一个最终在法官面前代表所有人陈述观点。这个人在法官面前表示他们这组是否同意让这个习惯法成立。这个习惯法依据调查一定要一致通过；如果在这一组人当中有一个持有反对意见，那么这个习惯法就不能成立。如果表决一致，那么这个习惯法则上升一个层次，成为一个有关是不是一个众所周知的习惯法（au rang de coutume notoire）。这个程序在1270年被制订为一个皇家圣路易斯敕令（une ordonnance royale de Saint Louis en 1270）。

从法源的角度看，习惯法依据调查属于一种公众意识的表现形式。但是在不久之后的14和15世纪，这种程序的意义有所改变，在习惯法依据调查中更加重视共同的证据（证人）。换句话说，仅仅单独一个证据（证人）是不够的。所以后来决定一个单独的证据是没有用的，于是要求重新验证习惯法，也就是说在十个人中每人进行两次习惯法依据调查。

“向居民进行的”习惯法依据调查一直持续到16世纪。鉴于上述习惯法调查的程序不但困难，而且结果不一定可靠，并给审判工作带来不便。这样，从13世纪起，在法国出现了私人进行的习惯法汇编，主要有《诺曼底大习惯法典》《圣路易习惯汇编》和《波瓦西习惯集》等。这些虽然是私人的作品，但在审判

---

[1] 参见林榕年主编：《外国法制史新编》，群众出版社1994年版，第18页注释2。在德国，这种习惯法依据调查叫作kundschaft，这个词在现在的意思是客户，但它的原义是认识、知道、了解、信息、情况、陈述申报或者证人证词。到了十九世纪，它还有向侦察兵汇报（秘密的）和手工艺术行会会员证书的意思。

[2] François Serpillon，[code civil ou commentaire sur l’ordonnance du mois d’avril 1667]，FRANCE.

实践中仍被引用，在法国习惯法的发展中起了一定的作用。

由于 13、14 世纪期间的私人习惯汇编不完整，技术上也很差，不能满足实际需要，从 15 世纪中期开始出现了由过往政府编纂的官方习惯法汇编。1454 年，查理七世发布《蒙迪·勒·图尔赦令》，要求各个地方应当在国王的专家委员会的协助下记录习惯法，并且重新编纂那些已经记录在册的习惯法。其中，绝大多数习惯法汇编于 16 世纪上半叶，例如，《奥尔良习惯汇编》(1509 年)、《巴黎习惯汇编》(1510 年)、《布列塔尼习惯汇编》(1539 年)。1650 年以后，法国普通法存在于各种习惯法之中的想法逐渐抬头。以这种观点写成的书，与习惯法本身一道，大大帮助了后来起草 1804 年民法典的人们。茨威格特和克茨提到："记录习惯法对于一种法国共同习惯法的逐渐形成并最终导致习惯法与成文法的融合都是十分必要的。否则，1804 年民法典绝不可能统一法国的法律。"[1]

从 15 世纪末到 1789 年法国大革命前夜，法国进入君主专制时期，从亨利四世到路易十四，法国的君主专制度发展到登峰造极的时代，使法国成为一个在强大中央集权统治下的政治上统一的社会，亦即第一个近代国家。然而，此时法国的法律并没有实现真正的统一。法国的法律制度经过多次改革和调整，仍然十分混乱，就以北方的习惯法汇编为例，包括私人和官方编纂的，多达 360 部；国王的法令集也有多部，况且尚不能普遍适用于全境。伏尔泰曾说过：一个在法国旅行的人，要像更换他的坐骑一样频繁地更换法律。[2] 直到拿破仑时，他才为法国提供了一部统一的民族法律体系。

1804 年拿破仑主持制定的《法国民法典》，习惯法成为法典的主要渊源之一。如关于已婚妇女无行为能力、夫妻财产共有制和某些继承规则等，大都依据习惯法。此外，法典还赋予了习惯法作为法国辅助性（或从属性）的法律渊源的地位。现行《法国民法典》第 1159 条规定："有歧义的文字，按契约订立地的习惯解释。"第 1160 条规定："习惯上的条款，虽未载明于契约，解释时应加以补充。"由此观之，习惯的法律效力是得到国家法律认可的。

---

[1] Zweigert & Kötz，Ibid，at. 144-151.

[2] 转引自〔美〕格伦顿、戈登、奥萨魁著：《比较法律传统》，米健等译，中国政法大学出版社 1993 年版，第 21 页。

（二）PACS——合法同居制度

PACS 是合法同居制度的一个缩写，全称为 pacte civil de solidarité。PACS 在法国属于一种共同生活的方式，它实质上是一个基于法国法律，两个同性别或不同性别的成年的自然人，为了同居生活的目的而订立的合同。PACS 得以实施是基于Jospin政府（gouvernement Jospin）1999年关于PACS的法律所进行的投票。

在《法国民法典》中，有相当多的条文对 PACS 的具体内容作出了规定。例如，《法国民法典》中第 515—1 条就写道："PACS 是一个在两个同性别或不同性别的成年的自然人之间，为了同居生活的目的而订立的合同"，即它是一个由两个成年人之间订立的合同，并不限定性别，简单地说就是同居合法化。

PACS 产生的原因就是基于双方没有或者不能结婚但是有共同生活的意愿，尤其较多地出现在同性恋人之间。与普通民法中的结婚不同，PACS 中的当事人双方可以是同种性别。它不同于姘居，是一种更为简单的结合，比结婚要更具有灵活性和机动性。

回顾 PACS 的历史发展，我们会发现它更体现了一国法律对于一种民间需求的答复，反映了国家对习惯的一种重视。由于 1980 年出现对同性恋有利的条件（如同性恋合法化、社区社团和商业的发展）而使得艾滋病进而大面积泛滥，于是法国法院就不得不开始考虑颁布相关的法律。同时在相关法院判例中并不是非常接受现实中的同性恋伴侣。于是最高法院就再次重申要保护同性恋者们的权益，让他们享受等同于婚姻之类的权利。

从 1990 年到 1998 年，社会党和一些议员就开始在议会中提案要建立一个新形式的民事合同，但是没有列入议会的议程，在表决该提案前，就双方共同生活的民事协约的争论经历了漫长的时间。1990 年 6 月 25 日左派党的领导人 Jean-Luc Mélenchon 在参议院中首次提出设立一个关于民事伴侣关系的合同法案。但是后来就开始出现支持派和反对派的争论，直到 1999 年才达成共识。

起初 PACS 的提出主要是为了保护同性恋者们的权利，但是后来法国很多年轻人（非同性恋者）觉得订立一个合同比结婚更机动灵活，于是纷纷订立 PACS 并注册登记。经过很多年国会议会争论之后，最终确立了合法同居制度，在法律上规定了合法同居合同的有关规定，尤其是财产方面的相关内容。

二、习惯与德国法的发展及在德国法中的体现

（一）历史法学派对于习惯的重视

中世纪的德国公元843年，法兰克王国分裂成三个部分，其中的东法兰克王国逐渐演变为德意志封建王国。其后以“日耳曼神圣罗马帝国”自居的德国徒具帝国之名，从未形成统一的国家。分裂和割据是整个封建德国的突出特点。这种状况一直持续到19世纪。与此相适应，中世纪的德国法也极不统一，虽然有所谓通行于全国的“普通法”，但各封建王国仍然适用本国的法律。14世纪前日耳曼法在德国占统治地位，最早适用的日耳曼法是无文字记载的习惯法，13世纪起出现了成文的习惯法汇编，以地方法的形式公布。在经历了法国、意大利等欧洲国家的复兴之后，罗马法以其完备的法律体系、符合商品经济发展规律的法律规范及成熟的立法技术等优点，折服了各国统治阶级。15世纪后德国开始对罗马法全面继承。德国继承罗马法出于神圣罗马帝国皇帝的理念，即德国皇帝自认为是古罗马帝国皇帝的当然继承者，因此，罗马法理所当然地应该在德国全面生效。

18—19世纪上半叶，在古典自然法学派的理论影响下，德国从18世纪中期起出现了法典化的趋向，许多邦开始法典的编纂工作。19世纪初，围绕德国统一民法典的编撰，针对海德堡大学教授蒂博特（Anton Friedrich Justus Thibaut，1772—1840）发表的《论制定一部统一的德国民法典的必要性》的论文，以柏林大学教授弗里德里希·卡尔·冯·萨维尼（Friedrich Carl von Savigny）为代表的历史法学派对此观点进行了反驳。萨维尼认为，法并不是立法者有意创制的，而是世代相传的“民族精神”或“民族意识”的体现，只有“民族精神”或“民族共同意识”，才是实在法的真正创造者。萨维尼在其著作《论立法和法理学在当代的使命》一书中认为，“法律首先产生于习俗和人民的信仰（popular faith），其次乃假于法学——职是之故，法律完全是由沉潜于内，默无言声而孜孜矻矻的伟力，而非法律制定者（a law-giver）的专断意志所孕育的。”[1] 其核心思想就

[1]〔德〕弗里德里希·卡尔·冯·萨维尼：《论立法与法学的当代使命》，许章润译，中国法制出版社2001年版，第11页。

是指法律首先是由于某种隐蔽的内部力量，即“民族精神”（volksgeist）或“民族共同意识”发生不易觉察的作用的结果，其次再被法学家与立法者“发现”，从而将其内容形诸法典文本。

萨维尼十分重视习惯法的作用。他认为，法的最好来源不是立法，而是习惯，只有“在人民中活着的法才是唯一合理的法”，习惯法是最有生命力的，其地位远远超过立法，只有习惯法最容易达到法律规范的固定性和明确性。它是体现民族意识最好的法律。

考虑到所处时代的德国国情，萨维尼认为当时德国有着非常普遍而且世代相传延承下来的德国地方法和习惯法，它们是属于德国非常重要的历史财富。法典是法发展到高级阶段的产物，因此，他认为德国当时急于进行法典编纂的时机还尚未成熟，只有在深入地了解“民族精神”的基础上才能完成德国民法典的编纂。萨维尼在《现代罗马法的体系》中提到，法律、民族以及民族的特征三者是有机联系、密不可分的。他认为，法律有其固定属性和明显性质，这和一个民族有其特殊的语言以及独特的生活方式和国民素质一样。[1]法律不能脱离一个民族的共同精神和意志而被凭空制定和任意修改。

因此，历史法学派认为，真正的法律是根植于民俗和民情的习惯法，从罗马法中寻找德国法的渊源。萨维尼在阐述法的基础时就指出，“法的最好来源不是立法，而是习惯，只有在人民中活着的法才是唯一合理的法；习惯法是最有生命力的，其地位远远超过立法；只有习惯法最容易达到法律规范的固定性和明确性。它是体现民族意识的最好的法律。”[2]

（二）现今德国习惯进入国家法的立法规定

近代德国法典体系的创制，使习惯法的地位严重下降，二战后更被大规模的立法规划所淹没，但习惯法仍未完全退出法律领域。《德国民法典》对习惯法

---

[1] 参见西方法律思想史编写组：《西方法律思想史资料选编》，北京大学出版社 1983 年版，第 526 页。

[2] 何勤华：《历史法学派述评》，载《法制与社会发展》1996 期第 2 期。

的有限度承认的规定，依然是有效的规定。[1]

在当前德国学界，习惯法被普遍认为是不成文法，它是在长期的实践以及共同承认实践内在效力的基础上产生的。习惯法具有地区性，比如说一个地区的习惯往往都被认为是这个地区的习惯法。

习惯法在许多司法管辖区域中都被认为是独立的法源。习惯法的法律效力状况主要有三种形式：合法的、不合法的以及存有法律漏洞的情况，尤其在民间的习惯法具有非常重要的意义。在德国法律中，习惯法也极有可能被认定作为基础性的规则。

在德国，习惯法并不是简单地通过正式的立法程序产生，而是在长时间的、稳定的、概括性的以及稳定的实践操作中产生的。而且构建有效的习惯法也是建立在成文法基础之上的，因为只要是法律都需要使用成文的方式来表达。习惯法是比较积极以及正面的法律的一部分。正面的法律包括了成文法和习惯法。成文法被认为是法典法，也就是说，是通过国家机关（一般是立法机构，也包括部分行政机关）以一定形式制定出来的法律。

虽然习惯法、风俗习惯最终很难得到统一，但是在许多方面习惯法也会被立法者像成文法一样对待。比如在德国，违法行为不仅仅需要通过对应的法律来确定，如基本法第 103 章第二段的规定，而且还需要通过习惯法来确定。

德国民法第一草案中第 2 条规定了习惯为民法典的渊源，该条规定："习惯法的规定，仅限于有法律明示为习惯法者，方具法律之效力。"但在正式的《德国民法典》之中，对习惯法的效力未作一般性规定，仅在第 157 条和第 242 条规定，解释契约和履行契约应顾及交易上之习惯。《德国民法典》第 157 条规定："对合同的解释，应遵守诚实信用原则，并考虑交易上的习惯。"第 242 条规定："债权人有义务依诚实和信用，并参照交易习惯，履行给付。"除此之外，德国允许习惯在特殊的案例中优于制定法，同时习惯在商法和劳动法中也发挥着重要的作用。[2]

---

[1] 参见何勤华、李秀清主编：《外国法制史》，复旦大学出版社 2010 年版，第 358 页。

[2] Mary Ann. Glendon，Comparative Legal Traditions，2nd ed.，St. Paul：West Group，1999，p. 129.

三、习惯与英国普通法

（一）以习惯为基础的普通法

英国的普通法是指“发轫于英格兰，由拥有高级裁判权的王室法院依据古老的地方性习惯，或是理性、自然公正、常理、公共政策等原则，通过‘遵循先例’（stare decisis）的司法原则，在不同时期的判例的基础上发展起来的、具备司法连贯性特征并在一定的司法共同体内普遍适用的各种原则、规则等的总称。在法律实践中，它主要指那些经由判例报道（law reporting）加以记录而能够得以援用的部分”[1]。

英国普通法中的绝大部分内容是以认可和一般化全国区域内的或广为流传的习惯为基础的，它被认为是建立在习惯基础上而形成的法律体系。普通法传统以判例法制度的方式更强调对于习惯的遵从，特别是商事法律方面尤为典型，它们都是主要依据商业来往中的商事习惯而制定的，法律随着习惯而改变。[2] 在英格兰，习惯通常分为两类，一类习惯被吸收进入法律，成为英格兰法律的一部分，另一类则通过影响私人间契约之内容而起作用。前者又分成三种：一为普遍的习惯，是指通行于整个王国具有普遍效力的规则，从更严格和通常的意义上来说，是它们构成了普通法，如地产继承规则等；二为地方性习惯，指那些仅在某些特定地区内有效的习惯，如肯特郡的地产平均继承习惯（gavelkind），庄园内部的公薄地产保有习惯等，虽然它们已为司法实践所认可，但它们的效力范围都只具有地域性；三为特定身份者之间的习惯，其典型的一个例子就是商人间的习惯法，又称商人法（law merchant; lex mercatoria），它与贸易惯例（usages or customs of trade）有所区别，却类似于普通法的遵循先例原则，因为它一旦为法庭判决所确定即成为王国一般法的一部分，而不再留给陪审团去决定。当然有疑问的地方仍可由商人陪审团最终确定。而后一类习惯主要是指那些长期稳定通行于某一行业的规则，当这一行业内的两方达成与该行业有关的契约时，

[1] 戴维 · M. 沃克：《牛津法律大辞典》，李双元等译，法律出版社 2003 年版，第 261 页。

[2] 参见〔美〕波斯纳：《法理学问题》，苏力译，中国政法大学出版社 2001 年版，第 270 页。

若其中并未包括与业内习惯相冲突的内容时，我们则可以推定其遵循了这一业内的习惯，或者说该习惯已构成了该契约内容的一部分。

在英国等英美法系国家之中，习惯可以在司法过程中得到确认，进而可以被法官援引作为判决的依据。它的具体程序一般为："一方案件的当事人认为在案件中存在习惯法，而且主张援引的话，在他以合理合法的方式举证该习惯的存在之后，法官应当将该习惯法预设为'合理的习惯'，一般可以直接适用该判决，除非另一方当事人能够有证据证明该习惯法不具有合理性，那么该习惯法不产生法律效力。"[1]

在英国法律中，能被法院接受并适用的习惯，基本上要具有以下六点必备要素："第一，习惯必须是确定的；第二，习惯必须是合理的；第三，习惯的强制性必须得到了公众的默许和认可；第四，习惯必须得到公众持续不断长期的实施；第五，习惯不能和当前的国家制定法有所抵触；第六，习惯必须是从'不能回忆起的年代'就已存在的，持续至今的。"[2] 虽然普通法是在习惯的基础上发展而来的，然而由于社会的变革和科技的发展，对于习惯规则成为具有法律效力的习惯法得以适用的条件也有所变通。以时间条件为例，"不能回忆起的年代"在英国法中被定为 1189 年查理一世统治初期。但在中国香港，法官们在司法实践中由于案情或者事实的需要，常常将其中的第六条要件即"不能回忆起的年代"认定为只要当事人可以证明该习惯已经持续了很长的时间，如人类社会所能达到的记忆时间等。[3]

（二）判例法与习惯的关系

在普通法法系中，主要的法律渊源为判例法与制定法，除此之外，还包括了条约、习惯法、法理等。判例法（case law）通常被称为是"法官创造的法律"（judge-made law），或"法官法"。普通法是相对于"衡平法"（equity）的概念，而判例法主要是针对"制定法""成文法"而言的。一般来讲，在救济方面，普通法只针对"物"（in rem）裁决，只对当事人所提起的诉讼相关联的交

[1] Carleton K. Allen，Law in Making，6th ed.（London，1958），p136

[2] 参见〔美〕D. 詹姆斯，关贵森等译：《法律原理》，中国金融出版社 1990 年版，第 67—69 页。

[3] 参见厉尽国：《习惯法制度化的历史经验与现实选择》，载《甘肃政法学院学报》2009 年第 1 期。

易本身作出裁判，提供损害赔偿（damages）的救济；而衡平法的裁决对象是“人”（adjudicating in personam），可以令当事人依约特定履行（specific performance）或颁发禁止令（injunction），除此之外，衡平法还可以设立一些普通法没有的新权利，如信托项下的受益人权利以及衡平法的回赎权（equity of redemption）等。而判例法是作为普通法系的重要表现形式，是普通法和衡平法的内容的载体。普通法是依据判例而发展的，却不完全等同于判例法。

按照英美法系的传统，判例法占主导，制定法只是作为判例法的补充手段。19 世纪以来，虽然英国的制定法数量不断增加，地位也日渐提升，但是判例法仍然占据着重要的地位。作为普通法系最重要的法律渊源，判例法解释仍制约着制定法。判例法与习惯的关系表现在以下两个方面。

第一，判例法与习惯之间联系紧密。早期的判例法主要援引一些生活中的习惯，从而赋予其正式法律效力，这与以单纯制定法形式的法律规则有所区别。同时，经过判例的形式进入正式国家司法依据的习惯规则具有国家法律效力，成为正式的法律渊源。因此，我们可以看出，并不是每一个判例都能直接形成法律规则，它只有在习惯通过判例的形式成为国家法的正式渊源的情况下，才具有了判例法的效果。

第二，判例法和习惯之间又有所区别。判例法虽然早期以援引习惯规则为主，但是随着时代的发展，其规则来源也越来越呈现多样化。习惯、条约、法理等都可以被判例法所援引。而在判例法中，法官在审理案件时采用“遵循先例”的司法原则，也就是说针对同一类案件，上级法院以及本级法院在之前的案件判决中所援引的法律原则和规则都会影响和约束法官的判决。但是在大陆法系国家中那些通过判决所确认的习惯法并不一定具有判例法的效力，有些习惯法只能在特定领域或地区中适用。

四、习惯在日本法中的地位

（一）日本国立国会图书馆及所属调查和立法考查局

日本国立国会图书馆是隶属于日本国会的国家机关，以美国国会图书馆为蓝本构建。它以协助国会的立法活动为首要目的，为国会议员调查研究立法、行政司法各机关以及日本国民提供服务。同时，作为日本唯一执行呈缴本制度（纳本制度）的国立图书馆，它收存了日本明治以后国内的全部出版物。

第二次世界大战之后，日本国会在新的日本宪法中被规定为唯一的立法机关，由“代表全体国民的议员”组成众议院和参议院。为了保障国会议员能够进行全面深入的立法调查活动，建立存书完备的立法图书馆迫在眉睫。为此，与日本宪法同时施行的国会法（昭和22年法律第79号）第130条规定，“为有助议员之调查研究，以另定之法律于国会设置国会图书馆”[1]，并依此制定了《国立国会图书馆法》（昭和22年法律第84号）。但这个图书馆体制仍无法满足国会议员的调查研究的需求，在听取了美国图书馆访问团的意见，于1948年制定了《国立国会图书馆法》（昭和23年法律第5号，同时废止第84号），由此设立了国立国会图书馆。

《国立国会图书馆法》序言中开宗明义阐述其设置理念：“确信真理使人自由，依宪法保障日本民主化与世界和平为使命而设立。”作为隶属于日本立法机关的独立国家机关，国立国会图书馆由众议院、参议院两院议长及两议院中常设委员会中的议院运营委员会（議院運営委員会）负责监督管理。两议院议长任命统管图书馆事务的国立国会图书馆长。

国立国会图书馆在对国会提供的服务中，除了供国民借阅读书、提供资料等一般图书馆的功能以外，还有独有的立法调查功能。根据《国立国会图书馆法》第15条规定：“图书馆设立调查及立法考查局（調査及び立法考査局）。该机构主要为国会收集和提供调查及立法相关的资料。”

为此，调查及立法考查局内部根据为国会开展调查和提供立法相关的资料功能设立了相应的部门。共分为十二室、十四课，包括：“综合调查室（下设调查企画课、国会参考课、电子情报服务课）、议会官厅资料调查室（下分议会官厅数据课）、政治议会调查室（下分政治议会课及宪法室）、行政法务调查室（下设行政法务课），外交防卫调查室（下设外交防卫课）、财政金融调查室（下设财政金融课）、经济产业调查室（下设经济产业课）、农林环境调查室（下设农

[1] 潘淑慧：《日本国立国会图书馆的组织与经营》，载《台湾图书馆管理季刊》1995年第10期。

林环境课)、国土交通调查室（下设国土交通课)、文教科学技术调查室（下设文教科学技术课)、社会劳动调查室（下设社会劳动课)、海外立法情报调查室（下设海外立法情报课)。"[1] 各个部室分别对应于国会两院的常任委员会内各个专业组别，既针对国会议员的提问开展立法调查，同时也会为时事问题开展预备调查。

调查及立法考查局在为国会立法提供服务方面主要有，根据要求，对国会两院委员会中悬而未决的法案和由内阁提交国会的案件，进行分析、评价，向两院委员会提出建议并提供可作为妥善决定这些案件的依据的材料；根据要求或未来可能提出的要求，主动收集立法资料和有关资料，加以分类、分析、翻译、编辑，并制成索引、摘要、报告等。[2]

此外，调查及立法考查局通过国立国会图书馆的阅览室、互联网、出版活动等多渠道载体向全体国民提供以上资料。

（二）现今日本习惯进入国家法的立法规定

日本属于民法法系国家，基本沿袭了民法法系国家对于习惯法的确认规则。日本法学界将习惯法（慣習法，かんしゅうほう）定义为在一定范围内人们之间反复进行和实践的行为方式等习惯中，有作为法律的效力的那一部分习惯，属于不成文法的一种。在习惯法中一般也把判例法考虑在内。

在日本，《关于法的适用通则法》(法の適用に関する通則法，ほうのてきようにかんするつうそくほう)[3] 第3条规定了关于习惯法法律地位的一般原则。根据该法，只要习惯不违反社会公共秩序或者善良风俗（即公序良俗)，由法令规定认可的事项以及法令没有规定的事项，认定其和成文法令（形式意义上的法律）具有相同的效力，即作为法源的习惯法效力。在没有法令规定的情况下

---

[1] 国立国会图书馆百科编辑委员会编：《国立国会图书馆百科》，东京出版新闻社1988年版。

[2] 参见张曙光、陈颖艳：《日本国立国会图书馆立法决策服务考察》，载《国家图书馆学刊》2011年第1期。

[3] 该法在164次日本国会中被提案通过，于2006年6月21日公布（平成18年法律第78号），并于2007年1月1日施行。前身为《法例》(明治31年法律第10号)，而后发展成为规定法的适用关系相关事项的基准性法律。

认定习惯的效力之后，如果有了相应的新的法令而造成法令和习惯法之间出现了矛盾的情况，作为一般原则，法令的规定效力优先于习惯法。

在日本民法中，也对习惯的效力进行了认定。如《民法》第一编总则第92条规定："有与法令无关公共秩序的规定相异的习惯，如果可以认定法律行为当事人有依习惯的意思时，则从习惯。"[1] 与上述《通则法》第3条不同的是，根据该条规定，当存在的习惯和任意性法规（即该法规允许双方当事人可以对某一事项做不同的行为选择的特别任意性规定）不同的情况下，法律行为的当事人，如果能够认定一方有从习惯的意思表示，可以优先适用习惯。由于其与《通则法》第3条中法令和习惯的优先关系不同，因此《通则法》第3条和《民法》第92条之间存在矛盾。

关于这一点，就《通则法》施行前的《法例》第2条（相当于《通则法》第3条）和《民法》第92条的关系来看，与《法例》第2条中规定的习惯就是"习惯法"（慣習法）这一概念相对应，《民法》第92条中规定的习惯并不是习惯法而是被认定为"已构成既成事实的习惯"（事実たる慣習）。这也是传统日本民法界的基本观点。习惯法是为人们确信为法的习惯，其效力劣后于《法例》中的任意规定，是对一般制定法的补充，是作为兜底条款；后者"已构成既成事实的习惯"则是在一定范围内事实上作为法得到运用的习惯，作为法律行为的解释标准优先于民法的任意规定，是以强调意思自治为前提的，属于制定法的特别法。

在日本民法中，习惯的效力被广泛承认下来，如在《民法》第二编物权的规定中，有许多"若有特别习惯，则从其习惯"（第217条），"有异于前 × 项（条）规定之惯习者，从其惯习"（第219、228、236、263、269、277、278、294条等）等关于习惯法律地位的规定。[2]

在商事关系领域，日本《商法》第1条确定了关于商事习惯法（商慣習法）

---

[1] 1907年商务印书馆出版的中译本的表述为："当有不关于法令中所谓公之秩序之规定相异之惯习时，认法律行为当事者不有从之之意思，则从其惯习。"此译文把"习惯"翻译为"惯习"，且文字不够通俗。参见《新译日本法规大全》（点校本）第一卷，商务印书馆2007年版，第275页。

[2] 1907年商务印书馆出版的日本民法中译本中均把"习惯"翻译为"惯习"。参见《新译日本法规大全》（点校本）第一卷第二编"物权"部分，商务印书馆2007年版。

的地位。[1]“商事习惯法”这一说法在随着《公司法》的出台而被修正为“商事习惯”（商慣習）。根据该法规定，商法中的法条最优先适用，在没有商法规定的情况下适用商事习惯法，在没有商事习惯法的情况下适用民法。也就是说在商事领域中，关于商法中尚无规定的事项，尽管对此民法中有所规定，但是商事习惯法仍优先适用于民法的相关规定，这也是商法的基本规则。由此看出，商事习惯法的效力优先于民法，而劣后于商法。

在司法领域中，日本也存在对于习惯法的适用（主要通过判例法的方式）。在日本的司法实践中，日本最高裁判所的判例对于下级裁判所[2]的判决存在拘束力。下级裁判所在作出与判例相反的判决之时，要向最高裁判所作出相应的理由陈述（上告受理の申立て，じょうこくじゅりのもうしたて）。[3]最高裁判例是关于私法习惯方面对下级裁判所的判决的一种规制，而不是对私法习惯本身进行的一种规制。例如，最高裁判例是通过哪些是违反了公序良俗的私法习惯的例举来规制下级的各种裁判所的判决，而不是根据判例将私法习惯固定下来。

在国际法领域中，日本习惯国际法和国际条约一并也是重要的国际法的渊源之一，在很长时间内作为不成文法具有法的规范性特征。依据日本《国际司法裁判所规程》[4]第 38 条第 1 项 b 规定，国际习惯有着在一般司法实践中被认同为法的证据，即“作为法律被认同的一般惯行的证据”（法として認められた一般慣行の証拠としての国際慣習，international custom，as evidence of a general practice accepted as law），那么其也可适用于国际法，是国际法的法源之一。

五、国外习惯进入国家法的经验对我国的启示

通过对一些具有代表性国家法律产生的历史和发展视野观察习惯，我们可

[1] 日本《商法》第 1 条规定：“凡关于商事，本法无规定者，适用商习惯法。无商习惯法者，适用民法。”

[2] 下级裁判所根据《裁判所法》第 2 条第 1 项规定分为高等裁判所、地方裁判所、家庭裁判所以及简易裁判所。

[3] 日本《民事诉讼法》第 318 条。

[4]《国际司法裁判所规程》，英称 The Statute of the International Court of Justice，是关于规定国际司法裁判所的构成、管辖、手续等的国家条约。

以发现其作为法律产生和发展的一种历史源流的同时，既是不同时期的法律渊源的重要组成部分，也对法律的制定和发展有着重要的影响和参考。西方的法律发展史表明，其法律规则（主要是私法规则）大部分是对已通行于社会的习惯的认可，是法学家对社会已经存在的习惯规则的描述，而不是法学家和政治家制造出来的产物。

对于现在法律体系而言，无论是大陆法系还是英美法系，习惯都经历过了从相对分散的地方习惯法向较为统一、规范的法律系统转变的同一过程。这种较为统一、规范的法律体系的表现形式不但包括了法典形式，也包括了判例汇编的形式。在这种法律多样化形式的背后，体现了法律的产生必须以客观事实为基础，以事物的必然性为依据的立法规律，就如同马克思所说的："立法者应该把自己看作一个自然科学家。他不是在制造法律，不是在发明法律，而仅仅是在表述法律，他把精神关系的内在规律表现在有意识的现行法律之中。如果一个立法者用自己的臆想来代替事物的本质，那么我们就应该责备他极端任性。"[1]我们应当看到，它们都不约而同地体现了一种"对既有法律传统的尊重，以及对本国传统文化的继承和发展"。[2]

上述各国习惯入法的历史历程，以及现今习惯在立法和司法中地位和价值，对我们重视和加强民间习惯的研究，思考习惯对我国国家法的法源意义有一定的借鉴和参考。中国的法治之路除了借鉴人类法治文明的成果之外，还应该注重中国的本土资源，注重中国传统的法律资源和当今时代新发展形成的本土资源。

（一）当代立法应把习惯作为国家法的法源

在中国特色法律体系虽已建成但还需继续完善的情况下，重视习惯的国家法法源地位仍有重要意义。中国特色社会主义法律体系的建立和完善，需要继续不断地学习和借鉴国外的法律制度和立法经验，但更重要的还是要关注本国的法律实践，立足本国的法律文化传统。本国法律文化传统的一个重要内容就是吸纳民

---

[1] 《马克思恩格斯全集》第1卷，第183页。

[2] 厉尽国：《法治视野中的习惯法理论与实践》，中国政法大学出版社2010年版，第107页。

间习惯。目前，我国民间习惯的存在表现为两种形式，一是传统法律文化制度和观念的遗存，二是在不断发展变化的社会中形成的各种新习惯和惯例。中华法制文明源远流长，对世界法制文明也作出了自己的贡献。中国的传统法律文化中有糟粕，但无论在思想层面还是制度层面，也有许多值得我们今天汲取的精华。[1]

中华法制文明给我们提供了丰富的本土法律文化资源。与此同时，随着社会的发展变化，在社会生活中又会不断形成各种新的习惯和惯例，这些凝结着各种生活智慧、散见于社会生活中的民间习惯规则，也是当下我们进行本土法律文化资源研究的重点。

之所以强调重视习惯的国家法法源地位，其理由在于，第一，习惯体现了文化的亲缘性。这种亲缘性表现为习惯是长期自发形成的，具有文化的同构性；习惯容易获得民间以及本民族的认同感，有着更好的社会公众基础和文化认可度，已习惯为基础的法律容易为社会公众所自觉遵守，可以有效降低法律运行成本。第二，习惯可以弥补法律存在的漏洞。法律具有滞后性和概括性的特点，这就决定了其不可能事无巨细地涵盖和包罗社会生活中的方方面面，因而法律漏洞的存在在法律实践中是一种常态。习惯的存在，可以有效地弥补国家法在规范社会秩序时的不足。通过确认习惯的法源地位，在国家法缺失的地方，民间习惯可以发挥补救的功能。

（二）当代立法应重视习惯的调查

中国的法律制度，以欧洲大陆法为蓝本，在实现由传统向近代转型的过程中，就非常重视民间习惯的价值和功能。派员出国考察国外法制，聘请外国法律专家充当顾问，调查国内民情、商情，是晚清变法修律遵循的方针。在制定《钦定大清商律》《大清民律草案》的过程中，对国内民商事习惯进行调查，以编订民商事法典，是立法活动的重要组成部分。[2]“求最适于中国民情之法则”，[3]是制

---

[1] 参见蒋传光：《当代中国特色先进法律文化创建的路径思考》，载《河南政法管理干部学院学报》2007年第4期。

[2] 参见李贵连：《沈家本传》，法律出版社2000年版，第270—276页。

[3] 参见李贵连：《沈家本传》，法律出版社2000年版，第293页。

定大清民商律草案贯彻的重要原则之一，以此做到外来法与传统法的有机衔接。清末的习惯调查因清廷被推翻而中止，持续了大约 4 年的时间。

民国时期曾有过 3 次大规模的民商事习惯调查的整理和编纂活动。民国六年（1917 年），修订法律馆由北洋政府司法部恢复设立，重开民商事调查活动。1918 年北洋政府司法部通令全国设立习惯调查会，并于 1919 年 1 月 16 日发布了全国统一的调查规则和基本要求。[1] 这次的民商事习惯调查因第一次世界大战的爆发、时局的动荡而归于沉寂。第二次大规模的民商事习惯调查的整理编纂活动，是 1926 年（民国十五年）前后北洋政府司法部民事司主持进行的。民国时期民商事习惯调查资料的最后一次整理活动在 1930 年，其主要成果是南京国民政府修订的《民商事习惯调查报告录》。在民国时期的司法审判活动中，也非常重视习惯的作用，通过一系列判例确立了习惯法成立的要件，以及“法律无明文者，从习惯；无习惯者，从条理”的司法审判原则。[2] 清末和民国时期的民商事习惯调查对《大清民律草案》的制定，以及民国时期和其后台湾地区的规定都产生了一定的影响和作用，尤其是在当时的商法领域体现更加明显。

在我国现有法律制度体系中，虽然没有明确习惯的正式法律渊源地位，但习惯入法在我国立法中也有体现。如《宪法》第 4 条规定，各民族都有保持或者改革自己的风俗习惯的自由。此项规定确立了民族习惯的宪法地位。在其他法律中，主要在民商事法律中也有一些关于习惯的规定，如在我国《合同法》里，有很多关于“交易习惯”的条文，[3] 体现了交易习惯在合同法中的重要性。《物权法》第 85 条也规定“法律、法规对处理相邻关系有规定的，依照其规定；法律、法规没有规定的，可以按照当地习惯”，明确了习惯在法律空缺的情况下可以被适用。在我国的一些法律中，“社会公德”一词有时也以民间习惯的内容体现，如《民法通则》第 7 条规定了民事活动应当尊重社

[1] 参见汤铁樵：《各省区民商事习惯调查报告文件清册叙》，载北洋政府第 232 期《司法公报》。

[2] 参见李卫东：《民初民法中的民事习惯与习惯法》，中国社会科学出版社 2005 年版，第 131、213 页。

[3] 参见《合同法》第 22 条、第 26 条、第 60 条、第 61 条、第 125 条、第 136 条、第 293 条、第 368 条。

会公德，不得损害社会公共利益。这里所提到的“社会公德”，应当可视作为善良的习惯风俗。

（三）构建民商事法律关系中的习惯规则确认程序

关于习惯法律地位的具体规定及其应用主要体现在民商法等私法领域。在具体的司法实践中，习惯具有弥补法律体系局限性的功能。但习惯作为法律的补充并不意味着具有随意性。有学者指出，在国家存在法律明文规定的情况下，就适用国家法律来规范人们的行为或者进行审判，在法律缺失或者不明确的情况下，我们就要用司法解释，这里的司法解释是由最高人民法院和最高人民检察院发布的司法解释。在法律和司法解释都不存在的情况下也可以适用国家政策。没国家政策的情况下也可以依据习惯。习惯作为法律渊源在司法实践中的适用，要通过程序法上的设置，建立和完善习惯法的确认程序。

第一，要明确习惯认定的要件。在民国初期，就曾通过民事审判判例确立习惯法的成立要件。1913 年年初，大理院颁发第一个民事审判判例——民国二年上字第三号判例。该判例最初发表在《大理院判决录》中：“凡习惯法成立之要件有四：（1）要有内部要素，即人人有法之确信心。（2）要有外部要素，即于一定期间内就同一事项反复为同一之行为。（3）要系法令所未规定之事项。（4）要无悖于公共秩序、利益。”[1] 此项判例以及之后一系列相关的判例，奠定了民国时期普遍民事习惯向习惯法转变的基础，为习惯在民商事司法实践中的运用竖立了积极的意义。当下我国完全可以继承民国时期的做法，在民商事领域形成民事习惯的认定要件。

第二，设立民商事法律习惯确认程序。我国台湾地区现今的相关规定体系中关于习惯在“司法程序”上的确认，也基本延续了民国时期程序认定的相关特性。我国台湾地区在程序规定方面确认习惯的规定主要有：1919 年上字第 916 号判例提到的“‘习惯法’存在与否，除主张之当事人依法提出证据外，法院

[1] 李卫东：《民初民法中的民事习惯与习惯法》，中国社会科学出版社 2005 年版，第 131 页。

应依职权调查”。[1] 而关于案件的双方当事人的关于习惯的规定程序在 1924 年上字第 1432 号判决有着相关规定：“‘习惯法’则之成立，以习惯事实为基础，故主张习惯法则，以为攻击防御方法者，自应依主张事实之通例，就此项多年惯行，为地方之人均认其有拘束其行为之效力之事实，负举证责任。如不能举出确切可信之凭证，以为证明，自不能认为有些习惯之存在。”[2] 我国台湾地区确认‘习惯法’的做法，大陆地区也可以借鉴。

[1] 厉尽国：《习惯法制度化的历史经验与现实选择》，载《甘肃政法学院学报》2009 年第 1 期。
[2] 厉尽国：《习惯法制度化的历史经验与现实选择》，载《甘肃政法学院学报》2009 年第 1 期。

认真地对待《民法总则》第一章“基本规定”

于 飞*

《民法总则》第一章“基本规定”共12条，内容涉及立法目的、调整对象、基本原则、法源、特别法优于一般法以及地域效力，在沿袭《民法通则》第一章“基本原则”的基础上，又有所发展和创新。法律业已颁布，并于2017年10月1日起施行，当此之际，对第一章“基本规定”进行一个内容整理、体系定位和功能把握，以利理论发展与裁判适用，可谓正当其时。

“认真地对待……”一语在我国法学界的流行，似应渊源于德沃金名著《认真对待权利》的译介，我国亦有许多法学者运用这一表述构造其著述的标题。[1]本文使用这一表述，有以下两个用意：其一，认真意味着不贬低。从《民法通则》“基本原则”到《民法总则》“基本规定”，本章内容似乎一直给人感觉宣示性大于实用性，缺乏裁判上的意义。对这些条文，有或没有，制定得好或坏，似乎都没有太大的差别。本文所谓“认真地对待”，首先即指充分揭示和认识“基本规定”在体系中的功能和意义；其次，认真意味着不夸大。从形式结构上看，“基本规定”有适用于全民法领域的意味，若不能正确理解和把握，本章规定可能会被误用或滥用。总之，作为《民法总则》的首章，也是未来民法典的首章，本文试图认真

---

* 于飞，中国政法大学教授，博士生导师。

[1] 参见慕槐：《认真地对待法律教育》，载《法学研究》1996年第1期；贺卫方：《认真地对待法律教育》，载《比较法研究》1996年第2期；陈金钊：《认真地对待规则——关于我国法理学研究方向的探索》，载《法学研究》2000年第6期；易继明：《认真地对待学者——闲话学者与最近的民法草案》，载《法学》2003年第5期；徐国栋：《认真地反思第四次民法典起草的组织方法》，载《法律科学》2003年第5期；徐国栋：《认真地对待民法典》，中国政法大学出版社2004年版。徐国栋教授对这一表述运用尤多。

地采取解释论立场，去展现“基本规定”章在民法典与我国民法体系中的意义。

本文将依以下次序展开。首先谈“基本规定”对我国以往民法规范的继受；其次谈“基本规定”对我国以往民法规范的发展；再次谈“基本规定”功能的重新整理；最后是简要的评价与展望。

一、《民法总则》“基本规定”对《民法通则》“基本原则”的继受

（一）以继受为主的条文

“基本规定”12个条文中，有8个明显地继受自《民法通则》“基本原则”章，占条文总数的三分之二。

《民法总则》第一章“基本规定”	《民法通则》第一章“基本原则”
第1条　立法目的和立法根据 为了保护民事主体的合法权益，调整民事关系，维护社会和经济秩序，适应中国特色社会主义发展要求，弘扬社会主义核心价值观，根据宪法，制定本法。	**第1条　立法目的和立法根据** 为了保障公民、法人的合法的民事权益，正确调整民事关系，适应社会主义现代化建设事业发展的需要，根据宪法和我国实际情况，总结民事活动的实践经验，制定本法。
第2条　调整对象 民法调整平等主体的自然人、法人和非法人组织之间的人身关系和财产关系。	**第2条　调整对象** 中华人民共和国民法调整平等主体的公民之间、法人之间、公民和法人之间的财产关系和人身关系。
第3条　合法权益受保护原则 民事主体的人身权利、财产权利以及其他合法权益受法律保护，任何组织或者个人不得侵犯。	**第5条　合法权益受保护原则** 公民、法人的合法的民事权益受法律保护，任何组织和个人不得侵犯。
第4条　平等原则 民事主体在民事活动中的法律地位一律平等。	**第3条　平等原则** 当事人在民事活动中的地位平等。
第5条　自愿原则 民事主体从事民事活动，应当遵循自愿原则，按照自己的意思设立、变更、终止民事法律关系。	**第4条　自愿原则** 民事活动应当遵循自愿、公平、等价有偿、诚实信用的原则。

续表

《民法总则》第一章“基本规定”	《民法通则》第一章“基本原则”
第6条　公平原则 民事主体从事民事活动，应当遵循公平原则，合理确定各方的权利和义务。	**第4条　公平原则** 民事活动应当遵循自愿、公平、等价有偿、诚实信用的原则。
第7条　诚信原则 民事主体从事民事活动，应当遵循诚信原则，秉持诚实，恪守承诺。	**第4条　诚信原则** 民事活动应当遵循自愿、公平、等价有偿、诚实信用的原则。
第12条　地域效力 中华人民共和国领域内的民事活动，适用中华人民共和国法律。法律另有规定的，依照其规定。	**第8条第1款　地域效力** 在中华人民共和国领域内的民事活动，适用中华人民共和国法律，法律另有规定的除外。

以上8条内容虽无大的改变，但仍有值得一述的调整，分三点述之：

第一，第1条在立法目的上增加了“弘扬社会主义核心价值观”，在立法根据上删去了“根据……我国实际情况，总结民事活动的实践经验……”。“社会主义核心价值观”中的内容有相当部分与民法基本原则相重合，也有相当多的我国以往民法体系中未明示的价值表述。这些价值表述可以作为立法目的在法官的裁判作业中发挥作用。立法根据系指民法典立法权的正当性源于宪法，而非指民法典的规范内容源于宪法。[1]在立法权正当性的意义上，“我国实际情况”及“民事活动的实践经验”还不是立法根据，至多是经验基础，删去也无可厚非。

第二，第2条调整对象将《民法通则》第2条中的“财产关系”“人身关系”颠倒了表述次序。此与民法学界所谓“人文主义”与“物文主义”的争论有关。[2]民法系以人为中心或目的，[3]《民法总则》第2条将“人身关系”前置，可以看作是对民法以人为中心或目的的突显。然而从裁判角度讲，调整对象中“人身关系”与“财产关系”何者居前并不产生裁判意义。

第三，第5、6、7条的自愿原则、公平原则、诚信原则同源于《民法通则》

[1] 参见朱庆育：《民法总论》，北京大学出版社2016年版，第12页。

[2] 参见徐国栋：《新人文主义与中国民法理论》，载徐国栋《民法对象研究》，法律出版社2014年版，第5—9页。

[3] 参见王泽鉴：《民法总则》，北京大学出版社2009年版，第28—30页。

第4条，即“民事活动应当遵循自愿、公平、等价有偿、诚实信用的原则”。《民法通则》第4条包含了若干不同的民法基本原则，从立法技术上说，不同的规范内容应当分列于不同的条文，才便于在援引条文数字时明了其确切的对应内涵。故《民法总则》这一变化，在立法技术上值得肯定。

（二）“基本规定”内容的三层结构

大陆法系传统民法典没有在法典首章集中规定民法基本原则的立法例。传统民法典的第一部分多称为“序编”“引言”“法例”，其内容通常是关于民法典的一些技术性规定，如法源、法典效力（时间效力、空间效力、对人效力），有的还包括了法官的裁判义务、解释规则、证据规则等；联邦制国家（如瑞士）还会规定民法典与州法的关系。这些规定具有适用于法典各编乃至全体私法领域的一般规定性质，因此宜于在法典第一部分写明。

民法典首章“基本原则”的立法例源于社会主义法系。1922年、1964年《苏俄民法典》第一章都是“基本原则”，[1] 对其他社会主义国家——包括中国——产生了深远的影响。但就内容而言，1964年《苏俄民法典》“基本原则”（包括“前言”部分）除了必不可少的技术性规定之外，大量充斥着社会主义性质及基本制度的宣示性表述（以下简称为“社会主义式表述”），[2] 而真正被我们认为是基本原则的平等、自愿、公平、诚信、权益受保护这些民法价值理念，反而未见其踪。简言之，以《苏俄民法典》为代表的社会主义民法典虽有了首章“基本原则”的体例，但其内容是“技术性规定＋社会主义式表述”这样的二层结构。

《民法通则》第一章沿袭了“基本原则”这个社会主义民法典的体系标识。但在内容上创造性地将传统民法价值理念引入，使之成为“基本原则”章的主体性内容。究其原因，是因为当时我们的市场经济体制初创，旧体制中缺乏“自由”“平等”“权利”这些民法赖以存在的要素，立法者便采用法典创制的方式

[1] 参见《苏俄民法典》，郑华译，法律出版社1956年版，第3页；中国社会科学院法学研究所民法研究室编：《苏俄民法典》，中国社会科学出版社1980年版，第4—7页。

[2] 参见中国社会科学院法学研究所民法研究室编：《苏俄民法典》，中国社会科学出版社1980年版，第2—3页。

将这些要素创造出来，然后以之向社会输出，试图促进社会改良。[1] 于是，《民法通则》第一章“基本原则”在内容上便形成了独特的“技术性规定＋社会主义式表述＋民法价值理念”这样的三层结构。与资本主义民法典相比，他们没有“基本原则”这样的立法体例；与社会主义民法典相比，他们的“基本原则”中缺乏传统民法价值理念。因此，《民法通则》“基本原则”章的体例加上其三层结构的内容，的确构成我国民法的一个显著特色。

观察《民法总则》第一章“基本规定”：第 2 条调整对象界定本法的适用范围，第 10 条法源规定明示法官的裁判依据，第 11 条特别法优于一般法，第 12 条法典的地域效力，以上都属于法典适用的技术性规定。同时，社会主义式表述仍然存在，典型如第 1 条中的“适应中国特色社会主义发展要求”“弘扬社会主义核心价值观”。当然，在本章占主体地位的仍是表征民法价值理念的基本原则，即第 3 条合法权益受保护原则、第 4 条平等原则、第 5 条自愿原则、第 6 条公平原则、第 7 条诚信原则、第 8 条禁止违反法律和公序良俗原则、第 9 条生态环境保护原则。很显然，《民法总则》“基本规定”在内容上仍然是“技术性规定＋社会主义式表述＋民法价值理念”三层结构，这一点是对《民法通则》的忠实继受。

（三）基本原则的两条价值线索

“基本规定”的主体性内容是民法基本原则。民法基本原则中有两条价值线索，一条是合法权益受保护原则、平等原则、自愿原则；另一条是诚实信用原则、公序良俗原则、公平原则。前一条线索中，平等原则使得民事主体适用相同的竞赛规则；自愿原则使得民事主体可以在竞赛中凭借自己的自由意思追逐利益；合法权益受保护原则使得民事主体在竞赛中所获得的利益能够得到法律保障。以上三个原则是社会效率的源泉，构筑了市场经济及自由竞争的法律基础，被学者称为“基本体制原则”。然而，基本体制原则的功能经充分发挥，时日既久，民事主体在竞赛中成败效果会逐步累积，导致日益严重的强弱分化。严重的强

[1] 参见于飞：《民法基本原则：理论反思与法典表达》，载《法学研究》2016 年第 3 期。

弱分化会带来巨大的社会问题，使社会正义价值受损。为弥补市场机制的缺陷，后一条价值线索逐渐在民法中突显了出来，诚实信用、公序良俗、公平原则分别从不同角度对前一条线索形成限制和修正，其实质是国家以公权力之手对自由市场机制进行一定的干预，从而使社会正义价值得到体现。以上原则被学者称为“体制限制原则”。

基本体制原则与体制限制原则并非平行关系，而是有主有辅。平等、自愿、合法权益受保护原则构成的基本体制原则居于主导地位，这条价值线若不存在，民法本身就不复存在，市场经济与自由竞争机制也不复存在。诚实信用、公序良俗、公平原则构成的体制限制原则居于辅助地位，其功能在于辅助基本体制原则并使之妥当地发挥功能，故其虽对基本体制原则形成一定的限制和修正，但决非颠覆或取代。从根本上说，社会正义价值主要依靠公法和社会法去实现，作为私法的民法虽然也要对社会正义价值需求作出回应，并在自己的弹性范围内进行一定的调整，但这种调整绝非否定自我，否则，社会效率价值在法律中就无从贯彻了。

以上两条线索在《民法通则》“基本原则”章中就很清楚，在《民法总则》“基本规定”章中被显然地继受下来。

以上可见，《民法总则》“基本规定”章在价值线索、内容结构、条文表述上都显著地继受了《民法通则》“基本原则”章。这一点我们毋庸讳言。

二、《民法总则》“基本规定”对《民法通则》“基本原则”的发展

《民法总则》“基本规定”并非对《民法通则》“基本原则”的简单翻版，事实上仍有相当程度的发展。主要体现在以下几个方面。

（一）章名

本章章名从“基本原则”到“基本规定”的变迁，《第十二届全国人民代表大会法律委员会关于〈中华人民共和国民法总则（草案）〉审议结果的报告》有

如下解释："草案第一章章名为'基本原则'。有的代表提出，第一章的内容既包括民事法律的基本原则，也包括立法目的、调整范围、法律适用规则等内容，'基本原则'的章名难以涵盖这些内容，建议修改。法律委员会经研究，建议将这一章的章名修改为'基本规定'。"的确，第一章 12 个条文中能称为民法基本原则的只有 7 个条文，其他 5 个分别是立法目的、调整对象、法源、特别法的效力、地域效力，这些不是民法基本原则。故从逻辑上说，"基本规定"的章名更显合理。

（二）第 8 条"禁止违反法律和公序良俗原则"

本条规定源自《民法通则》第 7 条："民事活动应当尊重社会公德，不得损害社会公共利益，扰乱社会经济秩序。"但有以下两方面的显著变化。

一方面，采纳"公序良俗"概念。在表述上，《民法通则》第 7 条使用的是"社会公德""社会公共利益""社会经济秩序"，系受苏联民事立法及民法理论影响。[1] 学界通说认为，"社会公共利益"及"社会公德"等概念，性质和作用上与公序良俗原则相当。因此，我国以往法律实际上已经确立了公序良俗原则，学界通说亦建议采纳规范的"公序良俗"概念。[2] 本条最终采纳了学界建议。

另一方面，将禁止违法与禁止违背公序良俗合并规定。公序良俗是对强制性法律规定的补充，强制规定与公序良俗构成两层规制之网，两者非为一事。比较法上，一般是将两者分别规定于不同条文，典型如德国民法典第 134 条（禁止违法）、第 138 条（禁止违背公序良俗），我国台湾地区"民法"第 71 条（禁止违法）、第 72 条（禁止违背公序良俗）。我国《合同法》第 7 条将守法与不得违背实质上的公序良俗合并规定，《民法总则》第 8 条似受《合同法》第 7 条立法方式影响，并将守法反面表述为"不得违反法律"，将其与"不得违背公序良俗"合并，从而在民法基本原则的高度上规定了"禁止违反法律和公序良俗原则"。

公共秩序并非指具体法律规范，而是指向法律的价值体系，尤其是宪法上

---

[1] 参见梁慧星：《民法总论》（第四版），法律出版社 2011 年版，第 50 页。

[2] 参见梁慧星：《民法总论》（第四版），法律出版社 2011 年版，第 50 页；王利明：《民法总则研究》，中国人民大学出版社 2013 年版，第 135 页。

基本权利价值体系；善良风俗则指向法律外的伦理秩序。公序良俗原则的核心功能在于发挥转介作用，将民法外的规范引入民法之中。公序良俗原则犹如一根双头虹管，一头插入法律价值层面，一头插入社会伦理层面，使民法典可以不断吸收这两个层面的营养，在不修改法典的情况下实质性地更新自己的规则，从而使民法法典永葆青春，不致落伍。

《民法总则》第8条将公序良俗原则的适用范围界定为“民事活动”。就文义而言，“民事活动”不仅包含法律行为，也包括其他领域，如侵权行为、不当得利以及确定法律渊源等。在法律行为领域，公序良俗原则旨在否定法律行为效力，限制意思自治的范围；在侵权法领域，公序良俗原则旨在遴选特定的纯粹经济损失并加以保护，在扩张损害赔偿义务的同时平衡行为自由；在不当得利情形，公序良俗原则旨在规范财产的变动；在确定习惯法作为民法渊源时，公序良俗原则发挥着限制习惯法范围的作用。[1]

（三）第9条“生态环境保护原则”

从民法基本原则高度规定生态环境保护，是我国此次《民法总则》编纂中的一个创举。对这一创新，可作如下三方面的理解。

第一，民法典有时代性，总是在回应制定之时的重大社会需求。当今中国，严重的环境污染与生态危机威胁每一个人的生存与发展。“生态环境保护原则”的立法化，表明中国民法典试图对当今中国重大社会问题和社会需求作出一个回应。客观地说，如果要在传统民法资源内回应生态环境保护需求，可以将生态环境保护解释为公序良俗原则，尤其是公共秩序的内涵。但一个问题的现实重要性越高，它在体系中的独立倾向就会越显著。《民法总则》“生态环境保护原则”的出现，就是环境问题的高度现实重要性的体现。

第二，“生态环境保护原则”为我国民法的体制限制原则增加了新的内容。民法的基本体制原则——自愿、平等、合法权益受保护——系以个人利益为中

[1] 参见于飞：《公序良俗原则研究——以基本原则的具体化为中心》，北京大学出版社2006年版，第4页。

心；民法的体制限制原则之中，诚信、公平意图实现民事主体之间的利益平衡，公序良俗意图实现民事主体与社会之间的利益平衡。“生态环境保护原则”增加了一种体制限制，要求在民事活动中实现民事主体与生态环境之间的利益平衡。可以说，“生态环境保护原则”是民法典社会化一面的新表现和新动向。

第三，“生态环境保护原则”是民法基本原则。《民法总则》三审稿曾经把本条内容移至“民事权利”章的权利行使部分，这在解释上意味着本条仅对权利行使发生作用，对其他领域，如权利产生（法律行为效力评价）不发生作用。《民法总则》恢复了本条的基本原则地位，意味着该原则的精神可以覆盖民法各个领域。

（四）第10条“法源”

本条来源于《民法通则》第6条：“民事活动必须遵守法律，法律没有规定的，应当遵守国家政策。”但有以下三点值得特别关注。

第一，将国家政策从法源中删除。这是我国法源体系的一大变化。学界对于“国家政策”作为法源的批评所在多有，梁慧星教授指出：“政策，在经立法机关、立法程序予以规范化成为现行法律之前，不具有规范性和国家强制性，不能在法院裁判中引用、作为判决依据。这是政策不能作为‘法源’的根本原因。”[1]朱庆育教授认为，法律与政策“二者差别不容忽视：内容上，国家政策有强烈的目标指向性，服务于特定时期的‘路线’和‘任务’，体现的完全是‘路线’和‘任务’规范者的意志，以管制为基本取向；程序上，政策之制定，不受立法法制约，无法定的制定程序，无相应的制定程序，无相应的救济措施，具有极大的任意性……政策作为法源的程度，与法制的健全程度呈负相关关系”。[2]我国《民法通则》时期将国家政策作为补充性法源，有当时法律规则供给不足的特殊背景，在民法典颁布之后，以此为由再也无法服人。本条在这一点上的修正值得赞赏。

---

[1] 梁慧星：《民法总则绝对不能规定“政策”为“法源”》，载中国法学网：http://www.iolaw.org.cn/showArticle.aspx?id=5069。

[2] 朱庆育：《民法总论》，北京大学出版社2016年版，第41—42页。

第二，将习惯（法）纳入法源。这是我国法源论的一大更新。习惯并非仅指事实上的惯行，因为此类惯行可能是陈规陋习，尚不足以成为法源。我国台湾地区“民法”第1条规定，“民事，法律所未规定者，依习惯；无习惯者，依法理”。此处的“习惯”，通说是指“习惯法”。[1] 从比较法与法律继受的角度看，我国台湾地区“民法”第1条源于《瑞士民法典》第1条，而《瑞士民法典》第1条明确使用的是Gewohnheitsrecht一词，即“习惯法”。本条使用“习惯”，可能是受台湾地区“民法”第1条字面表述的影响，但其具体含义仍应指“习惯法”。

习惯法的构成要件，一般认为有以下三项：其一，多年惯行的事实；其二，普通一般人确信其有法的效力；其三，不违背公序良俗。[2]

第三，实证法外的补充性法源。制定法与习惯法可统称为实证法，《民法总则》第10条所列举的法源至实证法为止。这里显然存在一个问题，若实证法没有为某案件提供答案，法官应当依据什么裁判？

一个可能的回答是依据民法基本原则进行裁判，《民法总则》明文确认了诸多民法基本原则，也为这种思路提供了基础。这一思路的方向是正确的，但须注意，在第10条“法律——习惯（法）”这二位阶法源体系中，民法基本原则应属于哪一位阶？若因民法基本原则被法律明文规定而认为其属于“法律”，则由于基本原则可以说是无所不在、无所不包，“适用”基本原则的几乎可以填补任何漏洞，解决任何问题。于是，“法律”（制定法）就成了一个无漏洞的体系，法源中有这一个位阶就够了，习惯法就成了多余。显然以上思路存在偏差。从规范适用上说，越具体的规范越应当优先适用，越抽象的规范越劣后适用。“法

---

[1] 参见王泽鉴：《民法总则》，北京大学出版社2009年版，第46页；胡长清：《中国民法总论》，中国政法大学出版社1997年版，第29—30页；史尚宽：《民法总论》，中国政法大学出版社2000年版，第81页。但有少数异说认为习惯法已被我国台湾地区“民法典”第1条中的“法律”所包含，第1条中的“习惯”仅指事实上的惯行，尤其参见苏永钦：《“民法”第一条的规范意义》，载《私法自治中经济理性》，中国人民大学出版社2004年版，第1—29页。

[2] 参见王泽鉴：《民法总则》，北京大学出版社2009年版，第46—47页；黄立：《民法总则》，中国政法大学出版社2002年版，第47页。值得注意的是，黄立教授指出：“这种原始意义的习惯法，几乎已完全失去其重要性，现今‘习惯法’之形成，主要是法官对法律之继续形成，经由法院之使用，而普遍地被接受。”黄立：《民法总则》，中国政法大学出版社2002年版，第47页。我国民法典新确立的“习惯”这一法源，在裁判实践中究竟会遭遇什么命运，与裁判惯例之间的关系如何协调，尚须在以后的实践中观察。

律”指制定法具体规范，“习惯”是习惯法具体规范，而这两者之间插入一个基本原则，让更抽象的基本原则优先于具体的习惯法适用，这显然有问题。

“法律”与“习惯”应当均指实证法具体规则。基本原则应当在实证法具体规则之后发挥作用，也即在实证法具体规则不备时，可以以基本原则为基础寻找补充性法源。孙宪忠教授建议稿将第三位阶法源表述为“依民法基本原则确立的规则”，[1] 王利明教授建议稿将第三位阶法源表述为“依据本法确定的基本原则参照法理处理”，[2] 可以看作是这种思路的尝试表达。

我国台湾地区“民法”第 1 条建立的法源体系为“法律——习惯——法理”，而对第三位阶“法理”，王泽鉴先生解释为：“系指自隐含在‘立法’、‘法秩序’或一般价值体系演绎而出的一般‘法律原则’，为谋社会生活事物不可不然之理，与所谓条理、‘自然法’、通常‘法律’的原理，殆为同一事物的名称。”[3] 可见，“法理”无论在功能还是内涵上，都堪称与“法律原则”相同。在我国明文规定了民法基本原则的情况下，肯认第三位阶法源为“基于民法基本原则确立的规则”，具有正当性和合理基础。

然而，面对现行法中二位阶的法源体系，如何解释产生实际上的三位阶法源体系？这需要一个法技术上的解释路径。首先，本条肯认了法律、习惯（法）二种法源，但并没有明文禁止其他法源，因此仍有解释的空间。其次，如拉伦茨所述，基于无可反驳的法律交往上的需要，可以创构一些法律计划原本并未包含，有时甚至与之背道而驰的法律制度，此即所谓“超越法律的法的续造”。[4] 为法官提供实证法规则不备时的补充性法源，此即无可反驳的现实需要，故即使对立法计划有所超越，也具有正当性。最后，具体进行法律续造的方法，可以考虑目的性扩张。即为了妥善实现本法的立法目的——第 1 条中的“调整民事关系”，就不能造成调整漏洞；为不造成调整漏洞，为法官提供实证法规则之外的补充就是必须。因此，为了实现周延调整民事关系的目的，应将我国民法

[1] 中国社会科学院民法典立法研究课题组（孙宪忠教授主持）：《民法总则建议稿》，载中国法学网：http://www.iolaw.org.cn/showNews.aspx?id=49193&from=timeline&isappinstalled=0。

[2] 王利明主编：《中国民法典学者建议稿及立法理由 总则编》，法律出版社 2005 年版，第 22 页，熊谞龙执笔。

[3] 王泽鉴：《民法总则》，北京大学出版社 2009 年版，第 49 页。

[4] 参见〔德〕拉伦茨：《法学方法论》，陈爱娥译，商务印书馆 2004 年版，第 286—290 页。

的法源体系从二位阶扩张为三位阶，即“法律——习惯（法）——依基本原则确立的规则”。

（五）第 11 条“特别法优于一般法”

《民法通则》及其他民事法律中，并无此条的直接渊源。《立法法》第 92 条前段规定，“同一机关制定的法律、行政法规、地方性法规、自治条例和单行条例、规章，特别规定与一般规定不一致的，适用特别规定”，故第 11 条可以看作是《立法法》规范效力体系在民法中的一个反映。特别法优于一般法的规则实际上就是要求从具体到抽象、从特殊到一般来考虑法律适用问题。因为，越具体、越特殊的规则表明其与案件的联系性就越密切，对案件的针对性就越强。[1] 这样，法律适用才可望得到更妥当的结果。

需要特别强调的是，只有处于同一位阶的规范性文件之间才存在一般法与特别法、新法与旧法的关系。如果是不同位阶的规范性文件，则必须优先适用“上位法优先于下位法”规则。否则，下位法就可以利用其“特别法”地位任意修改上位法，一国统一的法秩序就不存在了。

有趣的是，同一位阶的新一般法与旧特别法，谁更优先？在《民法总则》颁布后，民法典全部编纂完成之前，该情形恰恰会出现在生效的《民法总则》（新一般法）与仍然有效《合同法》（旧特别法）之间。梁慧星教授认为：“一旦民法总则通过并生效，法官审理案件中发现民法总则与民法典构成部分（如合同法）有不同的规定，就不能根据特别法优先适用原则，而应当根据新法废改旧法的原则，适用民法总则的规定，而不适用属于民法典分则的合同法的规定。”[2] 本文赞同此时应优先贯彻“新法优于旧法”的观点。同时认为，新法在制定之时，立法者实际上会考虑到其与既有法律之间的衔接问题，如果立法者不欲废止某个旧规范，会在相关新法条文中用“法律另有规定的除外”之类的表述保留旧规范效力。而若新法中没有这种表述，实际上意味着立法者已经作出了立法决

[1] 参见王利明：《民法总则研究》，中国人民大学出版社 2013 年版，第 150 页。

[2] 梁慧星：《〈民法总则（草案）〉：解读、评论和修改建议》，载《华东政法大学学报》2016 年第 5 期。

定，即不留例外地确立新规则效力，这种立法决定应予尊重。否则，利用新法更新法秩序的目的就会落空。

三、“基本规定”的功能整理

“基本规定”中的技术性规定的功能是明确的。《民法总则》第2条调整对象界定本法的适用范围，第10条法源明确法官的裁判依据，第11条规定特别法与一般法的关系，第12条界定本法的地域效力。功能上尚需探究和明确的，是第1条立法目的及第3—9条民法基本原则。

（一）立法目的与法律价值的明确

目的解释是法律解释中的一种重要方法。耶林在其名著《法律的目的》一书中指出：“目的是所有法律的创造者。”故解释法律，必先了解法律所欲实现的目的，以此为出发点进行解释，才能得其要领。[1] 法律解释以可能的文义为界限，超越此界限即进入漏洞补充的范畴。立法目的在漏洞补充中也发挥着重要功能，典型如目的性限缩与目的性扩张。除这两者之外，拉伦茨将类推适用、将规则一般化发现原则并以原则为基础裁判、依法律目的修正规范在文义上的矛盾，统称为“基于目的考量对法律文本的修正”。[2] 以上漏洞补充方法，均有赖于对立法目的的阐明和理解。

对于法律价值，抽象地看，其与法律目的不应为一事。法律目的是法律指向的目标，法律价值则是法律本身的抽象概括；事物指向的目标与事物本身不应相同，犹如箭靶与箭不相同一样。但是，实际上法律目的与法律价值难以区分。黄茂荣指出，人们常对法律目的有不同的理解，其背后隐藏了冲突的利益，而在对利益进行权衡（利益法学）之时需要有一套价值标准作依据，于是又导出了法律价值（价值法学）。由此，法律所追求的目的被价值取向化，目的因素有

---

[1] 参见梁慧星：《民法解释学》，法律出版社2009年版，第228—229页。

[2] 参见〔德〕拉伦茨：《法学方法论》，陈爱娥译，商务印书馆2004年版，第272—276页。

了扩及价值的倾向。如 Heier-Hayoz 推荐将“目的与价值”连用，又如在法律目的的考察中，由法律原则构成的内在（价值）体系被普遍地重视。[1] 拉伦茨认为客观目的论中判断目的的标准有两类，其中之一就是“法伦理性的原则”。[2] 以上都反映了现代民法学中目的与价值有合二为一的趋势。于是，法律目的与法律价值都会在目的解释、目的性扩张、目的性限缩等法律解释与漏洞补充作业中发挥作用。

然而困难之处在于，法律目的究竟为何？法律价值又包含哪些内容？这些都是法学中众说纷纭、难以解明之所。对于立法目的，若依主观解释的观点，应以立法者的主观目的为标准；若依客观解释的观点，则应依法律在当今法秩序中的客观目的为标准。[3] 以上两类目的显然都具有很大的不确定性，容易导致争议。法律价值中包含哪些相互冲突又相互协作的内容？这更是聚诉集纷之处。立法目的和法律价值的模糊性及不确定性，直接影响了相关法律解释及漏洞补充作业的功效发挥。《民法总则》第 1 条、第 3—9 条通过立法明文规定的方式，明确了我国民法的立法目的和法律价值，可望收到统一认识，减少争议，便利相关解释及漏洞补充作业的功能。

（二）立法目的与法律价值固化的防止

明文规定民法典的立法目的与法律价值，这在比较法上是罕例。一方面此举虽有减少争议、明晰适用的可能收益，另一方面也可能有很严重的负面效果；我们尤其要防止对立法目的和法律价值的片面化、静态化的理解。

从主观说角度，立法者是否及能否将其全部目的清楚地在一个条款中表达出来，值得怀疑。显然，我们不能认为民法典的目的仅限于第 1 条所述的有限内容，并进一步认为在此之外不存在目的。比如，在各学者建议稿中出现过，但《民法总则》第 1 条中未明言的“促进社会、经济与人的全面发展”“为给民

[1] 参见黄茂荣：《法学方法与现代民法》，中国政法大学出版社 2001 年版，第 282—283 页。
[2] 参见〔德〕拉伦茨：《法学方法论》，陈爱娥译，商务印书馆 2004 年版，第 211 页。
[3] 参见〔德〕齐佩利乌斯：《法学方法论》，金振豹译，法律出版社 2009 年版，第 71—73 页。

商事案件的审理提供裁判依据”[1]“维护民事主体的自由和尊严”等，不能认为与民法典的目的毫无相关。质言之，如果我们认为第1条之外不存在法律目的，将会导致非第1条的内容不能用于目的解释，这会严重限制目的解释的功能。

从客观说角度，法律目的是常变常新的，不能将其特定历史阶段的含义固化。法史上有许多令人印象深刻的例子，如杨仁寿先生论及的日本“借家法”第一条之二，“建筑物之出租人，非有自用之必要，或有其他正当理由，不得拒绝租赁契约之更新或终止契约”。本条在何为不续约的“其他正当理由”之立法意图上，原解释较为宽松。然而在二战之中，宽松解释有碍“参加战斗人员”后方家属的生活安定，故判例解释日趋严格。战后因大量房屋遭毁及军人返乡原因，很多出租人也无家可住，法院肯定有正当理由的判例又日渐增多。随着经济发展，一屋难求的情况渐趋缓和，正当理由的解释又日趋宽松。目前甚至认为出租人对承租人提供“搬迁费”，也属于构成正当理由的重要因素。日本“借家法”第一条之二的文字并未变动，但其“法律目的”在解释上却随不同时期而有戏剧般的变化。[2]

法律价值也不可固化。表征法律价值的基本原则构成民法的“内在体系”[3]，而民法的内在体系也是在不断发展变化的。如德国民法典创立之初，“尊重人格尊严”“信赖保护”并不被认为是基本原则，但现在却成为德国民法中有相当共识度的一般法律原则，这正是因为德国民法典没有把民法价值在法典上固化，从而对“内在体系”进行新的解释才比较容易。

质言之，大陆法系传统民法典不明文规定立法目的和法律价值，虽然较易产生争议，但对法律目的和价值的开放、理性的讨论以及常变常新的解释，恰恰是其法律随着时代发展而实质更新的一个重要源泉。我们将立法目的和法律价值明文化，可能有减少争议、便利解释的功效，但若因此固化了法律目的和价值，阻碍了法律发展，却是得不偿失。就此而言，“社会主义核心价值观”[4]进

[1] 李永军主编：《中国民法典总则编草案建议稿及理由》，中国政法大学出版社2016年版，第1页。
[2] 参见杨仁寿：《法学方法论》，中国政法大学出版社2013年版，第173—174页。
[3]〔德〕拉伦茨：《德国民法通论》，王晓晔等译，法律出版社2003年版，“沃尔夫序”，第1页。
[4] 社会主义核心价值观包括“富强、民主、文明、和谐、自由、平等、公正、法治、爱国、敬业、诚信、友善”。

入立法目的，实际上可以大大扩充立法目的条款所包含的价值内涵，我们应当充分利用其中的积极因素。同时，“适应中国特色社会主义发展要求”的表述，也应当被认真地对待，应解释为立法目的包括民法典须适应我国社会的“发展”，于是立法目的就应因时而变。

综上，我们应当注意两点：第一，《民法总则》第一章对民法典立法目的和法律价值的规定，属于择其要者的表述，并不求全面无遗。经开放、理性的讨论，法律目的和价值中仍然可以融入其他内容，使之成为法律解释和漏洞补充作业的基准。第二，“基本规定”中已经包含的法律目的和价值，其含义也是可更新的。

（三）立法目的及基本原则规定在裁判中的运用方式

立法目的及基本原则都不是裁判规范，不是民法法源，不能充任法官司法三段论中的大前提，其功能在于法律解释和漏洞补充。在法律解释中，三段论大前提是被解释的法律规则，不是立法目的或基本原则；在漏洞补充中，三段论大前提是经漏洞补充作业产生的某个新规则，也不是立法目的或基本原则。

笔者在《民法总则》颁布之前的研究中，曾将《民法通则》所规定的基本原则分为价值理念型基本原则与概括条款型基本原则，前者包括自愿原则、平等原则、权益受保护原则，后者包括诚信原则及公序良俗原则。价值理念型基本原则不是法官的裁判依据，但概括条款型基本原则可以充任三段论大前提，法官可以依之直接进行裁判。笔者进而建议价值理念型基本原则不必在法典中规定，概括条款型基本原则应当放在各自的功能领域中。[1] 以上主要是立法论探讨，希望能改变《民法通则》传统，回归传统民法体系。现在立法已定，而且《民法总则》第 132 条、第 153 条已经明文规定了对权利行使行为进行“行使审查”及对法律行为内容进行“内容审查”的概括条款，此时，垂悬在前面的诚信原则、公序良俗原则就不能再被认为是概括条款，否则就成了立法重复。因此，“基本规定”中的诚实信用、公序良俗应当恢复其表征民法价值理念的基本原则身份，不具有概括条款的裁判规范功能，而是与其他基本原则一样，仅在法律解释及

---

[1] 参见于飞：《民法基本原则：理论反思与法典表达》，载《法学研究》2016 年第 3 期。

漏洞补充中发挥作用。

拉伦茨在"超越法律的法的续造"中阐述了"鉴于法伦理性原则从事之法的续造",他所举的典型例证,就是"诉诸'诚信'的基本原则"。[1] 既然是超越立法计划的漏洞补充,拉伦茨此处所论就不可能是德国民法典第 242 条上的诚信,因为第 242 条决不会在立法计划之外。此处拉伦茨所论,其实指的是一种诚实信用的法律一般思想或法理念,因此即使在立法计划之外,法官也可以基于无可反驳的法律交往需要等原因,在这种诚信的法理念基础上进行法律续造。以此观之,第 242 条上的"诚实信用"只是这种法理念的一个规则表现而已。

作为漏洞补充依据的诚信原则以一种一般法律思想或法理念存在,而非以概括条款或规则的形式存在,本身不是法官的裁判依据,比较法上一般也不会将其立法化。《民法总则》第 7 条实际上是把这种法理念意义上的诚信原则立法化了。这种意义上的诚信原则,与合法权益受保护原则、平等原则、自愿原则、公平原则并无不同,它们共同构成我国民法的"内在体系",作用于法律解释与漏洞补充。《民法总则》第 9 条意义上的公序良俗原则也是如此。

既然立法目的及基本原则都不是裁判规范,那就意味着严禁法官在判决书中不加论证,直接作出诸如"依据《民法总则》第 1 条(或第 3—9 条),判决如下"之类的表述。法官必须将其裁判依据——经解释的规则或经法律续造产生的规则——及裁判依据的推导过程,在判决书中表述清楚。如《瑞士民法典》第 1 条所示,在制定法与习惯法不备时,"法官应依据如其作为立法者时便会确立的规则裁判",故法官在漏洞补充作业时首先就有"构造规则的义务",[2] 然后才得依据其构造的规则进行裁判。只有明确这一法官义务,法官基于第三位阶法源进行的裁判活动才能被检验和控制,相关法解释体系才可能逐渐累积和完善。

四、评价与展望

第一,《民法总则》"基本规定"继受多于创新。第一章共 12 条,其中三分

---

[1] 参见〔德〕卡尔·拉伦茨:《法学方法论》,陈爱娥译,商务印书馆 2003 年版,第 294 页。

[2] 〔瑞〕贝蒂娜·许莉蔓—高朴、耶尔格·施密特:《瑞士民法:基本原则与人法》,纪海龙译,中国政法大学出版社 2015 年版,第 74 页。

之二的条文（8 条）直接渊源于《民法通则》"基本原则"章。江平先生对《民法总则》有八字评语："继受精准，创新不足"，这个评语同样适用于"基本规定"部分。这种精准继受表现了法律发展中的惯性规律，一个规定一旦纳入制定法，再要改变就会非常难。若要改变，常常需要立法、司法、学界形成高度统一的认识而后可，如基本原则中排除"等价有偿"，法源中排除"国家政策"，采纳"公序良俗"概念等。

第二，民法典有时代性。民法典不是超越时间、空间的纯粹理性作品，而是与特定时空血肉相连的时代产物，反映着法典制定之时的特定时代背景和时代需求。《民法总则》第 1 条中的"社会主义核心价值观"、第 9 条"生态环境保护原则"就是典型表现。这种时代反应在法典编纂中一定会有，不在这里表现出来，就在那里表现出来，我们不必苛求。重要的是，一旦出现了，如何"认真对待"并将其尽量合理化。

第三，立法之后的"认真对待"的态度。立法之前，我们尽可以对草案进行批评，无论何种指摘都不为过，因为此时的责备有可能提高立法质量。然而，一旦立法通过，我们的态度应当马上有所转变。面对既已出生的自己的孩子，他的每一点我们都要接受。优良之处予以阐扬，不够满意之处在解释论中予以弥补，要使每一个条文、每一个表述都尽其可能地发挥出合理限度内的积极价值。立法之后，民法学者应当以解释论为基本立场，以法律适用为根本导向，探求从民法典规则出发抵达本土纠纷妥当解决的路径。这才是"中国民法学"产生的源泉。

做一个解释论意义上的积极建设者，是后法典时代民法学人的共同使命。

《民法总则》第九章“诉讼时效”评析

刘保玉 [*]

时效是指一定事实状态经过一定期间使得权利发生、变更或者消灭的法律事实。民法上的时效制度包括取得时效和消灭时效两种，我国民事立法受苏联的影响，将消灭时效称为诉讼时效，而取得时效在我国立法上尚未被明文规定。我国1986年4月12日颁布的《民法通则》设专章（第七章）用了7个条文对诉讼时效制度作了较为完整的规定。经过三十余年的实践检验，我们发现《民法通则》关于诉讼时效的基本规定是可行的，但也存在诸多不足和疏漏。2017年3月15日颁布、10月1日起施行的《民法总则》在遵从《民法通则》立法传统的基础上，于第九章用了12个条文（含第199条关于除斥期间的规定）规定了诉讼时效制度。总体说来，《民法总则》第九章“诉讼时效”的规定，在继受《民法通则》及有关司法解释中确立的既有的规则的基础上有所改进、完善并有所突破与创新，但也仍存在些许遗憾与不足。本文拟对该章内容作一梳理，冀有助于诉讼时效规定的理解、适用并期待未来民法分则的立法在相关问题上对其疏漏与不足有所弥补。

一、《民法总则》的改进与完善

2017年公布实施的《民法总则》对诉讼时效的改进之处很多，概而言之包括如下内容。

1. 修改了最常适用的普通诉讼时效的期间。将普通诉讼时效期间由二年，调整为三年（第188条）；保留了“法律另有规定的，依照其规定”。

---

* 刘保玉，中国政法大学教授、博士生导师。

2. 删除了“短期时效”的规定。《民法通则》第136条关于四种短期诉讼时效期间的规定，从学理到逻辑以及实践效果看，均不妥当。故《民法总则》中将其删除。

3. 完善了普通诉讼时效期间的起算规则。将诉讼时效期间的起算时间由《民法通则》中规定的“从知道或者应当知道权利被侵害时起计算”，修改为“自权利人知道或者应当知道权利受到损害以及义务人之日起计算。法律另有规定的，依照其规定”。

4. 改进了最长权利保护期间的规定。《民法总则》中保留了20年最长权利保护期（也有的称为最长诉讼时效期间）的规定，但表述有所变化：“但是自权利受到损害之日起超过二十年的，人民法院不予保护；有特殊情况的，人民法院可以根据权利人的申请决定延长。”其一，将原来的“从权利被侵害之日起”，修改为“自权利受到损害之日起”；其二，为与“法院不得主动援用诉讼时效的规定”相一致，将原来的“人民法院可以延长诉讼时效期间”，修改为“人民法院可以根据权利人的申请决定延长”。

5. 明确了同一债务分期履行诉讼时效起算点的规则。吸收最高人民法院《诉讼时效制度规定》第5条的规定，增设第189条的规定：“当事人约定同一债务分期履行的，诉讼时效期间从最后一期履行期限届满之日起计算。”在本条规定的理解适用上，须特别注意“同一债务”的含义把握，将具有整体性和唯一性、分批分次履行的“分期履行债务”与当事人约定在履行过程中重复出现、按照固定的周期给付的“定期履行债务”区分开来。前者适用本条规定，而后者因属于多个债务且各个债务都是独立的，故每一个债务的诉讼时效期间应当自每一期履行期间届满之日起分别计算。

6. 修改、完善了时效届满后果的规定。其一，将时效完成的后果，由胜诉权消灭说改为“抗辩权发生”说（第192条第1款）；其二，对时效利益的放弃，作了更为周延的规定（第192条第2款）。

7. 明确了法院不得主动援用诉讼时效规定的规则。借鉴国外通行立法例并吸收最高人民法院《诉讼时效制度规定》第3条的规定，增设第193条的规定：“人民法院不得主动适用诉讼时效的规定。”

依此规定并结合第192条的规定，也意味着建立了法院及法官不得主动释明诉讼时效的规则。

8. 修改、完善了诉讼时效终止的规定。在《民法通则》第 139 条规定的基础上，吸收民法通则意见第 172 条、《诉讼时效制度规定》第 20 条的规定，修改、完善了关于诉讼时效终止的规定（第 194 条）。

其一，完善了具体事由；其二，完善了中止事由结束后的处理规则：《民法通则》规定在中止时效原因消除后，诉讼时效继续计算。如果剩余时效期间过短，权利人行使权利仍然很仓促，这有碍于保护权利人的权利，建议补足一段必要长度的诉讼时效期间。立法机关经反复研究认为，规定自中止时效的原因消除之日起满六个月诉讼时效期间届满，是比较合适的，既能给权利人行使权利留下必要的准备时间，又不会造成诉讼的过分拖延和给义务人造成过分的负担。这一考虑和最后的规定，值得肯定。

9. 修改、完善了关于诉讼时效中断的规定。在《民法通则》第 140 条规定的基础上，吸收民法通则意见第 173、174 条的规定，修改、完善了关于诉讼时效中断的规定，表述上也更为周延（第 195 条）。但本条的修改，未尽彻底，仍存在问题。

10. 明确了时效制度的强制性规则（第 197 条）。不过，对此改动，是否妥当，似有不同意见。本人认为，对时效期间等是否允许当事人约定抑或明确为强制性规定，属于立法选择问题，各有利弊。

二、《民法总则》的创新与发展

与以前 1986 年的《民法通则》相比，2017 年实施的《民法总则》有许多发展和创新之处。

1. 增设第 190 条的规定："无民事行为能力人或者限制民事行为能力人对其法定代理人的请求权的诉讼时效期间，自该法定代理终止之日起计算。"

国外立法例，大多是在时效期间完成的最后六个月内，时效期间不计算。而我们现在的规定，自该法定代理终止之日起计算，还有三年的诉讼时效期间。这对原来被监护人利益的保护，更为周延。

2. 增设第 191 条的规定："未成年人遭受性侵害的损害赔偿请求权的诉讼时

效期间，自受害人年满十八周岁之日起计算。”

立法例上尚未有此项规定，对保护未成年人的性权利，具有重要意义。结合第 194 条规定的精神，未成年人的其他人身、财产权利受到侵害的，应适用诉讼时效中止的规定，中止事由消除后，还有六个月的诉讼时效期间。

3. 最高人民法院《诉讼时效制度规定》第 1 条规定：“当事人可以对债权请求权提出诉讼时效抗辩，但对下列债权请求权提出诉讼时效抗辩的，人民法院不予支持：（一）支付存款本金及利息请求权；（二）兑付国债、金融债券以及向不特定对象发行的企业债券本息请求权；（三）基于投资关系产生的缴付出资请求权；（四）其他依法不适用诉讼时效规定的债权请求权。”

在此基础上，《民法总则》第 196 条创新性地规定：

“下列请求权不适用诉讼时效的规定：

（一）请求停止侵害、排除妨碍、消除危险；

（二）不动产物权和登记的动产物权的权利人请求返还财产；

（三）请求支付抚养费、赡养费或者扶养费；

（四）依法不适用诉讼时效的其他请求权。”

其中，第二项规定，最具中国特色，也符合实际需要。

关于物的返还请求权是否适用诉讼时效的规定问题，国内多数学者似主张采用“折中说”，该条第二项关于“登记的物权人请求返还财产”的情形不适用诉讼时效的规定，似乎也是采用了折中说。但在我国登记制度尚不完善的现实情形下，这种规定不利于保护事实物权人的权益，建议修改为“不动产以及登记的动产物权人请求返还财产”的，不适用诉讼时效的规定。具体理由是：尽管折中说似为多数立法例和我国多数学者所主张，但仍有结合我国情况加以完善的必要。在登记制度完善的国家和地区，几乎不存在未登记的不动产物权，而在我国目前，却存在大量未登记的不动产物权（如农村的宅基地使用权、房屋所有权、土地承包经营权；城市及郊区也存在大量的“小产权房”及因种种原因尚未完成登记的不动产等），国情有较大差异。在我国，这些非因权利人的原因而未登记的不动产权利人请求返还财产的权利要受到诉讼时效的限制（如因借用、租赁期满乃至他人抢占而权利人未在诉讼时效期间主张权利，将会导致其权益不受保护乃至最终丧失），后果不堪设想，甚至会引起社会的安定和谐问题！船舶、机动车、航空器等特殊动产，也有登记制度，已登记的权利人请求返还此类特殊动产财产的权利是否适用诉讼时效的规定？另外，这也是值得考虑的现实问题。笔者倾向于认为：普通动产的返还请求权，可以有诉讼时效的适用；不动产物权（无论登记与否）权利人请求返还财产的权利，则均不宜适用诉讼时效；已登记的特殊动产权利人请求返还财产的请求权，亦不应受诉讼时效的限制。这种方案，应更符合我国的现实情况，也有利于相关纠纷的妥善解决，且符合普通民众的法感情，在法理上也无大的障碍。

三、《民法总则》的缺憾与不足

通过对新颁布的《民法总则》进行解读和研究，笔者认为这部法典也存在着一些缺憾和不足，主要表现为：

1. 第 190 条仅规定因存在法定代理关系的自法定代理关系终止时再起算诉讼时效，与之相类似的夫妻之间、家庭成员之间的请求权的诉讼时效亦应作出类似规定。因婚内暴力或家庭暴力造成伤害但未导致夫妻关系彻底破裂、夫妻关系存续期间不宜主张债权（有一实例：婚前女方借男方 200 万元债务，后二人结为夫妻，结婚数年后二人离婚，男方讨要此债务，女方以时效期间已过为由抗辩。如何对待？法官迷茫）等情况时有发生，而处理相关问题的法律依据阙如。如果适用第 194 条第五项“其他导致权利人不能行使请求权的障碍”之规定，亦嫌牵强！

建议增加规定：在夫妻关系、家庭关系存续期间，夫妻之间、家庭成员之间的请求权的诉讼时效不开始起算或者中止（我参与的北航版民法总则建议稿对此有规定，征求意见时也提出过此建议，但未被采纳）。朱虎副教授认为，当加害人在作为法定代理人期间对被害人实施了侵害行为时，应当适用第 190 条的规定；当加害人先实施侵害行为，后成为法定代理人的，应当适用第 194 条的规定。法定代理人和被代理人之间往往存在家庭关系，与此相关的是夫妻之间、父母子女之间请求权，是否在诉讼时效方面也应作出相应的考虑，适用推迟起算或中止从而体现对婚姻家庭的保护，在未来婚姻家庭编的起草中也应注意到。

可参酌的立法建议稿版本：

（1）梁慧星：《中国民法典草案建议稿·总则编》

第二百一十五条【时效因夫妻关系、家庭关系存续而中止】

夫妻相互之间的请求权，在夫妻关系存续期间，诉讼时效不开始进行或者停止进行。

家庭成员之间的请求权，在共同生活关系存续期间，诉讼时效不开始进行或者停止进行。

（2）北航法学院课题组：《中华人民共和国民法典·通则编》草案建议稿

第214条【时效因法定代理及类似关系的存在而延期届满】

行为能力欠缺者与其法定代理人之间的权利，时效期间在法定代理关系存续期间中止进行。自法定代理关系终止之日起一年内，诉讼时效期间不届满。

配偶之间的权利，时效期间在婚姻存续期间中止进行。自婚姻关系终止之日起一年内，诉讼时效期间不届满。

未成年子女针对父母的请求权，以及未成年子女针对父母一方配偶的请求权，自未成年人成年之日起一年内，诉讼时效期间不届满。

2. 第150条所规定的因请求而引起诉讼时效中断，而未加条件限定的法律后果不甚完整。实践中时常发生权利人不断提出请求而义务人却不予理睬甚至予以拒绝，而时效期间却可以一直向后延长（是否可以超过20年的最长时效期间，也有不同意见的争议）的情况。国外立法例多要求权利人应于提出请求后6个月内提起诉讼或仲裁，方可引起时效中断；我国台湾地区“民法典”第135条规定“时效因告知诉讼而中断者，若于诉讼终结后，六个月内不起诉，视为不中断”。学界也大都赞同这种限定。目前的“草案”中仅规定诉讼时效因中断而重新计算，似有纵容权利人之嫌，不足以督促权利人及时行使其权利，故建议本条增加一款，规定权利人因不及时提起诉讼或者与之类似事项（如申请仲裁）的，视为诉讼时效未中断。

可参酌的立法建议稿版本：

（1）中国法学会：《中华人民共和国民法典·民法总则专家建议稿》

第一百九十六条 【请求的中断效力】

诉讼时效因请求而中断的，自请求履行的意思表示到达义务人之日起，诉讼时效期间重新计算。

自诉讼时效中断时起六个月内，权利人未提起诉讼或者没有与提起诉讼具有同一效力的事项的，因请求而中断的诉讼时效视为未中断。

（2）北航法学院课题组:《中华人民共和国民法典·通则编》草案建议稿

第218条【时效因权利的直接行使而中断】

诉讼时效因权利的直接行使而中断。

自诉讼时效中断时起六个月内，权利人未提起诉讼或者没有与提起诉讼具有同一效力的事项的，因权利的直接行使而中断的时效视为未中断。

3. 第152条第四项所规定的不适用诉讼时效的情形有失周延，不适用的其他情形有失笼统，有待进一步明确。

有的意见提出，抚养费、扶养费、赡养费的请求权本身不适用诉讼时效，但是具体的费用的请求权仍然应该适用诉讼时效。

第三款所规定的“其他依法不适用诉讼时效的请求权”过于抽象，不利于裁判适用，可总结既有法律、法规及司法经验，以列举加概括方式进一步明确其他请求权的具体情形。

郭明瑞教授认为，权利人请求保护人身权的权利不受诉讼时效限制，但要求损害赔偿的权利除外。应增加一项“请求消除影响、恢复名誉及赔礼道歉”。此外，请求支付劳动报酬的请求权也不应受诉讼时效的限制。再次，涉及对他人利益和社会公共利益保护的，该项请求权不应受诉讼时效限制。

可参酌的立法建议稿版本：

（1）中国法学会:《中华人民共和国民法典·民法总则专家建议稿》

第一百八十一条 【适用范围】

义务人可以对债权请求权提出诉讼时效抗辩，但下列债权请求权除外：

（一）支付存款本金以及利息请求权；

（二）兑付国债、金融债券以及向不特定对象发行的企业债券本息请求权；

（三）基于投资关系产生的缴付出资请求权；

（四）其他依法不适用诉讼时效规定的债权请求权。

请求停止侵害、排除妨碍、消除危险的权利不适用诉讼时效。

存在保护不特定第三人信赖利益必要时，请求返还财产的权利适用诉讼时效。

（2）梁慧星：《中国民法典草案建议稿·总则编》

第一百九十七条【诉讼时效的客体】

请求权适用诉讼时效，但下列请求权除外：

（一）基于身份关系的抚养费、扶养费和赡养费的请求权；

（二）基于所有权及其他物权的排除妨害请求权、消除危险请求权、确认权利请求权、已登记不动产所有人的返还请求权；

（三）基于不动产相邻关系的停止侵害请求权、排除妨害请求权；

（四）基于投资关系的收益分配请求权；

（五）基于存款关系的支付存款本金和利息的请求权；

（六）基于债券关系的还本付息请求权。

（3）北航法学院课题组：《中华人民共和国民法典·通则编》草案建议稿

第 204 条【诉讼时效的适用对象】

债权请求权受诉讼时效的限制，但下列债权请求权除外：

（一）支付存款本金及利息的请求权；

（二）兑付国债、金融债券以及向不特定对象发行的企业债券的本息请求权；

（三）基于投资关系产生的缴付出资请求权；

（四）其他依法不适用诉讼时效规定的债权请求权。

请求停止侵害、排除妨碍、消除危险的权利适用诉讼时效。

存在保护不特定第三人信赖利益必要时，请求返还财产的权利适用诉讼时效。

基于身份关系与人格保护等非财产权利和非物质利益的请求权不适用诉讼时效，但由此产生的损害赔偿等具有财产性质的请求权受诉讼时效限制。

4. 对持续性侵权行为的诉讼时效起算和索赔请求权问题，未予明确。《民法总则》第 196 条对不适用诉讼时效的情形作了具有创新性的规定，但仍有存疑的是，在他人持续侵害知识产权且权利人可以主张请求权的情况下，索赔请求权有无诉讼时效的问题？建议结合学理通说和立法惯例，规定对持续性侵权行为的诉讼时效，从侵权行为中止时起算；同时，借鉴专利法及其司法解释等的规定，只支持 3 年内的索赔主张，3 年以前的作为超过诉讼时效期间的情况对待。

5. 第 156 条规定除斥期间不适用“诉讼时效中止”的规定，不利于保护权利人的权益，建议删除除斥期间不适用诉讼时效中止的规定。在因发生不可抗力事件等非因权利人原因而不能行使权利情形，撤销权、追认权等的除斥期间仍不得中止，有所不妥；加之除斥期间一般较短，对权利人而言，也过于严苛。比如说要行使撤销权，突然遇到不可抗拒的自然灾害，可是自然灾害过去以后，期间就过了，这个结果是很不公平的。因此，我觉得除斥期间可以不适用中断和延长的规定，但可以适用中止的规定。

本条规定的“除法律另有规定外”，是指起算的点还是指其他，不甚明确。

另外，关于除斥期间与其他权利的行使期间的关系问题，也值得注意。

郭明瑞教授认为，保证期间也不能归于除斥期间。从各国或地区立法或司法实践来看，除斥期间适用于形成权。而保证债权不属于形成权，也就不能有除斥期间的适用。基于同样的理由，买受人的质量异议期间也既不属于诉讼时效期间，也不属于除斥期间，但它确又是一种于期间届满后会导致权利人的异议权失去效力的期间。

物权法第 202 条所规定的期间，既不属于诉讼时效，也不属于除斥期间。物权法第 202 条所规定的期间实际就是抵押权的权利行使期间。

可参酌的立法建议稿版本：

（1）中国法学会：《中华人民共和国民法典·民法总则专家建议稿》第四节　除斥期间

第二百零四条　【除斥期间届满的法律后果】

除斥期间届满后，当事人的权利归于消灭，人民法院应当依职权对除斥期间是否届满予以审查。

第二百零五条【除斥期间的开始】

除斥期间自权利发生时起开始计算，法律另有规定的除外。

北航版，除斥期间的中止问题有无规定。

6. 合同无效情况下，有无问题处理的诉讼时效问题，缺乏规定。

在一些情况下，对于起算点的确定相对容易，但是，在另一些场合，起算点的确定却非易事。无效合同所涉诉讼时效问题便是一例。《最高人民法院关于审理民事案件适用诉讼时效制度若干问题的规定》【法释〔2008〕11 号】（征求意见稿）第 10 条对此问题列出解决方案，但是，由于争议较大，在正式条文中并未作出规定。[1]2010 年 11 月，最高人民法院发布《关于无效合同所涉诉讼时效问题的规定》(征求意见稿)，表明司法实践对合同无效所涉诉讼时效的适用范围及起算点问题存在争议，亟待最高人民法院通过司法解释的形式明确相关问题。就本规定而言，第一条所解决的是合同无效所涉请求权是否适用诉讼时效的问题；第二条列出了三个方案，其所要解决的问题是返还财产、赔偿损失请求权诉讼时效期间的起算问题；第三条、第四条和第五条均列出了三个方案，分别解决因保证合同无效、因抵押合同无效以及因质押合同、留置合同无效所产生的损失赔偿请求权的诉讼时效期间起算的问题。我和学生们也专门就此进行过讨论并提交过书面意见。因争议较大，该规定一直未出台。

鉴于这一问题密切关涉实践，并非个别现象。故此，立法上应当进行深入研究，并提出解决方案，不能因为争议大而久拖不决。目前看来，最佳弥补方案似乎是在合同法编相应部分的规定中加以解决。

7. 连带责任人之间的诉讼时效适用问题，未设一般规定。

二审稿第一百八十九条　对连带权利人或者连带义务人中的一人发生诉讼时效中断的，中断的效力及于全部连带权利人或者连带义务人。

三审稿第一百九十九条　对连带权利人或者连带义务人中的一人发生诉讼时效中断的，中断的效力及于全部连带权利人或者连带义务人。

---

[1] 该规定征求意见稿第 10 条列举了三个方案：方案一：合同被确认无效，当事人请求返还财产、赔偿损害的请求权，诉讼时效期间从合同约定的履行期限届满之日起计算。方案二：因合同无效而产生的返还财产、赔偿损失请求权，诉讼时效期间从合同被确认无效之日起计算。方案三：当事人基于合同有效而签订和履行合同，因一方违约而提起诉讼，请求对方返还财产、赔偿损失的请求权，在合同被确认无效后，诉讼时效期间从合同约定的履行期限届满之日或者虽未届履行期限但权利人基于义务人预期违约提起诉讼的，从权利人知道或者应当知道义务人预期违约之日起计算。当事人基于合同无效提起诉讼，因合同被确认无效而产生的返还财产、赔偿损失请求权，诉讼时效期间从合同被确认无效之日起计算。另外，《广东省高级人民法院关于民商事审判适用诉讼时效制度若干问题的指导意见》第 2 条亦对此问题作出了规定：“无效合同产生债务的诉讼时效的起算，根据以下情形确定：(一)一方当事人履行合同义务后，因对方没有履行合同义务，而请求对方履行合同义务或返还财产、赔偿损失的，诉讼时效从合同约定的履行期届满之日起计算；(二)合同双方当事人依合同约定履行了各自义务，尔后合同被仲裁机关仲裁裁决或法院判决确认无效，一方当事人请求对方返还依无效合同取得的财产和赔偿损失的，诉讼时效从确认合同无效的仲裁裁决或判决生效之日起计算；(三)合同双方当事人均没有完全履行合同义务，一方当事人要求对方承担赔偿责任的，诉讼时效从合同约定的履行期限届满之日起计算。”

因有争议，最终通过的《民法总则》中删除了此项规定。那么，留待何时解决呢？目前看来，最佳方案似乎是在合同法多数人之债部分的规定予以明确。

民法典中立法目的条款的表达与设计

刘　颖*

一、问题的提起

自2014年十八届四中全会，党中央提出“编纂民法典”以来。民法典编纂成为学术界讨论的热点问题。但目前理论界关于《民法总则》的讨论，多聚焦于权利主体、客体、时效制度等问题，而对于《民法总则》第1条立法目的条款的研究尚付阙如，[1]立法目的条款作为我国的一种立法惯例，通常在我国法律文本中第1条明确规定。现行民事法律体系中，各民事单行法中均在其第1条以“为了……，制定本法”的模式确立了立法目的。[2]2016年6月27日全国人大常委会第一次审议《民法总则》(草案)，《民法总则》的出台迫在眉睫。就《民法总则》中立法目的条款的问题，还有诸多问题有待深入讨论，如民法典中的立法目的条款的设计与现行民事单行法中诸多立法目的如何协调衔接或安排，是统一整合成第1条，还是在各编之中均保留自身的立法目的，立法目的条款中如何体现民法的利益位阶或价值。可见，立法目的条款不仅是一个立法技术

* 刘颖，上海大学法学院讲师。

[1] 当前民法学界关于民法典（民法总则）第1条专门讨论的成果不多，目前只有苗连营、郑磊的《民法典编纂中的宪法三题》(载《法制与社会发展》2015年第6期）讨论了第1条后段关于宪法与民法之间的关系问题。但在2007年《物权法》制定时，法学界曾就宪法与民法之间的关系展开过讨论。

[2] 与我国不同的是，各国民法典第1条均未规定民法的立法目的，主要集中于法律漏洞的填补方式，或突出人法的特征。关于域外民法第1条的研究，参见苏永钦:《“民法”第一条的规范意义——从比较法、立法史与方法论角度解析》，载苏永钦:《私法自治中的经济理性》，中国人民大学出版社2004年版，第15页。

问题，更是立法价值问题。

二、关于民法典中是否设立立法目的条款的理论争议

目前，理论界关于民法典（民法总则）是否应当将第 1 条中设立为立法目的条款的态度大致有反对说与赞成说两种观点。

（一）民法典中设置立法目的条款的“反对说”

关于民法典中的立法目的条款“反对说”认为，在民法典设置立法目的条款只是宣示性规定，并无特定的立法目的。苏永钦教授认为，秩序法诸如民法、刑法和诉讼法等，是任何一个社会发展到一定阶段必备的规范，秩序法规定目的的意义就不大。[1] 并且，认为民法典加上目的宣示规定反而会把民法这样的基本法律“做小了”。[2] 同样，梁慧星教授则认为，第 1 条只具有一种宣示的性质，不是实质性的东西，不值得过分关注。起草的时候，考虑到中国立法的惯例，不想在这些问题上唱反调。[3] 朱庆育教授则认为，当法律通过自身条款明确宣称，它是为实现立法者特定目的而存在时，固然能够充分反映立法者的意志，却同时意味着法律不过是无自身独立价值的政治工具。立法者根据政治目标的不同，可以不受制约地为法律设定相应的任务。[4] 私法中的自治充其量是实现特定政策目标的手段，立法目的条款作为实现公共政策的目标，手段不妨从权甚至舍弃。刘风景教授认为，立法目的条款的设置与否，需要根据不同的法律类型提出设置或者废除的主张。私法领域尤其是民法、商法的大部分法律规范都是在对社会关系整体予以承认的基础上所做的微调或局部变动的调整性规范，并无特定的立法目的，因此无须设置立法目的条款。[5] 此外，徐国栋教授所起草的《绿色

---

[1] 苏永钦：《走入新世纪的宪政主义》，元照出版有限公司 2002 年版，第 415 页。

[2] 苏永钦：《寻找新民法》，北京大学出版社 2012 年版，第 55 页。

[3] 易继明：《学问人生与人生的学问——访著名民法学家梁慧星教授》，载易继明主编：《私法》，北京大学出版社 2004 年版，第 39 页。

[4] 朱庆育：《民法总论》，北京大学出版社 2013 年版，第 19 页。

[5] 刘风景：《立法目的条款之法理基础及表述技术》，载《法商研究》2013 年第 3 期。

民法典》草案，也未将立法目的条款作为总则篇的必备内容。

（二）民法典中设置立法目的条款的“赞成说”

有学者认为，民法典中应当设置立法目的条款。张玉敏教授认为，作为基本法的民法不但需要表明自身的立法位阶和方向，也需要展示自身的特色，第 1 条就是为这样一个精神而设，民法的立法目的、宗旨和与宪法的关系就成了民法典的开场白。[1] 在我国，法律总则大多在第一条规定立法的目的、宗旨和依据。从立法技术学来看，作为法律总则，甚至非总则结构状态下法律文本的立法目的和宗旨，都是法律必备条款。[2] 所以，在王利明教授主持起草的《中国民法典学者建议稿及立法理由·总则编》设计第 1 条作为立法目的条款。

（三）关于理论争议的检讨

基于立法目的条款的文本表达不完善等历史因素，目前关于我国民法典（民法总则）中立法目的条款的认识与理论争议，主要源于对立法目的条款功能、地位的认识不足所导致的。持反对观点的学者们，主要认为作为第 1 条的立法目的条款并无实际意义；而持支持观点的学者们，主要基于第 1 条作为立法目的条款已经成了一种立法习惯。我们认为，在《民法典》民法总则编中有必要将第 1 条设置为立法目的条款，理由如下。

第一，立法目的条款已经作为了我国立法技术的一般要求。根据全国人大法工委《立法技术规范（一）》（试行）5.1 的规定：“法律一般需要明示立法目的，表述为：‘为了……，制定本法’，用‘为了’，不用‘为’。”民法典作为我国基本法律之一，须经全国人大审议通过，因此全国人大法工委是民法典（草案）起草的最主要直接的力量，也势必将遵循《立法技术规范》（试行）的要求进行草拟草案。

[1] 张玉敏主编：《新中国民法典起草五十年回顾与展望》，法律出版社 2010 年版，第 236 页。

[2] 王利明主编：《中国民法典学者建议稿及立法理由·总则编》，法律出版社 2005 年版，第 9 页。

第二，作为立法目的的外在表现形式。在法学方法论中，目的论解释是比较重要的解释方法之一，法律解释所追求的目标也有主客观之争，立法目的（法的目的），或法典的目的一直被认为是难以确认，即目的的模糊性与不确定性一直备受诟病。明确将立法目的在法典中的法律规范中予以设定，有利于立法目的的确定，亦有利于法律解释。“立法的目的和宗旨是立法者为法律适用者提供的立法背景信息，既是法官解释法律的依据，为法官自由裁量提供方向和限制。”[1] 此为立法目的条款的功能所决定的。

第三，立法目的条款可以彰显民法典的价值。法的目的价值，是指法律在发挥其社会作用的过程中能够保护和增加的价值，[2] 现行民事法律体系的立法目的条款彰显了我国民事立法的价值坚持权利本位。民法的基本目的，是指民法的基本观念，或基本任务，或基本作用，也称之为民法的本位。

第四，基于历史因素，中华人民共和国历次民法典草案，均在第 1 条列明了立法目的。回顾我国民事立法史，自 1949 年以来的历次民法典草案总则编，均将第 1 条作为立法目的条款。如 20 世纪 50 年代的《民法总则》草案中，几乎都在第 1 条规定了立法目的条款，1955 年 10 月 5 日的草案中第 1 条为“为保护民事权利的正确行使，以促进我国社会主义工业化和社会主义改造事业的顺利进行，保证逐步消灭剥削制度，建立社会主义社会的目的，特制定本法”[3]；在 60 年代的民法草案中，同样在第 1 条规定了立法目的[4]，但其中内容的表述却有些不同；直至《民法通则》第 1 条规定了现行民法的立法目的。可见，我国民法典中关于第 1 条列明立法目的，并非出于“回填”市场自治规定的原因，而是一种历史惯性或路径依赖的影响。

总之，民法体系中的立法目的条款既作为立法技术的一种手段，也是作为彰显民法典立法价值的重要窗口。

---

[1] 王利明主编：《中国民法典学者建议稿及立法理由·总则编》，法律出版社 2005 年版，第 9 页。

[2] 张文显主编：《法理学》（第 2 版），高等教育出版社，第 362 页。

[3] 何勤华、李秀清、陈颐：《新中国民法典草案总览》（上卷），法律出版社 2003 年版，第 3 页。

[4] 《中华人民共和国民法草案（初稿）》第 1 条：“为维护和发展社会主义公有制，保障公共财产不受侵犯，逐步彻底地实现对一切非社会主义经济成分的社会主义改造，正确处理国家、集体与个人的经济关系，增强人民内部团结，调动一切积极因素促进社会主义事业胜利进行，特制定本法。”参见何勤华、李秀清、陈颐主编：《新中国民法典草案总览》（下卷），法律出版社 2003 年版，第 3 页。

三、现行民事法律体系中立法目的条款的表达与实践

（一）民事单行法中立法目的条款的文本表达

表1　现行民事单行法中立法目的条款 [1]

	民事单行法名称	第1条
1	《民法通则》（1986）	为了保障公民、法人的合法的民事权益，正确调整民事关系，适应社会主义现代化建设事业发展的需要，根据宪法和我国实际情况，总结民事活动的实践经验，制定本法。
2	《合同法》（1999）	为了保护合同当事人的合法权益，维护社会经济秩序，促进社会主义现代化建设，制定本法。
3	《侵权责任法》（2009）	为保护民事主体的合法权益，明确侵权责任，预防并制裁侵权行为，促进社会和谐稳定，制定本法。
4	《物权法》（2007）	为了维护国家基本经济制度，维护社会主义市场经济秩序，明确物的归属，发挥物的效用，保护权利人的物权，根据宪法，制定本法。
5	《担保法》（1995）	为促进资金融通和商品流通，保障债权的实现，发展社会主义市场经济，制定本法。
6	《婚姻法》（1981）	本法是婚姻家庭关系的基本准则。
7	《收养法》（1991）	为保护合法的收养关系，维护收养关系当事人的权利，制定本法。
8	《涉外民事关系法律适用法》（2010）	为了明确涉外民事关系的法律适用，合理解决涉外民事争议，维护当事人的合法权益，制定本法。
9	《继承法》（1985）	根据《中华人民共和国宪法》规定，为保护公民的私有财产的继承权，制定本法。
10	《著作权法》（1990）	为保护文学、艺术和科学作品作者的著作权，以及与著作权有关的权益，鼓励有益于社会主义精神文明、物质文明建设的作品的创作和传播，促进社会主义文化和科学事业的发展与繁荣，根据宪法制定本法。

[1] 表中的所列民事单行法，均为以后可能作为民法典各编，而其余民事特别法或商事特别法中的立法目的条款未能列明。

续表

	民事单行法名称	第 1 条
11	《商标法》(1982)	为了加强商标管理，保护商标专用权，促使生产、经营者保证商品和服务质量，维护商标信誉，以保障消费者和生产、经营者的利益，促进社会主义市场经济的发展，特制定本法。
12	《专利法》(1984)	为了保护专利权人的合法权益，鼓励发明创造，推动发明创造的应用，提高创新能力，促进科学技术进步和经济社会发展，制定本法。

1. 民事单行法中立法目的条款的层次结构和逻辑条理不够清晰

在立法目的条款的句式结构中，一般都会有多个动宾结构短语，其所表达的即为法律所追求的多重目的。动宾结构短语之间的关系，也影响着多个立法目的之间的层次结构问题。根据《立法技术规范（试行）》(法工委发 [2009]62 号）的要求，立法目的的内容表述应当直接、具体、明确，一般按照由直接到间接、由具体到抽象、由微观到宏观的顺序排列。通过上述表格的分析与考察，可以发现我国现行民事单行法中立法目的条款存在层次结构稍显混乱与逻辑条例不够清晰的问题。其一，有的民事单行法第 1 条遵循具体到抽象、微观到宏观的顺序排列，如《民法通则》和《合同法》的立法目的条款即为如此，从当事人权益的保护，到调整民事关系，再到适应社会主义现代化建设事业。其二，有的民事单行法则遵循抽象到具体、宏观到微观的顺序排列，如《物权法》的根本目的为体现我国的基本经济制度并以维护我国的基本经济制度，而其最直接的目的是明确物的归属，发挥物的效用。[1] 但其表述是“维护我国基本经济制度”居首，依次为“维护社会主义市场经济秩序，明确物的归属，发挥物的效用，保护权利人的物权”，因此排列顺序为间接到直接、宏观到微观的规则。其三，有的民事单行法关于立法目的的表述比较混乱。以《侵权责任法》为例，保护民事主体的合法权益是侵权责任法的基本目的，这一目的的实现途径是“明确侵权责任，预防并制裁侵权行为”，这一目的的现实将促进社会和谐稳定。促进

[1] 胡康生主编：《中华人民共和国物权法释义》，法律出版社 2007 年版，第 21—22 页。

社会和谐是侵权责任法的目的，也是所有法律的目的。[1]

2. 民事单行法中立法目的条款具有一定的稳定性

立法目的条款作为法典中的第 1 条，具有一定的稳定性，主要表现为在现行民事单行法中立法目的条款修订次数比较少。《民法通则》《合同法》《侵权责任法》《物权法》《涉外法律关系适用法》《担保法》等单行法颁布实施后均未进行法律条文修订，第 1 条自然保持了一定的稳定性。目的条款的稳定性，符合法安定性原则。同时，法的安定性也要求立法目的条款应保持一定的稳定性。如齐佩利乌斯所言，“法不应被过于轻易地修改，不应允许一种随机性的立法模式，使得任何兴之所至的念头都能不受约束地转化为立法”。[2]

3. 民事单行法中立法目的条款与政策紧密联系

鉴于历史条件的不成熟等因素，20 世纪 80 年代以来，我国的民事立法的思路逐步由制定民法典转变为“批发转零售”，从 1986 年的《民法通则》开始，民法典的主要组成部分陆续以民事单行法的形式颁行或施行。因此，我国不同时期通过的民事单行法，具有一定的时代印记，即与当时的政策或政治口号紧密联系。“随着阶级斗争哲学逐渐消退，‘经济基础决定上层建筑’之公式开始成为决定法律任务的主要依据……基本上，只要社会主义建设任务发生哪怕是些微的变化，法律必紧随其后，亦步亦趋。”[3] 例如，《民法通则》中的“适应社会主义现代化建设”，到《商标法》中的“促进社会主义市场经济的发展”[4]，再到《物权法》中的“维护国家基本经济制度，维护社会主义市场经济秩序”，[5] 最

---

[1] 张新宝：《侵权责任法》（第 2 版），中国人民大学出版社 2010 年版，第 13 页。

[2] 〔德〕莱因荷德・齐佩利乌斯：《法哲学》（第 6 版），北京大学出版社 2013 年版，第 191 页。

[3] 朱庆育：《民法总论》，北京大学出版社 2013 年版，第 19 页。

[4] 以《商标法》为例，根据我国《商标法》第 1 条规定，“加强商标管理”是我国商标法的首要价值取向，这种规定无疑具有浓厚的计划经济色彩。

[5] 龙卫球教授认为，《物权法》在确立基本原则之前，首先予以强调的是该法的政治功能和政治原则，其中第 1 条为“目的条款”，设定物权法双重政治功能，即“维护国家基本经济制度，维护社会主义市场经济秩序”。参见龙卫球：《民法基础与超越》，北京大学出版社 2010 年版，第 284 页。

后到《侵权责任法》中的“促进社会和谐稳定”，都说明立法目的条款的表述与政策之间的紧密联系，均毫无例外的显示其在一定程度上具有衔接我国民事单行法律与政策关系[1]的功能。但是，立法目的条款中存在这些不切实际的内容，将部门法立法目的与社会主义总的立法目的弄混，这样的语言使得立法目的内容显得空洞，不切实际，也不好指引法律制度的构建。[2]因此，不要讲空话、套话，也不要把非目的性的内容写进目的条文中去。例如，不要起草任何法律目的条文，都把“为了保障（或适应）社会主义现代化建设的需要”写进条文中去。[3]

4. 关于“根据宪法，制定本法”的规律性问题

在我国民事单行法的立法目的条款之中，后段表述经常会出现“根据宪法，制定本法”等词语。例如，《民法通则》《物权法》《继承法》《著作权法》等均有此类表述，甚至《继承法》第1条直接明定“根据《中华人民共和国宪法》规定……制定本法”。如何理解“根据宪法，制定本法”这一规范内涵？

关于《物权法》第1条中“根据宪法，制定本法”的解释，立法释义中认为“宪法是国家的根本大法，是母法，其他法律都是由宪法派生的。宪法规定大政方针，其他法律都必须体现宪法精神，不得与宪法相抵触。物权法必须体现宪法的精神。物权法将宪法规定的我国基本经济制度作为立法目的，同时将基本经济制度和实现社会主义市场经济作为物权法的基本原则”。[4]此为“宪法母法论”的解释，似乎由此可以认定“根据宪法，制定本法”是一种确立法源的形式。但是，民事立法主要是对社会中的事实规则进行确认，属于确认性立法，应当主要遵循不抵触的法源原则，即立法机关确认的事实规则不得抵触宪法上关于民事关系的直接规定。[5]其实，根据立法技术角度看，“根据……，制定本法”的结构是一种立法依据，为我国法制发展过程中的立法惯例之一。

---

[1] 关于民法与政策之间的关系，参见刘颖：《论民法中的国家政策》，载《华东政法大学学报》2014年第6期。

[2] 汪全胜等：《法的结构规范化研究》，中国政法大学出版社2015年版，第115页。

[3] 参见周旺生：《立法学教程》，北京大学出版社2006年版，第521页。

[4] 胡康生主编：《中华人民共和国物权法释义》，法律出版社2007年版，第24页。

[5] 叶海波：《“根据宪法，制定本法”的规范内涵》，载《法学家》2013年第5期。

（二）司法实践中立法目的条款运用的案例类型化

持反对设置立法目的条款的论者认为，第1条只具有一种宣示的性质，不是实质性的东西，不值得过分关注。但事实却并非如此，司法实践中存在诸多运用第1条的案例。通过对这些案例进行类型化，大致可将作为立法目的条款的第1条在民事司法裁判中的作用分为以下几种情形。

1. 作为区分权益保护的范围

在我国《民法通则》《合同法》《侵权责任法》《专利法》中的第1条都明确将“合法权益”作为法典的保护范围。因此，在实践中，法院需要进行区分当事人所主张的权益是否为“合法权益”，否则将不能给予权利的救济与保护。如在“亢福彩诉山西煤炭运销集团大同广灵有限公司等财产损害赔偿纠纷案”[1]中，法院认为，“依照《中华人民共和国侵权责任法》第1条之规定，为保护民事主体的合法权益，明确侵权责任，预防并制裁侵权行为，促进社会和谐稳定，制定本法。该条明确规定侵权责任法保护的是合法权益。且依照《中华人民共和国物权法》第2条之规定，因物的归属和利用而产生的民事关系，适用本法。物，包括不动产和动产。上诉人亢福彩向被上诉人山西煤炭运销集团大同广灵有限公司购买该宅地基后又自行建设房屋及打井行为，均未办理有关变更登记及审批手续，违反了物权权属的相关法律规定，上诉人亢福彩对争议房屋不具有合法权益”，据此驳回上诉，维持原判。

2. 作为判断合同的效力考虑因素或作为补足性的说明理由

判断合同有效与否，我国《合同法》第52条作出了明确规定。但如何理解《合同法》第52条第5项“违反法律、行政法规的强制性规定”一直是争议的焦点问题，有的法院在判断是否违反法律禁止性效力规定时，将是否符合立法目的作为考虑因素。在“柯某诉某公司等合同纠纷案”[2]中，法院认为“陈某作

---

[1] 山西省大同市中级人民法院民事判决书（2014）同民终字第579号。

[2] 湖北省黄石市中级人民法院民事判决书（2013）鄂黄石中民二初字第5号。

为柯某与陈某乙双方共同投资成立某公司进行‘数控四面铣’的研发与生产事宜的策划人，其自愿为该项目的成败提供风险担保，是其真实意思的表示，因该担保的目的是为引进柯某投资，进行商品生产，符合《中华人民共和国担保法》第1条‘促进资金融通，发展社会主义市场经济’的目的，不违反相关法律的禁止性效力规定，故该担保行为有效。”另外，在“何某某诉王某某等房屋买卖合同纠纷案”[1]中，法院在认定原告何某某与被告戴某某签订的房屋买卖协议是否有效时，首先认为“《中华人民共和国城市房地产管理法》第38条规定的是未依法登记领取权属证书的房地产不能转让，并未规定转让就是无效的，其属于对物权变动的规定，而并非对合同效力性强制规定，其不属于《中华人民共和国合同法》第52条第5项规定的合同无效的情形”。因此，未办理房产证并不影响所签订的房屋买卖协议的效力。其次，又认为“本案中的房屋系移民联户建房，因库区移民迁建工作的特殊性，移民联户建房尚未取得房屋产权证便出卖房屋的现象在开县普遍存在，且开县房价现在大幅上涨，认定本案合同有效，更能够维护交易安全，有利于社会经济秩序的健康发展，符合《中华人民共和合同法》第1条规定的‘维护社会经济秩序’的立法目的”，据此法院认定该房屋买卖合同有效。

3. 立法目的条款作为目的性限缩的依据

法律词语的文义有其本身的含义，但由于立法者的疏忽或不可预见等主客观因素的影响，可能将导致含义涵盖的类型超出了规范目的，因此需要采用目的性限缩进行法律漏洞的补充。目的性限缩，是指法官在适用法律时，发现有关法律规范适用于某个特定案件，不符合法律目的的要求，则可以缩小待解释条文的适用范围，将该案件排除在法律规定的适用范围之外。[2]此时，立法目的是目的性限缩的依据和参照标准。在“沈阳隆迪食品有限公司与南宁隆润经贸有限责任公司侵犯注册商标专用权纠纷上诉案”[3]中，法院认为，“注册商标专用权并不是绝对的，根据《商标法》第1条之规定，商标制度确立的意义和功能

---

[1] 重庆市开县人民法院民事判决书（2010）开法民初字第2498号。

[2] 王利明：《法律解释学导论——以民法为视角》，法律出版社2009年版，第517页。

[3] 广西壮族自治区高级人民法院民事判决书（2006）桂民三终字第34号。

不仅在于促使生产、经营者保证商品和服务的质量，保障消费者和生产者、经营者的利益，而且还在于维护市场诚信、公平竞争，促进市场经济的发展。”因此，商标权人行使商标权不应使他人的合法权利受到不合理的限制，妨碍正常的商品流转，损害社会公共利益，即权利人不能以侵犯商标权为由阻止商标合理使用。

4. 立法目的作为不确定概念具体化的主要依据

不确定概念的具体化，是指通过法律解释的过程，使不确定概念的内涵和外延得以明晰，从而能够作为裁判依据，适用于个案。[1] 法官将不确定的法律概念具体化，并非为同类案件厘定一个标准，而是随各个具体案件，依照法律的精神、立法目的，针对社会的情形和需要予以具体化。[2] 在不确定概念中，立法者已经作出了一定的价值指引，这在一定程度上可以实现对法官具体化的拘束和操作中方向性的指导。[3] 立法目的即为立法者所作出的价值指引。以《著作权法》中的“独创性”为例，“独创性”是作品的本质属性，也是著作权认定的主要构成要件，但其本身是一个不确定性概念。对于“独创性”的具体含义，在《著作权法》及《著作权法实施条例》中均无明确规定，于是如何来解读独创性成了司法实践中的难题。此时，《著作权法》第 1 条作为立法目的在解释确定“独创性”的概念时就显得尤为重要。例如，在“谷歌公司（GoogleInc.）诉爱思美（北京）信息科技有限公司侵犯著作权及不正当竞争纠纷案”[4] 中，法院在如何界定“独创性”时认为“要求作品应达到基本的智力创作性高度，系因为著作权法第 1 条对该法的基本立法目的进行了明确规定，即鼓励‘作品的创作和传播，并促进社会主义文化和科学事业的发展与繁荣’。在独创性是作品核心属性的情况下，作品独创性的要求当然亦应符合该目的。这一立法目的决定了作品应具有基本的智力创作性高度。对于未达到基本的智力创作性高度的智力成果而言，因创作者在该智力成果中所进行的智力投入过少或微不足道，如对其予以保护，

[1] 王利明：《法律解释学导论——以民法为视角》，法律出版社 2009 年版，第 425 页。

[2] 参见杨仁寿：《法学方法论》，中国政法大学出版社 2013 年版，第 186 页。

[3] 参见王利明：《法律解释学导论——以民法为视角》，法律出版社 2009 年版，第 426 页。

[4] 北京市第一中级人民法院民事判决书（2011）一中民初字第 6347 号。

将既可能导致客观上难以对于作品的创作或文化、科学事业的发展与繁荣起到基本的促进作用，从而与著作权法的立法目的并无直接关联，亦可能导致不合理地占有公有资源，从而不合理地损害公共利益。"

5. 立法目的条款作为利益衡量的工具

作为第 1 条的立法目的条款，其目的分句一般均具有多个动宾结构短语，不同的动宾短语分别代表着不同的立法目的，即立法目的具有多重性，在司法实践中如何在多重目的之间协调统一也是难点之一。在"胡浩波诉教育部考试中心侵犯著作权纠纷案"[1]中，法院认为，"我国著作权法是一部旨在保护著作权人利益的法律，但同时亦有其他立法目的的存在。我国著作权法第一条规定，著作权法的立法宗旨是'保护文学、艺术和科学作品作者的著作权，以及与著作权有关的权益，鼓励有益于社会主义精神文明、物质文明建设的作品的创作和传播，促进社会主义文化和科学事业的发展与繁荣'，第四条规定，'著作权人行使著作权，不得违反宪法和法律，不得损害公共利益'"。可见，我国著作权法虽以保护作者利益为立法目的之一，但亦将公共利益作为非常重要的考量因素，从而在公共利益较著作权人利益明显重要时，有条件地限制著作权人的相关权利，以取得公共利益与私人利益之间的平衡。合理使用制度即是在著作权人利益原则上受保护的基础上，对作者的一种例外限制，其目的在于平衡著作权人、作品传播者以及社会公众利益之间的关系。另外，考虑特定情况，司法实践中对于著作权人修改权、署名权的保护亦受制于以上原则。如就著作权人的修改权而言，虽然修改作品的权利理所当然的属于作者，但在某些情况下，出于社会利益的实际需要，修改权有时也可由他人行使。

6. 立法目的条款作为法条理解适用的依据

由于法律规范是由语言构成的，但语言在词义上具有一定的模糊性，于是如何理解和正确适用法条是司法实践中的难点。此时法院可以通过立法目的条

[1] 北京市海淀区人民法院民事判决书（2007）海民初字第 16761 号。

款来判断法条的规范目的，以正确适用法条，作出相应地裁判。在“中国某某保险股份有限公司新宁县支公司与毛某某等机动车交通事故责任纠纷上诉案”[1]中，双方当事人争议的焦点是对《中华人民共和国侵权责任法》第52条及《机动车交通事故责任强制保险条例》第22条如何理解与适用。法院认为，“根据相关法理，被盗抢的机动车发生交通事故造成人身伤亡、财产损失的，保险公司不仅在交强险责任限额范围内垫付抢救费用，且应当在交强险责任限额范围内对受害人承担赔偿责任。”理由是：第一，《侵权责任法》第1条确定的立法目的在于保护民事主体的合法权益，《道路交通安全法》和《机动车交通事故责任强制保险条例》的立法目的也在于赔偿受害人的损失，强制保险具有公共服务或者说具有社会公益的性质。在此意义上，交通事故发生后，应首要考虑受害人的损失如何赔偿。第二，以此立法目的为出发点，《侵权责任法》第48条规定：“机动车发生交通事故造成损害的，依照道路交通安全法的有关规定承担赔偿责任”。而从《道路交通安全法》第76条和《机动车交通事故责任强制保险条例》第21条的规定来看，保险公司免责的唯一理由就是受害人的故意，只要不是受害人故意造成交通事故的，保险公司就应当赔偿受害人的人身伤亡和财产损失。第三，从法律解释的方法上来看，由于《道路交通安全法》为法律，《机动车交通事故责任强制保险条例》为行政法规，按照《道路交通安全法》第76条的规定，唯一不予赔偿的事由是受害人故意造成。而按照《机动车交通事故责任强制保险条例》第22条的规定，在该规定的四种情形下，保险公司承担如此小的责任，显然与《道路交通安全法》的规定不相符合。第四，机动车强制保险合同中，保险公司对第三人的责任性质是法定责任，其功能在于调整保险公司与投保人之间的法律关系。也就是说，《机动车交通事故责任强制保险条例》第22条的规定旨在调整投保人和保险公司之间的关系，其功能在于区分保险公司与投保人谁是责任的最终承担者这样一个责任划分问题，而非对第三人免责问题。保险公司赔偿后可以向责任人追偿。最终，法院不予采纳上诉人的上诉理由。

---

[1] 湖南省永州市中级人民法院民事判决书（2013）永中法民二终字第171号。

四、当前民法典（民法总则）草案中的立法目的条款的反思

我国立法机关曾于2002年审议了《中华人民共和国民法（草案）》，2014年党中央重新提出编纂民法典，为此法学界专家学者们提出了诸多版本的民法典草案。尽管各版本在编撰体例、用词风格等方面存在差异，但均将第1条设置为立法目的条款（详见下表）。

表2 民法典（民法总则）各版本中的立法目的条款[1]

	民法典（民法总则）版本	第1条	备注
1	《民法通则》（1986）	为了保障公民、法人的合法的民事权益，正确调整民事关系，适应社会主义现代化建设事业发展的需要，根据宪法和我国实际情况，总结民事活动的实践经验，制定本法。	简称为“民通”
2	《中华人民共和国民法典民法总则专家建议稿（征求意见稿）》（2015.4）	为了保障民事主体的合法权益，维护社会经济秩序，维护自然人的人格尊严，促进经济社会和人的全面发展，根据宪法，制定本法。	简称“征求意见稿”
3	《中华人民共和国民法典·民法总则专家建议稿（提交稿）》（2016.2）	为了保障民事主体的合法权益，维护社会经济秩序，维护民事主体的自由和尊严，促进经济社会和人的全面发展，根据宪法和我国实际情况，制定本法。	简称为“提交稿”
4	梁慧星教授主持《中国民法典建议稿》（2013）	为了保障自然人、法人和非法人团体合法的民事权益，正确调整民事关系，适应社会主义现代化建设事业发展的需要，根据宪法和我国实际情况，总结民事活动的实践经验，制定本法。	简称为“梁慧星稿”
5	王利明教授主持《中国民法典学者建议稿及立法理由·总则编》	为了保障民事主体合法的民事权益，维护社会秩序，促进社会发展，根据宪法和我国实际情况，制定本法。	简称为“王利明版”

[1] 截至2016年7月，全国人大法工委草拟《民法总则（室内稿）》，由于尚未公开，暂未列入比较讨论。为行文方便，各版本中主持人的敬称略，还望海涵。

续表

	民法典（民法总则）版本	第1条	备注
6	北航法学院课题组（龙卫球教授主持）:《中华人民共和国民法典·通则编》草案建议稿（2015）	为了正确调整民事关系，明确和保障民事权益，兼顾社会公平，适应建设社会主义市场经济和全面推进依法治国的需要，根据宪法和我国实际情况，总结民事活动的实践经验，制定本法。	简称为“龙卫球稿”
7	杨立新教授主持《中华人民共和国民法总则（草案）》建议稿（2015）	为了保障民事主体的合法民事权益，调整民事主体之间的法律关系，维护社会秩序，促进社会发展，根据宪法制定本法。	简称“杨立新1.0稿”
8	杨立新教授2.0版《中华人民共和国民法总则（草案）》建议稿（2015）	为了保护自然人、法人的合法民事权益，规范法律关系，维护社会秩序，促进社会发展，根据宪法，制定本法。	简称“杨立新2.0稿”
9	中国社会科学院民法典立法研究课题组《民法总则建议稿》（2016.3）	为了保障民事主体的合法权益，妥当调整民事法律关系，促进社会、经济与人的全面发展，根据宪法及我国的实际情况，制定本法。	简称“孙宪忠稿”
10	全国人大法工委《中华人民共和国民法典（草案）》（2002）	为了保护自然人、法人的合法民事权益，规范民事关系，促进社会主义现代化建设事业的发展，根据宪法，制定本法。	简称“全国人大法工委稿”
11	中国政法大学民商经济法学院民法研究所“中国民法典研究小组”《中华人民共和国民法总则（专家建议稿）》	为给民商事案件的审理提供裁判依据，正确处理私法主体之间的纠纷，特制定本法。	简称“李永军稿”
12	《中华人民共和国民法总则（草案）》（全国人大审议稿）	为了保护自然人、法人和非法人组织的合法权益，调整民事关系，维护社会和经济秩序，适应中国特色社会主义发展要求，根据宪法，制定本法。	简称“审议稿”

（一）民法典草案中立法目的条款的比较与评析

1. 立法目的条款的语言风格检讨

现行我国关于民法典中的立法目的条款的设计，大致可以分为三种类型。

类型一是以《民法通则》为基础修改而成，如2002年全国人大法工委稿、梁慧星稿、龙卫球稿和审议稿的民法总则草案，均保留了“正确调整民事关系、总结民事活动的实践经验，制定本法”等内容。类型二是以王利明稿的《民法总则》(草案)为基础上适当完善修订而成，如杨立新稿(1.0和2.0)、孙宪忠稿、征求意见稿和提交稿，特点为“维护社会秩序，促进社会(经济与人)发展”等内容。类型三的立法目的条款所强调的是民法典的地位和作用，并没有明确表述法典的立法目的，此类型也是目前唯一比较特别的立法目的条款设计方案，如李永军稿。

立法目的条款的功能和重要性，以及在司法实践中的积极作用已在前文述及，此不赘述。立法目的作为法典的“灵魂”所在，其语言风格将直接影响功能的发挥，否则将成为具文般的宣示性规范。所以，从语言风格上，我们不赞同类型三这种极简的做法，也不赞同类型一对维持原有《民法通则》的路径，更倾向于类型二将立法目的条款功能实质化的方案，即在《民法通则》上予以突破的风格。其理由如下：其一，民法典与民法通则在性质和历史地位上存在明显差异，因此应有所区别，或者在民法通则的基础上发挥立法目的在法律解释上的作用。《民法典》颁布实施后，我国民商法学的研究方向必然更倾向于解释论，而非立法论，因而鉴于立法目的在解释论的重要地位，有必要将立法目的条款进行功能实质化，非宣示性规范。其二，类型三的极简方案将立法目的条款设定为一种宣示性规范，但该方案的第1条实质上是表述民法典的作用，并非阐述民法典的本位及价值，削弱了立法目的条款在解释论中的功用，因此类型三的方案值得商榷。

2. 立法目的条款的定位检讨

在我国现有的各民法典草案中，对于立法目的条款的定位也不尽一致。其一，梁慧星稿与孙宪忠稿《民法总则》均将第1条与第2条单独设置成“立法目的与调整对象”，作为“第一章　一般规定”的“第一节”，并与基本原则进行区分。其二，龙卫球稿《民法总则》将作为立法目的条款的第1条与调整对象、民法的形式渊源、适用方法、适用效力等内容列为“第一节　本法的适用”，并与“第二节　基本原则”予以区分。其三，《民法通则》将第1条列为“基本原则”

之下，中国民法典编纂小组与中国民法学会所公布的《民法总则》（征求意见稿）将立法目的条款与基本原则等内容列为“第一节　基本原则”，该做法并延至《民法总则》（提交稿）以及2016年6月27日全国人大常委会的“审议稿”。其四，王利明稿中将第1条与调整对象、基本原则等内容列在“第一节　民法的调整对象和基本原则”之下。杨立新版则将立法目的条款与调整范围、效力范围共同列为“第一节　立法目的与调整范围”。其五，李永军版将第1条列为“第一章　一般规定”之下，同时并未将民法基本原则专门设置成法律规范。

可见，关于第1条作为立法目的条款的定位问题尚未达成统一意见，民法学界也并未注意到此点。从比较法上观察，美国的制定法一般都包含立法目的条款，其一般在序言中予以说明。[1] 在我国台湾地区，民事基本规定如“民法典”并无立法目的条款，但有一些特别规定中将第1条设置为“立法目的”条款的做法，如我国台湾地区“家事事件法”第1条[2]、“消费者保护法”第1条[3]均列于“第一章　总则”之下，并且未对总则内容进行细分。因此，比较法上的“立法目的”条款均是作为总则性内容，在“法典”开头进行说明。

唯有争议的是，立法目的条款是否要与民法基本原则在立法上需要进行区分，此争议不仅涉及立法技术问题，还将成为法解释学以及法适用的问题。所以，需要对立法目的条款的定位问题进行谨慎审视。

此外，从民事法律体系中的立法惯例来看，立法目的条款的定位也显得比较混乱。如《合同法》《侵权责任法》《涉外民事关系适用法》的第1条均列于“第一章　一般规定”之下；《担保法》《继承法》《商标法》《著作权法》《专利法》的第1条作为“第一章　总则”的内容；《物权法》的第1条则作为“第一编总则　第一章基本原则”的内容。《民法典》第1条到底应作为“一般规定”还是“总则”，或是“基本原则”呢？对此，梁慧星教授认为，民法典总则编的“一般规定”，表述立法者对民法的基本态度……“一般规定”的

[1] Linda D. Jellum，Modern Statutory Inrterpretation：Problems，Theories，and Lawyering Strategies，Carolina Academic Press，2009，p204.

[2] 我国台湾地区“家事事件法”第1条：“为妥适、迅速、统合处理家事事件，维护人格尊严、保障性别地位平等、谋求未成年子女最佳利益，并健全社会共同生活，特制定本法。”

[3] 我国台湾地区“消费者保护法”第1条：“为保护消费者权益，促进国民消费生活安全，提升国民消费生活品质，特制定本法。”

内容比“总则”更抽象，可谓对抽象的再抽象，它不是具体规定当事人权利义务的行为规范，而是属于立法者、执法者和民事主体均须遵循的指导性的、原则性的、宣示性的规范，是构成整个民法典规则体系和现代法治的“基石性”原则。这些原则一旦发生动摇，整个民法典体系乃至现代法治都有崩溃之虞。在总则编设置“一般规定”，不仅能够使民法典体系恢宏、法度谨严，其重要意义更在于为民法典体系乃至现代法治奠定根基。设置“一般规定”，也是中国民事立法的惯例。[1] 因此，立法目的条款定位于“一般规定”更为合理。同时，鉴于立法目的条款并不是基本原则（法律原则），因此在立法时，应对两者进行区隔。

3. 立法目的条款内容之检讨

条款内容是法律规范的核心，既有立法技术上的体现，也有立法价值的彰显。现有各版本中的立法目的条款在内容上有一定的规律性，但也有不足性。

（1）内容上的一些规律性问题。其一，现有各版本中《民法总则》第1条中的内容，其逻辑顺序基本上遵循由直接到间接、具体到抽象、微观到宏观的规则，符合《立法技术规范（试行）（一）》的要求。如从保护民事主体的利益，到维护社会秩序，再到促进社会发展的顺序，简洁明了地表达了在目的上由直接到间接，规范内容从具体到抽象，利益保护从微观到宏观的排列规则。其二，现有第1条基本上注重调和宪法与民法之间关系。其表述或者是“根据宪法和我国实际情况，制定本法”，或者为“根据宪法，制定本法”。前者为《民法通则》目前所规定的内容，后者为现有法律一般采用的表述规则（审议稿目前也采用此种做法）。值得推敲的是，就中国法学会民法典编纂小组与中国民法学研究会所主持的前后两个草案版本正好在这个问题上存在差异，如《征求意见稿》（2015）中表述为“根据宪法，制定本法”，而《提交稿》（2016）中的表述却为“根据宪法和我国实际情况，制定本法”。可见，两者具体的差别如何，是否在规范内涵上存在迥异，值得探究。其三，关于民法典的主体制度上存在一分法、二分法和三分法三种方案。“一分法”的方案将我国民法典的保护对

[1] 梁慧星主编：《中国民法典草案建议稿附理由·总则编》，法律出版社2013年版，第3页。

象表述为“民事主体”或“私法主体”，多数版本的《民法总则》草案均采此做法；“二分法”方案将保护对象区分为“自然人”和“法人”予以表达，如民通；而“三分法”方案则分为“自然人”、“法人”和“非法人团体”，如梁慧星稿和审议稿。

（2）内容上的不足性问题。第一，我国现行立法体例为民商合一，编纂民法典也将保持民商合一的立法思路。但现有各版本草案中的第 1 条，基本上都是侧重于民事关系的调整，而忽略商事关系，如在涉及主体、权益和关系的表达上几乎均以“民事主体”“民事权益”“民事关系”等“民事”为主。以梁慧星版为例，其第 1 条设计时所参考的立法例，只提及《民法通则》《担保法》《合同法》《收养法》《继承法》[1] 等传统民事单行法，并未提及商事法律和知识产权法律。可见，该起草第 1 条的思路似乎仍以传统民法思维为主导。第二，各版本民法总则草案彰显商法价值之不足。立法目的条款本应表达立法价值的主要渠道，现有的各版本草案中关于立法目的条款的设计却在价值彰显之中缺乏足够的表达。民法典要么反应是“适应社会主义现代化建设事业发展的需要”，要么是“维护社会经济秩序，维护自然人的人格尊严，促进经济社会和人的全面发展”，要么是“正确调整民事关系”，这些立法价值均以传统民法角度出发，没有兼顾和体现商法理念与价值。第三，各版本民法总则仍然与政策（政治）紧密联系一起。任何国家的法律和政治之间的关系都比较暧昧，但立法机关就此作出的反应却因各国的政治制度导致路径上的截然不同。当然，有学者提出编纂民法典的指导思想是十八届四中全会关于全面依法治国决定所形成的马克思主义中国化的法哲学思想。[2] 民法典与宪法具有本质的不同，宪法是公法之母，作为私法基本法的民法典应保持一定的谨慎。

以上诸多规律和不足，李永军稿草案的第 1 条均未涉及，甚至还强调了民商事关系的处理，如“民商事案件”“私法主体”。[3] 但该版本中第 1 条的最大问

[1] 参见梁慧星：《中国民法典草案建议稿附理由 · 总则编》，法律出版社 2013 年版，第 6 页。

[2] 刘士国：《编纂民法典的时代背景与指导思想》，载《法治研究》2016 年第 3 期。

[3] 李永军版的《民法总则》（中国政法大学民商经济法学院民法研究所“中国民法典研究小组”）最大的特色在于，注重民商关系的协调，如在第一章“一般规定”之中的总则性条款中，在第 2 条、第 6—9 条、第 11 条均以“民商事活动”“民商事法律”代替其他草案中“民事活动”和“民事法律”。可见，妥善协调民法与商法之间关系，是李永军版民法总则主要特色之一。

题在于，如此极简的方案将放大民法典工具性特点，而掩盖了民法典立法价值的表达。

（二）民法典中立法目的条款设计的基本面向

1. 民法典中立法目的的条款的设计应协调民法和商法之间关系

自“中华民国民法”确立民商合一立法体例以来，民法学界就编纂民法典以及民法总则是否需要协调民法与商法之间的关系，明确提出了“民法典编纂时应摆正民法与商法之间的关系”的基调，[1]我国民法总则的制定应当在民商合一体例下完成，因而民法典的基本价值和民法总则制度的具体构建都必须以该体例为背景进行设计。[2]但遗憾的是，现在不管是中国民法学研究会提供的立法建议稿，还是全国人大常委会法工委的建议稿，对于民和商的关系问题绝大多数是回避的。[3]并且，在现有诸多版本的《民法总则》草案中均有商化不足的问题，具体表现在如何实现协调民法与商法之间关系的具体路径处于“失语”状态。

相反，商法学界就如何协调民法与商法之间关系的路径问题上作出了比较积极的反应。2015年5月中国商法学研究会向中国法学会正式提交了《关于民法典编纂中统筹规划商事立法的建议》和《关于民法典专家建议稿的修改意见》两份书面报告，提出了在《民法总则》之外，单独《商事通则》的方案。蒋大兴教授认为，“若在法典编纂上（指法律调整社会关系的内容方面）采‘民商合一’的构造路径，则民法总则作为全部私法关系之总纲，不仅要反映一般民事关系法律调整之需求，还要反映特别商事关系法律调整之需求”。[4]他就如何协调民商之间关系的实现路径上提出了六大解决方案的比较优劣，并认为民法典（民法总则）编纂在整体上忽略“商的特别需求与安排”，则最终可能会成为一

---

[1] 崔建远：《编纂民法典必须摆正几对关系》，载《清华法学》2014年第6期。
[2] 王利明：《民法总则的制定应体现民商合一体制》，载《法制日报》2015年5月27日。
[3] 张谷：《对当前民法典编纂的反思》，载《华东政法大学学报》2016年第1期。
[4] 蒋大兴：《论民法典（民法总则）对商行为之调整》，载《比较法研究》2015年第4期。

场自负、失败的法典化运动。[1]

可见，民法学界与商法学界就民法典编纂如何协调民商之间关系的构造路径上产生了不同意见。但不管提出的方案如何，民法与商法学界都承认现行立法模式为民商合一，此为当前学界的共识。鉴于作为民法典第1条的立法目的条款在民法与商法之间协调问题上存在缺位，我们认为，实现民商关系的协调路径上应以此共识为基础求同存异。协调路径是，在民法典的立法目的中要兼顾民事与商事关系的调整需求，在设计《民法典》(民法总则)第1条时应协调民法和商法之间关系。具体表现为两个方面，其一，在《民法典》中的主体制度中予以反应。如前述，当前各版本中关于权利主体有“一分法”、“二分法”和“三分法”的方案，但弊端在于当前三种方案中都尚未协调民法与商法之间关系，我们认为，应采取“一分法”方案，并将“民商事主体”代替“民事主体”，在表述上更加明确民法与商法之间的关系，因为在现代社会生活中，民商事主体(尤其是商个人与民事自然人)之间的界分已经非常模糊。其二，在第1条的立法价值理念的构建上予以关照民商关系。现有的草案规定中第1条只关注传统民法的价值追求，而以民商合一立法模式的未来民法典，应同时在第1条为商事活动提供价值参考和指引。

2. 民法典中立法目的条款的设计应彰显民法典追求的价值

法的目的价值在法典中具有重要地位，如何彰显法典追求的价值是法典立法时的技巧性问题，也是利益衡量的过程。法律规定的立法目的，不仅仅是要表达立法者制定法律的宗旨与目标，而且为法律适用和法律遵守提供指导。立法目的通常表现为法律所追求的一定实然的社会秩序，侧重于法律适用和法律

---

[1] 蒋大兴教授认为，“最优—优1”方案是，独立商法典；“次优—优2”方案是，变形《商法典》，即内涵于民法典中的《民法典(下编)——商法通则与特别商法》；“可替代之最优—优3”方案，是分立式，即与民法典并行之商法通则；“可替代之次优—优4”方案，是独立成编式，即在民法典内制定商法通则；“可替代之次优—优5”方案，是独立成章式，即在民法典之民法总则中独立设章，规范商法通则之内容；“最劣—优6”方案，是融合式，即将商法通则全部分解，设定具体条款融入民法总则各章节中。参见蒋大兴：《论民法典(民法总则)对商行为之调整》，载《比较法研究》2015年第4期。

遵守的直接结果，侧重于法律的社会功能。[1] 目的价值系统在整个法的价值体系中占据突出的基础地位，是法的社会作用所要达到的目的，反映着法律制度所追求的社会理想。[2] 同时，法的目的价值构成了法律制度所追求的社会目的，反映着法律创制和实施的宗旨，是关于社会关系的理想状态时什么的权威性蓝图，也是关于权利义务的分配格局应当怎样的权威性宣告，无疑法的目的价值是整个法的价值体系的基础。[3] 因此，目的价值最集中于体现着法律制度的本质规定性和基本使命。[4]

当前的民法典草案中，除了李永军稿未能将法典价值作为第 1 条的规范内容外，其余均在一定程度上追求民法的价值。但是以《民法通则》为基础修改的草案类型，其价值似乎追求“适应社会主义现代化建设事业发展的需要”“适应中国特色社会主义发展要求”；而以王利明稿为蓝本修订的草案类型，其价值追求是“维护社会经济秩序，维护自然人的人格尊严，促进经济社会和人的全面发展”，更加关注的是民法的人文关怀。他们认为，民法典的基本价值取向应当以人文关怀为基础，并以此为要求构建民法典的价值体系，因为民法典的价值理性就是对人的终极关怀。[5] 所以，民法应以“关心人、培养人、发展人、使人之为人”作为立法的基本使命和基本任务，体现为对人主体属性的全面弘扬与保护，以及对权利的彰显与保障，也体现为人的自由的全面实现的全面发展。对于民法典价值取向的追求，梁慧星教授认为民法典在价值取向上以权利本位为主，兼顾社会公共利益，兼顾对个人物质生活条件的保障与对人格尊严的尊重；充分贯彻意思自治原则，强调对人民私权的切实保护，非基于社会公共利益目的并依合法程序不得予以限制；尽量兼顾社会正义与经济效率，兼顾交易安全与交易便捷，切实贯彻两性实质平等与保护弱者的原则，为在中国最终实现法治和现代化奠定民事法制基础。[6]

但是，商法与民法在价值追求上存在差异。商法交易面与管制面的双重结

---

[1] 王利明：《法律解释学导论——以民法为视角》，法律出版社 2009 年版，第 301 页。

[2] 参见张文显主编：《法理学》（第 2 版），高等教育出版社，第 364 页。

[3] 参见张文显主编：《法理学》（第 2 版），高等教育出版社，第 364 页。

[4] 参见张文显主编：《法理学》（第 2 版），高等教育出版社，第 364 页。

[5] 参见王利明：《民法的人文关怀》，载《中国社会科学》2011 年第 4 期。

[6] 参见梁慧星：《中国民法典草案建议稿附理由·总则编》，法律出版社 2013 年版，第 6 页。

构，使得商法在解释上有异于民法之处，处理商事纷争自应本于商法观点，包括各领域单行法之法律规范目的、商业事物本质、经济观点等出发，不可一概从民法脉络途径思考。[1] 一般认为，商法的功能在于规范商人，保护商人的合法权益；规范商行为，实现商事交易快速、安全和秩序的统一；保护投资者的利益，实现商人的利益、投资者利益和社会利益的协调三个层次。[2] 因此商法的理念也与传统民事法律迥异，商法理念包含了商法的精神与价值等体现商法本质属性的基本理论范畴，其理念大致有强化私法自治、营业自由和投资自由、保护营利和严格责任。[3] 商法的理念与民法价值的最主要的区别是，商事主体是在法律框架内进行逐利的商事行为，并以营利为目的进行商事活动，并且商法追求维护交易公平、交易简便快捷以及寻求交易安全的基本原则。

总之，法的目的价值具有多元性，以民商合一立法模式的民法典为例，其目的价值应包含民法价值与商法理念。因为，法的目的价值的多元性，是与人的要求的多样性和法所调整的社会关系的多样性直接联系在一起。[4]

3. 民法典中立法目的条款的设计应注重宪法与民法之间的关系

在 2006 年制定《物权法》的过程中，《物权法（草案）》也曾一度陷入“违宪与合宪”之争，由此引发了“宪法与民法关系”的大讨论，使得《物权法》表决与颁布过程最终被推迟。因此，在民法典编纂时，为避免产生不必要的干扰因素，应注重宪法与民法之间的关系。

从前文分析可知，无论是现行民事法律体系，还是当前民法典（民法总则）各草案，均有“根据宪法，制定本法”表述。也有民法学者就草案中“根据宪法，制定本法”表示“可能会使得我们的民法从此陷入所谓全方位‘宪法依据’陷阱”的忧虑。但是，我们不必对于“根据宪法、制定本法”过度解读，应保持理性态度予以对待。因为，从立法技术角度讲，“根据宪法，制定本法”只是确定立

---

[1] 王文宇：《从商法特色论民法典编纂》，载《清华法学》2015 年第 6 期。

[2] 参见王保树：《商法总论》，清华大学出版社 2007 年版，第 41—43 页。

[3] 参见范健、王建文：《商法的价值、源流及本体》（第 2 版），中国人民大学出版社 2007 年版，第 27—49 页。

[4] 张文显主编：《法理学》（第 2 版），高等教育出版社，第 365 页。

法依据的形式之一，也是我国法治发展过程中的立法惯例之一。

从现有的草案分析，关于立法依据的设置存在两种路径，路径之一为“根据宪法，制定本法”，路径之二为“根据宪法和我国实际情况，总结民事活动的实践经验，制定本法”。如何确定立法依据的内容，应根据《立法技术规范（试行）（一）》的要求。就立法依据而言，全国人大常委会法制委员会制定的《立法技术规范（试行）（一）》（法工委发 [2009]62 号）5.2 规定：“法律一般不明示某部具体的法律为立法依据。但是，宪法或者其他法律对制定该法律有明确规定的，应当明示宪法或者该法律为立法依据。表述为：‘……根据宪法，制定本法。’或者‘……根据《中华人民共和国 ×× 法》的规定，制定本法。’”可知，为统一立法依据内容，作为私法基本法的民法典（民法总则），也应遵循《立法技术规范（试行）》的要求。故而，第 1 条中的立法依据应剔除与其内容无关的表述，即删除“我国实际情况，总结民事活动的实践经验”等用语，确定为“根据宪法，制定本法”为妥。

4. 民法典中立法目的条款的设计应注重海峡两岸及香港、澳门多个法域之间的关系

当前编纂民法典的时代背景与三十年前制定《民法通则》时迥然不同。特别是香港、澳门分别于 1997 年、1999 年回归祖国，港澳作为特别行政区，仍然保留原有政治制度，并形成了我国“一国两制”的基本方针和基本国策。从法制角度解读“一国两制”，即内地实行具有中国特色的社会主义法律制度，香港继续实行普通法系的法律制度，澳门继续实行大陆法系的法律制度。于是形成了“一国之内多种法律传统、多个法域并存”的当代中国法律制度一大特点。根据《香港基本法》和《澳门基本法》第 5 条的规定，港澳两地不实行社会主义的制度和政策，保持原有的资本主义制度和生活方式，五十年不变。换言之，在未来的 30 年内，港澳两地仍然保持着原有的政治制度（包含法律制度）不变，但一旦期限已满，港澳两地法制就将面临如何与内地法制接轨的问题。此时，已经颁布实施的《民法典》是否也要相应地作出回应？同时，民法典的编纂是否需要考虑到我国台湾地区的统一问题，即可否借由“私法统一”促成祖国统一事业的完成。作为民法典的第 1 条应如何作出回应？

诚然，民法典编纂过程中可以充分利用各种立法技术实现法典稳定性和开放性之间的平衡。[1]对于第1条的立法目的条款而言，为了考虑海峡两岸及香港、澳门多个法域的统一或接轨问题，又兼顾法典稳定性，此时应与政治保持一定的距离。即民法典的立法价值应追求彰显纯粹私法价值，回归民法作为私法的本色，对“适应社会主义现代化建设事业发展”以及“适应建设社会主义市场经济”“全面推进依法治国的需要”“适应中国特色社会主义发展要求”等抽象化政策性词汇应保持谨慎。

五、结语

在我国民事法制发展进程中，立法目的条款逐渐在民事法律体系中第1条确立，这也是我国立法惯例之一。立法目的条款，作为民法典（民法总则）中的第1条，居于法典的首要地位，其不仅是立法技术的产物，更是体现立法价值取向的窗口。鉴于此，立法目的条款在整个法典中具有举足轻重的地位。当前，我国正在编纂民法典，学者们对民法典寄予厚望，力图将中国《民法典》编纂成为21世纪民法典的代表作。因此，如何科学地确定和表达我国民法典中的立法目的就显得尤为重要。基于我国现行民事法律体系立法目的条款的考察，并对当前各版本《民法典·总则编》草案中的第1条进行反思。我们认为，中国《民法典》第1条的文本设计，应坚持统合民法与商法之间关系、彰显私法价值、注重宪法与民法之间关系、协调海峡两岸及香港、澳门多个法域之间关系四个基本面向。

---

[1] 王利明：《全面深化改革中的民法典编纂》，载《中国法学》2015年第4期。

从民办学校法人归类看《民法总则》的创新与不足

环建芬*

2017年3月15日第十二届全国人民代表大会第五次会议表决通过了《中华人民共和国民法总则》(以下简称《民法总则》),从整个立法过程看,法人制度是争议较大的内容之一,其争议焦点主要集中于法人分类的问题。法人分类是立法对不同法人形态的组织结构和行为规则进行系统化抽象的结果,与《民法通则》以及域外大陆法系民法典相比,《民法总则》法人分类设计具有一定创新性,值得称赞;然而作为一个立法上新机制,其不足不可避免。对此,本文就《民法总则》法人分类的创新与不足进行分别讨论,并提出看法。在讨论具体不足时,将以民办学校法人在《民法总则》法人分类中归类存在的问题为例,希望使相关内容更具体。

一、《民法总则》法人分类的创新

《民法总则》第1条指出,立法目的就是要"适应中国特色社会主义发展要求"。这一主张正如梅仲协教授所言:"民事法规,与一国的国情,关系綦切,非一味模仿外国所能济事。"[1]从这个意义上讲,《民法总则》立法目的非常注重直面我国实际,其中法人分类的设计也充分体现这一特点,与域外大陆法系民法典以及我国《民法通则》比较,具有创新表现,具体主要体现在以下几个方面。

---

* 环建芬,女,上海师范大学哲学与法政学院副教授,法学博士。

[1] 梅仲协:《怎样研究民法学?》,载《读书通讯》1940年第9期。

（一）确立了三种法人类型

与域外大陆法系民法典以及《民法通则》相比，现有的法人分类独树一帜，确立了三种法人类型：营利法人、非营利法人、特别法人，这是《民法总则》的一大亮点，体现了中国特色。

观察域外大陆法系各国和地区民法典中法人分类，主要有以下几种模式：第一种是公法人和私法人，德国、瑞士、意大利等都在各自民法典中规定了公法人。第二种是社团法人和财团法人，这是对私法人的进一步划分，瑞士、意大利、日本等国家的民法典都明确规定社团法人和财团法人。第三种是营利法人、公益法人和中间法人，划分营利法人和公益法人是日本和我国台湾地区“民法典”特有的规定。另外，《德国民法典》将社团法人分为营利社团和非营利社团，《瑞士民法典》将社团法人划分为“经济目的社团”和“非经济目的社团”。上述国家和地区法人分类中，在第一阶位基础上再分第二阶位、第三阶位；另外，不少国家和地区的民法典法人分类的选择并不仅仅限于一种模式，而是在第二种或第三种模式中分别选择部分内容以形成各自的法人分类特点，如瑞士、意大利、德国、日本等。

而《民法通则》采“职能主义法人分类模式”，根据法人在国家构想的社会整体结构中担当的职能，将法人分为企业法人与非企业法人。这种分类模式渊源于我国法人制度立法的问题意识、立法之时面对的具体问题以及法律科学的发展水平，但是却无法实现其意欲的分类目的，不能解决法人制度真正面对的问题，也无法为法人制度立法提供有效支架。[1]随着我国市场经济的发展，新的组织形式不断出现，法人形态发生了较大变化，《民法通则》关于企业法人、机关法人、事业单位法人和社会团体法人分类已经难以适应新的形势，确有调整的必要。

进入《民法总则》立法阶段，立法部门与时俱进，在设计法人分类时，兼顾当今社会多元化的法人形态，采取了功能标准划分，将营利法人与非营利法人作为第一阶位安排为主要的法人类型；同时为避免遗漏部分特殊类型的法人组

[1] 参见蔡立东：《法人分类模式的立法选择》，载《法律科学》2012年第1期。

织，对于前者没有涵盖进入的一些法人组织辅之以“特别法人”类型，该“特别法人”类型的安排是《民法总则》的一大创新。因为目前我国政府机关、村委会、居委会等组织经常对外签合同，如果不赋予它们法人地位，它们参与民事活动会出现尴尬局面，由此对交易秩序和交易安全带来不确定性。所以通过“特别法人”制度的设置，赋予这些组织法人地位，有助于它们依法参加民事活动，独立承担法律责任。

（二）一些新形态的法人组织在立法中展现

《民法总则》法人分类的另一个创新之处是，根据社会发展需要、回应实践中不断出现的新形态法人，将其中一部分法人组织在立法中展示出来。例如，《民法总则》承认了宗教活动场所的法人地位（第 92 条第 2 款），明示其属捐助法人，以满足民众宗教活动的需要；宣示性地认可了农村集体经济组织的法人资格（第 98 条），明确了我国农村改革的方向；还有基金会法人等。这些新形态法人组织的规定，对于立法上确立其主体资格、司法实践中不断细化各类法人组织的运行规则具有重要意义。对比域外和《民法通则》罗列的法人类型，这些新形态的法人组织非常具有中国特色，尤其是社会服务机构法人、农村集体经济组织法人、城镇农村的合作经济组织法人、基层群众性自治组织法人等，都是立法上前所未有的。

（三）法人分类契合我国整体改革方向和市场经济发展相关机制

实践中，判别法人性质时，人们比较习惯从营利与非营利方面划分其类型。《民法总则》在总结我国长期社会治理经验的基础上，将法人主要分为营利法人与非营利法人，这一点非常契合我国的整体改革目标。即国家公权力的行使、市场的运行以及社会组织的活动进行适当分离，不同法人类型进行分类管理。坚持营利法人与非营利法人的分类管理，这与中央所确定的改革方向是一致的。改革要求社会主体的身份角色定位明晰，不能允许某些组织既营利又不纳税，同时享受公共福利待遇。要让国家的公权力关在制度的笼子里面，公权力不得随意进入民事领域。

营利法人与非营利法人的分类与现今市场经济相关机制契合的典型例子便是民办学校分类管理机制。2010年中共中央和国务院发布的《中长期教育纲要》、2016年11月7日修改的《民办教育促进法》、2016年12月29日国务院81号文件《关于鼓励社会力量兴办教育促进民办教育健康发展的若干意见》等法律法规，都已经明确了目前我国民办学校实施分类管理机制，即民办学校按照营利性民办学校和非营利性民办学校两类不同机制进行管理。《民法总则》将法人分为营利法人、非营利法人等，在立法方面，该规定吻合了民办学校分类管理机制，从基本法到特别法保持总体一致，这对于进一步落实和构建营利法人和非营利法人的管理机制、制定相关具体规则具有推动作用。

二、《民法总则》法人分类的缺陷

《民法总则》法人分类具有一定创新性，同时作为一项新内容也会存在不足。民办学校法人在其中的归类问题便是一个较典型的例子。该类法人目前属于非小众化的法人组织[1]，且呈现发展状态，需要立法上不断调整、实践中亟待关注的一类法人；另外其分类管理机制与《民法总则》中营利法人与非营利法人就立法方面而言也是非常契合的。目前，民办学校法人包括营利性和非营利性难以在我国《民法总则》法人分类中直接寻找到归类，导致民办学校法人法律适用中在事业单位法人与商事主体法人之间徘徊，使民办学校法人与公办学校法人在法律上不能取得同等地位，影响其经费来源、税收政策、人事制度、社会保障等方面获得应有尊重，由此必然影响市场上这类法人的不断建立和发展。

（一）营利性民办学校法人在营利法人中归类不清楚

营利性民办学校法人归类为营利法人毋庸置疑，基于《民法总则》法人分

[1] 据2016年全国教育事业统计公报数据显示，全国共有各级各类民办学校17.10万所，比2015年增加8253所；招生1640.28万人，比2015年增加3.37万人；各类教育在校生达4825.47万人，比2015年增加253.95万人。民办学校作为一类发展迅速、市场容量不小的法人形态值得关注。

类立法模式是第一阶位展现法人类型，第二阶位展现具体法人形态，那么营利性民办学校法人具体属于第二位阶的哪一种法人形态呢？《民法总则》第 76 条第 2 款规定："营利法人包括有限责任公司、股份有限公司和其他企业法人等。"即营利法人第二阶位的法人形态为"有限责任公司、股份有限公司和其他企业法人等"，从法人组织结构看，营利性民办学校不能直接归类为"有限责任公司、股份有限公司"，那么能否归为"其他企业法人"或"等"之类？

关于"其他企业法人"。"'企业'这一名称在我国现行法律、行政法规使用非常普遍，但均未见法律上的定义。"[1] 一般企业总是与营利或者说经济活动联系在一起，那么这一分类会因为与营利性法人与非营利性法人分类高度重合而丧失独立存在的意义。[2] 德国法上，"企业与法人"这一话题从萨维尼开始就一直被放在股份公司法中来讨论，其涉及的是股东财产性请求权对象问题，常与股份公司作为法人本质以及股份公司拥有企业问题放在一起讨论。[3] 拉伦茨认为，企业是被作为第一顺位的无体财产的权利客体。[4] 德国学界通常也把企业当作权利客体来讨论，几乎没有讨论企业是否是法人的问题，更谈不上将其作为分类标准。[5] 有学者认为，将企业作为分类标准会违反逻辑上的同一律，即如果企业是法人主体，那么他对企业就拥有所有权，这意味着企业法人对企业拥有所有权的结论。在同一陈述中相同的两个名词却代表着截然相反的理念意义，一个是主体，一个是客体，这是低级的逻辑错误。[6] 故此，鉴于"企业"一词的异议，"其他企业法人"一词表述缺乏科学性，难以在法律上形成一个严谨的概念，易造成理解上的不确定。故营利性民办学校法人能否归入"其他企业法人"形态无法获得肯定答案。

---

[1] 谭启平、黄家镇：《民法总则中的法人分类》，载《法学家》2016 年第 5 期。

[2] 参见谭启平、黄家镇：《民法总则中的法人分类》，载《法学家》2016 年第 5 期。

[3] Wemer flume，Allgemeiner Teil des Biirgerlichen Rechts Rrster Band，Zweiter Teil，Berlin：Spinger-Verlag，1983，S.31. 转引自谭启平、黄家镇：《民法总则中的法人分类》，载《法学家》2016 年第 5 期。

[4] 参见〔德〕卡尔 · 拉伦茨：《德国民法通论》(上册)，王晓晔等译，法律出版社 2003 年版，第 400 页。

[5] 参见〔德〕迪特尔 · 梅迪库斯：《德国民法总论》，邵建东译，法律出版社 2001 年版，第 890 页。

[6] 参见谭启平、黄家镇：《民法总则中的法人分类》，载《法学家》2016 年第 5 期。

关于“等”的涵盖内容。一般而言，只要符合营利法人的基本特征，凡是没有列举的营利法人都可以用“等”涵盖。市场经济中，法人形态多元化，“等”可以包含目前尚未出现、以后可能出现的法人形态；已经出现的法人形态，如果属于小众化或非典型化的，也可以包含在“等”字中。但是，究竟哪些属于小众化或非典型化的法人形态，法律上并没有具体解释。为此，目前“等”的涵盖范围界定不明确，民办学校法人也未必能被“等”字涵盖。

（二）营利法人均作为商事主体难以顾及营利性民办学校法人的特殊性

《民法总则》第 76 条第 2 款规定的营利法人包括有限责任公司、股份有限公司和其他企业法人等；第二节“营利法人”第 76 条至 86 条共计 11 个条文，均是规定法人设立、机构、出资、经营等相关规范，何况第 86 条明确规定：“营利法人从事经营活动，应当遵守商业道德……”就上述法律规定看，营利法人包括公司和其他企业法人一般均从事经营活动，故可以理解为，营利法人均为商事主体。那么，营利性民办学校是否应该也属于商事主体？

在实施民办学校分类管理机制之前，实践中，民办学校法人往往被当作纯粹商事主体即企业法人对待，在校园用地、基本建设、信贷融资和税收减免等等方面，不能享受到与公办学校同等的优惠政策；另外，教师只能参加企业单位的社会养老保险，教师在退休后所能领取的养老金，仍然要比相同资历的公办学校教师要少一半左右，这种状况会严重影响学校师资队伍建设及其学校教育教学质量的稳定和提高，制约学校健康发展。[1]

究竟何谓商事主体？即“特定商行为的主体”，其“存在与其实施的经营性活动密切相联”[2]，是指从事生产、流通、科技等活动，以获取盈利和增加积累、创造社会财富为目的的赢利性社团[3]。为此，有的国家立法明确规定，商事主体

[1] 参见董圣足：《我国学校法人类属及存在问题》，载《上海教育科研》2008 年第 11 期。

[2] 参见范健：《商法》，高等教育出版社、北京大学出版社 2000 年版，第 22 页。

[3] 参见彭万林：《民法学》，中国政法大学出版社 2007 年版，第 79 页。

为“无限责任公司和两合公司”[1]日本等一些国家的民法典中明确，凡是营利法人都作为商事主体归类[2]。《日本民法典》第35条规定：“（一）以营利为目的的社团，可以依商事公司设立的条件，成为法人。（二）前款的社团法人，均准用有关商事公司的规定。”值得一提的是，日本私立学校[3]均为非营利性[4]，所以不存在私立学校是否属于商事主体问题的讨论。我们国家民办学校分类管理机制实施后，营利性民办学校法人是否属于商事主体的问题引发关注。有人提出营利性民办学校法人均可以走向资本市场且按照商业模式运行。事实上，单纯的营利性民办学校法人难以以学校的主体资格身份直接上市，目前我们国家一些民办学校法人在海外上市，但是它们最终都是以教育集团或公司的主体资格身份呈现的[5]。可见，营利性民办学校法人并没有直接上市的例子。

（三）非营利性民办学校法人在非营利法人中归类有疑惑

随着我国市场经济的发展，法人组织日渐呈现出社会功能分化的状况，更多社会组织扮演市场主体的角色，非营利法人在社会服务等公共物品供给层面发挥了重要作用。为此《民法总则》第87条第2款规定：“非营利法人包括事业单位、社会团体、基金会、社会服务机构等。”依据该规定，非营利性民办学校不可能属于社会团体法人、基金会法人，可否属于其他？

第一，民办学校法人可否属于事业单位法人？何谓事业单位？2004年6月27日国务院修改之后公布的《事业单位登记管理暂行条例》第2条第1款规定：“本条例所称事业单位，是指国家为了社会公益目的，由国家机关举办或者其他

[1] 参见范键：《商法》，高等教育出版社、北京大学出版社2000年版，第23页。

[2] 日本著名民法学家我妻荣指出：“现行法上，以公益为目的的社团依民法，以营利为目的的社团（公司）依商法，分别构成法人。”引自〔日〕我妻荣：《新订民法总则（民法讲义Ⅰ）》，于敏译，中国法制出版社2008年版，第119页。

[3] 日本的私立学校类似我们的民办学校。

[4] 虽然日本私立学校不能以营利为目的，但可以有盈利事业，前提是不妨碍学校教育教学。盈利事业的种类被限定在与学校类型有关的餐饮、零售、住宿、医院、农场、研究所、制造业等，收益必须用于学校的经营，并且财务应作为特别财务与学校其他财务区分处理。

[5] 如北京新东方教育科技（集团）有限公司，睿见教育国际控股有限公司等等。其中北京新东方教育科技（集团）有限公司最初于1993年成立了新东方学校，2003年成立该教育集团。

组织利用国有资产举办的，从事教育、科技、文化、卫生等活动的社会服务组织。"根据该条例，事业单位有一个重要特点，即其设立所利用的财产是"国有资产"，或者"事业单位的举办资产来源是'国有资产'"[1]。再看《民办教育促进法》第2条规定，举办民办学校属于"国家机构以外的社会组织或者个人，利用非国家财政性经费，面向社会举办学校及其他教育机构的活动"，两者相比区别明显，即事业单位是"利用国有资产举办"，而民办学校"利用非国家财政性经费"举办。单就这一点，将非营利性民办学校法人归类为事业单位不符合规范要求。

第二，非营利性民办学校法人是否属于社会服务机构？有学者认为，《民法总则》第87条第2款规定的"社会服务机构""涵盖行业广泛""常见的有……，提供教育的民办学校……"[2] 即非营利性民办学校可以归入社会服务机构。笔者注意到，《事业单位登记管理暂行条例》中将从事教育的社会组织称为"社会服务组织"，是否就此作为民办学校法人归为"社会服务机构"的缘由？何谓社会服务机构？根据2016年5月26日公布的《民办非企业单位登记管理暂行条例》修订草案征求意见稿第2条规定："社会服务机构，是指自然人、法人或者其他组织为了提供社会服务，主要利用非国有资产设立的非营利性法人。"即相关主体利用非国有资产设立的非营利性法人，只要基于提供社会服务目的便为社会服务机构。另外，民政部还对此条例作了说明，即"《中华人民共和国慈善法》已将民办非企业单位更名为社会服务机构。为保持一致，征求意见稿将'民办非企业单位'修改为'社会服务机构'"。而关于民办非企业单位，1998年10月国务院颁布了《民办非企业单位登记管理暂行条例》，将民办非企业单位界定为企业事业单位、社会团体和其他社会力量以及公民个人利用非国有资产举办的，从事非营利性社会服务活动的社会组织，民办学校是其中之一。

按照前述《事业单位登记管理暂行条例》《民办非企业单位登记管理暂行条例》修订草案征求意见稿规定，社会服务组织或机构的业务是提供社会服务。何谓社会服务？百度网解释为，社会服务为以提供劳务形式来满足社会需求的

---

[1] 参见张新宝：《〈中华人民共和国民法总则〉释义》，中国人民大学出版社2017年版，第164页。
[2] 张新宝：《〈中华人民共和国民法总则〉释义》，中国人民大学出版社2017年版，第164页。

社会活动。它分狭义与广义，狭义指直接为改善和发展社会成员生活福利而提供的服务，如衣、食、住、行、用等方面的生活福利服务；广义的社会服务包括生活福利性服务、生产性服务和社会性服务。其中社会性服务指为整个社会正常运行与协调发展提供的服务，如公用事业、文教卫生事业、社会保障和社会管理等。从该解释中发现，作为从事文教事业的非营利性民办学校法人可以归入广义的社会服务一类。但是如果将该解释对照《民法总则》第 87 条第 2 款罗列的非营利法人，且出资限定为非国有资产的法人，那么社会团体法人和基金会法人可否属于社会服务机构？为什么单单非营利性民办学校法人归入社会服务机构而非营利法人中的其他几种法人不归入其中？这个问题值得商榷。有学者提出，我们的社会组织管理尚在改革之中，尚未到成熟的地步，贸然把它写到未来的民法典里，会不会损害法典的稳定性和权威性？民法典以大篇幅来规定这些特别法上的制度，到底有无必要？

（四）非营利法人剩余财产的处理规则过于简单给民办学校法人造成不利影响

《民法总则》第 87 条、95 条明确规定“为公益目的或者其他非营利目的成立，不向出资人、设立人或者会员分配所取得利润的法人，为非营利法人……”，“为公益目的成立的非营利法人终止时，不得向出资人、设立人或者会员分配剩余财产……”这些规定明确了禁止分配利润或剩余财产给出资人、设立人或者会员，即以是否分配利润给其成员作为营利法人与非营利法人区分的核心标准。

但是剩余财产或利润能否分配给非营利性民办学校法人组织？这个问题，即便是在意见相对较为一致的“禁止分配”原则上，其实也存在不少争议。如在禁止分配主体上，有的认为所有非营利组织均不得分配利润，有的认为互益性法人在满足特定条件时可以向会员分配利润。[1] 当然第 95 条也明确“剩余财产应当按照法人章程的规定或者权力机构的决议用于公益目的；无法按照法人章

---

[1] Revised Model Nonprofit Corporation Act sec.13.01，13.02（1987）. 转引自罗昆：《我国民法典法人基本类型模式选择》，载《法学研究》2016 年第 4 期。

程的规定或者权力机构的决议处理的，由主管机关主持转给宗旨相同或者相近的法人，并向社会公告。”但是却没有涉及非营利法人能否分配剩余财产或利润的问题。而《民办教育促进法》第9条规定：“学校的办学结余全部用于办学。”故此，剩余财产可以继续用于办学，可没有明确规定剩余财产所有权归属于非营利性民办学校法人组织。

笔者认为，若非营利性民办学校法人剩余财产和利润既不能分配给其成员，又不能分配给其法人组织的话，这里需要考量的因素是，目前我国有大量非营利性民办学校法人，如果禁止其分配利润和剩余财产，将对这些机构产生极其重大的负面影响。[1] 对于以投资办学为基本特征的现阶段中国民办教育而言，在民办教育立法和制度设计上，采用偏向于捐资办学的理论假设，而忽视投资办学实践对政策制度的需求，一概将民办学校纳入“民办非企业单位”，比照非营利法人进行管理，也产生了不少制度上的冲突，带来了运行中的一系列问题和矛盾，主要表现在产权制度缺损，缺少对投资者权益的有效保护，限制了民办教育的更大发展等等。[2]

综上，尽管上述问题是以民办学校法人为具体例子，但是却折射出《民法总则》法人分类立法上的不足。

三、国外民法典及其相关立法的法人分类对我国民法立法的启示

针对我国《民法总则》法人分类规定引发的问题，国外民法典及其相关立法中法人分类立法例可以给我们带来一定的启迪。

（一）在民法典中明确罗列各类法人形态

一些国外民法典法人分类中常常罗列具体法人形态。例如，《埃塞俄比亚民

[1] 参见谢鸿飞：《〈民法总则〉法人分类的层次与标准》，载《交大法学》2016年第4期。

[2] 参见董圣足：《我国民办高校法人治理问题研究》，华东师范大学2009年博士学位论文。

法典》第3题第1章“行政团体和教会”下属条文分别罗列了“国家”“国家以下的行政区”“部”“公共行政当局和机关”“埃塞俄比亚东正教会”“主教辖区、教区和教堂”[1]等都归为权利主体。该民法典告知人们获得法律认可的具体权利主体形态。前几年，随着我国房地产市场的发展出现了一些新的市场主体，如业主委员会等，对于它是否具有权利主体资格以及诉讼主体资格争议不断，若立法中明确罗列其形态，就可以减少或避免这种问题。目前，虽然我国就民办学校法人的主体资格不存在异议，但是未在立法中罗列，归类不清楚是必然出现的结果。

（二）根据行业领域进行概括归类

由于市场经济中法人形态众多，不可能均通过立法明确规定，所以一些国家的民法典中通过行业领域作概括陈述以确立其归类。例如，《日本民法典》第34条规定：“有关祭司、宗教、慈善、学术、技艺及其他公益的社团或财团且不以营利为目的者，经主管官署许可，可以成为法人。”《瑞士民法典》第二章法人部分分别规定了社团法人和财团法人两种类型，社团法人部分第60条第1款提及“以政治、宗教、学术、艺术、慈善、社交为目的，或者其他非以经济为目的的社团……”日本和瑞士国民法典通过这些规定，将行业领域进行细化，同时每一个领域的绝大部分法人组织一般不会遗漏。如此而言，类似如我们国家的民办学校法人类型便可包含在“学术”领域中。

（三）运用特别法详细规定具体法人归类

有些国家民法典中对一些法人类型只略提及，然后写明具体问题可通过特别法规范。例如，《埃塞俄比亚民法典》第405条规定：“（1）以获得或分享利润为目的组成的集合适用商法典关于合伙的规定。”《日本民法典》第35条规定：“（一）以营利为目的的社团，可以依商事公司设立的条件，成为法人。”

---

[1] 参见薛军译：《埃塞俄比亚民法典》，厦门大学出版社2013年版，第58—59页。

两国的法律都是仅在民法典中提到营利性组织中如合伙或社团可以作为一种权利主体，具体内容可以通过特别法解决该类社会组织的行为规范问题。这种立法思路，在日本私立学校立法方面表现比较典型。有关日本私立学校的法律规定，除《日本宪法典》《日本民法典》《教育基本法》《学校教育法》外，1949年还专门制定了《私立学校法》以及《私立学校法施行规则》等等，其中《私立学校法》被称为私学宪法。日本《私立学校法》规定，私立学校作为系统的学校制度的一个组成部分，必须顾及大多数学生的利益，它是一种公益性的事业，不得以营利为目的，特别是事业的主体不得进行收益分配，即使因某种原因学校解散时，其剩余财产也不得分配。[1] 即日本《私立学校法》明确规定，作为私立学校法人，是具有公共性质的非营利法人。可见，作为规范法人问题的特别法——日本《私立学校法》等法律对日本私立学校法人归类问题进行了明确规定。由此提示，我国民办学校法人作为一种具体类型的法人形态，可以在民法典中简单表述有此类型即可，具体分类内容通过特别法加以规范，如《民办教育促进法》等。

四、关于完善《民法总则》法人分类的建议

目前《民法总则》法人分类规定，使实践中一部分法人形态包括民办学校法人归类在其中不明确，这会引发实务操作的迷茫或不确定并影响这类组织的发展。针对上述问题、借鉴国外相关立法例，笔者提出如下几点建议。

第一，注重立法技术上的逻辑周延性，采用直接列举方式与间接列举方式明确法人形态的归类。《民法总则》虽然规定了一些新形态的法人组织，但是未能穷尽，部分法人形态缺失，相关主体法律地位不明确。一些学者认为，法人分类需充分考虑逻辑上的周延性[2]。笔者赞同，从逻辑周延性方面考虑，《民法总则》法人分类中，应该包含现今市场上所有或者至少是绝大部分的法人形态。

---

[1] 王军：《日本私立学校与法制》，载《外国教育研究》1996年第1期。

[2] 参见苏永钦：《从民法典理论看大陆新制定的〈民法总则〉：体系为纲，总分相宜》，http：//www.aisixiang.com/data/105004-5.html，最后访问于2017年7月12日。参见罗昆：《我国民法典法人基本类型模式选择》，载《法学研究》2016年第4期。

关于直接列举方式，即将社会上的典型法人形态直接列入民法典法人分类中，这对于明示社会上的一些典型法人组织，确立其相应的法律机制具有积极意义。何谓典型法人形态？笔者以为，凡是具有代表性的法人形态，即在市场经济中数量较多、人们工作或生活层面接触频繁的法人形态。具体包括我们日常生活或工作中接触密度较高、各个省市或地区不可或缺的法人组织，如机关法人、事业单位法人、公司法人等等；还有社会上普遍存在、人们熟知的如社会团体法人、基金会法人、社会服务机构法人、民办学校法人等等，它们都可以作为典型法人形态归属。通过将目前社会上典型或较典型形态的法人形态在民法典中罗列，以减少这些法人形态被忽视的状况。

关于间接列举方式，实质是运用提取公因式的方法，将共同的内容提取出来罗列，不同的内容分别罗列。在改革开放三十多年后，中国社会阶层、功能和结构都从整体化向分殊化发展，以成员（发起人）的共同合意或单独意志成立的各种组织体蓬勃发展、方兴未艾。这些组织体的设立宗旨、目的事业、治理结构和社会意义各不相同，要从中抽象和提取出各类法人的“公因式”，难度较大。[1] 有学者指出，《民法总则》“法人制度的规则比较凌乱，这与其没有贯彻提供公因式模式有关”。[2] 目前《民法总则》法人分类部分提取公因式方法运用是不彻底的，导致罗列在同一位阶的、并列关系中的法人形态之间存在包含关系，而结果又不能将法人形态全覆盖。采用间接列举方式，是将法人形态分几类，每一类均以行业领域做统筹，分别将各个行业领域概括出来用提取公因式方法分别罗列，如教育、艺术、体育、卫生、慈善等等，具体的法人形态可以在各行业领域中对应寻找，这样尽量使每一种具体类型不遗漏，内容具有周延性，也可避免理解上的困惑。

第二，营利法人不宜均作为商事主体归类。根据上文所提目前学界比较一致的商事主体的定义，就营利法人从事业务范围看，该类法人虽然都具有营利性，但是其活动范围并不完全相同。笔者认为，营利法人可分为商事主体与非商事主体两类。商事主体，即从事生产、流通、科技等经营活动的营利性社会

---

[1] 参见谢鸿飞：《〈民法总则〉法人分类的层次与标准》，载《交大法学》2016 年第 4 期。

[2] 周友军：《我国〈民法总则〉的成功与不足》，http://blog.sina.com.cn/s/blog_4f7b60a90102wwqm.html，最后访问于 2017 年 7 月 13 日。

组织，如公司法人等，其设立目的是追求营利性，当然它的社会责任不能忽视。营利法人中的非商事主体，并不是仅仅为了从事盈利活动而设立，它具有一定的社会功能，有专业方向的活动范围，如教育、医疗等。如以营利性民办学校法人为例，其设立的第一要旨是培养符合社会需求的人才，其教育的社会功能和学校的基本责任始终放在日常管理运行的首位，它必须坚持学校特质这类法人的管理制度和管理体制，保证办学的稳定性和办学质量；然后再考虑获取营利。再者，将营利性民办学校法人等归类为非商事主体，也是在一定程度上防止一些营利性民办学校法人在获得办学利润的同时，利用教育发展扩张的机会采取违规行为牟取经济利益，弱化其人才培养宗旨，违反教育规范，影响办学秩序和质量。同理，营利法人中的其他非商事主体，如民办医院等，也可以照此思路确立相应规范。

第三，社会服务机构的涵盖主体需重新界定。《民法总则》第 87 条第 2 款提及的社会服务机构目前被一些学者已经界定为适用范围较广泛的法人组织[1]，从《民办非企业单位登记管理暂行条例》修订草案征求意见稿内容看，社会服务机构的活动目的是提供社会服务。根据上文，社会服务有广义和狭义两种解释。为了防止《民法总则》法人分类罗列中并列法人形态之间的重复和交叉，笔者主张，社会服务机构中的社会服务宜采用狭义解释，这类机构的活动范围不应包罗万象，否则它可以包括部分社会团体法人和基金会法人，甚至将民办学校法人都归类进去，这样的归类其适用范畴太宽泛。其次，以非营利性民办学校法人为例，它具有从事学校这类社会组织教育类活动的业务特征，虽然也具有提供教育服务类公共产品供给层面的功能，但是其活动范围与纯粹的社会服务机构在组织设立的目的、活动范围等方面区别明显，两者不属于同一类性质社会组织。为此，不建议将非营利民办学校、非营利民办医院等归类为社会服务机构法人。

---

[1] “4. 社会服务机构。原来叫民办的非企业单位，依据是 1998 年的《民办非企业单位登记管理暂行条例》，主要是民办学校、民办医院、民办科研机构、民办博物馆、民办体育俱乐部等民间实体。”引自王利明主编：《〈中华人民共和国民法总则〉条文释义》，人民法院出版社 2017 年版，第 193 页。参见张新宝：《〈中华人民共和国民法总则〉释义》，中国人民大学出版社 2017 年版，第 164 页。

第四，运用基本法和特别法相结合的方式完善现有法人归类机制。所谓法人归类机制，指不仅要明确该法人属于营利法人与非营利法人中的具体归类，而且还包括归类之后的各自运行机制，包括税收及其他优惠政策等等。《民法总则》法人分类内容的调整和实施后，也应催生相关的立法调整以适应有关法律变迁，有关具体措施应尽快出台。例如，作为基本法的《民法总则》应该明确营利性民办学校法人与非营利性民办学校法人具体归类，其归类之后相关具体运行规范，可以通过特别立法，如《民办教育促进法》等等加以不断完善和细化。

第五，非营利法人剩余财产的处理规则更充分。基于目前我们国家不少非营利法人组织的举办是投资占据较大比例，许多投资者投资非营利法人组织的目的不是营利，但是他们依然是法人组织的股东，应该有其财产权利的保障；否则，会影响他们投资的积极性，影响市场上非营利法人组织的建立和发展。为此，非营利法人组织及其投资人的财产权利不能混为一体，应该界定清晰。鉴于对投资者权益的保护，在《民法总则》第 95 条基础上，使非营利法人剩余财产的处理规则更加充分，即明确非营利法人的剩余财产归属于该法人；若法人终止，除基于公益目的成立的法人外，一般非营利法人的投资人可以选择收回其投资份额如将份额折算成财产，或者继续用于相同或相近宗旨法人的投资。

论禁止权利滥用原则在我国民法中的形成与确立

石文龙*

《民法总则》第132条规定："民事主体不得滥用民事权利损害国家利益、社会公共利益或者他人合法权益。"这一规定表明禁止权利滥用原则已在我国民法中得以正式确立。事实上，禁止权利滥用原则是民法不可或缺的内容，各国法律中均有相关规定。对此，我国《民法通则》中也有规定，只是因为表述不清晰而造成对这一原则是否法律上得到确立而产生争议。为此，本文对这一原则的宪法依据以及在我国民法上的确立进行研究，以探索《宪法》第51条在我国法律中的实施。

一、禁止权利滥用原则的制度依据与由来

（一）禁止权利滥用原则的宪法依据

正如《民法通则》第一条所规定的"根据宪法和我国实际情况，总结民事活动的实践经验，制定本法"，宪法是普通法包括民法的重要立法依据，这也是我国"根据宪法，制定本法"的立法技术与模式。在我国，宪法是根本法，是其他普通法的立法依据，宪法规定的原则与内容需要在部门法中予以落实。具体而言，现行《宪法》第51条是禁止权利滥用原则的宪法依据与制度由来。现行《宪法》第51条规定："中华人民共和国公民在行使自由和权利的时候，不

* 石文龙，上海师范大学哲学与法政学院教授。

得损害国家的、社会的、集体的利益和其他公民的合法的自由和权利。”该条款是基本权利行使的限制性条款，是对公民行使权利的总的限制，也是民商事法律中关于禁止权利滥用原则的宪法依据与制度由来。《宪法》第51条规定的内容需要在部门法中予以具体实施，普通法律是宪法的实施法，宪法的规定需要在部门法中得到丰富与发展。

（二）《民法通则》对禁止权利滥用原则的最初回应

1986年通过1987年实施的《民法通则》对禁止权利滥用原则有规定，但因规定的不清晰而产生争议。这就是《民法通则》第7条的规定，该条规定：“民事活动应当尊重社会公德，不得损害社会公共利益，破坏国家经济计划，扰乱社会经济秩序”。此后，其他法律也有相关规定，如《合同法》第7条规定：“当事人订立、履行合同，应当遵守法律、行政法规，尊重社会公德，不得扰乱社会经济秩序，损害社会公共利益”；《物权法》第7条规定：“物权的取得和行使，应当遵守法律，尊重社会公德，不得损害公共利益和他人合法权益”。在上述规定中，《民法通则》的规定是基础性的规定，因为《民法通则》是民事活动领域的基本法，《合同法》《物权法》的规定是对《民法通则》的精神予以具体落实。当然，这些规定也都进一步促进了宪法的实施[1]。一般认为《宪法》第51条的运作方式首先是通过《民法通则》在总则中进行原则性的规定，再通过《合同法》《物权法》等下位法和民法中的具体制度予以具体化。这既是普通法“根据宪法、制定本法”的运作方式，也是宪法条款得以实施的基本路径之一。

上述条款表明了我国民事权利行使的基本原则，因此，对于上述重要条款如何归纳、提炼意义重大。在民法学界一般认为上述条款规定了禁止权利滥用原则和公序良俗原则。其中，对于公序良俗原则作为民法的基本原则这一点民法学界也是认同的，但就禁止权利滥用原则是否应规定为我国民法的基本原则民法学界还存在着重大分歧。分歧的焦点：一是禁止权利滥用原则是否是我国民法的基本原则？二是究竟是《民法通则》在哪一个条款中确立了禁止权利滥用

[1] 值得一提的是《合同法》中，没有“根据宪法，制定本法”一说。

原则？三是禁止权利滥用原则是独立的民法原则和公序良俗原则并列，还是包含在其他原则之中？有学者认为在诚实信用原则中已经包含了禁止权利滥用原则。对此民法学界认识不一。

值得一提的是，魏振瀛教授在面向二十一世纪课程教材《民法》中，直接根据我国《宪法》第 51 条的规定，提出“禁止权利滥用原则应当成为我国民法的基本原则”，并且认为“禁止权利滥用原则是民事主体行使民事权利的界限”，“行使民事权利超过一定的界限而损害他人权益何在公共利益的，是权利滥用”。[1] 而且，最新的民法学教材趋向于将禁止权利滥用原则列为民法的基本原则，如陈信勇等编著的《民法》[2] 等，其法理依据也是宪法的第 51 条。可见，我国民法学界已有学者注意到了民事活动与《宪法》第 51 条的“对接问题”。但是也有学者将“民事主体不得滥用权利”归纳在公序良俗原则之中，如房绍坤在其主编的《民法》中提出“公序良俗原则是指民事主体在民事活动中不得违反社会公德、不得损害社会利益和国家利益”。公序良俗原则主要体现在以下方面：（1）民事活动应当遵守社会公德和善良风俗。（2）民事主体不得滥用权利。但是我们也注意到该学者在同一页的诚实信用原则中，又认为诚实信用主要体现以下方面，其中的（2）是民事主体在行使权力时应善意为之，不得以损害他人利益和社会利益的方式获取私利[3]。可见，作者又同时将认为在诚实信用原则中包含了禁止权利滥用原则。郑云瑞在《民法总论》中更是清楚地将禁止权利滥用原则与情事变更原则一起作为二个子原则罗列在诚实信用原则之中[4]。因此，民法学界单独将禁止权利滥用并不是一种主流的观点。尽管如此，我们立足于《宪法》第 51 条的视角，认为禁止权利滥用很好地诠释了《宪法》第 51 条，并且《民法通则》第 7 条也体现了这一精神，应当在民法中予以确立。

那么，基于《民法通则》第 7 条等法律等规定，如何认识禁止权利滥用原则与公序良俗原则是什么关系？两者有什么区别？结合上述民法学者的规定，概括规定如下。

---

[1] 魏振瀛主编：《民法》（第四版），北京大学出版社、高等教育出版社 2010 年第 4 版，第 25 页。

[2] 陈信勇等编著：《民法》（修订版），浙江大学出版社 2011 年第 2 版，第 25 页。

[3] 房绍坤主编：《民法》（第二版），中国人民大学出版社 2011 年版，第 7 页。

[4] 郑云瑞：《民法总论》（第四版），北京大学出版社 2011 年第 4 版，第 62 页。

1.《民法通则》第七条存在着法律条文的竞合现象，其中，第七条中的“民事活动应当尊重社会公德”属于公序良俗原则，其余部分“不得损害社会公共利益，破坏国家经济计划，扰乱社会经济秩序”属于禁止权利滥用原则。从条文中文字的“不得损害”来看，“不得损害”不仅仅与“禁止权利滥用”相吻合，也与《宪法》第51条相吻合。

2. 判断标准。有民法学者已经提出：“构成权利滥用要有四个要素：主体是正在行使权利的权利人；客体是社会的、国家的、集体的或其他公民的合法的自由和权利；主观方面是权利人存有故意的心理状态；客观方面是有危害他人权利和利益后果的行为。”[1] 我们注意到其所说的权利滥用的客体正是《宪法》第51条的全部内容。

因此，我们认为我国民法应当建立了公民权利行使的两个重要原则：禁止权利滥用原则和公序良俗原则，它对促进民商法的体系更新与完善将具有极为重要的意义。

二、《民法总则》对禁止权利滥用原则直接确认

《民法总则》在第五章民事权利的最后一条确认了禁止权利滥用原则，即《民法总则》第132条规定：“民事主体不得滥用民事权利损害国家利益、社会公共利益或者他人合法权益”。这一立法方式的变化对我国民商法将产生重要影响，具体包括如下内容。

1. 禁止权利滥用原则已经成为民法的原则之一。《民法总则》借鉴了西方国家的立法经验，吸收了学术界的研究成果，最终在我国的民法中确立了禁止权利滥用原则。尽管原先的《民法通则》第7条的规定具有禁止权利滥用原则的内容，但是至少在文字上没有进行直接表达，以至于在学界形成争论。

2.《民法总则》将公序良俗原则与禁止权利滥用原则分别予以规定。不同于《民法通则》,《民法总则》将公序良俗原则与禁止权利滥用原则明显地进行了区分。表现为在内容上,《民法总则》在第一章的一般规定中，直接确认了公序良

[1] 杨春福：《权利法哲学研究导论》，南京大学出版社2000年版，第184—185页。

俗原则。[1] 同时将禁止权利滥用原则规定在了第132条。这一立法模式使得学界长期争议的公序良俗原则与禁止权利滥用原则的关系等问题得到了解决。

3. 公序良俗原则与禁止权利滥用原则在《民法总则》中具有不同的地位。从在位置上判断，公序良俗原则规定在第一章的一般规定中，属于民法的总原则。而禁止权利滥用原则不再是现行民法的总原则，而是公民对民事权利行使的原则。因此，禁止权利滥用原则属于民法具体领域中的一般原则，在民法的原则体系中属于具体原则。也就是说，在《民法总则》中，公序良俗原则的地位与法律效力等高于禁止权利滥用原则。

4. 总的原则与一般原则的区别在于：总的原则指导整个民商事法律制度，具体而言，民法总的原则除了指导民法本身外，还指导合同法律制度、物权法法律制度等等。而一般原则只是在具体领域中具有指导意义。如禁止权利滥用是指导权利行使的重要原则，它指导合同、物权等领域的权利行使，但对于与权利行使无关的领域不具有指导功能与效力。

5.《合同法》《物权法》等法律是否需要同步修改值得思考。《民法总则》的规定将影响我国《合同法》《物权法》等法律的相应修改，当然，其立法方式是否与《民法总则》相一致值得思考。

总之，《民法总则》规定的内容和方式与我国《民法通则》等法律不同，《民法总则》明确确立了禁止权利滥用原则。《民法总则》的立法意义与价值表现为进一步落实宪法的相关规定。具体而言：

第一，具体落实“根据宪法，制定本法”的宗旨。理解上述条文无疑应当从宪法这一根本法的角度来理解，以真正落实《民法总则》第一条中的“根据宪法，制定本法”的宗旨。“立宪社会在权利保障方面的一般做法是，先由宪法用概括式保留或列举或两者相结合的方式确认公民的基本权利，包括民事权利，然后由通过制定包括民法在内的部门法或创立判例的方式来实施。因此，宪法权利绝大部分是经由民法等法律部门来保障的，所以，民事权利实际上是间接的宪法权利。”[2]

---

[1] 《民法总则》第8条规定：“民事主体从事民事活动，不得违反法律，不得违背公序良俗。”

[2] 童之伟：《宪法民法关系之实像与幻影——民法根本说的法理评析》，载《中国法学》2006年第6期，第165页。

第二，就宪法学理论而言，上述条款是宪法意义上的“一般条款”或者“概括性规定”[1]，通过“一般条款”或者“概括性”的规定实现公私法的“对接”，以落实宪法的规定，体现了《宪法》第51条等相关法条的精神。形成民法上的一般原则，再通过民法上的一般原则，即民法意义上的“一般条款”或者“概括性”规则，将这一原则性的规定渗透到具体的规则中，成为民事活动中的具体操作规则。“宪法”的“私法中立”与私法的“‘宪法’中立”等观点不符合现代社会的法治发展，“‘宪法’价值体系及不确定概念经由立法、行政命令和司法裁判而获得实现。立法、行政命令和司法裁判（判例及决议），亦应受‘宪法’的规范，二者具有相互作用的关系”。[2]

第三，“禁止权利滥用”较好地体现了《宪法》第51条的立法意图。因此，我们主张禁止权利滥用原则是我国民法典之基本原则之一，以切实贯彻《宪法》第51条的基本精神，这也是现代社会权利限制理论发展的基本要求。根据禁止权利滥用原则的产生背景，以及我国作为社会主义国家，其社会价值取向更加强调在保障个人自由与权利的同时兼顾社会公共利益等。因此，在法律上确立禁止权利滥用原则具有重要意义。特别是禁止权利滥用原则事实上是《宪法》第51条的在民法中的“转介条款”。社会现实也已经证明，不受限制的权利容易演变为“洪水猛兽”。个人利益与国家利益、社会利益、集体利益“四大利益”的协调需要这一原则基础之上进行“平衡”。

第四，“禁止权利滥用”不仅是民法对宪法条款的具体落实，而且在知识产权法、物权法领域也得到了贯彻。就基本权利的效力而言，宪法上的基本权“不仅是一种对抗公权力的权利，更是一种客观的价值秩序，乃立法、行政及司法机关行使职权时所应遵循的客观规范，以保障人民免于遭受公权力或其他人（即第三人）不法的侵害。‘宪法’基本权与民法的规范关系，乃建立在此种具保护义务客观价值秩序之上”。[3] 这也是宪法条款发生作用的基本发生之一，即通过

[1] 德国关于基本权利的私法效力有直接效力说和间接效力说。基本权利直接效力说认为，宪法中的人权规定对私法领域具有直接效力。间接效力说认为，宪法权利规范只能透过私法规范中的那些一般条款或具有概括性的规定或法言法语才发挥其效力。目前，间接效力说在德国较有说服力。

[2] 王泽鉴：《民法概要》（第二版），北京大学出版社2011年第2版，第23页。

[3] 王泽鉴：《民法概要》（第二版），北京大学出版社2011年第2版，第22页。

建立一种客观价值，而在现实生活中得到运用。

第五，民法上的相关规定是宪法在民法中的“转介”。近年来，我国台湾地区学者苏永钦教授针对现代社会公私法汇流问题提出了“转介条款”这一概念[1]以从“民法”的视角说明公法对私法的效力。《宪法》第51条规定了公民行使权利的总的限制，这一限制需要在部门法予以具体落实。民法不仅是实施宪法的重要法律，也是公民行使权利的重要法律。

因此，在我国未来的民法典中，“禁止权利滥用原则作为民法的一项基本原则，应规定于民法总则的基本规定中”[2]。

三、其他国家和地区对禁止权利滥用原则的规定、学说与启示

（一）其他国家的相关规定与学说

纵览世界各国民法的发展历史，对于权利行使限制呈现出一条清晰的发展轨迹。尽管早在《罗马法》中有关于行使权利不许以损害他人为目的的规定，如在相邻关系上，如果行使所有权有害于邻人，则被认为违法。但是，在自由资本主义时期，个人权利被视为与生俱来、不可剥夺的权利，即所谓“私权绝对”。为此，形成了近代大陆民法的三大原则：所有权神圣不可侵犯、契约自由和过失责任。其经典的法律格言是：“行使自己的权利者，对任何人都不会构成不法。”

19世纪末以来，伴随着西方资本主义国家从自由竞争阶段发展到垄断阶段，近代民法的价值基础由个人主义本位发展到团体主义本位。法律的中心观念由个人移向了社会。法律在保护个人的自由与权利的同时，也兼顾整个社会的发展与人类的生存。于是，“私权绝对”等古典自然法学观念被以强调社会利益为主要内容的社会法学理论所取代。其典型标志就是1896年德国制定民法典时，

[1] 苏永钦：《从动态规范体系的角度看公私法的调和——以民法的转介条款和宪法的整合机制为中心》，引自《民事立法与公私法的接轨》，北京大学出版社2005年版。

[2] 盖威：《禁止权利滥用原则在我国民法典中的地位》，载《理论界》2009年第3期，第86页。

第三次草案中出现对所有权滥用的禁止性规定，国会审议时，扩及一切权利[1]。这就是《德国民法典》第226条的规定："权利的行使不得以损害他人为目的。"这一规定使得权利限制理论首次上升为法律。随后各国民法典纷纷仿效。我国民国时期民法典也有类似规定。《中华民国民法典》以社会本位主义为民法典的立法原则，强调对社会公益的保护，它将对社会公益的保护贯彻到了法典之中。英美法系国家民法没有独立的权利滥用概念，但英美法中的某些侵权行为，如滥用诉讼权利、恶意诉讼等在某种程度上代替了权利滥用概念[2]。美国法学家埃尔曼教授认为："今天，大多数法律制度都在试图对不受约束的个人主义表现加以控制，控制的方式是通过法院判决或立法发展出一种广泛而略失雅致地称作'滥用权利'概念。这种概念认为一项权利，即使是被合法地取得，也不能够用来满足与其原始目的相悖的目的。"[3]

（二）我国台湾地区的经验与对我们的启示

在学理上，台湾地区学者刘得宽教授认为："权利的行使者，实现权利内容之行为也。在近代之个人主义下，将权利之行使让与权利人，其权利之是否行使及如何行使，均属自由。今之'法律'对于古典市民法原理之'权利行使自由之原则'予以修正，改采社会本位，对于权利之白虎，非仅为个人之利益，对于社会之公益，尤对'公共福祉'亦应尊重。权利之行使，在积极方面，应依诚实及信用之方法（诚信原则）；在消极方面，不得违反公共利益或以损害他人为主要目的（禁止权利滥用）。"[4]文中的"公共福祉"，就是指"公共利益"，台湾地区宪制性规定就是这一表达方式。在这一背景下，"1982年我国台湾地区'民法总则'修正，顺应时代潮流，合乎社会需要，而增列'权利之行使，不得违反公共利益'"[5]这就是我国台湾地区现行"民法"（2008年修正）第148条的

[1] 梁慧星：《中国民法经济法诸问题》，中国法制出版社1999年版，第15页。

[2] 王家福、梁慧星主编：《中国民法学·民法债权》，法律出版社1999年版，第234页。

[3]〔美〕E.博登海默，邓正来译：《法理学—法律哲学与法律方法》，中国政法大学出版社1999年版，第279页。

[4] 刘得宽：《民法总则》，中国政法大学出版社2006年版，第367页。

[5] 刘得宽：《民法总则》，中国政法大学出版社2006年版，第372页。

由来，该条规定："权利之行使，不得违反公共利益，或以损害他人为主要目的。行使权利，履行义务，应依诚实及信用方法。"可见，禁止权利滥用原则无论在理论上还是在制度上已经在我国台湾地区得到确立。

四、禁止权利滥用原则民法中的具体展现

《民法总则》是当前我国民法的"基本法"，因此，考察《民法总则》等针对权利的具体限制对于丰富我们的研究具有重要意义。在宪法的视野中，考察《民法总则》对权利的具体限制，其重点在于根据《民法总则》确定民事行为有效与无效的具体规则，研究这些规则是如何贯彻《宪法》第51条的，特别是《宪法》第51条在民法上的产生"私法上的效力"的"发生机制"是什么？权利是通过行为实现的，因此，行为是权利与利益的"中介""媒介"或者"手段"。因此，对于行为的限制即是对法律权利的限制。民法通过对民事行为的规范，以限制民事权利的行使。另一方面，法律行为也是法律理论的核心概念之一，民法等许多法律都是行为来构建的。

《民法总则》第六章专章规定了民事法律行为，并且首先解释了民事法律行为，即"民事法律行为是民事主体通过意思表示设立、变更、终止民事法律关系的行为"。[1]我们注意到，这一规定与《民法通则》的表示不同。《民法通则》第54条规定："民事法律行为是公民或者法人设立、变更、终止民事权利和民事义务的合法行为。"后者的规定强调的是合法行为。

《民法总则》第143条规定了民事法律行为有效的条件，其中的第3项规定："不违反法律、行政法规的强制性规定，不违背公序良俗。"《民法通则》在民事法律行为应当具备条件中，除了要求行为人具有相应的民事行为能力，意思表示真实外，第55条第3项规定的是"不违反法律或者社会公共利益"。可见，民法对于行为限制的内容除了民法上的"私法要件"外，还有公法上的要件。无论是《民法通则》还是《民法总则》均具有这一特征，这一条款更多的属于"私法中的公法条款"。如何解读这一条款是当前的一大难点，包括《民法通则》的

[1] 《民法总则》第132条。

“公共利益”更是一个难解的不确定概念。我们认为，结合《宪法》第51条的精神与禁止权利滥用的民法原则，将其解释为“禁止权利滥用”更为合理。其法律依据是宪法。

关于民事行为的无效规则，《民法总则》第153条规定：“违反法律、行政法规的强制性规定的民事法律行为无效，但是该强制性规定不导致该民事法律行为无效的除外。违背公序良俗的民事法律行为无效。”第154条规定：“行为人与相对人恶意串通，损害他人合法权益的民事法律行为无效。”《民法通则》第58条关于民事行为无效的规则有更多的内容，包括：（1）无民事行为能力人实施的；（2）限制民事行为能力人依法不能独立实施的；（3）一方以欺诈、胁迫的手段或者乘人之危，使对方在违背真实意思的情况下所为的；（4）恶意串通，损害国家、集体或者第三人利益的；（5）违反法律或者社会公共利益的；（6）经济合同违反国家指令性计划的；（7）以合法形式掩盖非法目的的。同时《民法总则》法条中的“公法条款”值得分析研究。

《民法总则》第153条规定的民事行为无效规则，同样是对民事权利的限制。需要分析的是：为什么《民法通则》的原来条款需要修改？理由是《民法通则》第58条第4款“恶意串通，损害国家、集体或者第三人利益的”规定，对于“损害”设置了要求条件“恶意串通”，这对《宪法》第51条进行了“缩小解释”。而且对于“损害”“国家、集体或者第三人利益的”缺少衡量的标准。特别是《民法通则》对民事行为违反法律将导致民事行为无效，这一规定过于绝对，它强化了公法对私法的绝对干预。在国外，民事行为违反法律并不必然导致民事行为无效。例如，《德国民法典》第134条规定：“法律行为违反法律上的禁止的，法律行为无效，法律另有规定的除外。”我国台湾地区现行“民法典”第71条规定：“‘法律’行为，违反强制或禁止之规定者，无效。但其规定并不以之为无效者，不在此限。”与《民法通则》相比，不同之处在于：首先，《德国民法典》强调的是违反了法律上“禁止的”，我国台湾地区“民法”比《民法通则》多了一个“或禁止”，其次，都有除外条款。《民法总则》的规定表明，国家不过多地干预民事行为的无效问题，原《民法通则》第58条中的第3、4、6款已经不再作为无效的条件。

事实上，《民法总则》吸收了《合同法》中关于行为无效规则的认定，《合同法》第52条第5款同样规定了“违反法律、行政法规的强制性规定”。这一规定属于私法上的公法条款，如何把握也是理论界与实务界的一大难点。《最高人民法院关于适用〈中华人民共和国合同法〉若干问题的解释（二）》第14条作了限制的规定，内容是：合同法第52条第5项规定的“强制性规定”，是指效力性强制性规定。这就是把“强制性规定”进一步压缩。

通过上述分析，我们发现民法对宪法条款的实施首先是通过民法的原则性条款，如《民法总则》第132条的规定，包括《民法通则》第7条的规定等予以落实。其次，再由民法的原则性规定在民法为主导的其他私法领域的进行“辐射”“扩散”或者说“再转介”，从而具体落实《宪法》第51条的宪法精神。

五、正当防卫、紧急避险与《宪法》第51条的“例外规则”

（一）《宪法》第51条的适用中的“灵活性”

在民法领域，有正当防卫、紧急避险制度，当然这一制度在刑法里也有，两者具有共同性。正当防卫、紧急避险，是个人在“紧急状态下”的特殊行为，其法律适用具有特殊性。特别是其中的紧急避险是个人的行为对“国家的、社会的、集体的利益和其他公民的合法的自由和权利”的“损害”，我们认为这是《宪法》第51条的“例外规则”。

法律包括宪法并不是枯燥的条文，僵死的规定，机械式的令行禁止，法律是充满“灵性”的规则，在适用中具有灵活性。《宪法》第51条同样如此，这一灵性首先表现为法律的伦理性。例如，宪法中的“婚姻、家庭、母亲和儿童受国家的保护”条款，包括新修改的《刑法》对死刑适用对象进行了限制，规定：“犯罪的时候不满十八周岁的人和审判的时候怀孕的妇女，不适用死刑。审判的时候已满七十五周岁的人，不适用死刑，但以特别残忍手段致人死亡的除外”[1]等；其次表现为法律适用上适度的灵活性。《宪法》第51条也是如此。表现为在特殊的情况下，公民行使权利和自由的时候，可以损害“国家的、社会的、

[1] 《刑法》第49条。

集体的利益”，如紧急避险。但是有严格的适用条件；再次表现为法律规范的文化内涵，即一定的法律规范总是打上本民族文化的印记，所谓民族精神的象征。历史法学派代表人物萨维尼认为：“一个民族的法律制度，像艺术和音乐一样，都是该民族文化的自然体现，不能从外部进行强加。在任何地方，法律都是内部力量推动的，而不是由立法者的专断意志推动的。”[1]

《宪法》第51条中关于“公民在行使自由和权利的时候，不得损害国家的、社会的、集体的利益和其他公民的合法的自由和权利”是“集体主义”精神的反映，就如同西方现代法制中的社会本位一样。我们承认“国家利益优位于个人利益”，但同时也必须承认合法的“个人利益”，反对的把“国家利益至上”“集体利益之上”这一观念绝对化。当然，“个人可以至上”也是我们所不主张的，需要“兼顾”国家、社会、个人利益，对包括社会利益在内的“四个利益”或者“五个利益”（另有公共利益）进行平衡协调。我们发现在一些宪法学者的最新研究中，倾向于将其中的“国家的、社会的、集体的利益”替换为“公共利益”，我们理解这一做法的用意是用国际上通行的概念，因为西方国家在对内关系中，不主要强调国家利益、集体利益，强调的是公共利益，西方又将公共利益称之为公共政策。但是公共利益是一个更加模糊、更加不确定的概念。尽管国内的研究成果较多，但是实质性的成果难求。对公共利益的界定就如同界定什么样的美一样是困难的，在这一问题上，始终不能缺少的是“个案衡量”。“个案衡量”的背后始终存在着执法者的“自由裁量权”，“自由裁量权”的背后始终存在着执法者的职业良知、操守，执法者的职业良知、操守又是一个难以控制的、更加复杂的情感等问题。

（二）对正当防卫、紧急避险的限制

有法谚：“无救济则无权利。”权利的救济分为公力救济与自力救济，公力救济是指国家机关依权利人请求，运用公权力对被侵害权利实施救济。它包括行政救济和司法救济。自力救济又称私力救济，是指权利人自己采取措施保护

---

[1] Savigny，Vom Beruf unserer Zeit fur Gesetzgebung und Rechtswissenschaft（1967），S.8-13.

自己权利的救济以实现权利。自力救济的形式包括正当防卫、紧急避险和自助行为三种。“在现代社会，原则上不允许自力救济，但在来不及采取公力救济措施而权利有被侵害的现实危险时，则作例外论。”[1]我国法律规定了正当防卫、紧急避险，那么，这一制度与《宪法》第51条有什么关联？这一制度对于《宪法》第51条的制度性意义是什么？特别是紧急避险，因为紧急避险却是公民在特殊情况下“损害”了国家的、社会的、集体的利益和其他公民的合法的自由和权利？那么，在《宪法》第51条的视野下如何解读紧急避险？即正当防卫与紧急避险中的权利限制。

事实上，紧急避险以及自助行为属于公民在“紧急状态”下，因为时间紧迫，不得已采取的自主处置行为。因此，特殊的场合适用特殊的方法，法律采取了“因正当防卫造成损害的，不承担民事责任”。但是正当防卫虽属以“正对不正”，仍应受到合理限制，即不能“超过必要的限度”。那么，这一限制如何把握？法律上有“比例原则的适用，不得逾越必要程度，有多种防御方法时，应选择反击较轻而相当的方法为之”[2]，否则仍应当承担相应的法律责任。

这一法条给我们的启示是，公民在“紧急状态”下的行为需要受到制约，那么国家作为“公法人”在“紧急状态”下更应该受到约束，更应该坚持比例原则，在有多种方案时，应理性地选择损害较轻而相当的方法。

与正当防卫不同的是，即公民是否在特殊情况下“损害”国家的、社会的、集体的利益和其他公民的合法的自由和权利？事实上，这一情况是存在的，这一例外情况值得我们重视与研究。

关于紧急避险，其要旨在于以牺牲较小的“国家、公共利益、本人或者他人的人身、财产和其他权利”的形式以保存可能挽救的现实的“国家、公共利益、本人或者他人的人身、财产和其他权利”，这是紧急避险的独特情形。因此，需要利益衡量，即因其“涉及不同的利益取舍及其牺牲，除必要性及比例原则外，尚有所谓‘法益权衡原则’的适用，即须以避免危险所必要，并未逾越危险所能致的损害程度”[3]。

---

[1] 徐国栋：《民法总论》，高等教育出版社2007年版，第171页。

[2] 王泽鉴：《民法概要》，北京大学出版社2009年版，第122—123页。

[3] 王泽鉴：《民法概要》，北京大学出版社2009年版，第123页。

（三）《宪法》第 51 条与对紧急避险中关于“损害”的解读

紧急避险制度中还有《宪法》第 51 条需要重点关注的内容，具体包括如下重大内容。

1. 紧急避险所保护的法定利益。对此《民法总则》没有具体规定。我国《刑法》第 21 条限定的利益是：“国家、公共利益、本人或者他人的人身、财产和其他权利”，我们再次发现这里在文字表述上没有集体的利益。针对这一现象，我们查阅了 1979 年的刑法，当时的表述是：“为了使公共利益、本人或者他人的人身和其他权利”[1]，经过修改后的 1997 年刑法就该条文的利益条款变成了“国家、公共利益、本人或者他人的人身、财产和其他权利”直到 2011 年没有变动。

2. 紧急避险的运用存在着特定身份的限制。在我国刑法上，紧急避险“不适用于职务上、业务上负有特定责任的人”，但是在我国民法上则没有限制。而我国台湾地区“民法”对民事活动中的紧急避险是有限制的，我国台湾地区“民法”第 150 条规定了“前项情形，其危险之发生，如行为人有责任者，应负损害赔偿之责”。

3. 紧急避险中损害的利益。特别重要的是紧急避险事实上是“损害”了“国家、公共利益、本人或者他人的人身、财产和其他权利”，也就是说，客观上存在个人“损害”国家的、社会的利益和其公民合法的利益。对此，在我国现有的法律中，我们的解释是紧急避险是《宪法》第 51 条的例外。另一方面，《德国刑法》关于紧急避险的规定采取了二分法，将紧急避险分为第 34 条阻却违法性的紧急避险和第 35 条阻却责任的紧急避险。第 34 条规定了“阻却违法性的紧急避险”，内容是“为使自己或他人的生命，身体，自由，名誉，财产或其他法益免受正在发生的危险，不得已而采取的紧急避险行为不违法，但要考虑到所要造成的危害的法益及危害程度，所要保全的法益应明显大于所要造成危害的法益，而该行为实属不得已才为之的，方可适用本条的规定”。第 35 条规定了“阻却责任的紧急避险”：内容是：“为使自己，亲属或其他与自己关系密切者的生命，身体或自由免受正在发生的危险，不得已而采取的紧急避险行为不负

---

[1] 见 1979 年《宪法》第 17 条的正当防卫与第 18 条的紧急避险。

刑事责任。如行为人根据情况，尤其是危险因自己引起，或该人面临危险但具有特定法律关系的，则不适用本款之规定……”这一规定说明在德国紧急避险分为合法的紧急避险与不合法的紧急避险。

此外，在自力救济中，还有自助行为。自助行为是“为保护自己的权利，对他人的自由或财产施以拘束、押收或毁损者”[1]。例如，客人就餐后未结账欲离开，服务员将其拦住，营运人暂时扣留乘车不买票的人等。自助行为其要旨在于权利人为保全或者恢复自己的权利，在情势紧迫不得已的情况下，依靠自己的力量，对他人的财产或自由施加扣押、拘束或其他措施的行为。自助行为的性质属于私力救济，与紧急避险、正当防卫的性质是相同的。该自助行为虽然侵害“他人合法的权利和自由”，亦可阻却违法。但是自助行为不得超过必要限度，事后及时提请有关部门处理。此外，所采取的措施必须是法律和社会公德所认可的“强制措施”等。

我国法律中，无自助行为的规定，学者们也在建议将这一行为纳入法律之中。如果这一建议得到实现，那么，私生活的领域，个人权利的活动空间无疑更大，《宪法》第51条中的“公民行使权利”无疑会在更大的范围上得到实施。

总之，与美国等国家通过违宪审查制度直接适用宪法不同，我国《宪法》的实施方式主要是通过立法机关制定法律将宪法予以具体化的。结合宪法第51条而言，《宪法》第51条的精神是通过《民法总则》等普通法予以落实，再通过《合同法》《物权法》等下位法予以进一步确认。这既是普通法“根据宪法、制定本法”的运作方式，也是宪法条款得以实施的重要路径之一。

[1] 转引自王泽鉴:《民法概要》，北京大学出版社2009年版，第123页。该处作者也系引用，原文中未注明出处。

后　记

2017年3月15日第十二届全国人民代表大会第五次会议颁布、10月1日起开始实施的《民法总则》是中国现代民法史上的一件大事。为了深入探究中国民法发展演变的历史，更好地了解新颁布的《民法总则》的立法精神和法律内容，2017年11月4日，在上海师范大学成功举办了“中国传统民事法律的近代转型及未来展望”学术研讨会。此次学术研讨会汇聚了中国法律史学界和民法学界众多的专家学者，大家围绕着中国传统的民事法律制度、中国近代民法的转型和当代中国民法的发展这三个主题进行了热烈的讨论，并最终形成了这部学术成果。

“中国传统民事法律的近代转型及未来展望”学术研讨会的召开以及本研究成果的顺利出版，得到了上海市教委2017年度科研创新计划重大项目“‘一带一路’沿线新发现的古代各民族的法律文书整理及研究”项目和上海师范大学第九期校级重点学科“法律史”项目的资助。上海师范大学哲学与法政学院、上海师范大学社科处的领导始终对学术会议的召开和学术文集的出版给予了大力支持，在此深表感谢！

《中国传统民事法律的近代转型和未来展望》这部文集在编辑整理的过程中，上海师范大学哲学与法政学院的汪强、刘振宇两位老师做了大量工作，上海师范大学中国法制史专业的博士生徐渊、法理学硕士研究生任筱、郑陶然以及法律史专业的研究生袁啸天也做了大量的编辑工作，对于他们的辛勤劳动一并表示感谢！

由于我们的学术水平有限，本书在编辑整理的过程中不可避免地会出现许多问题，敬请各位读者不吝赐教，以便将来做进一步的修改！

郑显文

2019年3月21日于上海师范大学

图书在版编目 (CIP) 数据

中国传统民事法律的近代转型和未来展望 / 郑显文主编 . —北京：中国法制出版社，2019.5

ISBN 978-7-5216-0113-8

Ⅰ . ①中…　Ⅱ . ①郑…　Ⅲ . ①民法—中国—文集　Ⅳ . ① D923.04-53

中国版本图书馆 CIP 数据核字（2019）第 061616 号

责任编辑：薛　强（editor_xue@163.com）
李宏伟（lihongwei@zgfzs.com）　　封面设计：杨鑫宇

中国传统民事法律的近代转型和未来展望

ZHONGGUO CHUANTONG MINSHI FALÜ DE JINDAI ZHUANXING HE WEILAI ZHANWANG

主编 / 郑显文

经销 / 新华书店

印刷 / 北京京华虎彩印刷有限公司

开本 / 710 毫米 ×1000 毫米　16 开　　印张 / 26.75　字数 / 422 千

版次 / 2019 年 5 月第 1 版　　2019 年 5 月第 1 次印刷

中国法制出版社出版

书号 ISBN 978-7-5216-0113-8　　定价：86.00 元

北京西单横二条 2 号　邮政编码 100031　　传真：010-66031119

网址：http://www.zgfzs.com　　**编辑部电话：010-66054900**

市场营销部电话：010-66033393　　**邮购部电话：010-66033288**

（如有印装质量问题，请与本社印务部联系调换。电话：010-66032926）